U0807542

# 諸城古籍名録圖録

《諸城古籍名録圖録》編纂委員會 編
徐 琴 逄金英 主編

山东大学出版社
·濟南·

**圖書在版編目(CIP)數據**

諸城古籍名録圖録/徐琴,逄金英主編.—濟南:
山東大學出版社,2023.10
ISBN 978-7-5607-7873-0

Ⅰ.①諸…　Ⅱ.①徐…②逄…　Ⅲ.①古籍—圖書館
目録—諸城　Ⅳ.①Z838

中國國家版本館CIP數據核字(2023)第127733號

責任編輯　郭凱迪
封面設計　王秋憶

**諸城古籍名録圖録**

ZHUCHENG GUJI MINGLU TULU

---

出版發行　山東大學出版社
社　　址　山東省濟南市山大南路20號
郵政編碼　250100
發行熱綫　(0531)88363008
經　　銷　新華書店
印　　刷　濟南巨豐印刷有限公司
規　　格　880毫米×1230毫米　1/16
　　　　　27印張　396千字
版　　次　2023年10月第1版
印　　次　2023年10月第1次印刷
定　　價　180.00元

---

# 《諸城古籍名録圖録》編纂委員會

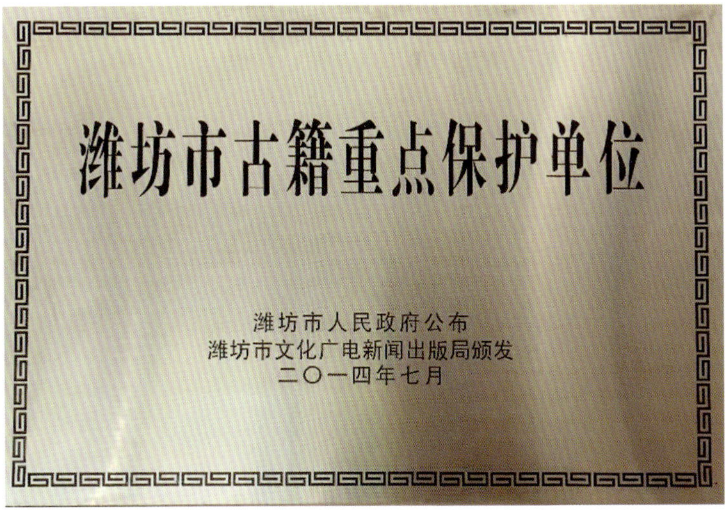
潍坊市古籍重点保护单位
潍坊市人民政府公布
潍坊市文化广电新闻出版局颁发
二〇一四年七月

山东省古籍重点保护单位
山东省人民政府公布
山东省文化厅颁发
二〇〇九年四月

山东省珍贵古籍名录证书
（第一批）
山东省珍贵古籍名录证书
（第二批）
山东省珍贵古籍名录证书
（第三批）
山东省珍贵古籍名录证书
（第四批）
山东省珍贵古籍名录证书
（第五批）

经山东省人民政府批准，诸城市图书馆共有9部古籍入选第一批《山东省珍贵古籍名录》：

01. 明万历四十五年闵齐伋刻朱墨套印韩文杜律本《韩文一卷》（编号1535）

02. 明凌濛初刻朱墨套印盛唐四名家集本《孟东野诗集十卷》（编号1558）

03. 明嘉靖三十六年胡宗宪刻本《阳明先生文录五卷外集九卷别录十卷》（编号1825）

04. 明万历三十四年汤日昭刻本《太史升庵遗集二十六卷》（编号1876）

05. 清康熙四十年刻本《香山诗钞二十卷》（编号3163）

06. 清康熙刻本《陆舫诗草五卷》（编号3295）

07. 清康熙钞本《家政须知一卷》（编号3296）

08. 清康熙十二年家刻本《江干草□□卷》（编号3297）

09. 清钞本《琅邪诗略□□编□□卷》（编号3694）

特颁此证。

山东省文化厅

二〇〇九年四月

经山东省人民政府批准，诸城市图书馆藏《素书一卷》（明刻本）等24部古籍入选第二批《山东省珍贵古籍名录》。

特颁此证。

山东省文化厅

二〇一三年一月十四日

经山东省人民政府批准，诸城市图书馆藏《卫生易简方十二卷》（明嘉靖刻本）等14部古籍入选第三批《山东省珍贵古籍名录》。

特颁此证。

山东省文化厅

二〇一四年六月

经山东省人民政府批准，诸城市图书馆共有11部古籍入选第四批《山东省珍贵古籍名录》：

001. 明刻本《史记评林一百三十卷》（编号0053）

002. 明崇祯毛氏汲古阁刻津逮祕书本《河南邵氏闻见后录三十卷》（编号0147）

003. 清乾隆十一年（1746）吴郡陆氏小鬱林刻本《春秋左传杜注三十卷首一卷》（编号0360）

004. 清康熙刻本《六书通十卷》（编号0376）

005. 清钞本《新疆记略一卷》（编号0407）

006. 清刻本《广事类赋四十卷》（编号0513）

007. 清康熙刻本《姚端恪公文集十八卷》（编号0580）

008. 清康熙刻本《绵津山人诗集三十一卷》（编号0593）

009. 清刻本《放鹤村文集五卷》（编号0594）

010. 清刻本《省吾斋古文集十二卷》（编号0619）

011. 清乾隆刻本《圣驾南巡赋不分卷》（编号0657）

特颁此证。

山东省文化和旅游厅

二〇一九年五月

经山东省人民政府批准，诸城市图书馆共有2部古籍入选第五批《山东省珍贵古籍名录》：

001. 清乾隆十八年（1753）聚锦堂刻本《新镌注释故事白眉十卷》（编号0381）

002. 清刻本《艮斋文选一卷》（编号0447）

特颁此证。

山东省文化和旅游厅

二〇二三年五月

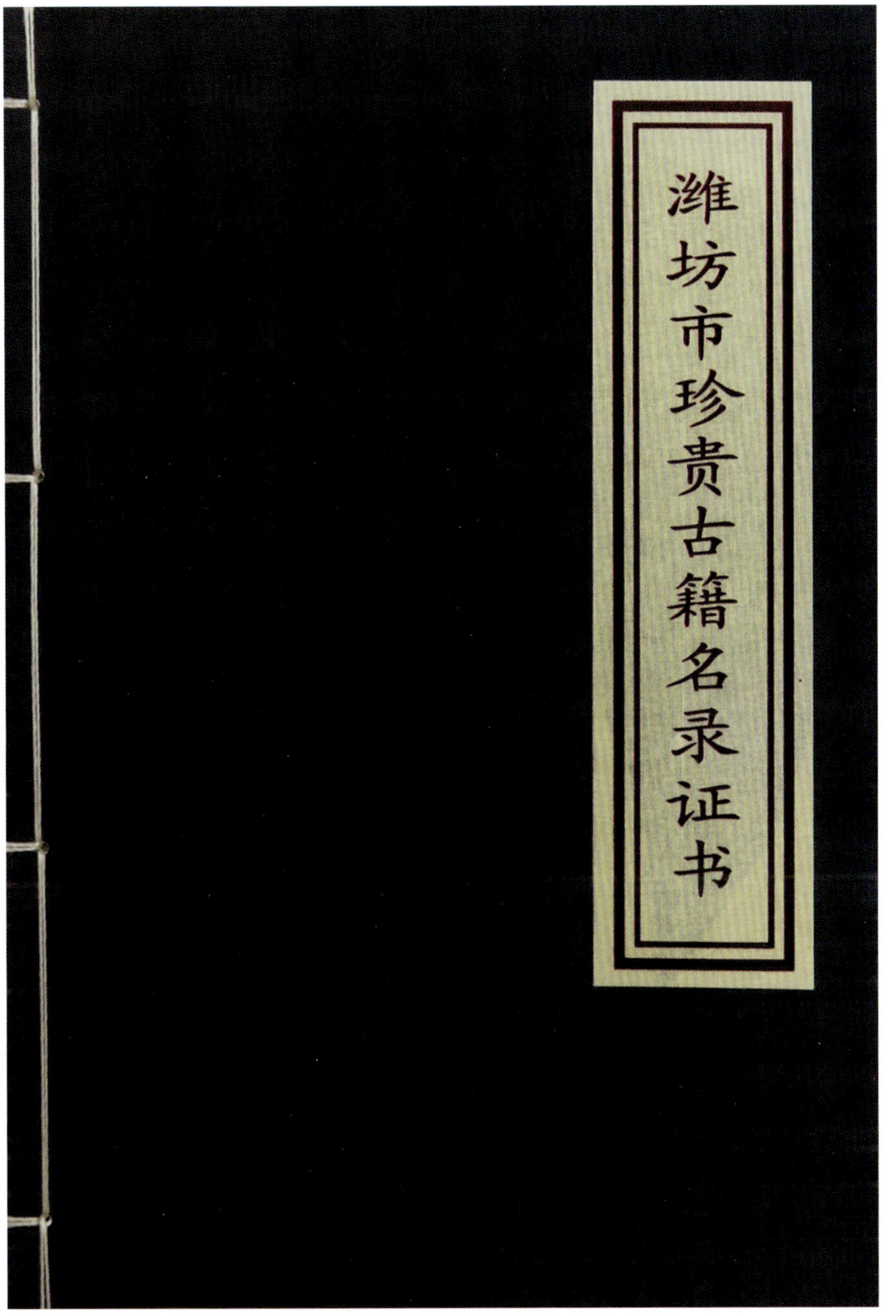
潍坊市珍贵古籍名录证书

经潍坊市人民政府批准，诸城市图书馆共有 85 部古籍入选《潍坊市珍贵古籍名录》。

特颁此证。

潍坊市文化广电新闻出版局

二〇一四年七月

# 序

諸城位于山東省中東部，濰坊市境東南端，濰河上游。諸城歷史悠久，文化燦爛，歷代名人燦若繁星。“至今東魯遺風在，十萬人家盡讀書”，諸城自古以來就有“文化之邦”的美譽。諸城歷代文化事業興盛，名人輩出，歷代文人墨客、賢臣良將在這块土地上，留下了藏量豐富的古籍文獻。

諸城歷史上著作豐厚的名人有：丁耀亢，作品有詩集《陸舫詩草》《椒丘詩》《江干草》等，剧本《化人游》《赤松游》《表忠記》等，小説《續金瓶梅》等，在清初文壇頗負盛名；李澄中，平生所爲詩文，編有《卧象山房文集》《艮齋文選》《滇南日記》等，爲山左三大家之一；竇光鼐，著作有《省吾齋稿》《省吾齋文集》等，有“文官御史祖，一代帝王師”之稱；劉墉，有墨迹《劉諸城家書真迹》，所著有《石庵詩集》《劉文清公遺集》《劉文清公應製詩集》等，有“濃墨宰相”之稱；王賡言，乾隆五十八年(1793)進士，好學工詩，著有《簣山堂詩集》《車中吟》《東武詩存》《四書释文》等；臧燿初，其平生肆力于學，著述甚多，今可考見者有《周易蒙求》《姓氏彙編》《諸城山海物産志》《雩東山莊八景圖》《双聲叠韻檢》《文字根力論》《天書》《餘人話真詩草集》《外集》等。諸城歷史上文化繁榮昌盛，著書刻書藏書蔚然成風。著名的藏書樓有清代諸城舉人李仁煜的王氏“萬卷書楼”、諸城“五大家族”之一王維樸父子的王氏“商盉堂”、諸城城里著名藏書家孟昭鴻家族的孟氏“静遠堂”等。

我市自2008年開始的古籍普查工作取得了豐碩成果，在全市五个收藏單位共普查出明代至民國古籍977部6204册，包括明代32部161册，清代790部4809册，民國155部1234册，其中珍貴古籍161部1011册。这五个收藏單位共有7个館藏地點，分别爲諸城市圖書館館藏一264部1244册，諸城市圖書館館藏二588部3352册，諸城市檔案館17部58册，諸城市實驗中學圖書館24部556册，諸城市實驗初級中學圖書館34部206册，諸城市第一中學圖書館館藏一26部468册，諸城市第一中學圖書館館藏二24部320册。2009年4月，諸城市圖書館被山東省人民政府和山東省文化廳公布爲首批“山東省古籍重点保護單位”，同時有9部古籍被山東省文化廳批准入選第一批《山東省珍貴古籍名録》；2012年1月，24部古籍入選第二批《山東省珍貴古籍名録》；2014年6月，14部古籍入選第三批《山東省珍貴古籍名録》；2019年5月，11部古籍入選第四批《山東省珍貴古籍名録》。2023年5月，2部古籍入選第五批《山東省珍貴古籍名録》。2014年7月，諸城市圖書館有85部古籍入選《濰坊市珍貴古籍名録》，并被濰坊市人民政府和濰坊市文化廣電新聞出版局公布爲"濰坊市古籍重點保護單位"。諸城市圖書館館藏24部諸城人士著作入選《山東省珍貴古籍名録》，包括丁耀亢的《陸舫詩草》《椒丘詩》《江干草》《家政須知》，隋平的《瑯邪詩略》，丘橓的《四書摘訓》，李澄中的《李澄中詩抄》，竇光鼐的《省吾齋稿》，張侗的《卧象山志》，臧振榮的《太古園詩草》，臧燿初的《雩東山莊八景圖》和《諸城山海物產志》等。

諸城市圖書館非常重視古籍普查和保護工作。1999年，借諸城市圖書館新館落成之機，專門設置獨立的古籍書庫。自2008年以來，先後投資22萬元，購置了樟木密集書架存放古籍，配置了新函套、空調、空氣净化器、除濕機、恒温恒濕機等保障設備。2008年，在博物館設立古籍書庫二。在對每个單位的古籍進行普查登記的過程中，工作人員對每一部古籍皆按《古籍著録規則》詳細核對，認真著録，多次到書庫校對數據，做了大量細緻的工作。

我们編輯本書，旨在展現我市古籍普查保護現狀，唤起民衆保護意識，展示我市古籍的收藏分布情况，讓古籍里的文字活起來，同時展望我市古籍保護开發利用前景，爲弘揚中華优秀傳統文化、繁榮地方文化事業發揮积極作用。

本書的編輯出版，得到山東省和濰坊市古籍保護中心、諸城市委宣傳部和文旅局以及山東省圖書館和濰坊市圖書館、諸城市各古籍收藏單位的鼎力支持和幫助。本書大量數據得到山東省圖書館古籍專家杜雲虹主任、唐桂艷副主任的審校，從而更加準確和完善。山東省圖書館辛鏡之老師多次幫助我们對不識古籍鈐印進行辨識。本書在編纂出版過程中一直得到濰坊市圖書館館長鄭曉光及古籍部王彭蘭主任的關注和支持。本書書影由鄭召玉女士協助拍攝。本書也得到諸城市各古籍收藏單位領導的鼎力支持。在此深表感謝！

由于一些古籍年代久遠，殘缺不全，加之我們水平有限，在編輯過程中難免會出現一些錯誤或紕漏，誠望各位專家、讀者予以批評斧正。

編　者

2023年4月

# 凡　例

一、本書收録諸城市圖書館、諸城市檔案館、諸城市第一中學圖書館、諸城市實驗中學圖書館、諸城市實驗初級中學圖書館五家收藏單位所藏古籍。本書分兩部分編輯，第一部分是古籍書目，共 977 條；第二部分是古籍圖録，共 147 條，爲入选山東省和濰坊市珍貴古籍名録古籍及諸城古籍地方文獻著作。

二、本書收録各館 1912 年之前具有中國古典裝幀形式的漢文書籍共 822 部 4970 册，民國時期文獻 155 部 1234 册。

三、本書依經、史、子、集、叢分類排列，即四部之後，設叢部，收彙刻叢書之屬。

四、各書之著録，依次爲書名、卷數、編著者、版本（含批校題跋）、册函數、存卷數（存卷全者不著）、版框開本尺寸、行款、提要（牌記、序跋、刻工、藏印等）、收藏單位代碼。編者擬定内容皆加[]。

五、書名依原書卷端所題著録，原書多卷而各卷題名不一者，以首卷卷端題名爲準。卷數按原書的實際數量著録（子卷不計算），凡殘缺不全之書，現存卷數著于存卷數卷次項；原書卷數無可考時，書名下著方框□卷或□□卷；不分卷者，篇幅較小者著録爲一卷，篇幅較大者著録爲不分卷。

六、地方志于書名前冠以纂修時代，加方括號。如方志原書名已冠有時代年號，按原書名著録，不再加方括號。

七、著者皆著録其本名，不題别號或字。其題名用别號，或後人編輯時題别名者，均予劃一。本名無考或待考者，照書中原題著録。無原著者，不著或□□加著作方式。

凡著者更易本名，或不同版本題名不同時，均照原書所題著録。僞托之書，或著者相沿疑信難定者，著録"題某代某人撰"。清代以前的著者，著録朝代名稱，民國元年及新中國成立以前的著者年代爲民國。

八、古籍版本項，凡本書有年代可據或其他資料可考者，詳著其刊刻年代，用朝代名稱、年號、紀年著録，并在其後括號内標註公元紀年；具體年代不清者，衹著録朝代，或朝代、年號。有明確的出版者則著録其姓名，或室名别號，不明確者不著録。有明確的出版地著録之，無者不著録。版本類别，分别情況著録爲刻本、抄本、稿本、寫本、活字本、鉛印本、石印本、影印本等。同一書有多種刻本，勿論版本是否相同，均分别各立條目。抄本書有資料可考者，詳著其抄寫年代及抄寫者姓名，如無依據，則統稱某朝抄本，如清抄本。

九、凡批、校、題跋，有責任者可考的著録，不可考的不著録。批校題跋者，均著録其本名，不用字或别號，本名無可考者，按書中所題著録。

十、叢書及各部類彙編之書，子目均照原書目録，依次排列。原書無目録可據者，按類别或子目著者時代排列。同一種書同一版本收録兩部以上複本時，第一部著録子目，以下各部子目從略。同一種書版本不同者，按原書照録子目。叢書殘缺不全者，按實存詳著子目。

十一、各款目按部、類、屬的順序排列。同類屬之書，凡内容有時間特徵的，按内容反映的時間排序；凡内容有地域特徵的，按内容反映的地域特徵排序；其他各書，以著者時代先後爲序。同一書有多種版本時，按時代先後順序，先刻本，次抄本，有稿本者，排在各本之前。

十二、各書條目前均有編號，後附有館藏單位及地點代碼，諸城市圖書館館藏一（1）、諸城市圖書館館藏二（2）、諸城市檔案館（3）、諸城市實驗初級中學圖書館（4）、諸城市第一中學圖書館館藏一（5）、諸城市第一中學圖書館館藏二（6）、諸城市實驗中學圖書館（7）。

十三、編製書名分類索引、書名筆畫索引，附于名録圖録之後。

十四、書影部分仍依經、史、子、集、叢分類順序排列，同一類目下按著作年代排序。

# 目　録

## 古籍書目

## 集　部



## 叢　部



# 古籍圖録

# 索　引

# 古籍書目

# 經　部

## 總　類

0001　**九經**　(明)秦鏷訂正

清觀成堂刻本

12 册(1 函)

版框 14.5cm×10cm　開本 22cm×12cm

13 行 24 字,白口,四周雙邊,無魚尾。子目:周易三卷、書經四卷、詩經四卷、春秋左傳十七卷、禮記六卷、周禮六卷、孝經一卷、論語二卷、孟子七卷。封面題:宋本音釋　秦板句讀　九經　觀成堂藏板。正文卷端題:周易　錫山秦鏷訂正。

(2)

0002　**七經精義**　(清)黄淦纂

清嘉慶十二年(1807)刻本

3 册(1 函)　存 3 種 7 卷:《周易精義》卷首、卷 1,《書經精義》卷 4、卷末,《詩經精義》卷 3、卷 4、卷末

版框 18cm×14cm　開本 23.5cm×15.5cm

11 行 20 字,白口,四周雙邊,單黑魚尾。封面題:嘉慶十二年夏鎸　七經精義　武林黄淦緯文氏纂　尊德堂原本。前有嘉慶八年黄淦撰《自序》。正文卷端題:周易精義　武林黄淦緯文氏纂　同學諸子糸校。

按《中國古籍定級標準》,此書被定爲三級丙等古籍,作善本收藏。

(2)

## 易　類

0003　**寄傲山房塾課纂輯易經備旨七卷附周易精義**　(清)鄒聖脈纂輯

(清)鄒廷猷編次　(清)鄒景揚　(清)鄒景鴻　(清)鄒景章訂

清光緒十二年(1886)上海點石齋石印本

12 册(1 函)

版框 9.8cm×6.8cm　開本 12cm×7.6cm

三欄，上欄 34 行 6 字，中欄 34 行 17 字，下欄 17 行 30 字，小字雙行同，白口，四周雙邊，單黑魚尾。封面題：光緒丙戌初春　易經備旨　莊口。牌記題：光緒十有二年春王月上海點石齋代印。正文卷端題：寄傲山房塾課纂輯易經備旨　霧閣鄒聖脈梧岡氏纂輯　男廷猷可庭氏編次。

（2）

0004　**監本易經四卷**　（宋）朱熹撰

清滙源堂刻本

4 册（1 函）

版框 20.5cm×12.6cm　開本 24.5cm×15.5cm

二欄，上欄 22 行 2 字，下欄 11 行 23 字，小字雙行同，白口，左右雙邊，無魚尾。封面題：字遵正韻　較對無訛　滙源堂監本易經。前有《周易序》。版心下鎸：滙源。

（1）

0005　**監本易經四卷**　（宋）朱熹撰

清嘉慶二十二年（1817）蕭山裕文堂刻本

2 册（1 函）

版框 19cm×13.2cm　開本 24.2cm×15.1cm

二欄，上欄 18 行 3 字，下欄 9 行 17 字，小字雙行同，白口，左右雙邊，無魚尾。封面題：嘉慶丁丑年新鐫　較正點畫字音無訛　監本易經　蕭山裕文堂藏板。前有《周易序》。版心下鎸：裕文堂。

（1）

0006　**監本易經四卷**　（宋）朱熹撰

清光緒三年（1877）成文堂刻本

3 册（1 函）

版框 19.5cm×13.5cm　開本 24.2cm×16cm

二欄，上欄 18 行 3 字，下欄 9 行 17 字，白口，左右雙邊，單黑魚尾。封面題：光緒三年重刊　監本易經　成文堂藏板。前有《周易序》。

（2）

0007　**監本易經四卷**　（宋）朱熹本義

清宣統元年（1909）成和堂刻本

4 册（1 函）

版框 18.5cm×12.8cm　開本 23.1cm×14.5cm

二欄，上欄 22 行 2 字，下欄 11 行 23 字，白口，四周單邊，無魚尾。封面題：宣統己酉孟冬新鐫　悉遵宋刊點畫無訛　監本易經　成和堂藏板。前有《周易序》。正文卷端題：周易　朱熹本義。版心上鎸：周易。

（2）

0008 **監本易經四卷** (宋)朱熹撰
清宣統元年(1909)成和堂刻本
4 册(1 函)
版框 19cm×12.8cm 開本 23.5cm×14.5cm
二欄,上欄 22 行 2 字,下欄 11 行 23 字,白口,四周單邊,無魚尾。封面題:宣統己酉孟冬新鐫 悉遵宋刊點畫無訛 監本易經 成和堂藏板。

(2)

0009 **監本易經四卷** (宋)朱熹撰
清光緒三年(1877)德盛堂刻本
2 册(1 函)
版框 19.5cm×12.8cm 開本 24cm×14.5cm
二欄,上欄 22 行 2 字,下欄 11 行 23 字,白口,左右雙邊,無魚尾。封面題:光緒丁丑年新鐫 悉遵宋刊點畫無訛 監本易經 德盛堂藏板。前有《周易序》。

(2)

0010 **監本易經四卷** (宋)朱熹撰
清寶書堂刻本
4 册(1 函)
版框 19.3cm×13cm 開本 25.7cm×15.2cm
二欄,上欄 22 行 2 字,下欄 11 行 23 字,白口,左右雙邊,無魚尾。封面題:遵依正韻 監本易經 寶書堂藏板。前有《周易序》。

(2)

0011 **監本易經四卷** (宋)朱熹撰
清敬文堂刻本
2 册(1 函) 存 2 卷:卷 1—2
版框 20.5cm×13cm 開本 24.5cm×15.5cm
二欄,上欄 22 行 2 字,下欄 11 行 23 字,白口,左右雙邊,無魚尾。封面題:遵依正韻 監本易經 敬文堂藏板。前有《周易序》。佚名批點題跋。

(2)

0012 **來瞿唐先生易註十五卷首一卷末一卷** (明)來知德撰
清嘉慶十四年(1809)寧遠堂刻本
9 册(1 函)
版框 22cm×13cm 開本 27.3cm×17cm
9 行 22 字,白口,四周雙邊,單黑魚尾。封面題:校對無訛 嘉慶己巳 重刻易經來註。前有《重刻易經來註跋》。版心下鐫:寧遠堂。正文有圖。《來瞿唐先生易註》是來知德對《周易》的註解。

(1)

0013 **易經備旨七卷** (清)鄒聖脈纂輯
清刻本
6 册(1 函) 存 5 卷:卷 1,3—6
版框 21cm×14cm 開本 25.2cm×15.5cm
二欄,上欄 22 行 5 字,下欄 11 行 25 字,白口,小字雙行同,四周單邊,單黑魚尾。

(2)

0014 **易經體註大全四卷** (清)來爾繩纂輯 & **周易本義四卷** (宋)朱熹撰
清乾隆二十九年(1764)光霽堂刻本
2 册(1 函) 存 2 卷:卷 1—2
版框 23.5cm×15cm 開本 26.5cm×16.5cm
二欄,上欄 23 行 24 字,下欄 11 行 23 字,白口,左右雙邊。封面題:乾隆甲申年鐫 苕溪范紫登先生原本 蕭山來木臣先生纂輯 易經體註 光霽堂梓行。前有《易經體註大全序》。版心下鎸:光霽堂。鈐印"江南省狀元境内光霽堂周氏書林發兑流通"。
按《中國古籍定級標準》,此書被定爲三級乙等古籍,作善本收藏。

(1)

0015 **御纂周易述義十卷** (清)傅恒等撰
清道光十八年(1838)刻本
6 册(1 函)
版框 21cm×16.3cm 開本 29cm×19cm
8 行 20 字,白口,四周雙邊,單黑魚尾。封面題:道光戊戌年重鐫 御纂周易述義。鈐印"中州臧氏珍藏"。前有《御纂周易述義序》。

(2)

0016 **御纂周易述義十卷** (清)傅恒等撰
清刻本(清翻刻内府本)
7 册(1 函) 存 8 卷:卷 1—8
版框 22cm×15.8cm 開本 24.8cm×17.2cm
8 行 20 字,白口,四周雙邊,單黑魚尾。封面題:御纂周易述義。前有《御纂周易述義序》。

(2)

0017 **周易本義四卷** (宋)朱熹撰
清嘉慶十三年(1808)敬書堂刻本
3 册(1 函)
版框 18.9cm×14.2cm 開本 26cm×16cm
9 行 17 字,小字雙行同,白口,四周單邊,單黑魚尾。書衣題:易經。封面題:嘉慶戊辰春鐫 敬書堂周易 點畫較對無訛。前有《周易序》。次有目録、圖目。正文卷端題:周易。版心上鐫:易經。

(2)

0018 **周易本義四卷** (宋)朱熹撰

清刻本

3冊(1函) 存3卷:卷1—3

版框18.3cm×12.5cm 開本23.5cm×14cm

二欄,上欄22行2字,下欄11行23字,小字雙行同,白口,左右雙邊,無魚尾。版心上鐫:周易。

(2)

0019 **周易傳義大全二十四卷** (明)胡廣等撰

清刻本

9冊(1函) 存12卷:卷1—11,14

版框19.1cm×14.1cm 開本23.9cm×15.5cm

8行21字,小字雙行同,白口,四周單邊。前有《易序》《周易程子傳序》。版心上鐫:周易大全。《凡例》第五行不避玄。

(2)

0020 **狀元易經四卷** (宋)朱熹撰

清金閶會友堂刻本

4冊(1函)

版框18.4cm×13.3cm 開本24cm×15cm

9行17字,小字雙行,白口,左右雙邊,單黑魚尾。封面題:悉遵宋刊點畫無訛 狀元易經 金閶會友堂藏板。前有《周易序》。書内有圖。

(1)

0021 **狀元易經四卷** (宋)朱熹撰

清怡翰齋刻本

3冊(1函)

版框18.7cm×14cm 開本24cm×15.5cm

9行17字,小字雙行,白口,左右雙邊,單黑魚尾。封面題:悉遵宋刊點畫無訛 狀元易經 怡翰齋藏梓。前有《周易序》。有圖。書名據封面題録,表明版本源流。

(2)

## 書 類

0022 **鳳泉書經八卷** (宋)蔡沈集傳

清嘉慶十四年(1809)金閶書業堂刻本

4冊(1函) 存6卷:卷1—6

版框20.4cm×14.2cm 開本24.3cm×15.5cm

二欄,上欄 18 行 3 字,下欄 9 行 17 字,小字雙行同,白口,四周單邊,單黑魚尾。封面題:嘉慶十四年秋鐫　悉遵宋刊點畫無訛　鳳泉書經　金閶書業堂梓行。前有《書經集傳序》。

(2)

0023　**監本書經六卷**　(宋)蔡沈撰

清道光二十三年(1843)崇茂堂刻本

4 册(1 函)

版框 18.4cm×13.5cm　開本 23.6cm×15.3cm

二欄,上欄 18 行 3 字,下欄 9 行 17 字,小字雙行同,白口,左右雙邊,無魚尾。封面題:道光癸卯年重刊　監本書經　崇茂堂藏版。前有《書經集註序》。

(1)

0024　**監本書經六卷**　(宋)蔡沈撰

清光緒五年(1879)子雲堂刻本

4 册(1 函)

版框 19.8cm×12.5cm　開本 23.5cm×14.5cm

上欄 18 行 3 字,下欄 9 行 17 字,小字雙行同,白口,左右雙邊,無魚尾。封面題:光緒五年冬新鐫　悉遵宋刊點畫無訛　監本書經　子雲堂藏板。前有《書集傳序》。

(1)

0025　**監本書經六卷**　(宋)蔡沈撰

清同治八年(1869)修文堂刻本

4 册(1 函)

版框 20cm×14.2cm　開本 23.9cm×15.7cm

二欄,上欄 18 行 3 字,下欄 9 行 17 字,小字雙行同,白口,左右雙邊,單黑魚尾。書衣題:修文堂監本書經。鈐印"修文堂記"。封面題:同治己巳年春鐫　監本書經　修文堂記藏板。前有《書經集傳序》。次有目録。

(2)

0026　**奎壁書經六卷**　(宋)蔡沈撰

清光緒德盛堂刻本

3 册(1 函)　存 5 卷:卷 1—3,5—6

版框 19cm×13cm　開本 23.8cm×14.5cm

二欄,上欄 18 行 2 字,下欄 9 行 17 字,小字雙行同,白口,左右雙邊,無魚尾。封面題:光緒壬年孟冬鐫　校正一字無譌　奎壁書經　德盛堂藏板。前有《書集傳序》。

(2)

0027　**奎壁書經六卷**　(宋)蔡沈撰

清文錦堂刻本

4 册(1 函)

版框 17.8cm×12.5cm　開本 22cm×14.5cm

二欄,上欄 18 行 2 字,下欄 9 行 17 字,小字雙行同,白口,左右雙邊。封面題:校對無訛　奎壁書經　文錦堂藏板。前有《書集傳序》。

(2)

0028　**奎壁書經六卷**　(宋)蔡沈撰

清宣統元年(1909)成和堂刻本

4 册(1 函)

版框 18cm×12.3cm　開本 23.7cm×14.2cm

二欄,上欄 18 行 2 字,下欄 9 行 17 字,小字雙行同,白口,左右雙邊,無魚尾。封面題:宣統元年孟冬鐫　校正一字無譌　奎壁書經　成和堂藏板。前有《書集傳序》。牌記題:莆陽鄭氏訂本　金陵奎壁齋梓。

(1)

0029　**奎壁書經六卷**　(宋)蔡沈撰

清宣統元年(1909)成和堂刻本

4 册(1 函)

版框 18.1cm×13cm　開本 23.3cm×14.4cm

二欄,上欄 18 行 2 字,下欄 9 行 17 字,小字雙行同,白口,左右雙邊,無魚尾。封面題:宣統元年孟冬鐫　校正一字無譌　奎壁書經　成和堂藏板。前有嘉定己巳蔡沈撰《書集傳序》。牌記題:莆陽鄭氏訂本　金陵奎壁齋梓。

(2)

0030　**尚書離句六卷**　(清)錢在培輯解　(清)劉梅垞鑒定

清敬藝堂刻本

3 册(1 函)　存 5 卷:卷 1—2,4—6

版框 19.3cm×13.8cm　開本 24.2cm×15.3cm

10 行 24 字,小字雙行同,白口,左右雙邊,單黑魚尾。封面題:仁和錢蒼益輯解　尚書　敬藝堂藏板。前有序。鈐印"讀古人書"。正文卷端題:尚書離句　湘潭劉梅垞夫子鑒定　仁和錢在培蒼益輯解。

(2)

0031　**尚書體註約解合參六卷**　(清)洪輔聖　(清)洪佐聖　(清)洪翼聖著　(清)洪文衡增訂　(清)洪正治　(清)洪肇楙等校編 & **書經集註六卷**　(宋)蔡沈集註

清乾隆五十五年(1790)金閶書業堂刻本

4 册(1 函)

版框 19cm×14cm　開本 24.5cm×15cm

二欄,上欄 18 行 22 字,下欄 9 行 17 字,小字雙行同,白口,左右雙邊,單黑魚尾。書衣題:書經。封面題:洪隣虞先生纂輯　范紫登先生重訂　書經體註約解

合衆　乾隆庚戌重刊　金閶書業堂梓行。前有《尚書體註約解序》。有圖。
按《中國古籍定級標準》,此書被定爲三級乙等古籍,作善本收藏。

(1)

0032　**書集傳六卷**　(宋)蔡沈撰
清金陵奎壁齋訂莆陽胡氏校刻本
3册(1函)　存5卷:卷2—6
版框18.5cm×13.2cm　開本24cm×14.2cm
二欄,上欄18行3字,下欄9行17字,小字雙行同,白口,左右雙邊。正文卷端題:書　蔡沈集傳。卷末題:金陵奎壁齋訂本　莆陽胡氏校梓。

(1)

0033　**書集傳六卷**　(宋)蔡沈撰
清刻本
2册(1函)　存3卷:卷2—4
版框18cm×13cm　開本24cm×15cm
二欄,上欄18行2字,下欄9行17字,小字雙行同,白口,左右雙邊,無魚尾。

(2)

0034　**書集傳六卷**　(宋)蔡沈撰
清刻本
2册(1函)　存3卷:卷4—6
版框19cm×12.5cm　開本23.5cm×14.5cm
二欄,上欄18行2字,下欄9行17字,小字雙行同,白口,左右雙邊,無魚尾。

(2)

0035　**書經精華六卷**　(清)薛嘉穎輯
清光緒二年(1876)緯文堂刻本
4册(1函)
版框21cm×12.1cm　開本24.5cm×15cm
二欄,上欄16行8字,下欄12行15字,小字雙行30字,白口,四周雙邊,單黑魚尾。封面題:光緒丙子仲冬新鐫　書經精華　緯文堂藏板。前有《書序》。版心下鎸:光韙堂鐫。

(1)

0036　**書經精華六卷**　(清)薛嘉穎輯
清光緒二十三年(1897)德盛堂刻本
4册(1函)
版框20.6cm×12.9cm　開本25cm×14.5cm
二欄,上欄16行8字,下欄12行15字,小字雙行30字,白口,四周雙邊,單黑魚尾。封面題:光緒丁酉仲秋新鐫　書經精華　德盛堂藏板　翻刻必究。前有《書序》。

(1)

0037　**書經精華六卷**　(清)薛嘉穎輯

清光韙堂刻本

3册(1函)　存3卷:卷4—6

版框21cm×12.3cm　開本25cm×15.7cm

二欄,上欄16行8字,下欄12行15字,小字雙行30字,白口,四周雙邊,單黑魚尾。書衣題:書經精華　卷四。版心鎸:書經精華。版心下鎸:光韙堂鎸。

(2)

0038　**書經精華六卷**　(清)薛嘉穎輯

清光韙堂刻本

3册(1函)　存3卷:卷4—6

版框21cm×12.3cm　開本25cm×15.7cm

二欄,上欄16行8字,下欄12行15字,小字雙行30字,白口,四周雙邊,單黑魚尾。書衣題:書經精華　卷四。版心鎸:書經精華。版心下鎸:光韙堂鎸。與0036合函,實爲2部共6册,各存卷4—6。

(2)

0039　**書經精華六卷**　(清)薛嘉穎輯

清光緒二年(1876)緯文堂刻本

3册(1函)　存4卷:卷1—4

版框21.5cm×12.3cm　開本24.2cm×15.2cm

二欄,上欄16行8字,下欄12行15字,小字雙行30字,白口,四周雙邊,單黑魚尾。封面題:光緒丙子仲冬新鐫　書經精華　緯文堂藏板。前有《書序》。版心下鎸:光韙堂鎸。

(1)

0040　**書經體註大全合參六卷**　(清)錢希祥纂輯　(清)范翔參訂 & **書經集傳六卷**　(宋)蔡沈撰

清光緒十四年(1888)成文堂刻本

4册(1函)

版框20cm×12.5cm　開本25cm×15cm

二欄,上欄19行25字,下欄18行17字,白口,四周雙邊,單黑魚尾。封面題:光緒戊子孟春新刊　范紫登先生參訂　書經體註圖考大全　成文堂藏板。前有《書經體註合參序》。有圖。

(1)

0041　**書經體註大全合參六卷**　(清)錢希祥纂輯　(清)范翔鑒定 & **書經集傳六卷**　(宋)蔡沈撰

清刻本(佚名批點)

4册(1函)

版框28cm×13.5cm　開本25cm×16cm

二欄,上欄 21 行 25 字,下欄 9 行 17 字,小字雙行同,白口,四周單邊,單黑魚尾。書衣題:書經體註。封面題:鍾山錢再文先生纂輯　苕溪范紫登先生參定　書經體註圖考大全　金閶書業堂藏板。前有雍正乙巳錢希祥撰《書經體註合參序》。有圖。

(1)

0042　**狀元書經六卷**　(宋)蔡沈撰

清光緒三十一年(1905)成文堂刻本

4 册(1 函)

版框 18.2cm×12.5cm　開本 23.4cm×14.5cm

二欄,上欄 18 行 3 字,下欄 9 行 17 字,小字雙行同,白口,左右雙邊,無魚尾。書衣題:書經。鈐印"閒雲野鶴""一生多伴白雲處""□□□□杜□"。封面題:光緒三十一年孟春月　狀元書經　成文堂重梓。前有宋嘉定己巳蔡沈撰《書集傳序》。牌記題:莆陽鄭氏訂本　金陵奎壁齋梓。次有目録。

(2)

0043　**狀元書經六卷**　(宋)蔡沈撰

清光緒三十一年(1905)成文堂重刻本

4 册(1 函)

版框 19.5cm×12.4cm　開本 24cm×14.4cm

二欄,上欄 18 行 3 字,下欄 9 行 17 字,小字雙行同,白口,左右雙邊,無魚尾。書衣題:書經。鈐印"閒雲野鶴""一生多伴白雲處""□□□□杜□"。封面題:光緒三十一年孟春月　狀元書經　成文堂重梓。前有宋嘉定己巳蔡沈撰《書集傳序》。牌記題:莆陽鄭氏訂本　金陵奎壁齋梓。

(1)

## 詩　類

0044　**初刻黄維章先生詩經娜嬛體註八卷**　(明)黄文焕撰　(清)范翔重訂 & **詩經集傳八卷**　(宋)朱熹撰

清道光十四年(1834)琴川書屋刻本

4 册(1 函)

版框 21cm×14.2cm　開本 24.1cm×15cm

二欄,上欄 21 行 27 字,下欄 10 行 17 字,小字雙行同,白口,四周單邊,單黑魚尾。封面題:道光甲午重刊　詩經娜嬛體註大全　琴川書屋藏板。前有《重刻詩經序》。

(1)

0045　**韓詩外傳十卷**　(漢)韓嬰撰

民國石印本(據民國上海涵芬樓藏明沈氏野竹齋刊本)

2 册(1 函)

版框 14.3cm×10.5cm　開本 20cm×13.2cm

9 行 17 字,白口,四周單邊,單黑魚尾。牌記題:民國上海涵芬樓藏明沈氏野竹齋刊本原書版匡高營造尺六寸二分寬四寸六分。封面題:韓詩外傳十卷　四部叢刊經部。

(4—1)

0046　**監本詩經八卷**　(宋)朱熹撰

清宣統元年(1909)成和堂刻本

4 册(1 函)

版框 17.7cm×13cm　開本 23.2cm×14.5cm

二欄,上欄 18 行 2 字,下欄 9 行 17 字,小字雙行同,白口,左右雙邊,無魚尾。封面題:宣統己酉年鐫　遵依一定字樣　較正點畫無訛　監本詩經　成和堂藏板。前有《詩傳序》。

(1)

0047　**監本詩經八卷**　(宋)朱熹撰

清文錦堂刻本

8 册(1 函)

版框 17.3cm×10.3cm　開本 24cm×14cm

二欄,上欄 18 行 2 字,下欄 9 行 17 字,小字雙行同,白口,四周單邊,單黑魚尾。封面題:洪武正韻　遵依　監本詩經　文錦堂梓行。前有淳熙四年朱熹撰《詩經傳序》。版心下鎸:文錦堂。

(2)

0048　**監本詩經八卷**　(宋)朱熹撰

清咸豐十一年(1861)成文堂刻本

4 册(1 函)

版框 18.3cm×14.1cm　開本 24.2cm×15.2cm

二欄,上欄 18 行 3 字,下欄 9 行 17 字,小字雙行同,白口,左右雙邊,單黑魚尾,眉上有批。封面題:咸豐辛酉年春鐫　悉遵宋刊點畫無訛　監本詩經　成文堂藏板。鈐印"大吉大成"。前有《詩經傳序》。

(1)

0049　**奎壁詩經八卷**　(宋)朱熹撰

清光緒成文堂刻本

4 册(1 函)

版框 17.4cm×12.5cm　開本 23cm×14.5cm

二欄,上欄 18 行 2 字,下欄 9 行 17 字,小字雙行同,白口,左右雙邊,無魚尾。封面題:光緒年月新鐫　正韻字體　奎壁詩經　成文堂板。前有《詩傳序》。

(2)

0050 **奎壁詩經八卷** (宋)朱熹撰
清光緒五年(1879)成文堂記刻本
4册(1函)
版框 18.8cm×12.4cm 開本 24.3cm×14.7cm
二欄,上欄 18 行 2 字,下欄 9 行 17 字,小字雙行同,白口,左右雙邊,無魚尾。封面題:光緒己卯春鐫 正韻字體 奎壁詩經 成文堂記梓行。前有《詩傳序》。
(1)

0051 **奎壁詩經八卷** (宋)朱熹撰
清光緒成文堂刻本
4册(1函)
版框 18cm×12.5cm 開本 23.5cm×14.5cm
二欄,上欄 18 行 2 字,下欄 9 行 17 字,小字雙行同,白口,左右雙邊,無魚尾。封面題:光緒年月新鐫 正韻字體 奎壁詩經 辛未成文堂板。前有《詩傳序》。封面、序、正文卷多處書:辛未。
(2)

0052 **奎壁詩經八卷** (宋)朱熹撰
清光緒十八年(1892)成文堂刻本
1册(1函) 存2卷:卷1—2
版框 19cm×13cm 開本 24.5cm×15cm
二欄,上欄 18 行 2 字,下欄 9 行 17 字,小字雙行同,白口,左右雙邊。封面題:光緒壬辰新鐫 正韻字體 奎壁詩經 成文堂梓行。前有《詩傳序》。
(2)

0053 **奎壁詩經八卷** (宋)朱熹撰
清光緒五年(1879)成文堂記刻本
4册(1函)
版框 18.2cm×12cm 開本 24.1cm×15.2cm
二欄,上欄 18 行 2 字,下欄 9 行 17 字,小字雙行同,白口,左右雙邊,無魚尾。封面題:光緒己卯春鐫 正韻字體 奎壁詩經 成文堂記梓行。
(2)

0054 **龍光詩經八卷** (宋)朱熹撰
清成文堂刻本
4册(1函)
版框 15.4cm×10cm 開本 20cm×12.3cm
二欄,上欄 18 行 2 字,下欄 9 行 17 字,小字雙行同,白口,左右雙邊,單黑魚尾。封面題:洪武正韻 較正無訛 龍光詩經 成文堂梓。
(1)

0055 **三刻黄維章先生詩經鄉嬛體註八卷** (明)黄文焕輯著 (清)范翔重訂 (清)沈三曾 (清)沈涵參定 & **詩經集註八卷** (宋)朱熹撰
清刻本
4 册(1 函)
版框 21.5cm×14cm 開本 28.5cm×16cm
二欄,上欄 11 行 27 字,下欄 9 行 17 字,小字雙行同,白口,左右雙邊,單黑魚尾。封面題:黄維章先生纂輯 苕溪范紫登先生重訂 詩經鄉嬛體註合參 濰縣成文信藏板。前有康熙十九年沈三曾撰《重刻詩經序》,序後署:沈三曾字志鋭督刻。序後牌記被挖去。尾題:吴永泰刻。

(1)

0056 **慎詒堂詩經八卷** (宋)朱熹撰 & **難字辨考一卷**
清慎詒堂刻本
4 册(1 函)
版框 20.8cm×13.2cm 開本 25.2cm×15.7cm
9 行 17 字,小字雙行同,白口,四周單邊,單黑魚尾。書衣題:文錦堂慎詒堂詩經。鈐印"文錦藏書"。封面題:慎詒堂詩經 遵依康熙字典點畫無訛 校訂精刊其審音叶韻 辨異類句 圖考備載 誠善本也 識者鑒之 山左文錦堂藏板圖説。正文卷端題:難字辨考 詩經句辨。版心下鎸:慎詒堂家藏。有圖。

(1)

0057 **詩八卷** (宋)朱熹集傳
清刻本
1 册(1 函) 存 1 卷:卷 5《小雅》
版框 17cm×12.9cm 開本 22.5cm×14.4cm
9 行 17 字,小字雙行 17 字,白口,四周單邊。版心鎸:小雅。

(4)

0058 **詩集傳八卷** (宋)朱熹撰
清刻本
1 册(1 函) 存 3 卷:卷 6—8
版框 18.5cm×12.5cm 開本 24.5cm×15.1cm
二欄,上欄 18 行 2 字,下欄 9 行 17 字,小字雙行同,白口,左右雙邊,無魚尾。

(2)

0059 **詩集傳八卷** (宋)朱熹撰
清刻本
1 册(1 函) 存 3 卷:卷 6—8
版框 17.9cm×12cm 開本 23.4cm×14cm
二欄,上欄 18 行 2 字,下欄 9 行 17 字,小字雙行同,白口,左右雙邊,無魚尾。

(2)

0060 **詩集傳八卷** (宋)朱熹撰
清刻本
2 册(1 函) 存 3 卷:卷 3—5
版框 18cm×12cm 開本 23cm×14.5cm
二欄,上欄 18 行 2 字,下欄 9 行 17 字,小字雙行同,白口,左右雙邊,無魚尾。
(2)

0061 **詩集傳八卷** (宋)朱熹撰
清刻本
1 册(1 函) 存 2 卷:卷 3—4
版框 18cm×13cm 開本 24.2cm×14.9cm
二欄,上欄 18 行 2 字,下欄 9 行 17 字,小字雙行同,白口,左右雙邊,無魚尾。
(2)

0062 **詩經精華十卷** (清)薛嘉穎輯
清刻本
3 册(1 函) 存 5 卷:卷 6—10
版框 21.4cm×13cm 開本 25cm×15.9cm
二欄,上欄 16 行 8 字,下欄 12 行 15 字,小字雙行 30 字,白口,四周雙邊,單黑魚尾。
(2)

0063 **詩經融註大全體要八卷** (清)高朝瓔定 (清)沈世楷輯 & **詩經集傳八卷** (宋)朱熹撰
清刻本
4 册(1 函)
版框 20cm×12.5cm 開本 24.5cm×14.5cm
二欄,上欄 20 行 26 字,下欄 9 行 17 字,白口,小字雙行同,左右雙行,單黑魚尾。書衣題:文德堂詩經體註圖考。鈐印"敬文堂藏書"。封面題:大文堂詩經體註。前有康熙辛卯高朝瓔撰《自叙》。有圖。
(2)

0064 **詩經融註大全體要八卷** (清)高朝瓔定 (清)沈世楷輯 & **詩經集傳八卷** (宋)朱熹撰
清光緒二十六年(1900)成文堂刻本
4 册(1 函)
版框 20.2cm×12.4cm 開本 24.4cm×14.5cm
二欄,上欄 20 行 26 字,下欄 9 行 17 字,白口,小字雙行同,左右雙邊,單黑魚尾。封面題:光緒庚子重刊 苕溪范紫登先生參定 詩經體註圖考大全 成文堂藏板。前有康熙辛卯高朝瓔撰《自叙》。版心下鐫:成文堂。有圖。
(2)

0065 **詩經融註大全體要八卷** (清)高朝瓔定 (清)沈世楷輯 & **詩經集傳八卷** (宋)朱喜撰

清康熙五十年(1711)步月樓刻本

4冊(1函)

版框20.7cm×14.3cm 開本24cm×15.4cm

二欄,上欄20行26字,下欄9行17字,小字雙行同,白口,左右雙邊,單黑魚尾。書衣題:詩經體註。封面題:范紫登先生原本 錢塘高介石纂輯 詩經體註圖考大全 步月樓藏板。前有康熙辛卯高朝瓔撰《自叙》。有圖。

按《中國古籍定級標準》,此書被定爲三級乙等古籍,作善本收藏。

(2)

0066 **詩經體註大全體要八卷** (清)高朝瓔定 (清)沈世楷輯 & **詩經八卷**

清光緒三年(1877)三盛堂記刻本

4冊(1函)

版框20.4cm×14.6cm 開本24.3cm×15.8cm

二欄,上欄20行26字,下欄9行17字,小字雙行同,白口,左右雙邊,單黑魚尾。封面題:光緒丁丑春鐫 苕溪范紫登先生參定 詩經體註圖攷大全 三盛堂記梓。前有叙。有圖。

(1)

0067 **詩叶考八卷** (清)陳天道輯著

清嘉慶十二年(1807)貽穀堂刻本

4冊(1函)

版框20.6cm×14.2cm 開本24.3cm×16.5cm

二欄,上欄18行6字,下欄9行20字,小字雙行同,白口,四周單邊,單黑魚尾。封面題:嘉慶十二年新鐫 黼棠錢大人鑒定 詩叶考 翻刻必究 貽穀堂藏板。前有嘉慶十一年錢樾撰《序》。正文卷端題:詩叶考 陳天道輯著。

(2)

0068 **御纂詩義折中二十卷** (清)傅恒等撰

清刻本

6冊(1函)

版框18cm×14.2cm 開本25.2cm×15.6cm

9行20字,小字雙行同,白口,左右雙邊,單黑魚尾。封面題:翰林院奉敕校對御纂詩義折中。前有乾隆二十年《御纂詩義折中序》。

(1)

0069 **御纂詩義折中二十卷** (清)傅恒等撰

清同治九年(1870)怡翰齋刻本

5冊(1函) 存17卷:卷1—17

版框18.3cm×14cm 開本25.5cm×15.5cm

9行20字,小字雙行同,白口,左右雙邊,單黑魚尾。封面題:同治庚午春鐫　御纂詩義折中　怡翰齋藏板。

(2)

0070　**御纂詩義折中二十卷**　(清)傅恒等撰

清同治九年(1870)怡翰齋刻本

6册(1函)

版框18.3cm×13.6cm　開本25cm×15.5cm

9行20字,小字雙行同,白口,左右雙邊,單黑魚尾,無直格。封面題:同治庚午春鐫　御纂詩義折中　怡翰齋藏板。前有《御纂詩義折中序》。

(2)

0071　**御纂詩義折中二十卷**　(清)傅恒等撰

清刻本

6册(1函)

版框18.7cm×13.5cm　開本24.5cm×15.5cm

9行20字,小字雙行同,白口,左右雙邊,單黑魚尾。書衣題:詩義折中。封面題:御纂詩義折中。前有乾隆二十年《御纂詩義折中序》。

(2)

0072　**御纂詩義折中二十卷**　(清)傅恒等撰

清刻本

6册(1函)

版框19.1cm×13.4cm　開本24cm×14.5cm

9行20字,小字雙行同,白口,四周雙邊,單黑魚尾。書衣題:詩經。封面題:翰林院奉敕校對　御纂詩義折中　承文新藏板。前有乾隆二十年《御纂詩義折中序》。

(2)

0073　**御纂詩義折中二十卷**　(清)傅恒等撰

清成文堂刻本

3册(1函)　存10卷:卷1—10

版框19.4cm×13.2cm　開本25cm×15.2cm

9行20字,小字雙行同,白口,四周雙邊,單黑魚尾。書衣題:詩義折中。封面題:翰林院奉敕校對　御纂詩義折中。前有《御纂詩義折中序》。版心下鐫:成文堂。

(2)

0074　**御纂詩義折中二十卷**　(清)傅恒等撰

清成文堂刻本

2册(1函)　存7卷:卷1—4,18—20

版框20.2cm×13.4cm　開本24.4cm×15cm

9行20字,小字雙行同,白口,四周雙邊,單黑魚尾。書衣題:詩義折中。封面題:翰林院奉敕校對　御纂詩義折中。前有《御纂詩義折中序》。版心下鐫:成文堂。

(2)

0075　**御纂詩義折中二十卷**　(清)傅恒等撰

清刻本

6冊(1函)

版框18.3cm×14cm　開本23.5cm×15.7cm

9行20字,小字雙行同,白口,左右雙邊,單黑魚尾。書衣題:詩義折中。封面題:御製詩義折中。前有《御纂詩義折中序》。

(2)

0076　**御纂詩義折中二十卷**　(清)傅恒等撰

清刻本

16冊(2函)

版框22cm×16cm　開本25.2cm×17.1cm

8行20字,白口,四周雙邊,單黑魚尾。書衣題:詩義折中。封面題:御纂詩義折中。前有《御纂詩義折中序》。鈐印"徐季聞收藏印"。

(2)

0077　**御纂詩義折中二十卷**　(清)傅恒等撰

清成文堂刻本

6冊(1函)

版框20.2cm×13.2cm　開本24cm×15cm

9行20字,小字雙行同,白口,四周雙邊,單黑魚尾。書衣題:詩義折中。封面題:翰林院奉敕校對　御纂詩義折中　成文堂。前有《御纂詩義折中序》。版心下鐫:成文堂。

(2)

0078　**御纂詩義折中二十卷**　(清)傅恒等撰

清刻本(清翻刻内府本)

8冊(1函)　存11卷:卷1—11

版框21.1cm×16cm　開本25cm×17.4cm

8行20字,白口,四周雙邊,單黑魚尾。書衣題:詩義折中。封面題:御纂詩義折中。前有《御纂詩義折中序》。

(2)

0079　**御纂詩義折中二十卷**　(清)傅恒等撰

清刻本

4冊(1函)　存17卷:卷1—17

版框18.5cm×14cm　開本23.8cm×14.7cm

9行20字,小字雙行同,白口,左右雙邊,單黑魚尾。封面題:翰林院奉敕校對御纂詩義折中。前有《御纂詩義折中序》。

（2）

0080 **御纂詩義折中二十卷** （清）傅恒等撰

清刻本（清翻刻内府本）

15 册（1 函） 存 19 卷：卷 1—19

版框 21.8cm×16.3cm 開本 25.7cm×17.7cm

8 行 20 字，白口，四周雙邊，單黑魚尾。書衣題：詩義折中。封面題：御纂詩義折中。前有《御纂詩義折中序》。

（2）

## 禮 類

0081 **重定齊家寶要二卷** （清）張文嘉編輯 （清）張廷瑞校閲

清青藜閣刻本

4 册（1 函）

版框 21.9cm×14.6cm 開本 25.7cm×16.8cm

9 行 20 字，小字雙行同，白口，四周雙邊，單黑魚尾。封面題：齊家寶要 張仲嘉先生輯著 文公家禮 青藜閣藏板。前有張右民撰《重定齊家寶要序》。

（2）

0082 **附釋音禮記註疏六十三卷** （唐）孔穎達等撰 （唐）陸德明釋文

上海中華書局鉛印本

14 册（1 函）

版框 15.1cm×10.6cm 開本 19.6cm×13.3cm

13 行 30 字，小字雙行同，白口，四周單邊，雙黑魚尾。牌記題：四部備要經部 上海中華書局據阮刻本校刊。版心下鎸：中華書局聚珍倣宋版印。

（6）

0083 **監本禮記十卷** （元）陳澔撰

清成文信刻本

10 册（1 函）

版框 19.5cm×12.5cm 開本 23.5cm×14.8cm

9 行 18 字，小字雙行同，白口，左右雙邊，無魚尾。封面題：校正諧聲圈點無訛遵依洪武正韻 監本禮記 成文信梓行。前有元至治壬戌陳澔撰《禮記集説序》。牌記題：莆陽鄭氏重訂 金陵奎壁齋梓。

（1）

0084 **奎壁禮記十卷** （元）陳澔撰

清光緒十三年（1887）子雲堂記刻本

7 册（1 函） 存 7 卷：卷 1—6，9

版框 19.3cm×12.9cm 開本 24.2cm×15.5cm

9行18字,小字雙行同,白口,左右雙邊,無魚尾。封面題:光緒丁亥新鐫　正韻字體　奎壁禮記　子雲堂記藏板。前有元至治壬戌陳澔撰《禮記集説序》。序後有牌記。牌記題:武水書業德校發干張馭富刻。

(1)

0085　**奎壁禮記十卷**　(元)陳澔撰

清光緒十三年(1887)子雲堂記刻本

8册(1函)　存8卷:卷1—2,4—6,8—10

版框19.3cm×13cm　開本24cm×14.7cm

9行18字,小字雙行同,白口,左右雙邊,無魚尾。封面題:光緒丁亥新鐫　正韻字體　奎壁禮記　子雲堂記藏板。前有元至治壬戌陳澔撰《禮記集説序》。牌記題:武水書業德校發干張馭富刻。

(2)

0086　**禮記集説十卷**　(元)陳澔撰

清刻本

9册(1函)　存9卷:卷2—10

版框20cm×12.5cm　開本25cm×15cm

9行18字,小字雙行同,白口,左右雙邊,無魚尾。

(2)

0087　**禮記集説十卷**　(元)陳澔撰

清嘉慶十年(1805)刻本

6册(1函)　存6卷:卷1—6

版框20.5cm×14cm　開本28.5cm×17.5cm

9行17字,小字雙行同,白口,四周單邊,無魚尾。封面題:嘉慶十年冬至刊版　禮記　寧化伊秉綬題。前有元至治壬戌陳澔撰《禮記集説序》。次有禮記篇目。正文卷端題:禮記。

按《中國古籍定級標準》,此書被定爲三級乙等古籍,作善本收藏。

(2)

0088　**禮記集説十卷**　(元)陳澔撰

清刻本(佚名批點)

7册(1函)　存7卷:卷3—9

版框19.5cm×13.5cm　開本24.8cm×15.4cm

9行18字,小字雙行同,白口,左右雙邊,單黑魚尾,眉上有批註。此書經過裁切,眉上地脚註文不完整。

(2)

0089　**禮記集説十卷**　(元)陳澔撰

清刻本

7册(1函)　存7卷:卷3—6,8—10

版框 19.7cm×14.4cm　開本 24.9cm×15.5cm
9 行 18 字，小字雙行同，白口，左右雙邊，單黑魚尾。

(2)

0090　**禮記集説十卷**　(元)陳澔撰
清刻本
6 册(1 函)　存 6 卷：卷 2—7
版框 19.5cm×12cm　開本 24cm×14cm
9 行 18 字，小字雙行同，白口，左右雙邊，單黑魚尾。

(2)

0091　**禮記集説十卷**　(元)陳澔撰
清崇道堂刻本
8 册(2 函)　存 8 卷：卷 2—8，10
版框 20cm×14cm　開本 25cm×16cm
9 行 18 字，小字雙行同，白口，左右雙邊，單黑魚尾。正文卷端題：禮記　陳澔集説。版心上鎸：禮記。版心下鎸：崇道堂鎸。

(2)

0092　**禮記疏意二十三卷**　(明)袁黄删定　(明)秦繼宗集 & **增補禮記參新二十三卷**　(明)陳郊輯
清光緒八年(1882)藴輝堂刻本
2 册(1 函)　存 7 卷：卷 1—3，11—14
版框 19.5cm×12cm　開本 24.2cm×15.6cm
二欄，上欄 19 行 20 字，下欄 10 行 18 字，小字雙行同，白口，四周單邊，單黑魚尾。封面題：光緒壬午新鎸　禮記疏意　藴輝堂藏板。

(2)

0093　**禮記體註大全合參四卷**　(清)徐旦參訂　(清)范翔鑒定 & **禮記集説十卷**　(元)陳澔撰　(清)曹士瑋纂輯
清映秀堂刻本
4 册(1 函)
版框 24cm×14cm　開本 26cm×15.5cm
二欄，上欄 21 行 25 字，下欄 9 行 18 字，小字雙行同，白口，左右雙邊，單黑魚尾。書衣題：映秀堂增訂禮記體註。封面題：范紫登先生鑒定　鍾山徐文初先生条訂　四餘堂增訂禮記體註　本衙藏板。前有雍正乙巳徐旦撰《禮記體註合參序》。版心下鎸：合口。

(1)

0094　**禮記體註大全四卷**　(清)徐旦參訂　(清)范翔鑒定 & **禮記集説十卷**　(元)陳澔撰　(清)曹士瑋纂輯
清刻本

4 册(1 函)
版框 21.5cm×14cm　開本 24.5cm×15.5cm
二欄,上欄 21 行 25 字,下欄 9 行 18 字,小字雙行同,白口,左右雙邊,單黑魚尾。前有雍正乙巳徐旦撰《禮記體註合參序》。

(1)

0095　**禮記易讀二卷**　(清)志遠堂主人輯
清光緒十八年(1892)成文堂刻本
2 册(1 函)
版框 19cm×13cm　開本 24.4cm×15cm
二欄,上欄 24 行 15 字,下欄 7 行 20 字,行間夾註,白口,四周雙邊,單黑魚尾。封面題:光緒壬辰季秋鐫　校正一字無譌　禮記易讀　成文堂藏板。前有《禮記輯論》。版心下鐫:成文堂。

(2)

0096　**禮記易讀二卷**　(清)志遠堂主人輯
清光緒三年(1877)成文堂刻本
2 册(1 函)
版框 21cm×13cm　開本 24.5cm×15.8cm
二欄,上欄 24 行 15 字,下欄 7 行 20 字,行間夾註,白口,四周單邊,單黑魚尾。封面題:光緒三年季秋鐫　校正一字無譌　禮記易讀　成文堂藏板。前有志遠堂主人撰《禮記易讀弁言》。

(2)

0097　**禮記易讀二卷**　(清)志遠堂主人輯
清光緒十八年(1892)成文堂刻本
2 册(1 函)
版框 18.9cm×13.2cm　開本 24.3cm×14.7cm
二欄,上欄 24 行 15 字,下欄 7 行 20 字,行間夾註,白口,四周雙邊,單黑魚尾。封面題:光緒壬辰季秋鐫　校正一字無譌　禮記易讀　成文堂藏板。前有《禮記輯論》。版心下鐫:成文堂。

(2)

0098　**禮記易讀二卷**　(清)志遠堂主人輯
清光緒十八年(1892)成文堂刻本
2 册(1 函)
版框 18.7cm×13.2cm　開本 23.3cm×14.3cm
二欄,上欄 24 行 15 字,下欄 7 行 20 字,行間夾註,白口,四周雙邊,單黑魚尾。封面題:光緒壬辰季秋鐫　校正一字無譌　禮記易讀　成文堂藏板。前有志遠堂主人撰《禮記易讀弁言》。版心下鐫:成文堂。

(2)

0099 **禮記易讀二卷** (清)志遠堂主人輯
清光緒二十九年(1903)成和堂刻本
2 册(1 函)
版框 20cm×12.3cm 開本 23.7cm×13cm
二欄,上欄 24 行 15 字,下欄 7 行 20 字,行間夾註,白口,四周雙邊,單黑魚尾。封面題:光緒癸卯仲冬刊 校正一字無訛 禮記易讀 成和堂藏板。前有志遠堂主人撰《禮記易讀弁言》。

(2)

0100 **禮記易讀二卷** (清)志遠堂主人撰
清光緒八年(1882)德盛堂刻本
1 册(1 函) 存 1 卷:卷上
版框 20.2cm×13.6cm 開本 25cm×15.5cm
二欄,上欄 24 行 15 字,下欄 7 行 20 字,行間夾註,白口,四周單邊,單黑魚尾。書衣題:禮記易讀。封面題:光緒壬午春鐫 校正一字無譌 禮記易讀 德盛堂藏板。前有志遠堂主人撰《禮記易讀弁言》。次有《禮記輯論》。正文卷端題:曲禮。版心鐫:禮記易讀。

(4)

0101 **禮記擇讀二卷** (□)□□撰
清抄本
2 册(1 函)
開本 27cm×19cm
10 行 22 字,無格。

(1)

0102 **禮記摘要四卷** (□)□□撰
清抄本
4 册(1 函)
開本 24.5cm×13.2cm
6 行 20 字,小字雙行,無格。書衣題:禮記摘要。書名據書衣題簽題録。正文卷端題:曲禮。

(2)

0103 **欽定禮記義疏八十二卷** (清)鄂爾泰等撰
清刻本
10 册(1 函) 存 10 卷:卷 57—66
版框 21.5cm×15cm 開本 24.7cm×17.2cm
8 行 22 字,白口,四周雙邊,單黑魚尾。

(2)

0104 **欽定儀禮義疏四十八卷首二卷** (清)鄂爾泰等撰
清刻本
14 册(1 函) 存 14 卷:卷 16,18,22—23,25,28,32—34,36—37,41—42,45
版框 21.7cm×16cm 開本 29.1cm×19.2cm
大字 8 行 18 字,中字 8 行 22 字,小字雙行 22 字,白口,四周雙邊,單黑魚尾。書衣題:儀禮義疏。

(2)

0105 **全本禮記體註十卷** (清)范翔原定 (清)徐旦參訂 (清)徐瑄補輯 & **禮記集説十卷** (元)陳澔撰
清刻本
4 册(1 函) 存 5 卷:卷 6—10
版框 23.5cm×13.7cm 開本 24.8cm×15.8cm
二欄,上欄 9 行 24 字,下欄 9 行 18 字,小字雙行同,白口,左右雙邊,無魚尾。上欄全本禮記體註,下欄禮記。

(2)

0106 **全本禮記體註十卷** (清)范翔原定 (清)徐旦參訂 (清)徐瑄補輯 & **禮記集説十卷** (元)陳澔撰
清刻本
8 册(1 函) 存 7 卷:卷 2—4,6—8,10
版框 22.3cm×14.7cm 開本 25.9cm×16cm
二欄,上欄 20 行 24 字,下欄 9 行 18 字,小字雙行同,白口,左右雙邊。上欄全本禮記體註,下欄禮記。

(2)

0107 **漱芳軒合纂禮記體註四卷** (清)范翔參訂 (清)吴有文 (清)朱光斗 (清)范應兆等校 & **禮記體註四卷**
清繼志堂刻本
4 册(1 函)
版框 21cm×14cm 開本 24cm×15cm
二欄,上欄 18 行 23 字,下欄 10 行 19 字,小字雙行同,白口,四周單邊,單黑魚尾。封面題:徐文初先生原本 范紫登先生輯 禮記體註大全合參 繼志堂藏板。前有康熙五十二年范翔撰《序》。序尾鐫:金陵穆綬廷刊。

(1)

0108 **漱芳軒合纂禮記體註四卷** (清)范翔參訂 (清)吴有文 (清)朱光斗 (清)范應兆等校 & **禮記體註四卷**
清光緒十年(1884)成文堂書坊刻本
2 册(1 函) 存 2 卷:卷 1—2
版框 19.5cm×13.7cm 開本 24.5cm×16cm

二欄，上欄 18 行 23 字，下欄 10 行 19 字，小字雙行同，白口，四周單邊，單黑魚尾。封面題：光緒十年重鐫　禮記體註大全合參　成文堂書坊藏板。前有序。上欄漱芳軒合纂禮記體註，下欄禮記體註。

(1)

0109　**漱芳軒合纂禮記體註四卷**　(清)范翔參訂　(清)吴有文　(清)朱光斗　(清)范應兆等校 & **禮記體註四卷**

清光緒二十二年(1896)寶書堂書坊刻本

4 册(1 函)

版框 20cm×13cm　開本 24cm×14.2cm

二欄，上欄 18 行 23 字，下欄 10 行 19 字，小字雙行同，白口，左右雙邊，單黑魚尾。封面題：光緒二十二年重鐫　徐文初先生原本　范紫登先生纂輯　孫谿逸士鳩工　禮記體註大全合參　寶書堂書坊藏板。前有叙。

(2)

0110　**漱芳軒合纂禮記體註四卷**　(清)范翔參訂　(清)吴有文　(清)朱光斗　(清)范應兆等校 & **禮記體註四卷**

清光緒十年(1884)成文堂書坊刻本

3 册(1 函)　存 3 卷：卷 1—3

版框 20.8cm×13.3cm　開本 24.5cm×15cm

二欄，上欄 18 行 23 字，下欄 10 行 19 字，小字雙行同，白口，四周雙邊，單黑魚尾。封面題：光緒十年重鐫　徐文初先生原本　范紫登先生纂輯　孫谿逸士鳩工　禮記體註大全合參　成文堂書坊藏板。前有序。版心下鐫：成文堂。

(2)

0111　**周禮節訓六卷**　(清)黄叔琳撰　(清)姚培謙重訂　(清)王永祺參閲

清咸豐元年(1851)姑蘇寶善堂刻本(佚名批)

2 册(1 函)

版框 17.3cm×13cm　開本 23.8cm×15cm

10 行 19 字，小字雙行 29 字，白口，左右雙邊，單黑魚尾，眉上有批。封面題：咸豐辛亥年重鐫　周禮節訓　姑蘇寶善堂藏板。書名據封面題録。前有序。

(1)

0112　**周禮撮要**　(清)潘相著

清抄本

1 册(1 函)

開本 23.7cm×13cm

9 行 25 字，無格。正文卷端題：周禮撮要　楚安鄉潘相潤章著。

(1)

0113　**周禮註疏删翼三十卷**　(明)王志長輯　(明)葉培恕定

明末天德堂刻本

6 册(1 函)　存 17 卷:卷 1—6,13—16,21—23,27—30

版框 19cm×13.7cm　開本 24.7cm×15.5cm

8 行 19 字,小字雙行同,白口,左右雙邊,單黑魚尾。封面題:葉行可先生定　王平仲先生手輯　周禮註疏删翼善本　天德堂梓。前有《周禮註疏删翼序》。

按《中國古籍定級標準》,此書被定爲三級甲等古籍,作善本收藏。

(2)

0114　**周禮註疏删翼三十卷**　(明)王志長輯　(明)葉培恕定

清刻本

2 册(1 函)　存 8 卷:卷 4—11

版框 20.8cm×14.5cm　開本 26.2cm×16cm

二欄,上欄 18 行 4 字,下欄 9 行 19 字,小字雙行同,白口,四周單邊,單黑魚尾。

(2)

## 春秋類

0115　**春秋紀傳五十一卷**　(清)李鳳雛撰

清康熙六十一年(1722)懷德堂刻本

8 册(1 函)

版框 19.6cm×15.3cm　開本 25.5cm×16.9cm

9 行 21 字,小字雙行同,白口,四周雙邊,單黑魚尾。封面題:康熙六十一年新鐫　東陽李紫翔先生著　春秋紀傳　是書編輯左國公穀四傳之文　用龍門史記之例　變編年爲紀傳　自成一書　經學史學皆補前賢所未備　且其斷制謹嚴　議論開拓　誠聖經之羽翼　文家之指南也　識者珍諸　懷德堂梓。前有康熙四十三年王掞撰《序》、《自序》、跋。王序首木記題:御書澂觀堂。鈐印“潮白蘆花吐”“園紅柿葉稀”。

2014 年 6 月入選第三批《山東省珍貴古籍名録》(編號 0905)。

(2)

0116　**春秋左傳五十卷**　(晋)杜預　(宋)林堯叟註釋　(唐)陸德明音義　(明)孫鑛　(明)鍾惺　(明)韓范評點

清書業堂刻本

10 册(2 函)

版框 22cm×14cm　開本 25.6cm×16cm

二欄,上欄 20 行 3 字,下欄 10 行 20 字,小字雙行同,白口,左右雙邊,單黑魚尾。封面題:鍾伯敬先生評定　孫月峰韓友一兩先生批點　春秋左傳杜林善本　書業堂藏板。前有晋杜預撰《春秋左傳序》。有圖。

(1)

0117　**春秋左傳五十卷**　（晋）杜預　（宋）林堯叟註釋　（唐）陸德明音義　（明）孫鑛　（明）鍾惺　（明）韓范評點

清咸豐元年(1851)實善堂刻本

8 册(1 函)　存 25 卷:卷 1—5,10—16,26—28,41—50

版框 20cm×12.9cm　開本 24cm×15.3cm

10 行 20 字,小字雙行同,白口,左右雙邊,單黑魚尾。封面題:咸豐元年季春重刊　春秋左傳杜林合註　實善堂藏版。前有晋杜預撰《春秋左傳序》。

(2)

0118　**春秋左傳五十卷**　（晋）杜預　（宋）林堯叟註釋　（唐）陸德明音義　（明）孫鑛　（明）鍾惺　（明）韓范評點

清刻本

6 册(1 函)　存 26 卷:卷 25—50

版框 20.5cm×14cm　開本 23cm×15.3cm

10 行 20 字,小字雙行同,白口,左右雙邊,單黑魚尾。正文卷端題:春秋左傳。版心上鎸:左傳。

(2)

0119　**春秋左傳五十卷**　（晋）杜預　（宋）林堯叟註釋　（唐）陸德明音義　（明）孫鑛　（明）鍾惺　（明）韓范評點

清學源堂刻本

5 册(1 函)　存 20 卷:卷 1—20

版框 20.7cm×14.2cm　開本 24.1cm×15.1cm

二欄,下欄 10 行 20 字,小字雙行同,白口,左右雙邊,單黑魚尾。封面題:聚奎堂監本春秋左傳杜林。前有晋杜預撰《春秋左傳序》。次有宋蘇軾撰《春秋列國圖説》。正文卷端題:春秋左傳。版心上鎸:左傳。版心下鎸:學源堂。

(2)

0120　**春秋左傳五十卷**　（晋）杜預　（宋）林堯叟註釋　（唐）陸德明音義　（明）孫鑛　（明）鍾惺　（明）韓范評點　（清）楊儀吉校訂

清武進縣楊氏經濟堂刻本

16 册(1 函)

版框 21.5cm×14.1cm　開本 24.5cm×15.5cm

10 行 20 字,小字雙行同,白口,左右雙邊,單黑魚尾。封面題:鍾伯敬先生評定孫月峰韓友一兩先生批點　春秋左傳杜林合註　武進縣楊氏經濟堂藏板。前有晋杜預撰《春秋左傳序》。鈐印“崔記”“渡禅”。

(2)

0121　**春秋左傳五十卷**　（晋）杜預　（宋）林堯叟註釋　（唐）陸德明音義　（明）孫鑛　（明）鍾惺　（明）韓范評點

清刻本

6冊(1函)　存19卷:卷14—32

版框22cm×14.2cm　開本24.2cm×15.3cm

二欄,上欄20行3字,下欄10行20字,小字雙行同,白口,四周單邊,單黑魚尾。正文卷端題:春秋左傳。版心上鎸:左傳。

(2)

0122　**春秋左傳五十卷**　(晋)杜預　(宋)林堯叟註釋　(唐)陸德明音義　(明)孫鑛　(明)鍾惺　(明)韓范評點

清崇義書院刻本

2冊(1函)　存4卷:卷1,13—15

版框22cm×13.5cm　開本25cm×15.5cm

二欄,下欄10行23字,小字雙行同,白口,左右雙邊,單黑魚尾。封面題:戊午年新鎸　春秋左傳杜林合註　崇義書院藏板。前有晋杜預撰《春秋左傳序》。正文卷端題:春秋左傳。版心上鎸:左傳。版心下鎸:崇義。

(2)

0123　**春秋左傳五十卷**　(晋)杜預　(宋)林堯叟註釋　(唐)陸德明音義

清刻本(秋亭朱筆題跋)

6冊(1函)　存13卷:卷1—2,6—14,49—50

版框11.5cm×8cm　開本13.8cm×9.3cm

二欄,下欄8行17字,小字雙行同,白口,四周單邊,單黑魚尾。書衣題:杜林左傳。鈐印"□□堂記"。前有晋杜預撰《春秋左氏傳序》。正文卷端題:春秋左傳。版心上鎸:左傳。卷14末有秋亭朱筆題跋。

(2)

0124　**春秋左傳杜註三十卷首一卷**　(晋)杜預註　(清)姚培謙輯

清乾隆十一年(1746)吴郡陸氏小鬱林刻本

16冊(2函)

版框17.2cm×12.3cm　開本25.5cm×16cm

9行19字,小字雙行30字,白口,左右雙邊,單黑魚尾。封面題:華亭姚氏增輯　春秋左傳杜注　小鬱林雕版。前有《春秋左傳杜氏序》。

2019年5月入選第四批《山東省珍貴古籍名録》(編號0360)。

(2)

0125　**春秋左傳註評測義七十卷**　(明)凌稚隆輯著

明刻本

10冊(1函)　存37卷:卷34—70

版框21.5cm×15cm　開本30cm×18.2cm

10行20字,小字雙行同,白口,左右雙邊,單黑魚尾。

2014年6月入選第三批《山東省珍貴古籍名録》(編號0058)。

(2)

0126 **東萊博議□卷** （宋）吕祖謙撰

清抄本

1 册（1 函）

開本 24cm×13cm

9 行 25 字，無格。書衣題：東萊博議。鈐印“古川本先臣”。前有宋乾道五年吕祖謙撰《序》。

（1）

0127 **東萊先生左氏博議二十五卷** （宋）吕祖謙撰 & **虚字註釋備考六卷** （清）張文炳點定

清光緒二十四年（1898）寶書堂刻本

5 册（1 函） 存 27 卷：《東萊先生左氏博議》卷 1—12、17—25，《虚字註釋備考》卷 1—6

版框 15.9cm×12.8cm 開本 24cm×14.4cm

10 行 22 字，黑口，四周單邊，雙黑魚尾。封面題：東萊左氏博議二十五卷 坿虚字注釋。封面朱筆題跋：光緒二十七年十月二十七日購 王紹周記。牌記題：光緒廿四年寶書堂重校足本。

（2）

0128 **批評東萊博議四卷** （宋）吕祖謙撰 （清）馮泰松重刊

中華民國紀元（1912）上海江東茂記書局重校石印本

1 册（1 函）

版框 17.5cm×11.5cm 開本 20.5cm×13cm

17 行 40 字，小字雙行，白口，四周雙邊，單黑魚尾。書衣題：足本評點東萊博議。鈐印“康世增印”。封面題：崇明馮泰松雲伯重刊 足本評點東萊博議 上海江東茂記書局印行。牌記題：中華民國紀元上海江東茂記書局重校發行。前有《東萊先生傳略》、增補虚字註釋總目。正文卷端題：批評東萊博議。

（3）

0129 **曲江書屋新訂批註左傳快讀十八卷首一卷** （晋）杜預原註 （唐）陸德明音義 （宋）林堯叟 （宋）朱申参註 （清）馮李驊 （清）陸浩批評 （清）李紹崧選訂

清三讓堂刻本

16 册（2 函）

版框 21.8cm×13.8cm 開本 25cm×14.5cm

二欄，上欄 20 行 9 字，下欄 10 行 16 字，小字雙行 32 字，白口，四周單邊，單黑魚尾。書衣題：左傳快讀。封面題：善邑李駿嵒輯 新訂批註左傳快讀 三讓堂梓。前有乾隆丁未李紹崧撰《新訂左傳快讀序》。書衣鈐印多枚，不識。

（1）

0130　**曲江書屋新訂批註左傳快讀十八卷首一卷**　(晉)杜預原註　(唐)陸德明音義　(宋)林堯叟　(宋)朱申參註　(清)馮李驊　(清)陸浩批評　(清)李紹崧選訂

清成文信刻本

8 册(1 函)　存 9 卷:卷 1—9

版框 21.4cm×14.5cm　開本 25.5cm×16.2cm

二欄,上欄 20 行 9 字,下欄 10 行 16 字,小字雙行 32 字,白口,四周單邊,單黑魚尾。封面題:善邑李駿嵒先生輯　新訂批注左傳快讀　字畫音韻　考正詳明　成文信梓。前有乾隆己酉五十四年徐元戾撰《序》、乾隆丁未五十二年李紹崧撰《刻左傳快讀説》。

(2)

0131　**曲江書屋新訂批註左傳快讀十八卷首一卷**　(晉)杜預原註　(唐)陸德明音義　(宋)林堯叟　(宋)朱申參註　(清)馮李驊　(清)陸浩批評　(清)李紹崧選訂

清刻本

4 册(1 函)　存 9 卷:卷 2—10

版框 21.5cm×14cm　開本 25.8cm×16cm

二欄,上欄 20 行 9 字,下欄 10 行 16 字,小字雙行 32 字,白口,四周單邊,單黑魚尾。

(2)

0132　**全本春秋遵解三十卷**　(清)胡必豪　(清)胡紹曾輯

清乾隆六十年(1795)三多齋刻本

7 册(1 函)　存 18 卷:卷 1—18

版框 24cm×14cm　開本 26cm×16.3cm

二欄,上欄 11 行 28 字,小字雙行同,下欄 10 行 19 字,小字雙行同,白口,左右雙邊。封面題:公穀删節謹遵御案　全本春秋三傳遵解　國語史記附　參間附胡傳　涇上胡情田胡魯齋同輯　三多齋梓行。前有乾隆六十年胡必豪撰《序》:“付梓,名之曰三傳遵解。”上欄全本春秋遵解,下欄春秋讀本。版心下鎸:慎詒堂。

按《中國古籍定級標準》,此書被定爲三級丙等古籍,作善本收藏。

(1)

0133　**如西所刻諸名家評點春秋綱目左傳句解六卷**　(清)韓菼重訂

清刻本(佚名批)

6 册(1 函)

版框 19.8cm×11.5cm　開本 24.5cm×15.2cm

10 行 25 字,小字雙行同,白口,四周單邊,單黑魚尾。書衣題:重訂春秋左傳句解。鈐印“崇文堂書坊”。封面題:諸名家評定原本　韓狀元較訂　重訂春秋左傳句解　本衙藏板。前有《重訂春秋左傳句解原序》。正文卷端題:如西所刻諸名家評點春秋綱目左傳句解　長洲韓菼慕廬甫重訂。

(1)

0134　**如西所刻諸名家評點春秋綱目左傳句解彙雋六卷**　(清)韓菼重訂
清同治十年(1871)三盛堂刻本
6册(1函)
版框 20.5cm×12.5cm　開本 23.5cm×14.8cm
10行25字,小字雙行同,白口,四周單邊,單黑魚尾。封面題:同治辛未冬鐫　韓狀元批評　校正無訛　左傳句解　三盛堂梓行。前有《重訂春秋左傳句解原序》。正文卷端題:如西所刻諸名家評點春秋綱目左傳句解彙雋　長洲韓菼慕廬甫重訂。

(2)

0135　**宋本十三經註疏附校勘記四百十六卷**　(清)阮元輯
清光緒十三年(1887)脈望仙館石印本
23册(2函)　存11種326卷:《周易正義》10卷,《毛詩正義》1—14卷(缺15—70卷),《周禮註疏》42卷,《儀禮註疏》50卷,《禮記正義》63卷,《春秋左傳正義》60卷,《春秋公羊傳註疏》28卷,《春秋穀梁傳註疏》20卷,《論語註疏》20卷,《孝經註疏》9卷,《爾雅註疏》10卷
版框 15.6cm×11.5cm　開本 21cm×13.1cm
20行34字,小字雙行46字,白口,四周單邊,單黑魚尾。書衣題:宋本十三經注疏附校勘記　穀梁。封面一題:宋本十三經注疏附校勘記　穀梁　楊泗孫署檢。封面二題:宋本周易注疏附校勘記　楊泗孫署檢。封面三題:宋本春秋穀梁傳注疏附校勘記　楊泗孫署檢。牌記題:光緒丁亥脈望仙館石印。前有光緒十三年楊泗孫撰《序》。次有重刻宋板注疏總目録。鈐印"膠澳商埠公立通俗圖書館"。缺三種90卷:《毛詩正義》卷15—70,《尚書正義》20卷,《孟子註疏》14卷。

(4)

0136　**太史張天如詳節春秋綱目左傳句解六卷**　(清)韓菼重訂
清濰陽成文信刻本
6册(1函)
版框 21cm×14.5cm　開本 24.3cm×16cm
11行24字,小字雙行同,白口,四周雙邊,單黑魚尾。封面題:諸名家批點　長洲韓慕廬先生重訂　春秋綱目左傳句解　濰陽成文信梓行。前有《重訂春秋左傳句解原叙》。正文卷端題:太史張天如詳節春秋綱目左傳句解　長洲韓菼慕廬甫重訂。

(2)

0137　**增補左繡[摘録]四卷**　(清)□□摘録
清抄本
4册(1函)

版框 22cm×14.5cm　開本 26cm×18.5cm

10 行 25 字,無格。書衣題:增補左繡。鈐印“劉印開泰”“震東”。正文卷端題:左傳星名　此從左傳事緯摘録　濟南馬氏宛斯編。

(2)

0138　**左繡三十卷首一卷**　(清)馮李驊　(清)陸浩評輯　(清)范允斌等參評　(清)馮張孫等校輯

清會文堂刻本

15 册(2 函)

版框 22.6cm×14cm　開本 24.5cm×15.5cm

二欄,上欄 16 行 15 字,下欄 8 行 20 字,小字雙行同,白口,四周單邊,單黑魚尾。封面題:依華川書屋原本　左繡　會文堂重刊。前有《左繡序》。上欄左繡,下欄春秋左傳集解。

(1)

0139　**左繡三十卷首一卷**　(清)馮李驊　(清)陸浩評輯　(清)范允斌等參評　(清)馮張孫等校輯 & **春秋經傳集解三十卷**　(晋)杜預原本　(唐)陸德明音釋　(宋)林堯叟附註　(清)馮李驊增訂

清光緒十四年(1888)上海文瑞樓刻本

14 册(1 函)

版框 20.8cm×14.7cm　開本 24.8cm×15.5cm

二欄,上欄 16 行 15 字,下欄 8 行 20 字,小字雙行同,白口,四周單邊,單黑魚尾。封面題:杜林合註　光緒拾四年孟春校鐫　春秋左繡　上海文瑞樓藏板。前有《左繡序》。

(5)

0140　**左繡三十卷首一卷**　(清)馮李驊　(清)陸浩評輯　(清)范允斌等參評　(清)馮張孫等校輯 & **春秋經傳集解三十卷**　(晋)杜預原本　(唐)陸德明音釋　(宋)林堯叟附註　(清)馮李驊增訂

清嘉慶十六年(1811)同人堂刻本

2 册(1 函)　存 4 卷:卷 10—11,14—15

版框 21.8cm×14.5cm　開本 25cm×16cm

二欄,上欄 16 行 15 字,下欄 8 行 20 字,小字雙行同,白口,左右雙邊,單黑魚尾。書衣題:左傳。上欄左繡,下欄春秋經傳集解。版心下鎸:同人堂。

按《中國古籍定級標準》,此書被定爲三級丙等古籍,作善本收藏。

(2)

0141　**左繡三十卷首一卷**　(清)馮李驊　(清)陸浩評輯　(清)范允斌等參評　(清)馮張孫等校輯 & **春秋經傳集解三十卷**　(晋)杜預原本　(唐)陸德明音釋　(宋)林堯叟附註　(清)馮李驊增訂

清嘉慶十六年(1811)華川書屋刻本

16册(1函)

版框 22.5cm×14.9cm　開本 25.6cm×18.8cm

二欄,上欄16行15字,下欄8行20字,小字雙行同,白口,左右雙邊,單黑魚尾。書衣題:左繡。封面題:嘉慶辛未重鐫　馮天閒陸大瀛兩先生評輯　杜氏經傳左繡原本　華川書屋藏板。前有康熙五十九年朱軾撰《左繡序》。上欄左繡,下欄春秋經傳集解。版心下鎸:華川書屋。鈐印一枚,不清晰。

按《中國古籍定級標準》,此書被定爲三級丙等古籍,作善本收藏。

(2)

0142　**左繡三十卷首一卷**　(清)馮李驊　(清)陸浩評輯　(清)范允斌等參評　(清)馮張孫等校輯 & **春秋經傳集解三十卷**　(晋)杜預原本　(唐)陸德明音釋　(宋)林堯叟附註　(清)馮李驊增訂

清華川書屋刻本

8册(1函)　存16卷:卷14—29

版框 23cm×14.5cm　開本 24.6cm×15.7cm

二欄,上欄16行15字,下欄8行20字,小字雙行同,白口,左右雙邊,單黑魚尾。上欄左繡,下欄春秋經傳集解。版心下鎸:華川書屋。

(2)

0143　**左繡三十卷首一卷**　(清)馮李驊　(清)陸浩評輯　(清)范允斌等參評　(清)馮張孫等校輯 & **春秋經傳集解三十卷**　(晋)杜預原本　(唐)陸德明音釋　(宋)林堯叟附註　(清)馮李驊增訂

清李光明莊刻本

1册(1函)　存2卷:卷15—16

版框 20.5cm×13cm　開本 24cm×14.3cm

二欄,上欄16行14字,下欄8行20字,小字雙行同,白口,四周單邊,單黑魚尾。上欄左繡,下欄春秋經傳集解。版心下鎸:李光明莊。

(2)

0144　**左繡三十卷首一卷**　(清)馮李驊　(清)陸浩評輯　(清)范允斌等參評　(清)馮張孫等校輯 & **春秋經傳集解三十卷**　(晋)杜預原本　(唐)陸德明音釋　(宋)林堯叟附註　(清)馮李驊增訂

清乾隆五十七年(1792)學源堂刻本

8册(1函)　存15卷:卷1—15

版框 21.6cm×14.7cm　開本 25.4cm×15.8cm

二欄,上欄16行15字,下欄8行20字,小字雙行同,白口,左右雙邊,單黑魚尾。封面題:校對無訛　學源堂左繡　乾隆壬子春鐫。前有《左繡序》。上欄左繡,下欄春秋經傳集解。版心下鎸:學源堂。

按《中國古籍定級標準》,此書被定爲三級丙等古籍,作善本收藏。

(2)

0145 **左綉三十卷首一卷** (清)馮李驊 (清)陸浩評輯 (清)范允斌等參評 (清)馮張孫等校輯 & **春秋經傳集解三十卷** (晋)杜預原本 (唐)陸德明音釋 (宋)林堯叟附註 (清)馮李驊增訂

清李光明莊刻本

8册(1函) 存16卷:卷15—30

版框20.2cm×12.2cm 開本24.2cm×14.3cm

二欄,上欄16行14字,下欄8行20字,小字雙行同,白口,四周單邊,單黑魚尾。上欄左綉,下欄春秋經傳集解。版心下鎸:李光明莊。

(2)

0146 **左綉三十卷首一卷** (清)馮李驊 (清)陸浩評輯 (清)范允斌等參評 (清)馮張孫等校輯 & **春秋經傳集解三十卷** (晋)杜預原本 (唐)陸德明音釋 (宋)林堯叟附註 (清)馮李驊增訂

清華川書屋刻本

8册(1函) 存26卷:卷6—7,16—39

版框22.5cm×14cm 開本24.5cm×15.3cm

二欄,上欄16行15字,下欄8行20字,小字雙行,白口,左右雙邊,單黑魚尾。上欄左綉,下欄春秋經傳集解。版心下鎸:華川書屋。

(2)

0147 **左綉三十卷首一卷** (清)馮李驊 (清)陸浩評輯 (清)范允斌等參評 (清)馮張孫等校輯 & **春秋經傳集解三十卷** (晋)杜預原本 (唐)陸德明音釋 (宋)林堯叟附註 (清)馮李驊增訂

清華川書屋刻本

3册(1函) 存6卷:卷2—5,8—9

版框22.3cm×13.9cm 開本24.5cm×15.3cm

二欄,上欄16行15字,下欄8行20字,小字雙行同,白口,左右雙邊,單黑魚尾。版心下鎸:華川書屋。

(2)

0148 **左綉三十卷首一卷** (清)馮李驊 (清)陸浩評輯 (清)范允斌等參評 (清)馮張孫等校輯 & **春秋經傳集解三十卷** (晋)杜預原本 (唐)陸德明音釋 (宋)林堯叟附註 (清)馮李驊增訂

清華川書屋刻本

3册(1函) 存11卷:卷16—18,23—30

版框21.5cm×14.5cm 開本25.7cm×16cm

二欄,上欄16行15字,下欄8行20字,小字雙行同,白口,左右雙邊,單黑魚尾。上欄左綉,下欄春秋經傳集解。版心下鎸:華川書屋。

(2)

0149 **左繡三十卷首一卷** (清)馮李驊 (清)陸浩評輯 (清)范允斌等參評 (清)馮張孫等校輯 & **春秋經傳集解三十卷** (晋)杜預原本 (唐)陸德明音釋 (宋)林堯叟附註 (清)馮李驊增訂

清光緒十年(1884)華川書屋刻本

6册(1函) 存12卷:卷1—7,12—15,首1卷

版框21.8cm×14cm 開本25.8cm×16cm

二欄,上欄16行15字,下欄8行20字,小字雙行同,白口,左右雙邊,單黑魚尾。封面題:杜林合註 光緒十年冬月校鐫 春秋左繡 華川書屋藏板。前有康熙五十九年朱軾撰《左繡序》,次有《杜氏經傳集解原序》、庚子陸浩《跋》。上欄左繡,下欄春秋經傳集解。版心下鐫:華川書屋。

(2)

0150 **左繡三十卷首一卷** (清)馮李驊 (清)陸浩評輯 (清)范允斌等參評 (清)馮張孫等校輯 & **春秋經傳集解三十卷** (晋)杜預原本 (唐)陸德明音釋 (宋)林堯叟附註 (清)馮李驊增訂

清光緒二十二年(1896)成文堂刻本

8册(1函) 存14卷:卷1—14

版框20cm×12cm 開本24.2cm×14cm

二欄,上欄16行15字,下欄8行20字,小字雙行同,白口,四周單邊,單黑魚尾。封面題:左繡春秋 光緒丙申春刊 成文堂藏板。前有《左繡序》。上欄左繡,下欄春秋經傳集解。版心上鐫:春秋左繡。

(2)

0151 **左繡三十卷首一卷** (清)馮李驊 (清)陸浩評輯 (清)范允斌等參評 (清)馮張孫等校輯 & **春秋經傳集解三十卷** (晋)杜預原本 (唐)陸德明音釋 (宋)林堯叟附註 (清)馮李驊增訂

清書業堂刻本

16册(1函)

版框21.5cm×14cm 開本25cm×15.9cm

二欄,上欄16行15字,下欄8行20字,小字雙行同,白口,四周單邊,單黑魚尾。封面題:增訂杜氏經傳集解原本 青浦張天農先生手訂 左繡 錢塘馮李驊天閒 定海陸浩大瀛評輯 書業堂鐫藏。前有《左繡序》。次有《春秋列國時事圖説》。上欄左繡,下欄春秋經傳集解。版心上鐫:左繡。版心中鐫:春秋左傳。版心下鐫:華川書屋。

(1)

0152 **左傳選十四卷** (清)儲欣評 (清)徐永 (清)董南紀校訂

清道光二十五年(1845)錦雲閣刻本

8册(1函)

版框17.9cm×11cm 開本22.4cm×12.4cm

9行25字,白口,左右雙邊,單黑魚尾。封面題:道光乙巳年孟夏鐫　宜興儲同人先生評　左傳選　錦雲閣藏板。前有序,佚名批校。版心卜鎸:静遠堂。

(2)

0153　**左傳選十四卷**　(清)儲欣評

清乾隆三十八年(1773)同文堂刻本

8册(1函)

版框19.5cm×11.5cm　開本22.5cm×12.5cm

9行25字,白口,四周單邊,無魚尾。封面題:乾隆癸巳新鐫　宜興儲同人先生評　左傳選　同文堂梓行。前有序。上欄左繡,下欄春秋經傳集解。

按《中國古籍定級標準》,此書被定爲三級乙等古籍,作善本收藏。

(2)

0154　**左傳選十四卷**　(清)儲欣評

清道光二十六年(1846)姑蘇同德堂刻本

6册(1函)

版框17.4cm×10.2cm　開本22.6cm×12.5cm

9行25字,白口,左右雙邊,單黑魚尾。封面題:道光丙午年春鐫　宜興儲同人先生評　左傳選　姑蘇同德堂重梓。版心下鎸:静遠堂。鈐印三枚,不識。

(2)

0155　**左傳易讀六卷**　(清)司徒修輯

清光緒八年(1882)成文堂刻本

6册(1函)

版框19cm×13.5cm　開本24.5cm×16cm

14行29字,白口,四周雙邊,單黑魚尾。封面題:光緒壬午孟冬新鐫　粵東開平司徒則廬氏輯　左傳易讀　校正無訛　成文堂梓。前有序。

(2)

0156　**左傳易讀六卷**　(清)司徒修輯

清文選樓刻本

5册(1函)　存5卷:卷2—6

版框23cm×15cm　開本29.5cm×17.5cm

二欄,上欄14行12字,下欄7行23字,小字雙行同,白口,四周單邊,單黑魚尾。版心下鎸:文選樓。

(2)

0157　**左傳易讀六卷**　(清)司徒修輯

清光緒八年(1882)德盛堂記刻本

3册(1函)　存3卷:卷1,3—4

版框19cm×14.4cm　開本24.7cm×15.5cm

14行29字,白口,四周雙邊,單黑魚尾。封面題:光緒壬午孟春新鐫　粵東開平

司徒則廬氏輯　左傳易讀　較正無訛　德盛堂記梓。前有序。次有左傳目録。前有《春秋列國時事圖説》。卷三正文卷端題:宣公。版心鎸:左傳易讀。

(2)

0158　**左傳易讀六卷**　(清)司徒修輯

清光緒十九年(1893)年成文堂記刻本

5册(1函)　存5卷:卷1—4,6

版框20cm×13cm　開本24.5cm×15cm

14行29字,白口,四周雙邊,單黑魚尾。書衣題:左傳易讀。封面題:光緒癸巳孟冬新鐫　粤東開平司徒則廬氏輯　左傳易讀　較正無訛　成文堂記梓。前有序。次有目録。正文卷端題:春秋列國時事圖説。版心上鎸:左傳易讀。版心下鎸:成文堂。

(2)

0159　**左傳易讀六卷**　(清)司徒修選

清光緒八年(1882)成文堂刻本

6册(1函)

版框19.5cm×14cm　開本24.1cm×16cm

14行29字,白口,四周雙邊,單黑魚尾。封面題:光緒壬午孟冬新鐫　粤東開平司徒則廬氏輯　左傳易讀　校正無訛　成文堂梓。前有序。

(2)

0160　**左傳易讀六卷**　(清)司徒修選

清咸豐十一年(1861)書業德記刻本

6册(1函)

版框20cm×14.2cm　開本24.5cm×15.4cm

二欄,上欄18行6字,下欄7行24字,小字雙行,白口,四周雙邊,單黑魚尾。封面題:咸豐辛酉孟春新鐫　粤東開平司徒則廬氏輯　左傳易讀　校正無訛　書業德記梓。前有序。次有左傳目録、《春秋提要》。正文卷端題:春秋列國時事圖説。版心下鎸:書業德。

(2)

0161　**左傳易讀六卷**　(清)司徒修輯

清刻本

6册(1函)

版框20cm×12.5cm　開本23.5cm×14.7cm

14行29字,小字雙行同,白口,四周雙邊,單黑魚尾。前有道光十六年郭維暹撰《序》、道光十六年祝廷彪撰《序》,次有目録。目次頁題:司徒修選訂。次有《提要》。次有《春秋列國時事圖説》。正文卷端題:隱公。版心上鎸:左傳易讀。版心下鎸:成文堂。

(2)

0162 **左傳易讀六卷** (清)司徒修輯

清光緒十九年(1893)成文堂記刻本

6 册(1 函)

版框 20cm×13cm 開本 25cm×15cm

二欄,上欄 20 行 6 字,下欄 7 行 25 字,小字雙行同,行間夾註,白口,四周雙邊,單黑魚尾。封面題:光緒癸巳孟冬新鐫 粵東開平司徒則廬氏輯 左傳易讀 較正無訛 成文堂記梓。前有序。

(2)

## 孝經類

0163 **御註孝經一卷** (清)世祖福臨撰

清末石印本

1 册(1 函):圖

版框 17.5cm×10.7cm 開本 20cm×13cm

14 行 32 字,白口,四周單邊,單黑魚尾。封面題:遵大學堂定章 初等教科御註孝經讀本 增二十四悌圖説。有孔子像。

(1)

## 四書類

0164 **愛日堂四書體註合講十九卷** (清)翁復編次 (清)詹文焕參定 & **四書集註十九卷** (宋)朱熹撰

清愛日堂刻本

6 册(1 函)

版框 24.7cm×15.8cm 開本 30.3cm×17.7cm

二欄,上欄 26 行 33 字,下欄 9 行 17 字,小字雙行同,白口,四周雙邊。封面題:愛日堂四書遵註旁訓合講。前有自序。版心下鎸:愛日堂。卷 1 有圖。

(2)

0165 **成文堂四書體註合講十九卷** (清)翁復編次 (清)詹文焕參定

清成文堂刻本

2 册(1 函) 存 5 卷:《孟子》卷 1—3,6—7

版框 22.8cm×15.8cm 開本 28.2cm×18cm

二欄,上欄 26 行 32 字,下欄 9 行 17 字,小字雙行同,白口,四周雙邊。上欄題:成文堂四書體註合講。下欄題:孟子 朱熹集註 四書集註十九卷 宋朱熹撰。

(2)

0166 **廣增四書典腋二十卷** (清)松軒主人編

清光緒三年(1877)京都琉璃廠刻本

8 册(1 函)

版框 9cm×7cm　開本 10.6cm×8cm

16 行 28 字,白口,左右雙邊,單黑魚尾。書衣鈐印“讀書最樂”。封面題:松軒主人編　廣增四書典腋　本堂藏板。牌記題:光緒丁丑秋月上浣京都琉璃廠新鐫。前有凡例。

(1)

0167　**廣增四書典腋二十卷**　(清)松軒主人編

清道光二十三年(1843)綺雲書屋刻本

6 册(1 函)　存 6 卷:卷 1—6

版框 11cm×7.5cm　開本 13cm×8.8cm

16 行 28 字,白口,四周單邊,單黑魚尾。封面題:道光癸卯新刊　增補四書典腋　綺雲書屋原本。

(2)

0168　**監本四書十九卷**　(宋)朱熹撰

清嘉慶十七年(1812)金閶多文堂刻本

6 册(1 函)

版框 24cm×14.6cm　開本 25cm×15.7cm

二欄,上欄 19 行 4 字,下欄 9 行 17 字,小字雙行同,白口,左右雙邊,單黑魚尾。封面題:嘉慶十七年春鐫　悉遵宋刊點畫無訛　監本四書　金閶多文堂梓行。鈐印“世德”“王印棕之”“葵齋”“□□□堂”。

按《中國古籍定級標準》,此書被定爲三級丙等古籍,作善本收藏。

(2)

0169　**魯論言外録補註二卷**　(清)張侗著

民國七年(1918)振華石印本

1 册(1 函)

版框 18.9cm×13cm　開本 26.6cm×15.4cm

8 行 24 字,白口,四周雙邊。書衣題:魯論言外録。牌記題:戊午季秋振華石印。前有張侗《自序》。正文卷端題:魯論言外録補註　琅邪張侗石之民著。張侗,山東諸城人。

(2)

0170　**論語集註本義匯參二十卷**　(清)王步青輯

清敦復堂刻本

14 册(1 函)　存 18 卷:卷 2—17,19—20

版框 21cm×13.5cm　開本 25cm×15.7cm

9 行 23 字,小字雙行同,白口,四周單邊,單黑魚尾。正文卷端題:論語集註本義匯參。版心下鐫:敦復堂。

(2)

0171 **論語集註本義匯參二十卷** (清)王步青輯
清敦復堂刻本
8 册(1 函) 存 10 卷:卷 11—20
版框 21cm×14.5cm 開本 25.6cm×16cm
9 行 23 字,白口,小字雙行,四周單邊,單黑魚尾。正文卷端題:論語集註本義匯參。版心下鎸:敦復堂。
(2)

0172 **孟子章句七卷** (宋)朱熹撰
清刻本
1 册(1 函) 存 2 卷:卷 6—7
版框 14.5cm×9.8cm 開本 17cm×11.8cm
9 行 17 字,小字雙行同,白口,四周單邊,單黑魚尾。正文卷端題:孟子。版心上鎸:孟子。
(1)

0173 **孟子集註七卷** (宋)朱熹撰
清刻本
4 册(1 函)
版框 17cm×10.4cm 開本 20.5cm×12cm
9 行 17 字,小字雙行同,白口,左右雙邊,單黑魚尾。正文卷端題:孟子 朱熹集註。版心上鎸:孟子。
(2)

0174 **孟子集註本義匯參十四卷** (清)王步青輯 (清)王士龞編 (清)王維甸 (清)王乃畇校
清敦復堂刻本
13 册(1 函) 存 12 卷:卷 2—10,12—14
版框 21.2cm×13.3cm 開本 25cm×15.5cm
9 行 23 字,小字雙行,白口,四周單邊,單黑魚尾。版心下鎸:敦復堂。
(2)

0175 **孟子集註本義匯參十四卷** (清)王步青輯 (清)王士龞編 (清)王維甸 (清)王乃畇校
清敦復堂刻本
8 册(1 函) 存 7 卷:卷 8—14
版框 21cm×14cm 開本 25.6cm×16.2cm
9 行 23 字,小字雙行同,白口,四周單邊,單黑魚尾。版心下鎸:敦復堂。書衣鈐印一枚,不清晰。
(2)

0176 **孟子註疏解經十四卷** (漢)趙岐註 (宋)孫奭疏
明萬曆十八年(1590)北京國子監刻十三經註疏本
1册(1函) 存2卷:卷1—2
版框22.6cm×13.3cm 開本32.7cm×17.8cm
9行21字,白口,左右雙邊,單黑魚尾。前有宋孫奭撰《孟子正義序》。版心上鎸:萬曆十八年刊。正文卷端題:漢趙氏註 宋孫奭疏 皇明朝列大夫國子監祭酒臣劉元震 承直郎司業臣楊起元等奉敕重校刊。包背裝。
2014年6月入選第三批《山東省珍貴古籍名録》(編號0067)。

(1)

0177 **批點四書十九卷** (宋)朱熹集註
清光緒九年(1883)成文堂刻本
4册(1函) 存12卷:《學庸》1卷,《論語》卷5—10,《孟子》卷1—3、6—7
版框19.8cm×12.3cm 開本24.3cm×14.3cm
9行17字,小字雙行,白口,左右雙邊。封面題:校正無訛 光緒九年鎸 批點四書 成文堂梓。前有宋淳熙己酉朱熹撰《大學章句序》。

(1)

0178 **批點四書十八卷** (宋)朱熹集註
清宣統三年(1911)成文堂刻本
6册(1函)
版框19.4cm×12.3cm 開本23cm×13.2cm
9行17字,白口,左右雙邊。封面題:校正無訛 宣統三年鎸 批點四書 成文堂梓。前有《大學章句序》。

(2)

0179 **批點四書十九卷** (宋)朱熹集註
清宣統三年(1911)成和堂刻本
6册(1函)
版框19.5cm×13.8cm 開本23.5cm×16cm
9行17字,小字雙行,白口,四周單邊,無魚尾。封面題:宣統三年鎸 批點四書 成和堂梓。前有《大學章句序》。正文卷端題:論語。

(1)

0180 **欽定正嘉四書文不分卷 欽定隆萬四書文不分卷** (清)方苞輯
清刻本
1册(1函)
版框19cm×11cm 開本24cm×13cm
9行26字,白口,四周雙邊。封面題:欽定正嘉四書文。封面二題:欽定隆萬四書文。

(1)

0181 **掃葉山房四書體註合講十九卷** (清)翁復編次 (清)詹文煥參定
清光緒十三年(1887)成文堂書坊刻本
6 册(1 函) 存 19 卷:《大學》1 卷,《中庸》1 卷,《論語》卷 1—10,《孟子》卷 1—7
版框 22.7cm×15.8cm 開本 28.8cm×18.4cm
二欄,上欄 26 行 32 字,下欄 9 行 17 字,小字雙行同,白口,四周雙邊。封面題:光緒十三年仲夏重刻 太末翁克夫先生編次 銅版四書遵註合講 增人物考校讐無訛 成文堂書坊藏板。前有自序。下欄:四書集註十九卷 宋朱熹撰。

(2)

0182 **時文輯要四卷** (清)孫伯龍輯
清光緒十三年(1887)濰縣成文信刻本
2 册(1 函)
版框 17.5cm×10.3cm 開本 22.5cm×12.3cm
7 行 25 字,小字雙行,白口,四周雙邊,單黑魚尾。封面題:光緒丁亥新鐫 榆山宗海孫伯龍輯 時文輯要 濰縣成文信梓。前有叙。正文卷端題:慎修齋瑣言榆山宗海孫伯龍輯 及門諸子同校。

(1)

0183 **漱芳軒合纂四書體註十九卷** (清)范翔参訂 (清)吴有文等校
清刻本
4 册(1 函) 存 15 卷:《論語》卷 1—10,《孟子》卷 1—5
版框 24cm×15.3cm 開本 25.4cm×16.2cm
二欄,上欄 23 行 32 字,下欄 9 行 17 字,小字雙行同,白口,左右雙邊,無魚尾。上欄不分卷,下欄分卷。正文卷端題:漱芳軒合纂四書體註 范翔參訂。版心上鐫:四書體註。下欄:四書集註十九卷 宋朱熹撰。

(2)

0184 **四書白話解説三十六卷首一卷** 江希張著
民國上海錦章圖書局石印本
11 册(1 函) 存 11 卷:《論語》卷 1、5,《孟子》卷 1—7,《大學》1 卷,《中庸》1 卷
版框 17.8cm×11.9cm 開本 20cm×13.5cm
13 行 26 字,小字雙行同,白口,四周單邊,單黑魚尾。有圖。

(2)

0185 **四書大成三十八卷** (清)張鵬翮鑒定 (清)沈磊 (清)陸堦纂訂
清刻本
8 册(1 函) 存 19 卷:《孟子》卷 1—14,《論語》卷 16—20
版框 22cm×14cm 開本 27.5cm×17cm
二欄,上欄 20 行 20 字,下欄 10 行 18 字,小字雙行同,白口,四周雙邊,無魚尾。正文卷端題:四書大成 歸安沈磊 錢塘陸堦纂訂。

(2)

0186 **四書大全三十九卷** (清)陸隴其輯
清康熙三魚堂刻本
16册(1函) 存19卷:《大學大全章句》1卷,《大學或問》1卷,《論語集註大全》卷1—16,《孟子集註大全》卷2
版框19.8cm×15cm 開本25.5cm×16.5cm
8行23字,小字雙行同,白口,左右雙邊,單黑魚尾。前有康熙四十一年仇兆鼇撰《序》,次有《明成祖御製序》。版心下鎸:三魚堂。
按《中國古籍定級標準》,此書被定爲三級乙等古籍,作善本收藏。
(2)

0187 **四書會解二十七卷** (宋)朱熹集註 (清)綦澧輯
清道光九年(1829)姑蘇琴川閣刻本
4册(1函) 存8卷:《論語》卷3—5、7—10,《中庸》1卷
版框18.6cm×13.1cm 開本24.5cm×15.5cm
9行24字,小字雙行同,白口,左右雙邊,無魚尾。封面題:道光九年新鎸 利津綦澧輯 四書會解 姑蘇琴川閣藏板。前有宋淳熙己酉朱熹撰《序》。正文卷端題:大學會解 利津後學綦澧輯。版心下鎸:還醇堂。
(2)

0188 **四書會解二十七卷** (清)綦澧輯
清刻本
5册(1函) 存8卷:《論語》卷3—5、7—10,《中庸》1卷
版框11cm×9.1cm 開本13.9cm×10.5cm
11行28字,小字雙行同,白口,四周單邊,單黑魚尾。書衣題:四書會解。正文卷端題:論語會解 利津後學綦澧輯 朱熹集註。佚名批註。
(2)

0189 **四書人物類典串珠四十卷** (清)臧志仁編輯
清嘉慶七年(1802)文淵堂刻本
12册(2函)
版框16.5cm×11.8cm 開本23cm×15cm
10行25字,小字雙行同,白口,左右雙邊,單黑魚尾。封面題:嘉慶七年鐫 上元臧訒齋編輯 翻刻必究 四書人物類典串珠音注 文淵堂梓行。前有《四書人物類典串珠序》。正文卷端題:四書人物類典串珠 上元臧志仁訒齋氏編輯。
按《中國古籍定級標準》,此書被定爲三級丙等古籍,作善本收藏。
(1)

0190 **四書人物類典串珠四十卷** (清)臧志仁編輯
清刻本
5册(1函) 存20卷:卷5—12,15—21,36—40
版框13.5cm×9.2cm 開本17.5cm×10.8cm

11行25字,白口,左右雙邊,單黑魚尾。正文卷端題:四書人物類典串珠　上元臧志仁訒齋氏編輯。

(1)

0191　**四書人物類典串珠四十卷**　(清)臧志仁編輯

清刻本

3册(1函)　存8卷:卷12—13,25—30

版框12.9cm×9.6cm　開本17.5cm×11.1cm

11行26字,小字雙行同,白口,四周單邊,單黑魚尾。正文卷端題:四書人物類典串珠　上元臧志仁訒齋氏編輯。

(2)

0192　**四書人物類典串珠四十卷**　(清)臧志仁編輯

清刻本

3册(1函)　存8卷:卷18—20,23—24,26—28

版框12.4cm×9.6cm　開本16.7cm×11.2cm

11行25字,小字雙行同,白口,四周單邊,單黑魚尾。正文卷端題:四書人物類典串珠　上元臧志仁訒齋氏編輯。

(2)

0193　**四書人物類典串珠四十卷**　(清)臧志仁編輯

清光緒九年(1883)德盛堂刻本

5册(1函)　存16卷:卷1—16

版框13.2cm×10cm　開本17.7cm×11.5cm

11行26字,白口,四周單邊,單黑魚尾。書衣題:四書類典串珠。封面題:光緒癸未年新刻　上元臧訒齋先生編輯　四書人物類典串珠　德盛堂藏板　共書四十卷類分六百七十餘條考據對偶俱備。前有寧《序》。避諱至寧。正文卷端題:四書人物類典串珠。

(2)

0194　**四書釋地三續補二卷**　(清)閻若璩原本　(清)樊廷枚校補

清嘉慶刻本

1册(1函)

版框17.7cm×12.5cm　開本24.3cm×15.5cm

9行21字,小字雙行同,黑口,左右雙邊,無魚尾。書衣題:四書釋地　書。前有閻若璩撰《四書釋地三續補目録》。首卷卷端題:四書釋地三續補目　太原閻若璩原本　山陰後學樊廷枚校補。

(4)

0195　**四書題鏡十六卷**　(清)汪鯉翔纂述

清刻本

8册(1函)　存8卷:卷9—16

版框 13.6cm×10cm　開本 16.1cm×11.3cm

16 行 30 字，白口，四周單邊，單黑魚尾。正文卷端題：四書題鏡　苕上汪鯉翔靈川纂述。鈐印“雪亭”“崔玩”。

(2)

0196　**四書題鏡十六卷**　(清)汪鯉翔纂述

清刻本

3 册(1 函)　存 6 卷：《孟子》6 卷

版框 22.4cm×14.6cm　開本 24cm×16cm

16 行 30 字，白口，四周單邊，單黑魚尾。正文卷端題：四書題鏡　苕上汪鯉翔靈川纂述。

(2)

0197　**四書圖考集要五卷**　(清)張雲會輯

清乾隆三十七年(1772)愛古堂刻本

5 册(1 函)

版框 18.1cm×13cm　開本 25.2cm×15.1cm

10 行 24 字，白口，四周單邊，單黑魚尾。封面題：乾隆壬辰仲冬鐫　古青張雲會與京輯　四書圖考集要　四書講義集要嗣出　愛古堂藏板。前有乾隆三十七年張雲會撰《四書圖考集要序》、乾隆癸巳李中簡撰《序》。書衣題：四書圖考。張雲會，山東青州人。

2012 年 1 月入選第二批《山東省珍貴古籍名録》(編號 0779)。

(1)

0198　**四書味根録題鏡合編三十九卷附四書宗旨**　(清)汪鯉翔　(清)金澂撰

清光緒十六年(1890)上海鴻文書局石印本

8 册(1 函)　存 39 卷：《大學》1 卷，《中庸》2 卷，《論語》20 卷、首 1 卷，《孟子》14 卷、首 1 卷

版框 10.5cm×7.5cm　開本 12.8cm×8.5cm

二欄，上欄 36 行 22 字，下欄 18 行 26 字，小字雙行 52 字，白口，四周單邊，單黑魚尾，眉上有註 36 行 5 字。書衣題：增廣四書題鏡味根録。封面題：四書味根録題鏡合編　坿四書宗旨。書名據封面題録。牌記題：光緒庚寅上海鴻文書局重印。前有清金澂撰《序》。正文卷端題：四書味根録。版心鐫：四書題鏡味根合編。

(1)

0199　**四書味根録三十九卷**　(清)金澂撰

清刻本

4 册(1 函)　存 7 卷：《孟子》卷 1—7

版框 11.9cm×9.8cm　開本 16.8cm×11.7cm

9 行 36 字，小字雙行同，白口，左右雙邊，單黑魚尾。正文卷端題：四書味根録

孟子　卷首。版心上鎸:四書味根録。

(2)

0200　**四書味根録三十九卷**　(清)金澂撰

清刻本

4 册(1 函)　存 11 卷:《論語》卷 6—10,《孟子》卷 7—12

版框 12.3cm×9.4cm　開本 16.7cm×11.3cm

9 行 36 字,小字雙行同,白口,四周單邊,單黑魚尾。

(2)

0201　**四書味根録三十九卷首二卷**　(清)金澂撰

清光緒二十九年(1903)上海鴻寶齋石印本

5 册(1 函)　存 33 卷:《大學》卷 1,《中庸》卷 1—2,《論語》首 1 卷、卷 1—20,《孟子》卷 6—14

版框 11.2cm×7.2cm　開本 14.7cm×8.6cm

14 行 27 字,小字雙行同,白口,四周雙邊,單黑魚尾,眉上有批。封面題:四書味根録　古越沈祖燕署。牌記題:光緒癸卯仲春月上海鴻寶齋重印。前有金澂撰《序》。

(2)

0202　**四書味根録三十九卷**　(清)金澂撰

清刻本

7 册(1 函)　存 17 卷:《論語》卷 5—7、14—20,《孟子》卷 1—2、5—6、11—12、14

版框 12cm×10cm　開本 16cm×11.3cm

9 行 36 字,小字雙行同,白口,四周單邊,單黑魚尾。正文卷端題:四書味根録　孟子　卷首。版心上鎸:四書味根録。

(2)

0203　**四書摘訓二十卷**　(明)丘檘編次　(明)王朴校正

明萬曆刻本(卷 19—20 爲鈔配本)

9 册(1 夾)　存 18 卷:卷 1—8,11—18,19—20

版框 21cm×14cm　開本 25.5cm×16.8cm

13 行 24 字,白口,四周單邊,單黑魚尾。前有《四書摘訓序》。正文卷端題:大學摘訓　諸城後學丘檘編次　同邑庠友王朴校正。有刻工。丘檘,山東諸城人。

2012 年 1 月入選第二批《山東省珍貴古籍名録》(編號 0072)。

(2)

0204　**四書釋文十九卷四書字辨一卷疑字辨一卷句辨一卷**　(清)王賡言撰

清道光二年(1822)諸城王氏家塾刻本

6 册(1 函)

版框 20cm×14cm　開本 26cm×16.2cm

9 行 17 字,小字雙行同,白口,四周單邊,無魚尾。封面題:道光二年鐫　四書釋

文　諸城王氏塾本。前有道光壬午王賡言撰《序》。次有《凡例》、《四書字辨》、《疑字辨》、《句辨》、《大學章句序》、《大學》1 卷、《中庸章句序》、《中庸》1 卷、《論語序説》、《論語》10 卷、《孟子序説》、《孟子》7 卷。

(1)

0205　**桐石山房四書體註合講十九卷**　(清)翁復編次　(清)詹文焕参定
清刻本
2 册(1 函)　存 10 卷:《論語》卷 1—10
版框 24cm×15.4cm　開本 28cm×18cm
二欄,上欄 26 行 32 字,下欄 9 行 17 字,小字雙行同,白口,四周雙邊,無魚尾。上欄題:桐石山房四書體註合講　翁復編次　詹文焕参定。下欄題:論語　朱熹集註。版心鎸:四書合講。

(2)

0206　**銅板四書體註合講十九卷**　(清)翁復編次　(清)詹文焕参定
清刻本
4 册(1 函)　存 15 卷:《論語》卷 1—10,《孟子》卷 1—5
版框 24cm×15.5cm　開本 31.4cm×18.5cm
二欄,上欄 26 行 32 字,下欄 9 行 17 字,小字雙行同,白口,四周雙邊,無魚尾。上欄題:銅板四書體註合講　翁復編次　詹文焕参定。下欄題:論語　朱熹集註。版心鎸:四書合講。

(2)

0207　**銅板四書體註合講十九卷**　(清)翁復編次　(清)詹文焕参定
清光緒八年(1882)上洋江左書林刻本
5 册(1 函)　存 17 卷:《大學》1 卷,《中庸》1 卷,《論語》卷 1—10,《孟子》卷 1—3、6—7
版框 24cm×16cm　開本 28cm×17.5cm
二欄,上欄 26 行 32 字,下欄 9 行 17 字,小字雙行同,白口,四周雙邊,無魚尾。封面題:光緒八年仲春重刻　太末翁克夫先生編次　銅板四書遵註合講　增人物考校讐無訛　上洋江左書林藏板。前有自序。鈐印"江左書林督造書籍"。

(2)

0208　**鄉黨圖考十卷**　(清)江永撰
清乾隆五十八年(1793)金閶書業堂刻本
6 册(1 函)
版框 19.2cm×13.9cm　開本 24.9cm×15.8cm
9 行 25 字,小字雙行同,白口,左右雙邊,單黑魚尾。封面題:乾隆癸丑年重鐫新安江慎修編　鄉黨圖考　金閶書業堂梓行。正文卷端題:鄉黨圖考　新安江永慎修著　及門諸子編次。
按《中國古籍定級標準》,此書被定爲三級乙等古籍,作善本收藏。

(2)

0209 **新訂四書補註備旨十卷** (明)鄧林著 (清)鄧煜編次 (清)祁文友重校 (清)杜定基增訂

清光緒五年(1879)成文堂刻本

7册(1函) 存8卷:《大學》1卷,《中庸》1卷,《論語》卷3—4,《孟子》卷1—4

版框21cm×13cm 開本25.5cm×15.5cm

三欄,上欄22行4字,中欄22行10字,下欄11行32字,小字雙行同,白口,四周單邊,單黑魚尾。封面題:光緒己卯重鐫 古岡鄧退菴先生手著 甬上仇滄柱先生叅補 四書補註附攷備旨 成文堂藏板。前有乾隆己亥杜定基撰《序》。

(1)

0210 **新訂四書補註備旨十卷** (明)鄧林著 (清)鄧煜編次 (清)祁文友重校 (清)杜定基增訂

清翰文堂刻本

4册(1函) 存5卷:《論語》卷1—4,《孟子》卷4

版框20.5cm×13cm 開本26cm×16cm

三欄,上欄22行5字,中欄22行10字,下欄11行32字,小字雙行同,白口,四周雙邊,單黑魚尾。版心下鎸:翰文堂。

(2)

0211 **新訂四書補註備旨十卷** (明)鄧林著 (清)鄧煜編次 (清)祁文友重校 (清)杜定基增訂

清光緒十一年(1885)成文信記刻本

8册(1函) 存9卷:《學庸》1卷,《論語》卷1—4,《孟子》卷1—4

版框21.5cm×13cm 開本24cm×15.5cm

三欄,上欄22行5字,中欄22行10字,下欄11行32字,小字雙行同,白口,四周單邊,單黑魚尾。書衣鈐印一枚,不清晰。封面題:光緒乙酉秋鐫 古岡鄧退菴先生手籍 甬上仇滄柱先生叅補 四書補註附考備旨 成文信記藏板。前有乾隆己亥杜定基撰《序》。避諱至寧。正文卷端題:新訂四書補註備旨。

(2)

0212 **新訂四書補註備旨十卷** (明)鄧林著 (清)鄧煜編次 (清)祁文友重校 (清)杜定基增訂

清光緒五年(1879)成文堂刻本

4册(1函) 存5卷:《大學》1卷,《中庸》1卷,上《孟》卷1,下《孟》卷3—4

版框21.5cm×13.5cm 開本25cm×15.5cm

三欄,上欄22行5字,中欄22行10字,下欄11行32字,小字雙行同,白口,四周雙邊,單黑魚尾。封面題:光緒己卯重鐫 古岡鄧退菴先生手著 甬上仇滄柱先生參補 四書補註附攷備旨 成文堂藏板。前有乾隆己亥杜定基撰《增訂四書備旨序》。

(2)

0213 **新訂四書補註備旨十卷** (明)鄧林著 (清)祁文友重校 (清)杜定基增訂

清刻本

3冊(1函) 存3卷:上《孟》卷1—2,下《論》卷3

版框19.9cm×13cm 開本23.5cm×15.9cm

三欄,上欄22行5字,中欄22行10字,下欄11行32字,小字雙行同,白口,四周單邊,單黑魚尾。版心上鎸:四書補註備旨。

(2)

0214 **新訂四書補註備旨十卷** (明)鄧林著 (清)鄧煜編次 (清)祁文友重校 (清)杜定基增訂

清刻本

3冊(1函) 存3卷:上《孟》卷2—4

版框21cm×13cm 開本23.5cm×15.5cm

三欄,上欄22行5字,中欄22行10字,下欄11行32字,小字雙行同,白口,四周雙邊,單黑魚尾。版心上鎸:四書補註備旨。

(2)

0215 **新訂四書補註備旨十卷** (明)鄧林著 (清)鄧煜編次 (清)祁文友重校 (清)杜定基增訂

清刻本

1冊(1函) 存2卷:上《論》卷1—2

版框20.5cm×13cm 開本25.5cm×15.5cm

三欄,上欄22行4字,中欄22行10字,下欄11行32字,小字雙行同,白口,四周單邊,單黑魚尾。版心上鎸:四書補註備旨。

(2)

0216 **新訂四書補註備旨十卷** (明)鄧林著 (清)鄧煜編次 (清)祁文友重校 (清)杜定基增訂

清光緒二十九年(1903)翰文堂記刻本

2冊(1函) 存3卷:《大學》1卷,《中庸》1卷,下《孟》卷3

版框21cm×13.3cm 開本25cm×16cm

三欄,上欄22行5字,中欄22行10字,下欄11行32字,小字雙行同,白口,四周雙邊,單黑魚尾。封面題:光緒癸卯重校 古岡鄧退菴先生手著 甬上仇滄柱先生叅補 四書補註附考備旨 翰文堂記藏板。前有乾隆己亥杜定基撰《增訂四書備旨序》。

(2)

0217　**新訂四書補註備旨十卷**　(明)鄧林著　(清)祁文友重校　(清)杜定基增訂

清刻本

2册(1函)　存2卷:上《孟》卷1,下《孟》卷4

版框22cm×13.5cm　開本25cm×15.8cm

三欄,上欄22行6字,中欄22行10字,下欄11行32字,小字雙行同,白口,四周單邊,單黑魚尾。書衣題:上孟子　卷上。正文卷端題:新訂四書補註備旨。

(4)

0218　**新訂四書補註備旨十卷**　(明)鄧林著　(清)鄧煜編次　(清)祁文友重校　(清)杜定基增訂

清刻本

1册(1函)　存1卷:《孟子》卷3

版框21cm×13.2cm　開本26cm×16cm

三欄,上欄22行4字,中欄22行10字,下欄11行32字,小字雙行同,白口,四周單邊,單黑魚尾。

(1)

0219　**新訂四書補注備旨十卷**　(明)鄧林著　(清)杜定基增訂

民國九年(1920)上海昌文書局石印本

8册(1函)

版框18.6cm×11.9cm　開本20.2cm×13.3cm

三欄,上欄17行5字,小字雙行;中欄17行14字,小字雙行;下欄17行28字,小字雙行56字。白口,四周單邊,單黑魚尾。

(1)

0220　**新訂四書補註備旨十卷**　(明)鄧林著　(清)鄧煜編次　(清)祁文友重校　(清)杜定基增訂

清嘉慶十八年(1813)寶寧堂刻本

8册(1函)　存10卷:《大學》1卷,《中庸》1卷,上《論》卷1—2、下《論》卷3—4,上《孟》卷1—2、下《孟》卷3—4

版框23.5cm×14.8cm　開本26cm×15.9cm

三欄,上欄22行5字,中欄22行10字,下欄11行32字,小字雙行同,白口,四周單邊,單黑魚尾。封面題:嘉慶癸酉年新鐫　古岡鄧退菴先生手著　甬上仇滄柱先生參補　遵依正韻　四書補註附攷備旨　寶寧堂梓行。封面避諱至寧,正文不避寧。前有乾隆壬午杜定基撰《增訂四書備旨序》。

按《中國古籍定級標準》,此書被定爲三級丙等,作善本收藏。

(2)

0221　**新註四書白話解説三十六卷首一卷**　江希張註

民國十年(1921)上海育才書館石印本

14册(1函):有圖

版框 17.3cm×12cm　開本 20cm×13.2cm

12行25字,小字雙行50字,白口,四周單邊,單黑魚尾。封面題:新注四書白話解説　九歲神童江希張註。

(1)

0222　**新註四書白話解説**　江希張註

民國十五年(1926)上海書業公所石印本

8册(1函)　存11卷:《論語》1卷,《中庸》1卷,《孟子》卷1—2、5—6、9—10、12—14

版框 16.3cm×10.9cm　開本 20cm×13.2cm

11行22字,小字雙行44字,白口,四周雙邊,單黑魚尾。

(2)

0223　**學源堂四書體註合講十九卷**　(清)翁復編次　(清)詹文焕參定 & **四書集註十九卷**　(宋)朱熹撰

清酌雅齋刻本(佚名批點)

3册(1函)　存6卷:《大學》1卷,《中庸》1卷,《孟子》卷4—7

版框 23cm×15cm　開本 28.5cm×18cm

二欄,上欄25行32字,下欄9行17字,白口,四周雙邊,無魚尾,眉上佚名題跋。有圖。版心下鎸:酌雅齋。

(2)

0224　**芸生堂四書體註合講十九卷**　(清)翁復編次 & **四書集註十九卷**　(宋)朱熹撰

清刻本

4册(1函)　存14卷:《論語》卷1—10,《孟子》卷4—7

版框 24cm×15.5cm　開本 28cm×17.5cm

二欄,上欄13行32字,小字雙行同,下欄9行17字,白口,四周雙邊。

(2)

0225　**增補四書精繡圖像人物備考十二卷**　(明)薛應旂彙輯　(明)陳仁錫增定　(明)陳義錫重校

清乾隆二十八年(1763)古吴聚秀堂刻本

6册(1函)

版框 19.8cm×13.7cm　開本 24.4cm×14.5cm

二欄,上欄26行5字,下欄13行30字,小字雙行同,白口,四周單邊,單黑魚尾。書衣題:聚秀堂四書人物備考。封面題:乾隆二十八年新鎸　武進薛方山先生彙輯　長洲陳明卿先生增定　增補四書人物備考　精繡圖像　註釋無遺　古吴聚秀堂梓行。前有《四書人物備考叙》。版心下鐫:卓雅堂。

按《中國古籍定級標準》,此書被定爲三級乙等古籍,作善本收藏。

(2)

0226 **增廣新訂四書補註備旨十卷** (明)鄧林著 (清)鄧煜編次 (清)祁文友重校 (清)杜定基增訂

清光緒十六年(1890)德盛堂刻本

6 册(1 函)

版框 21cm×13cm 開本 25cm×15cm

三欄,上欄 22 行 6 字,中欄 22 行 10 字,下欄 11 行 32 字,小字雙行同,白口,四周單邊,單黑魚尾。封面題:光緒庚寅新鐫 古岡鄧退菴先生手著 甬上仇滄柱先生參補 四書補註附考備旨 德盛堂記藏板。前有乾隆己亥杜定基撰《增訂四書備旨序》。避諱至寧。

(1)

0227 **增註四書人物類典串珠四十卷** (清)臧志仁編輯

清末上洋珍藝書局鉛印本

5 册(1 函) 存 31 卷:卷 1—31

版框 13.1cm×9cm 開本 16.8cm×10.2cm

15 行 34 字,小字雙行同,白口,四周雙邊,單黑魚尾,無直格。封面題:增注四書人物串珠。牌記題:上洋珍藝書局仿聚珍版印。前有《增註四書人物類典串珠自序》。

(2)

0228 **增註四書人物類典串珠四十卷** (清)臧志仁編輯

清末鉛印本

2 册(1 函) 存 11 卷:卷 13—18,25—29

版框 13cm×9cm 開本 17cm×10.3cm

15 行 34 字,小字雙行同,白口,四周雙邊,單黑魚尾,無直格。書衣題:增註四書人物串珠 李芳園署籤。

(2)

0229 **中庸章句本義匯參六卷首一卷** (清)王步青輯 (清)王士鼇編 (清)王維甸 (清)王乃畇校

清敦復堂刻本

3 册(1 函) 存 5 卷:卷 1—2,4—5,首 1 卷

版框 20.5cm×13.5cm 開本 24cm×15.7cm

9 行 23 字,小字雙行同,白口,四周單邊,單黑魚尾。版心下鐫:敦復堂。

(2)

0230 **酌雅齋四書遵註合講十九卷** (清)翁復編次 (清)詹文焕參定 & **四書集註十九卷** (宋)朱熹撰

清嘉慶二十三年(1818)吴郡山淵堂刻本

6 册(1 函)

版框 23.5cm×16cm　開本 29cm×18.5cm

二欄,上欄 26 行 32 字,下欄 9 行 17 字,小字雙行同,白口,四周雙邊,無魚尾。封面題:嘉慶二十三年重刊　四書遵註合講　吴郡山淵堂藏版。前有翁復《自序》。次有酌雅齋四書圖考目録。有圖。次有《大學章句序》。正文卷端題:酌雅齋四書遵註合講　太末翁復克夫編次　同學詹文焕維□参定。次有《中庸章句序》。正文卷端題:酌雅齋四書遵註合講　太末翁復克夫編次　同學詹文焕維□参定。

按《中國古籍定級標準》,此書被定爲三級丙等古籍,作善本收藏。

(2)

## 群經總義類

0231　**經典釋文三十卷考證二卷**　(唐)陸德明撰

清同治八年(1869)湖北崇文書局刻本

12 册(2 函)

版框 19cm×14.8cm　開本 27.7cm×17.5cm

11 行 22 字,黑口,四周雙邊,雙黑魚尾,無行格。封面題:經典釋文。牌記題:同治八年湖北崇文書局開雕。前有《重雕經典釋文緣起》。避諱至淳。避諱至弘,缺末筆。眉上朱筆佚名批校。鈐印"徐氏季聞手校""徐季聞收藏印"。

(4)

0232　**經餘必讀八卷**　(清)雷琳　(清)錢樹棠　(清)錢樹立輯

清嘉慶十四年(1809)大中堂刻本

1 册(1 函)　存 2 卷:卷 1—2

版框 19cm×12.5cm　開本 23.5cm×15cm

10 行 20 字,小字雙行同,白口,四周單邊,單黑魚尾,無直格。封面題:嘉慶己巳新鐫　經餘必讀合編　大中堂梓行。前有《經餘必讀序》。鈐印"俊民""王錫□印"。目録末題:聞人文耀鐫。

按《中國古籍定級標準》,此書被定爲三級丙等古籍,作善本收藏。

(2)

0233　**經餘必讀八卷**　(清)雷琳　(清)錢樹棠　(清)錢樹立輯

清光緒二年(1876)汲綆齋刻本

6 册(1 函)

版框 12.5cm×9.1cm　開本 15.3cm×10.6cm

10 行 20 字,小字雙行同,白口,左右雙邊,單黑魚尾,無直格。封面題:光緒丙子刊　經餘必讀　汲綆齋藏板。

(2)

0234　**經餘必讀續編八卷**　(清)雷琳　(清)錢樹棠　(清)錢樹立輯

清光緒二十六年(1900)濰陽寶書堂刻本

1 册(1 函)　存 2 卷:卷 1—2

版框 17.5cm×12.5cm　開本 24cm×14.3cm

10 行 22 字,小字雙行同,白口,四周雙邊,單黑魚尾。封面題:光緒庚子重刊經餘必讀二編　濰陽寶書堂藏板。

(2)

0235　**經餘必讀續編八卷三集四卷**　(清)雷琳　(清)錢樹棠　(清)錢樹立輯

清光緒二年(1876)汲綆齋刻本

6 册(1 函)

版框 11.8cm×9cm　開本 15.3cm×11.8cm

11 行 20 字,小字雙行同,白口,四周雙邊,單黑魚尾。封面一題:光緒丙子刊經餘必讀　汲綆齋藏板。前有《經餘必讀序》。封面二題:經餘必讀二編。次有經餘必讀續編總目。正文卷端題:經餘必讀續編。次有經餘必讀三集目録。正文卷端題:經餘必讀三集。

(2)

0236　**齊魯講學編四卷**　(清)尹銘綬編

清光緒二十九年(1903)印書局鉛印本

3 册(1 函)　存 3 卷:卷 1—3

版框 16.9cm×10.7cm　開本 20.5cm×20.4cm

12 行 34 字,白口,四周單邊,單黑魚尾,無直格。牌記題:光緒癸卯秋印書局排印。前有《齊魯講學編序》。鈐印"文學侍從史館詞臣"。

(2)

0237　**五經鴻裁二十二卷**　(清)□□編　(清)薛時雨鑒定

清同治刻本

18 册(2 函)　存 18 卷:《詩經》卷 1—4,《書經》卷 1—3,《禮記》卷 1—4,《易經》卷 4,《春秋》卷 1—4,存續:《書經》1 卷、《禮記》1 卷

版框 9.5cm×6.9cm　開本 12.8cm×8.1cm

9 行 25 字,白口,四周雙邊,單黑魚尾。封面題:五經鴻裁詩經卷一。

(1)

0238　**五經揭要二十五卷**　(清)周蕙田輯　(清)許寶善定

清刻本

2 册(1 函)　存 2 種 4 卷:《詩經揭要》卷 2—4,《禮記揭要》卷 1

版框 14cm×9cm　開本 16.2cm×10.3cm

三欄,上欄 18 行 6 字,中欄 18 行 11 字,下欄 9 行 21 字,小字雙行同,白口,四周單邊,單黑魚尾。詩經正文卷端題:詩經揭要。禮記正文卷端題:禮記揭要。

(1)

0239　**五經類編二十八卷**　(清)周世樟編輯

清刻本

7 册(1 函)　存 14 卷:卷 4—15,24—25
版框 17cm×13.6cm　開本 24.3cm×15.6cm
8 行 20 字,小字雙行同,白口,左右雙邊,單黑魚尾。

(2)

0240　**五經類編二十八卷**　(清)周世樟編輯
清康熙刻本
12 册(1 函)　存 20 卷:卷 1,4—5,9—12,16—28
版框 17.5cm×13.5cm　開本 25.9cm×16.7cm
8 行 20 字,小字雙行同,白口,左右雙邊,單黑魚尾。前有康熙癸亥王掞撰《序》。
2014 年 6 月入選第三批《山東省珍貴古籍名録》(編號 0924)。

(2)

0241　**五經類編二十八卷**　(清)周世樟編輯
清刻本
5 册(1 函)　存 7 卷:卷 16—18,21,26—28
版框 17.3cm×12.6cm　開本 24.5cm×15.5cm
8 行 20 字,小字雙行同,白口,左右雙邊,單黑魚尾。

(2)

0242　**雪樵經解三十三卷**　(清)馮世瀛撰
清光緒十二年(1886)上海點石齋石印本
8 册(1 函)
版框 9.5cm×5.9cm　開本 13.3cm×7.7cm
23 行 42 字,白口,四周雙邊,單黑魚尾。封面題:光緒丙戌初春　雪樵經解　莊□署檢。牌記題:光緒十有貳年春王月　上海點石齋代印。前有原序。版心鐫:雪樵經解。鈐印"陳□""□蓉居士""民國紀元歲五十三年生""民國紀元歲三十□□左經□"。

(1)

## 小學類

0243　**辭源十二集**　商務印書館編
民國鉛印本
10 册(1 函)　存 10 集:子,丑,寅,卯,辰,巳,午,未,酉,戌
版框 22.4cm×14.3cm　開本 29.4cm×18cm
分三欄,每欄 25 行 20 字,四周單邊。有圖。封面題:孝胥署檢　鄭。前有《辭源説略》。

(5)

0244　**讀書雜誌八十二卷餘編二卷**　(清)王念孫撰
民國上海文瑞樓石印本

12 册(1 函)　存 43 卷:《逸周書》卷 1—4,《戰國策》卷 1—3,《史記》卷 1—6,《漢書》卷 1—16,《管子》卷 1—12,《晏子春秋》卷 1—2

版框 16.1cm×12cm　開本 19.9cm×13.2cm

15 行 31 字,白口,四周單邊,單黑魚尾。封面有四字方印一。

(2)

0245　**段氏說文註訂八卷**　(清)鈕樹玉著

清同治五年(1866)碧螺山館刻本

2 册(1 函)

版框 18.5cm×13cm　開本 28.3cm×17.5cm

9 行 23 字,白口,左右雙邊,單黑魚尾。封面題:段氏說文注訂。牌記題:同治五年丙寅碧螺山館刊補。前有道光四年阮元撰《序》。鈐印"徐季聞收藏印"。

(4)

0246　**爾雅註疏十一卷**　(晉)郭璞註　(宋)邢昺疏

清刻本

6 册(1 函)　存 10 卷:卷 2—11

版框 18cm×12cm　開本 24.5cm×15cm

9 行 21 字,小字雙行同,白口,左右雙邊,無魚尾。

(2)

0247　**洪武正韻高唐王篆書五卷**　(明)樂韶鳳　(明)宋濂等撰　(明)朱厚煐篆書　(明)朱載壐　(明)沈大忠校

明萬曆十二年(1584)沈大忠刻本

3 册(1 函)　存 3 卷:卷 1—2,5

版框 23cm×15cm　開本 27cm×16cm

8 行 6 字,小字雙行不一,白口,四周雙邊,雙黑魚尾。前有朱載壐撰《洪武正韻篆書序》。正文卷端題:洪武正韻高唐王篆書　皇明衡藩新樂王誠軒載壐　賜進士知青州府事成吾沈大忠同校。鈐印"赫陳山房""王氏名塏字晏廬又字爽齋號少亭行一""字晏廬""和煦春風"。

2012 年 1 月入選第二批《山東省珍貴古籍名録》(編號 0096)。

(2)

0248　**康熙字典十二集三十六卷總目一卷檢字一卷辨似一卷等韻一卷備考一卷補遺一卷**　(清)張玉書　(清)陳廷敬等纂　(清)凌紹雯等纂修

清道光七年(1827)刻本

40 册(6 函)

版框 19.4cm×14cm　開本 24.1cm×15.6cm

8 行 12 字,小字雙行 24 字,白口,四周雙邊,單黑魚尾。封面題:御製康熙字典道光七年重刊。前有《御製康熙字典序》。版心鎸:道光七年奉旨重刊。

(1)

**0249 康熙字典十二集三十六卷總目一卷檢字一卷辨似一卷等韻一卷備考一卷補遺一卷** （清）張玉書 （清）陳廷敬等纂

清刻本

6册（1函）

版框 15.3cm×10.2cm 開本 19.5cm×12.5cm

32行48字，白口，四周雙邊，單黑魚尾。書衣鈐印"抗心希古""□□屋讀書人"。

（1）

**0250 康熙字典十二集三十六卷總目一卷檢字一卷辨似一卷等韻一卷備考一卷補遺一卷** （清）張玉書 （清）陳廷敬等纂

清刻本

40册（6函）

版框 13.5cm×9cm 開本 19.5cm×12cm

8行12字，小字雙行24字，白口，四周雙邊，單黑魚尾，無直格。封面題：御製康熙字典。前有康熙五十五年《御製序》。前有《總目》1卷、《檢字》1卷、《辨似》1卷。正文卷端題：康熙字典。版心上鐫：康熙字典。後有《等韻》1卷、《備考》1卷、《補遺》1卷。

（1）

**0251 康熙字典十二集三十六卷總目一卷檢字一卷辨似一卷等韻一卷備考一卷補遺一卷** （清）張玉書 （清）陳廷敬等纂

清光緒十九年（1893）寶文書局石印本

6册（1函）

版框 17cm×11.5cm 開本 20.3cm×13.5cm

40行60字，白口，四周雙邊，單黑魚尾，眉上有篆體字。書衣題：康熙字典 子集丑集。鈐印"□""高□群"。牌記題：光緒癸巳上海寶文書局石印。前有《御製康熙字典序》。

（1）

**0252 康熙字典十二集三十六卷總目一卷檢字一卷辨似一卷等韻一卷備考一卷補遺一卷** （清）張玉書 （清）陳廷敬等纂

清光緒十六年（1890）上洋鴻寶齋石印本

6册（1函）

版框 15cm×10.2cm 開本 19.5cm×12.5cm

20行58字，小字雙行，白口，四周雙邊，單黑魚尾。封面題：康熙字典。牌記題：光緒十有六年歲在庚寅仲春日上洋鴻寶齋石印。前有《御製康熙字典序》。

（1）

**0253 康熙字典十二集三十六卷總目一卷檢字一卷辨似一卷等韻一卷備考一卷補遺一卷** （清）張玉書 （清）陳廷敬等纂

清刻本

40 册(6 函)

版框 19cm×14cm　開本 25cm×16cm

8 行 12 字,小字雙行 24 字,白口,四周雙邊,單黑魚尾。封面題:御製康熙字典。

(2)

0254　**康熙字典十二集三十六卷總目一卷檢字一卷辨似一卷等韻一卷備考一卷補遺一卷**　(清)張玉書　(清)陳廷敬等纂　(清)凌紹雯等纂修

清道光七年(1827)刻本

40 册(6 函)

版框 19.4cm×13.8cm　開本 24.1cm×15.4cm

8 行 12 字,小字雙行 24 字,白口,四周雙邊,單黑魚尾。封面題:御製康熙字典道光七年重刊。前有《御製康熙字典序》。

(2)

0255　**康熙字典十二集三十六卷總目一卷檢字一卷辨似一卷等韻一卷備考一卷補遺一卷**　(清)張玉書　(清)陳廷敬等纂

清刻本

19 册(3 函)　存 7 集 19 卷:巳上、中、下,申上、中、下,辰上、中、下,酉上、中、下(下卷有複本),亥上、中、下,戌上、中,午上

版框 19cm×13.1cm　開本 24.9cm×15.9cm

8 行 12 字,小字雙行 24 字,白口,四周雙邊,單黑魚尾,無直格。前有康熙字典目録。版心上鎸:康熙字典。

(2)

0256　**康熙字典十二集三十六卷總目一卷檢字一卷辨似一卷等韻一卷備考一卷補遺一卷**　(清)張玉書　(清)陳廷敬等纂

清刻本

12 册(1 函)　存 4 集 12 卷:寅集 3 卷,卯集 3 卷,辰集 3 卷,巳集 3 卷

版框 19.6cm×14cm　開本 24.8cm×15.8cm

8 行 12 字,小字雙行 24 字,白口,四周雙邊,單黑魚尾。前有康熙字典目録。版心上鎸:康熙字典。

(2)

0257　**康熙字典十二集三十六卷總目一卷檢字一卷辨似一卷等韻一卷備考一卷補遺一卷**　(清)張玉書　(清)陳廷敬等纂　(清)凌紹雯等纂修

清道光七年(1827)刻本

34 册(5 函)　存 10 集 35 卷:子、丑、寅、卯、辰、巳、戌、申、酉、亥各 3 卷,《檢字》1 卷,《辨似》1 卷,《等韻》1 卷,《備考》1 卷,《補遺》1 卷

版框 12.9cm×9.8cm　開本 16.8cm×10.9cm

8 行 12 字,小字雙行 24 字,白口,四周雙邊,單黑魚尾。封面題:御製康熙字典

道光七年重刊。前有《御製康熙字典序》。

(2)

0258 **康熙字典十二集三十六卷總目一卷檢字一卷辨似一卷等韻一卷備考一卷補遺一卷** (清)張玉書 (清)陳廷敬等纂

上海鴻寶書局石印本

6册(1函)

版框16.5cm×11cm 開本19.8cm×13cm

20行29字,小字雙行58字,白口,四周雙邊,單黑魚尾。

(2)

0259 **康熙字典十二集三十六卷總目一卷檢字一卷辨似一卷等韻一卷備考一卷補遺一卷** (清)張玉書 (清)陳廷敬等纂

清刻本

15册(1函) 存11卷:子下,丑中、下,卯下,辰上、下,戌上、中,亥上、中、下

版框19.6cm×13cm 開本25.5cm×16.3cm

8行12字,小字雙行24字,白口,四周雙邊,單黑魚尾。前有《御製康熙字典序》。

(2)

0260 **隸辨八卷** (清)顧藹吉撰

民國十九年(1930)掃葉山房石印本

8册(1函)

版框14cm×10cm 開本20cm×13cm

12行20字,白口,小字雙行,四周單邊,單黑魚尾。封面題:乙卯孟夏仿原本重印 隸辨 尹玉初題。封面有章。牌記題:民國十九年石印 掃葉山房 掃葉山房商標。

(2)

0261 **六書通十卷** (明)閔齊伋撰 (清)畢弘述篆訂 (清)閔章 (清)程昌煒校

清乾隆刻本

8册(1函) 存8卷:卷1—8

版框22.6cm×15.2cm 開本28.1cm×17.8cm

8行12字,小字雙行24字,白口,四周雙邊,無魚尾。封面題:六書通。前有序。避諱至弘字。正文卷端題:六書通 海鹽畢宏述既明篆訂 苕溪閔章含貞 程昌煒赤文同校。

2019年5月入選第四批《山東省珍貴古籍名録》(編號0376)。

(2)

0262 **佩文韻府提綱二卷** (清)蝸廬主人(王士璦)輯

清嘉慶二十年(1815)文友堂刻本

1册(1函)

版框 14.2cm×9.5cm　開本 18.5cm×12cm

8行7字,白口,四周單邊,單黑魚尾。書衣題:韻府提綱。鈐印兩枚,不清晰。封面題:嘉慶二十年重鐫　壽邑蝸廬主人彙輯　韻府提綱　文友堂藏板。前有叙。正文卷端題:佩文韻府提綱　古斟蝸廬主人輯。王士璦,别號蝸廬主人,山東濰縣人。

(1)

0263　**詩韻合璧五卷附詩腋一卷詞林典腋一卷**　(清)湯文潞輯

清刻本

4册(1函)

版框 16cm×9cm　開本 19.8cm×11cm

三欄,上欄22行10字,中欄22行8字,下欄11行12字,小字雙行24字,白口,四周雙邊,單黑魚尾,無直格。封面題:校補詩韻合璧。前有咸豐七年湯文潞《序》。次有詩韻合璧目録。上欄詩腋,中欄詞林典腋,下欄詩韻合璧。

(2)

0264　**詩韻合璧五卷附詩腋一卷詞林典腋一卷**　(清)湯文潞輯

清刻本

3册(1函)　存3卷:卷3—5

版框 13.5cm×8.5cm　開本 17.3cm×10cm

三欄,上欄22行10字,中欄22行8字,下欄11行17字,小字雙行34字,白口,四周雙邊,單黑魚尾。書衣題:詩韻合璧。上欄詩腋,中欄詞林典腋,下欄詩韻合璧。

(2)

0265　**詩韻集成十卷附詞林典腋一卷**　(清)余照輯

清宣統元年(1909)成文堂刻本

4册(1函)

版框 14.5cm×9cm　開本 17.3cm×11.2cm

二欄,上欄18行11字,下欄9行12字,小字雙行25字,白口,四周單邊,無魚尾。封面題:宣統己酉秋刻　較對無訛　詩韻集成　成文堂梓。上欄詞林典腋,下欄詩韻集成。正文卷端題:詩韻集成　江都余照春亭輯。

(1)

0266　**詩韻集成十卷附詞林典腋一卷**　(清)余照輯

清光緒元年(1875)修文堂刻本

4册(1函)

版框 15.1cm×9.8cm　開本 17.6cm×11cm

二欄,上欄18行11字,下欄9行12字,小字雙行25字,白口,四周單邊,無魚尾。封面題:光緒乙亥年春鐫　校對無訛　增訂詩韻集成　修文堂梓。上欄詞林典腋,下欄詩韻集成。正文卷端題:詩韻集成　江都余照春亭輯。

(2)

**0267　詩韻集成十卷附詞林典腋一卷**　(清)余照輯

清同治五年(1866)書業德記刻本

4册(1函)

版框 15cm×9.9cm　開本 17.8cm×11.2cm

二欄,上欄18行11字,下欄9行,小字雙行25字,白口,四周單邊,無魚尾。封面題:同治丙寅新鐫　謹遵佩文韻府　詩韻集成　書業德記藏板。前有《例言》。上欄詞林典腋,下欄詩韻集成。正文卷端題:詩韻集成　江都余照春亭輯。

(2)

**0268　詩韻集成十卷附詞林典腋一卷**　(清)余照輯

清宣統元年(1909)成文堂刻本

4册(1函)

版框 14.5cm×9.7cm　開本 17.5cm×11.4cm

二欄,上欄18行11字,下欄9行12字,小字雙行25字,白口,四周單邊,無魚尾。封面題:宣統己酉秋刻　較對無訛　詩韻集成　成文堂梓。上欄詞林典腋,下欄詩韻集成。正文卷端題:詩韻集成　江都余照春亭輯。

(2)

**0269　詩韻集成十卷附詞林典腋一卷**　(清)余照輯

清光緒元年(1875)德潤堂刻本

4册(1函)

版框 14.8cm×10cm　開本 16.8cm×10.9cm

二欄,上欄18行11字,下欄9行12字,小字雙行25字,白口,四周單邊,無魚尾。封面題:光緒元年六月鐫　校正無訛　增訂詩韻集成　德潤堂梓。上欄詞林典腋,下欄詩韻集成。

(2)

**0270　詩韻集成十卷附詞林典腋一卷**　(清)余照輯

民國十一年(1922)上海共和書局影印本

4册(1函)

版框 13.8cm×8.5cm　開本 17.2cm×10.2cm

二欄,上欄31行16字,下欄16行18字,小字雙行32字,白口,四周雙邊,單黑魚尾。封面題:詞林典腋　詩韻集成　上海共和書局印行。牌記題:民國十一年共和書局倣袖珍本影印。上欄詞林典腋,下欄詩韻集成。

(2)

**0271　詩韻集成十卷附詞林典腋一卷**　(清)余照輯

清光緒七年(1881)成文堂刻本

3册(1函)　存8卷:卷1—2,5—10

版框 14cm×9.7cm　開本 17.5cm×11.3cm

二欄,上欄18行11字,下欄9行12字,小字雙行25字,白口,四周單邊,無魚尾。封面題:光緒辛巳春刻　校對無訛　詩韻集成　成文堂梓。上欄詞林典腋,下欄詩韻集成。

(2)

0272　**詩韻集成十卷附詞林典腋一卷**　(清)余照輯

清光緒二十五年(1899)德盛堂刻本

4 册(1 函)

版框 15.5cm×9.9cm　開本 17.5cm×11cm

二欄,上欄 18 行 11 字,下欄 9 行 12 字,小字雙行 25 字,白口,四周單邊,無魚尾。封面題:光緒己亥春刻　較對無訛　詩韻集成　德盛堂梓。前有《例言》。上欄詞林典腋,下欄詩韻集成。正文卷端題:詩韻集成　江都余照春亭輯。

(2)

0273　**詩韻集成十卷附詞林典腋一卷**　(清)余照輯

清刻本

2 册(1 函)　存 6 卷:卷 5—10

版框 14.5cm×9.5cm　開本 17.5cm×11.3cm

二欄,上欄 18 行 11 字,下欄 9 行 12 字,小字雙行 25 字,白口,四周單邊,無魚尾。版心上鎸:詩韻集成。

(2)

0274　**詩韻集成十卷附詞林典腋一卷**　(清)余照輯

清光緒五年(1879)成文堂刻本

4 册(1 函)

版框 15.1cm×9.9cm　開本 17.3cm×11.5cm

二欄,上欄 18 行 11 字,下欄 9 行 12 字,小字雙行 25 字,白口,四周單邊,無魚尾。封面題:江寧張介之　嘉定宋書卿兩先生校定　新刻銅版校正詩韻集成　成文堂藏板。前有光緒五年許時中撰《序》。上欄詞林典腋,下欄詩韻集成。

(2)

0275　**詩韻集成十卷附詞林典腋一卷**　(清)余照輯

清刻本

2 册(1 函)　存 5 卷:卷 3—7

版框 14.8cm×9.8cm　開本 17.2cm×11.7cm

二欄,上欄 18 行 11 字,下欄 9 行 12 字,小字雙行 25 字,白口,四周單邊,無魚尾。上欄詞林典腋,下欄詩韻集成。正文卷端題:詩韻集成　江都余照春亭輯。

(2)

0276　**詩韻集成十卷附詞林典腋一卷**　(清)余照輯

清同治五年(1866)聚盛堂刻本

3 册(1 函)　存 4 卷:卷 1—2,5—6

版框 13.5cm×8.8cm　開本 16.5cm×9.5cm

二欄，上欄18行11字，下欄9行12字，小字雙行25字，白口，四周單邊，無魚尾。封面題：同治丙寅年鐫　謹遵佩文韻府　增訂銅版詩韻集成　鄭元英校字　聚盛堂藏板。上欄詞林典腋，下欄詩韻集成。

(2)

0277　**詩韻集成十卷附詞林典腋一卷**　(清)余照輯

清刻本

2冊(1函)　存5卷：卷3—4，8—10

版框15cm×9.3cm　開本17cm×11.4cm

二欄，上欄18行11字，下欄9行12字，小字雙行25字，白口，四周單邊，無魚尾。上欄詞林典腋，下欄詩韻集成。正文卷端題：詩韻集成　江都余照春亭輯。

(2)

0278　**詩韻集成十卷附詞林典腋一卷**　(清)余照輯

清光緒四年(1878)敬文堂刻本

4冊(1函)　存8卷：卷1—8

版框14cm×9.7cm　開本17.5cm×11.3cm

二欄，上欄18行11字，下欄9行12字，小字雙行25字，白口，四周單邊，無魚尾。封面題：光緒戊寅年鐫　謹遵佩文韻府　詩韻集成　敬文堂梓。上欄詞林典腋，下欄詩韻集成。

(2)

0279　**説文長箋一百卷**　(漢)許慎説文　(唐)徐鉉韻譜　(明)趙宧光長箋　(明)趙均書篆字

明崇禎四年(1631)趙均小宛堂刻本

2冊(1函)　存5卷：卷67—69，93—94

版框21.5cm×14cm　開本27cm×17.3cm

10行20字，篆書10字，小字雙行同，白口，左右雙邊，單白魚尾。書衣題：説文長箋。正文卷端題：説文長箋　許慎説文　徐鉉韻譜　趙宧光長箋　趙均書篆字　李宗延栞定　鎦□遇校刊。版心上鎸：説文長箋。

按《中國古籍定級標準》，此書被定爲三級甲等古籍，作善本收藏。

(2)

0280　**説文段註訂補十四卷**　(清)王紹蘭著　(清)胡燏棻編刊

清光緒十四年(1888)刻本

8冊(1函)

版框18.3cm×14.3cm　開本24cm×16.2cm

10行21字，白口，四周雙邊，單黑魚尾。前有光緒十四年《説文段註訂補序》、光緒十四年胡燏棻撰《刻書序》。鈐印“徐季闓收藏印”。

(4)

0281 **説文解字十五卷** (漢)許慎撰 (清)徐鉉等奉敕校定
民國十二年(1923)上海馬啟新書局石印本
4 册(1 函)
版框 17.2cm×11.5cm 開本 19.9cm×13.2cm
11 行,字數不一,白口,四周單邊,單黑魚尾。封面題:民國十二年冬月 仿宋許氏説文解字 上海馬啟新書局發行 民國十二年上海馬啟新書局石印。
(2)

0282 **説文解字句讀三十卷句讀補正三十卷** (清)王筠撰
清咸豐四年(1854)刻本
6 册(1 函) 存 40 卷:《句讀》卷 17—18、23—30,《補正》30 卷
版框 19.7cm×15cm 開本 28.5cm×17.2cm
10 行 24 字,小字雙行同,白口,四周雙邊,單黑魚尾,無直格。正文卷端題:説文解字句讀。版心上鎸:説文句讀。王筠,山東安邱人。
(4)

0283 **説文釋例二十卷** (清)王筠撰
清道光二十八年(1848)刻本
2 册(1 函) 存 4 卷:卷 3—6
版框 19.5cm×15.2cm 開本 28.6cm×17.1cm
9 行 22 字,小字雙行同,白口,四周單邊,單黑魚尾。正文卷端題:説文釋例 安邱王筠貫山學。
(4)

0284 **説文通檢十四卷** (清)黎永椿撰 & **説文解字註匡謬二卷** (清)徐承慶撰
清光緒三十四年(1908)上海文盛書局石印本
1 册(1 函)
版框 16.2cm×11.7cm 開本 20.1cm×13cm
21 行 48 字,小字雙行同,白口,四周雙邊,單黑魚尾。封面題:説文通檢。牌記題:光緒三十四年暮秋上海文盛書局印。前有《説文通檢例》。版心上鎸:説文通檢。
(4)

0285 **説文繫傳校録三十卷** (清)王筠撰 (清)劉燿椿参訂
清咸豐七年(1857)刻本
1 册(1 函) 存 15 卷:卷 1—15
版框 19.2cm×15cm 開本 28.5cm×17cm
10 行 24 字,小字雙行同,篆書,10 行 8 字,白口,四周雙邊,單黑魚尾,無直格。書衣題:説文繫傳校録。前有道光乙未王筠《序》、道光癸卯王筠《題記》。鈐印“徐季聞收藏印”。正文卷端題:説文繫傳校録。
(4)

0286　**説文引經考异十六卷目録一卷**　(清)柳榮宗撰
清咸豐二年(1852)刻本
4 册(1 函)
版框 15.2cm×11.2cm　開本 23.5cm×14.4cm
10 行 21 字,粗黑口,四周雙邊,單黑魚尾。封面題:説文引經攷異十六卷　咸豐二年栞。前有咸豐五年柳榮宗《叙》。首卷卷端題:説文引經攷異卷一　丹徒柳榮宗譔。鈐印"徐孝聞收藏印"。

(4)

0287　**小學集註六卷**　(明)陳選撰 & **合参標題全旨集解不分卷**　(清)李裕輯訂
清文在堂刻本
4 册(1 函)
版框 21.4cm×11.7cm　開本 22.9cm×12.5cm
二欄,上欄 18 行 18 字,下欄 9 行 16 字,小字雙行同,白口,四周單邊,無魚尾。上欄:合参標題全旨集解,雲林李裕五峰輯訂;下欄:小學集註,明天台陳選集註。版心下鐫:文在堂。

(1)

0288　**新編詩韻全璧五卷**　(清)湯祥瑟輯　(清)華錕重編
民國上海章福記書局石印本
5 册(1 函)
版框 18.3cm×11.5cm　開本 19.8cm×13cm
五欄,字數不等,白口,四周雙邊,單黑魚尾。書衣題:精鈔宋字增廣詩韻全璧　上海章福記書局出版。

(2)

0289　**新訂增篆字典(康熙字典)十二集三十六卷**　(清)張玉書　(清)陳廷敬等纂
民國六年(1917)上海鴻寶齋書局石印本
6 册(1 函)
版框 17.4cm×11.9cm　開本 20.1cm×13.4cm
25 行 50 字,白口,四周雙邊,單黑魚尾。書衣題:新訂增篆字典。封面題:丁巳仲夏之月　康熙字典　嘉興顧鹿題　上海鴻寶齋書局印行。前有《御製康熙字典序》。版心下鐫:鴻寶齋書局藏版。

(1)

0290　**韻對精工一卷**　(清)臧燿初撰
清抄本
1 册(1 函)
開本 18cm×12.7cm

8 行 12 字，白口，無格。書衣題：韻對精工。臧燿初(1816—?)，字晋堂，山東諸城人。

(1)

0291 **韻字鑑四卷** (清)翟云升撰

清光緒十九年(1893)成文堂刻本

2 册(1 函)

版框 9.2cm×7cm 開本 13.6cm×9.2cm

7 行 14 字，小字雙行同，白口，四周單邊，單黑魚尾。封面題：光緒癸巳重刊 韻字鑑 成文堂藏。前有《韻字鑑小引》。

(1)

0292 **中華新字典十二卷** 王文濡編纂

民國十年(1921)廣益書局石印本

6 册(1 函)

版框 17.7cm×11.5cm 開本 20cm×13.1cm

三欄，每欄 15 行 9 字，小字雙行，白口，單黑魚尾。封面題：壬子秋日 中華新字典 何維樸書。

(2)

0293 **篆字彙十二集** (清)佟世男編 (清)胡正宗 (清)方正琇參

清錫環堂刻本

6 册(1 函)

版框 19cm×13.2cm 開本 25cm×15.5cm

8 行 12 字，小字雙行 24 字，白口，左右雙邊。封面題：遼陽佟偉夫編 篆字彙 錫環堂藏板。正文卷端題：篆字彙 遼陽佟世男偉夫編。前有康熙辛未梁佩蘭撰《序》。

(2)

0294 **字典考證十二集三十六卷** (清)奕繪等輯

清光緒二年(1876)崇文書局刻本

4 册(1 函) 存 24 卷：子集 3 卷，丑集 3 卷，寅集 3 卷，卯集 3 卷，辰集 3 卷，巳集 3 卷，申集 3 卷，酉集 3 卷

版框 17cm×12.5cm 開本 29.8cm×17.5cm

10 行 20 字，白口，四周雙邊，無魚尾。牌記題：光緒二年夏月崇文書局開雕。正文卷端題：字典子集上考證。版心上鎸：字典考證 子集上。

(1)

0295 **字彙十二集首一卷末一卷** (明)梅膺祚音釋

清書林簡庵氏關西刻本

7 册(1 函) 存 7 卷：酉集 1 卷，戌集 1 卷，亥集 1 卷，未集 1 卷，申集 1 卷，午集 1 卷，末 1 卷

版框 19.2cm×11.9cm 開本 22.9cm×13.5cm

8行12字,小字雙行24字,白口,四周單邊,無魚尾。正文卷端題:字彙亥集　宣城梅膺祚誕生音釋　書林簡菴氏關西梓行。

(1)

0296　**字彙十二卷首一卷末一卷**　(明)梅膺祚音釋　(明)劉永懋重訂

清金閶步月樓刻本

7册(1函)　存7卷:首1卷,子集1卷,丑集1卷,寅集1卷,卯集1卷,辰集1卷,巳集1卷

版框19.5cm×11.5cm　開本22.8cm×13.5cm

8行12字,白口,四周單邊,無魚尾。封面題:宣城梅誕生原本　霞光字彙　金閶步月樓梓行。前有《字彙序》。正文卷端題:字彙首卷　宣城梅膺祚誕生音釋　蘭陵劉永懋式閫重訂。

(1)

0297　**字彙十二集首一卷末一卷**　(明)梅膺祚音釋

清刻本

13册(1函)　缺1卷:卷末1卷

版框21.5cm×14.5cm　開本25cm×16cm

11行18字,小字雙行同,白口,四周單邊,單黑魚尾。正文卷端題:字彙首卷　宣城梅膺祚誕生集。

(2)

0298　**字彙十二集首一卷末一卷**　(明)梅膺祚音釋

清錫山吴敦化堂刻本

14册(1函)

版框24.4cm×14cm　開本25cm×15.7cm

8行16字,小字雙行同,白口,左右雙邊,對白魚尾。封面題:宣城梅誕生先生定本　字彙　錫山吴敦化堂藏版。前有《字彙序》。正文卷端題:字彙首卷　宣城梅膺祚誕生集。

(2)

0299　**字彙十二集首一卷末一卷**　(明)梅膺祚音釋

清刻本

9册(2函)　存10卷:子集1卷,丑集1卷,寅集1卷,卯集1卷,辰集1卷,午集1卷,酉集1卷,戌集1卷,亥集1卷,首1卷

版框21.8cm×14.2cm　開本25cm×15.7cm

8行12字,小字雙行24字,白口,左右雙邊,無魚尾。正文卷端題:字彙子集　宣城梅膺祚誕生音釋。

(2)

0300　**字彙十二集首一卷末一卷**　(明)梅膺祚音釋

清刻本

5 册(1 函)　存 6 卷:子集 1 卷,丑集 1 卷,寅集 1 卷,卯集 1 卷,酉集 1 卷,首 1 卷

版框 20.9cm×14.5cm　開本 24.6cm×16cm

8 行 12 字,小字雙行 24 字,白口,左右雙邊,無魚尾。正文卷端題:字彙子集 宣城梅膺祚誕生音釋。

(2)

0301　**字彙十二集首一卷末一卷**　(明)梅膺祚音釋　(明)劉永懋重訂

清刻本

3 册(1 函)　存 3 卷:午集 1 卷,戌集 1 卷,亥集 1 卷

版框:19.9cm×13.8cm　開本:23.4cm×13.8cm

8 行 12 字,小字雙行 24 字,白口,四周單邊,無魚尾。正文卷端題:字彙午集 宣城梅膺祚誕生音釋　蘭陵劉永懋式圍重訂。

(2)

# 史　部

## 紀傳類

0302　**北齊書五十卷**　(唐)李百藥撰
清同治十三年(1874)金陵書局刻二十四史本
4 册(1 函)
版框 21.5cm×15.2cm　開本 26.6cm×18.5cm
15 行 25 字,白口,左右雙邊,單黑魚尾。封面題:北齊書。牌記題:同治十三年冬金陵書局印行。版心鎸:汲古閣。避諱至玄,缺末筆。鈐印"山東省諸城師範學校圖書館藏"。五局合刻本二十四史。

(7)

0303　**北齊書五十卷**　(唐)李百藥撰
民國上海中華書局鉛印本
4 册(1 函)
版框 15cm×10.6cm　開本 20.6cm×13.2cm
13 行 30 字,白口,四周單邊,單黑魚尾。牌記題:四部備要史部　上海中華書局據武英殿本校刊。版心下鎸:中華書局聚珍倣宋版印。

(5)

0304　**北齊書五十卷**　(唐)李百藥撰
民國上海中華書局鉛印本
4 册(1 函)
版框 15.1cm×10.6cm　開本 19.2cm×13.1cm
13 行 30 字,白口,四周單邊,單黑魚尾。牌記題:四部備要史部　上海中華書局據乾隆四年殿本校刊。版心下鎸:中華書局聚珍倣宋版印。

(6)

0305　**北史一百卷**　(唐)李延壽撰
民國上海中華書局鉛印本
20 册(1 函)

版框 15cm×10.5cm　開本 20.8cm×13cm

13 行 30 字，白口，四周單邊，單黑魚尾。牌記題：四部備要史部　上海中華書局據武英殿本校刊。版心下鎸：中華書局聚珍倣宋版印。

(5)

0306　**北史一百卷**　(唐)李延壽撰

清同治十一年(1872)金陵書局刻二十四史本

20 册(1 函)

版框 23.5cm×15.1cm　開本 27.2cm×18.8cm

12 行 25 字，白口，左右雙邊，單黑魚尾。書衣題：北史。牌記題：同治十一年冬十月金陵書局印行。前有北史目録。版心鎸：汲古閣。避諱至淳。五局合刻本二十四史。

(7)

0307　**北史一百卷**　(唐)李延壽撰

民國上海中華書局鉛印本

20 册(1 函)

版框 15.1cm×10.6cm　開本 19.3cm×13.2cm

13 行 30 字，白口，四周單邊，單黑魚尾。牌記題：四部備要史部　上海中華書局據乾隆四年殿本校刊。版心下鎸：中華書局聚珍倣宋版印。

(6)

0308　**陳書三十六卷**　(唐)姚思廉撰

民國上海中華書局鉛印本

4 册(1 函)

版框 15.1cm×10.6cm　開本 19.5cm×13.2cm

13 行 30 字，白口，四周單邊，單黑魚尾。卷 7—13 有破損。牌記題：四部備要史部　上海中華書局據乾隆四年殿本校刊。版心下鎸：中華書局聚珍倣宋版印。

(6)

0309　**陳書三十六卷**　(唐)姚思廉撰

民國上海中華書局鉛印本

4 册(1 函)

版框 15cm×10.5cm　開本 20.8cm×13.2cm

13 行 30 字，白口，四周單邊，單黑魚尾。牌記題：四部備要史部　上海中華書局據武英殿本校刊。前有《陳書序》。版心下鎸：中華書局聚珍倣宋版印。

(5)

0310　**陳書三十六卷**　(唐)姚思廉撰

清同治十一年(1872)金陵書局刻二十四史本

4 册(1 函)

版框 21.4cm×15.1cm　開本 26.9cm×18.6cm

12行25字,白口,四周單邊,單黑魚尾。書衣題:陳書。封面題:陳書。牌記題:同治十弌年季冬十月金陵書局印行。前有陳書目録。版心鎸:汲古閣。避諱至丘,缺竪。玄,缺末筆。鈐印“山東省諸城師範學校圖書館藏”“庸齋”。五局合刻本二十四史。

(7)

0311 **東都事略一百三十卷** (宋)王稱撰

清寶華堂刻本

32册(4函)

版框18.8cm×12.9cm 開本26.2cm×16.5cm

12行24字,白口,左右雙邊,雙黑魚尾。版心下鎸:高大全。鈐印“楊氏文蓀”“芸士”“海寧楊芸士藏書之印”。

(2)

0312 **漢書一百二十卷** (漢)班固撰 (唐)顔師古註

清同治八年(1869)金陵書局刻二十四史本

16册(1函)

版框21.4cm×15.1cm 開本27cm×18.7cm

12行25字,小字雙行37字,白口,左右雙邊,單黑魚尾。書衣題:漢書。封面題:漢書。牌記題:同治八年九月金陵書局刊。版心鎸:汲古閣。鈐印“庸齋”“山東省諸城師範學校圖書館藏”。五局合刻本二十四史。

(7)

0313 **後漢書一百卷** (南朝宋)范曄撰 (唐)李賢註 & **續漢書志三十卷** (晉)司馬彪撰 (南朝梁)劉昭註補

清同治八年(1869)金陵書局刻二十四史本

16册(1函)

版框21.4cm×15.1cm 開本27cm×18.7cm

12行25字,小字雙行37字,白口,左右雙邊,單黑魚尾。書衣題:後漢書。封面題:後漢書。牌記題:同治八年九月金陵書局校刊。版心鎸:汲古閣。避諱至玄,缺末筆。鈐印“庸齋”“山東省諸城師範學校圖書館藏”。五局合刻本二十四史。

(7)

0314 **後漢書一百二十卷** (南朝宋)范曄撰 (唐)李賢註

民國上海中華書局鉛印本

30册(3函)

版框15cm×10.7cm 開本20.7cm×13.3cm

13行20字,小字雙行同,白口,四周單邊,單黑魚尾。牌記題:上海中華書局聚珍倣宋版印。版心下鎸:中華書局聚珍倣宋版印。

(5)

0315　**金史一百三十五卷**　(元)脱脱等修
清同治十三年(1874)江蘇書局刻二十四史本
20 册(2 函)
版框 21.4cm×15cm　開本 28cm×17.3cm
12 行 25 字,小字雙行同,白口,左右雙邊,單黑魚尾。封面題:金史。牌記題:同治甲戌三月江蘇書局刊版。前有《進金史表》、金史目録。正文卷端題:金史　元托克托等修。避諱至寧。鈐印“庸齋”。五局合刻本二十四史。

(7)

0316　**金史一百三十五卷**　(元)脱脱等修
民國上海中華書局鉛印本
20 册(1 函)
版框 15cm×10.5cm　開本 19cm×12.8cm
13 行 30 字,白口,四周單邊,單黑魚尾。牌記題:四部備要史部　上海中華書局據武英殿本校刊。版心下鎸:中華書局聚珍倣宋版印。

(5)

0317　**晋書一百三十卷**　(唐)房玄齡等撰
清初刻本
4 册(1 函)　存 27 卷:列傳卷 6—9,46—68
版框 21cm×15.6cm　開本 27cm×17cm
10 行 20 字,小字雙行同,白口,四周單邊,單白魚尾。正文卷端題:晋書。版心上鎸:晋書。
按《中國古籍定級標準》,此書被定爲三級乙等古籍,作善本收藏。

(2)

0318　**晋書一百三十卷**　(唐)房玄齡等修
民國上海中華書局鉛印本
20 册(1 函)
版框 15cm×10.6cm　開本 20.7cm×13.2cm
13 行 30 字,白口,四周單邊,單黑魚尾。牌記題:四部備要史部　上海中華書局據武英殿本校刊。版心下鎸:中華書局聚珍倣宋版印。

(5)

0319　**晋書一百三十卷**　(唐)房玄齡撰
清同治十年(1871)金陵書局刻二十四史本
20 册(1 函)
版框 21.5cm×15cm　開本 27.2cm×18.7cm
12 行 25 字,白口,左右雙邊,單黑魚尾。封面題:晋書。牌記題:同治十年十一月金陵書局印行。晋書目録題:唐太宗文皇帝御撰。次有《修晋書詔》。版心鎸:汲古閣。避諱至琰、玄,缺末筆。鈐印“庸齋”“山東省諸城師範學校圖書館藏”。

五局合刻本二十四史。

(7)

0320 **舊唐書二百十四卷** (後晋)劉昫撰

清同治十一年(1872)浙江書局刻二十四史本

48册(2函)

版框 21.4cm×15cm 開本 27.1cm×18.9cm

12行25字,白口,左右雙邊,單黑魚尾。書衣題:舊唐書。封面題:舊唐書。牌記題:同治十一年四月浙江書局刊。避諱至弘、寧,缺末筆。鈐印"山東省諸城師範學校圖書館藏"。五局合刻本二十四史。

(7)

0321 **舊唐書二百卷** (後晋)劉昫撰

民國上海中華書局鉛印本

30册(1函)

版框 14.9cm×10.6cm 開本 19.3cm×13.3cm

13行30字,白口,四周單邊,單黑魚尾。牌記題:四部備要史部 上海中華書局據武英殿本校刊。版心下鎸:中華書局聚珍倣宋版印。

(6)

0322 **舊五代史一百五十卷目録二卷** (宋)薛居正等撰

清同治十一年(1872)湖北崇文書局刻二十四史本

16册(1函)

版框 20.3cm×15.2cm 開本 29cm×18.2cm

12行25字,小字雙行37字,白口,四周雙邊,單黑魚尾。書衣題:舊五代史。封面題:舊五代史。牌記題:同治十一年湖北崇文書局重雕。前有《舊五代史提要》。鈐印"山東省諸城師範學校圖書館藏"。五局合刻本二十四史。

(7)

0323 **舊五代史一百五十卷** (宋)薛居正等撰

民國上海中華書局鉛印本

12册(1函)

版框 15cm×10.6cm 開本 20.6cm×13.3cm

13行30字,小字雙行30字,白口,四周單邊,單黑魚尾。牌記題:四部備要史部上海中華書局據武英殿本校刊。版心下鎸:中華書局聚珍倣宋版印。

(5)

0324 **舊五代史一百五十卷** (宋)薛居正等撰

民國上海中華書局鉛印本

12册(1函)

版框 15cm×10.6cm 開本 20.6cm×13.2cm

13行30字,小字雙行同,白口,四周單邊,單黑魚尾。牌記題:四部備要史部上海中華書局據武英殿本校刊。版心下鐫：中華書局聚珍倣宋版印。

(6)

0325　**梁書五十六卷**　(唐)姚思廉撰

清同治十三年(1874)金陵書局刻二十四史本

6 册(1 函)

版框 21.2cm×15cm　開本 26.8cm×18.5cm

12 行 25 字，白口，左右雙邊，單黑魚尾。書衣題：梁書。封面題：梁書。牌記題：同治十三年冬金陵書局印行。次有梁書目録。版心鐫：汲古閣。鈐印“庸齋”“山東省諸城師範學校圖書館藏”。五局合刻本二十四史。

(7)

0326　**梁書五十六卷**　(唐)姚思廉撰

民國上海中華書局鉛印本

6 册(1 函)

版框 15.1cm×10.6cm　開本 19.4cm×13.2cm

13 行 30 字，白口，四周單邊，單黑魚尾。牌記題：四部備要史部　上海中華書局據乾隆四年殿本校刊。版心下鐫：中華書局聚珍倣宋版印。

(6)

0327　**梁書五十六卷**　(唐)姚思廉撰

民國上海中華書局鉛印本

6 册(1 函)

版框 15.1cm×10.2cm　開本 20.8cm×13.2cm

13 行 30 字，白口，四周單邊，單黑魚尾。牌記題：四部備要史部　上海中華書局據武英殿本校刊。前有《梁書序》。版心下鐫：中華書局聚珍倣宋版印。

(5)

0328　**遼史一百一十六卷**　(元)脱脱等修

清同治十二年(1873)江蘇書局刻二十四史本

12 册(1 函)

版框 21.7cm×14.4cm　開本 28.1cm×17.5cm

12 行 25 字，白口，四周單邊，單黑魚尾。書衣題：遼史。封面題：遼史。牌記題：同治癸酉九月江蘇書局刊版。前有《進遼史表》。五局合刻本二十四史。

(7)

0329　**遼史一百一十六卷**　(元)脱脱等修

民國上海中華書局鉛印本

8 册(1 函)

版框 15cm×10.5cm　開本 20.6cm×13.2cm

13 行 30 字，白口，四周單邊，單黑魚尾。牌記題：四部備要史部　上海中華書局據武英殿本校刊。版心下鐫:中華書局聚珍倣宋版印。

(5)

0330 **遼史一百一十六卷** (元)脱脱等修

上海中華書局鉛印本

8册(1函)

版框15cm×10.6cm 開本20.6cm×13.2cm

13行30字,白口,四周單邊,單黑魚尾。牌記題:四部備要史部 上海中華書局據武英殿本校刊。前有《進遼史表》。版心下鐫:中華書局聚珍倣宋版印。

(6)

0331 **明史三百三十二卷目録四卷** (清)張廷玉等修

清刻本

66册(7函) 存210卷:卷47—76,100—279

版框22cm×14.5cm 開本25.7cm×16.3cm

10行21字,小字雙行同,白口,左右雙邊,單黑魚尾。

(2)

0332 **明史三百三十二卷** (清)張廷玉撰

清光緒三年(1877)湖北崇文書局刻二十四史本

80册(4函)

版框20.5cm×15.2cm 開本30cm×17.9cm

12行25字,白口,四周雙邊,單黑魚尾。書衣題:明史。封面題:明史。牌記題:光緒三年三月湖北崇文書局開雕。前有《進表》、明史目録。鈐印"庸齋"。五局合刻本二十四史。

(7)

0333 **明史三百三十二卷** (清)張廷玉等修

民國上海中華書局鉛印本

52册(2函)

版框15cm×10.6cm 開本20.7cm×13.2cm

13行30字,白口,四周單邊,單黑魚尾。牌記題:四部備要史部 上海中華書局據武英殿本校刊。版心下鐫:中華書局聚珍倣宋版印。

(5)

0334 **明史三百三十二卷目録四卷** (清)張廷玉等撰

民國上海中華書局鉛印本

50册(2函) 存324卷:卷1—112,121—332

版框15cm×10.5cm 開本19cm×13cm

13行30字,白口,四周單邊,單黑魚尾。牌記題:四部備要史部 上海中華書局據武英殿本校刊。版心下鐫:中華書局聚珍倣宋版印。

(6)

0335 **南齊書五十九卷** (南朝梁)蕭子顯撰
民國上海中華書局鉛印本
8册(1函)
版框 15cm×10.6cm 開本 20.5cm×13.4cm
13行30字,白口,四周單邊,單黑魚尾。牌記題:上海中華書局聚珍倣宋版印。前有《南齊書序》。版心下鎸:中華書局聚珍倣宋版印。

(5)

0336 **南齊書五十九卷** (南朝梁)蕭子顯撰
民國上海中華書局鉛印本
8册(1函)
版框 15.1cm×10.6cm 開本 19.4cm×13.3cm
13行30字,白口,四周單邊,單黑魚尾。牌記題:四部備要史部 上海中華書局據乾隆四年殿本校刊。前有《南齊書序》。版心下鎸:中華書局聚珍倣宋版印。

(6)

0337 **南齊書五十九卷** (南朝梁)蕭子顯撰
清同治十三年(1874)金陵書局刻二十四史本
6册(1函)
版框 21.3cm×15cm 開本 26.8cm×18.5cm
12行25字,白口,左右雙邊,單黑魚尾。書衣題:南齊書。封面題:南齊書。牌記題:同治十三年冬金陵書局印行。次有南齊書目録。版心鎸:汲古閣。避諱至丘,缺豎。鈐印"庸齋""山東省諸城師範學校圖書館藏"。五局合刻本二十四史。

(7)

0338 **南史八十卷** (唐)李延壽撰
民國上海中華書局鉛印本
12册(2函)
版框 15cm×10.5cm 開本 20.6cm×13.3cm
13行30字,白口,四周單邊,單黑魚尾。牌記題:上海中華書局聚珍倣宋版印。版心下鎸:中華書局聚珍倣宋版印。

(5)

0339 **南史八十卷** (唐)李延壽撰
清同治十一年(1872)金陵書局刻二十四史本
12册(1函)
版框 23.5cm×15.1cm 開本 27.2cm×18.8cm
12行25字,白口,左右雙邊,單黑魚尾。書衣題:南史。牌記題:同治十一年冬十月金陵書局印行。前有南史目録。版心鎸:汲古閣。避諱至寧,缺末筆。鈐印"庸齋""笙經"。五局合刻本二十四史。

(7)

0340 **前漢書一百二十卷** (漢)班固撰 (唐)顔師古註
民國上海中華書局鉛印本
32 册(1 函)
版框 15.2cm×11cm 開本 20.6cm×13.3cm
13 行 20 字,小字雙行 20 字,白口,四周單邊,單黑魚尾。牌記題:上海中華書局聚珍倣宋版印。版心下鎸:中華書局聚珍倣宋版印。

(5)

0341 **前漢書一百卷** (漢)班固撰 (唐)顔師古註
明嘉靖八年至九年(1529—1530)南京國子監刻明清遞修本
1 册(1 函) 存 6 卷:卷 5—10
版框 22cm×15.6cm 開本 26.9cm×17.1cm
10 行 21 字,小字雙行同,白口,四周雙邊,雙順黑魚尾。版心上鎸:嘉靖八年刊。有刻工:周宣。有斷板。
2012 年 1 月入選第二批《山東省珍貴古籍名録》(編號 0122)。

(2)

0342 **前漢書一百卷** (漢)班固撰 (唐)顔師古註
清光緒二十八年(1902)竢實齋石印二十四史本
12 册(1 函)
版框 16.8cm×11.5cm 開本 20cm×13cm
23 行 50 字,小字雙行同,白口,四周單邊,單黑魚尾。封面題:漢書百二十卷。牌記題:光緒壬寅年竢實齋石印。前有唐顔師古撰《前漢書叙例》。

(2)

0343 **三國志六十五卷** (晋)陳壽撰 (南朝宋)裴松之註
民國上海中華書局鉛印本
15 册(1 函) 存 15 卷:《魏》卷 2—9,《蜀》卷 1—3,《吴》卷 1—4
版框 15.3cm×10.7cm 開本 20.5cm×13.1cm
13 行 20 字,小字雙行 20 字,白口,四周單邊,單黑魚尾。牌記題:四部備要史部上海中華書局據武英殿本校刊。封面分别題:蜀志、魏志、吴志。版心下鎸:中華書局聚珍倣宋版印。

(5)

0344 **三國志六十五卷** (晋)陳壽撰
清同治九年(1870)金陵書局刻二十四史本
8 册(1 函)
版框 21.8cm×15.2cm 開本 26.9cm×18.7cm
12 行 25 字,小字雙行 37 字,白口,四周單邊,單黑魚尾。書衣題:三國志。封面題:三國志。牌記題:同治九年正月金陵書局印行。前有三國志目録。版心鎸:汲古閣。避諱至寧,缺末筆。鈐印"庸齋""山東省諸城師範學校圖書館藏"。五局合刻本二十四史。

(7)

0345 **史記一百三十卷** (漢)司馬遷撰 (南朝宋)裴駰集解 (唐)司馬貞索隱 (唐)張守節正義 (明)鍾人傑輯評

明刻本

16 册(3 函) 存 87 卷:本紀卷 5—12,年表卷 1—10,八書卷 1—8,世家卷 1—30,列傳卷 1—31

版框 21.5cm×15cm 開本 27cm×17cm

9 行 20 字,小字雙行同,白口,四周單邊,單白魚尾。前有明李維楨撰《史記新序》、明鍾人傑撰《校刻史記序》、明萬曆丙申二十四年黄汝良撰《史記監本序》、明王世貞撰《史記評林序》、明萬曆四年茅坤撰《史記評林序》、明萬曆五年徐中行撰《史記評林序》、明鍾人傑撰《史記凡例》。

2019 年 5 月入選第四批《山東省珍貴古籍名録》(編號 0053)。

(2)

0346 **史記一百三十卷** (漢)司馬遷撰

民國上海中華書局鉛印本

24 册(3 函)

版框 15.3cm×10.6cm 開本 20.7cm×13.4cm

13 行 20 字,小字雙行同,白口,四周單邊,單黑魚尾。牌記題:上海中華書局聚珍倣宋版印。前有《御製重刻二十一史序》等。版心下鎸:中華書局聚珍倣宋版印。

(5)

0347 **史記一百三十卷** (漢)司馬遷撰 (南朝宋)裴駰集解

清光緒四年(1878)金陵書局刻二十四史本

16 册(1 函)

版框 21.4cm×15cm 開本 27.3cm×18.9cm

12 行 25 字,小字雙行 37 字,白口,左右雙邊,單黑魚尾。封面題:史記。牌記題:光緒四年冬日金陵書局印行。前有史記目録、《史記集解序》。版心鎸:汲古閣。避諱至寧,缺末筆。鈐印"庸齋"。五局合刻本二十四史。

(7)

0348 **宋史四百九十六卷** (元)脱脱等修

清光緒元年(1875)孟陬浙江書局刻本

100 册(8 函)

版框 20.7cm×15.2cm 開本 26.6cm×17.5cm

12 行 25 字,白口,四周單邊,單黑魚尾。書衣題:宋史。封面題:宋史。牌記題:光緒元年孟陬浙江書局校栞。前有《進宋史表》、宋史總録。鈐印"山東省諸城師範學校圖書館藏"。五局合刻本二十四史。

(7)

0349 **宋史四百九十六卷** (元)脱脱等修
民國上海中華書局鉛印本
80 册(4 函)
版框 14.8cm×10.5cm 開本 20.5cm×13.1cm
13 行 30 字,白口,四周單邊,單黑魚尾。牌記題:四部備要史部 上海中華書局據武英殿本校刊。版心下鎸:中華書局聚珍倣宋版印。

(5)

0350 **宋書一百卷** (南朝梁)沈約撰
民國上海中華書局鉛印本
16 册(2 函)
版框 15cm×10.6cm 開本 19.5cm×13.2cm
13 行 30 字,白口,四周單邊,單黑魚尾。牌記題:四部備要史部 上海中華書局據乾隆四年殿本校刊。版心下鎸:中華書局聚珍倣宋版印。

(6)

0351 **宋書一百卷** (南朝梁)沈約撰
民國上海中華書局鉛印本
16 册(1 函)
版框 15cm×10.6cm 開本 20.7cm×13.2cm
13 行 30 字,白口,四周單邊,單黑魚尾。牌記題:四部備要史部 上海中華書局據武英殿本校刊。版心下鎸:中華書局聚珍倣宋版印。

(5)

0352 **宋書一百卷** (南朝梁)沈約撰
清同治十一年(1872)金陵書局刻二十四史本
16 册(1 函)
版框 21.5cm×15cm 開本 27cm×18.8cm
12 行 25 字,白口,左右雙邊,單黑魚尾。牌記題:同治十一年冬十月金陵書局印行。前有宋書目録。避諱至弘、寧,缺末筆。版心鎸:汲古閣。鈐印"庸齋""笙經""山東省諸城師範學校圖書館藏"。五局合刻本二十四史。

(7)

0353 **隋書八十五卷** (唐)魏徵撰
民國上海中華書局鉛印本
12 册(1 函)
版框 15cm×10.7cm 開本 20.8cm×13.2cm
13 行 30 字,白口,四周單邊,單黑魚尾。牌記題:四部備要史部 上海中華書局據武英殿本校刊。版心下鎸:中華書局聚珍倣宋版印。

(5)

0354 **隋書八十五卷** (唐)魏徵等撰
清同治十年(1871)淮南書局刻二十四史本
16冊(1函)
版框 21cm×15cm 開本 27.7cm×18cm
12行25字,白口,左右雙邊,單黑魚尾。書衣題:隋書。封面題:隋書。牌記題:同治辛未四月淮南書局刊成。版心鎸:汲古閣。避諱至弘、玄,缺末筆;避諱至寧。鈐印"山東省諸城師範學校圖書館藏"。五局合刻本二十四史。

(7)

0355 **隋書八十五卷** (唐)魏徵等撰
民國上海中華書局鉛印本
12冊(1函)
版框 15cm×10.6cm 開本 19.5cm×13.5cm
13行30字,白口,四周單邊,單黑魚尾。牌記題:四部備要史部 上海中華書局據乾隆四年殿本校刊。版心下鎸:中華書局聚珍倣宋版印。

(6)

0356 **唐書二百七十三卷** (宋)歐陽修 (宋)宋祁撰
清同治十二年(1873)浙江書局刻二十四史本
48冊(3函)
版框 21cm×15.1cm 開本 26.9cm×18.7cm
12行25字,白口,左右雙邊,單黑魚尾。書衣題:唐書。封面題:唐書。牌記題:同治十二年二月浙江書局校栞。前有《進新唐書表》、唐書目録。避諱至弘,缺末筆。鈐印"庸齋""山東省諸城師範學校圖書館藏"。五局合刻本二十四史。

(7)

0357 **魏書一百一十四卷** (北齊)魏收撰
民國上海中華書局鉛印本
20冊(1函)
版框 14.7cm×10.6cm 開本 20.5cm×13cm
13行30字,黑口,四周單邊,單黑魚尾。牌記題:四部備要史部 上海中華書局據武英殿本校刊。版心下鎸:中華書局聚珍倣宋版印。

(6)

0358 **魏書一百三十卷** (北齊)魏收撰
民國上海中華書局鉛印本
20冊(1函)
版框 15cm×10.6cm 開本 20.6cm×13.3cm
13行30字,白口,四周單邊,單黑魚尾。牌記題:上海中華書局聚珍倣宋版印。版心下鎸:中華書局聚珍倣宋版印。

(5)

0359 **魏書一百十四卷** （北齊）魏收撰
清同治十一年(1872)金陵書局刻二十四史本
20 册(1 函)
版框 21.6cm×15.3cm 開本 27.2cm×18.8cm
12 行 25 字,白口,單黑魚尾,左右雙邊。封面題:魏書。牌記題:同治十一年冬十月金陵書局印行。版心鎸:汲古閣。避諱至淳。鈐印“庸齋”“山東省諸城師範學校圖書館藏”。五局合刻本二十四史。

（7）

0360 **五代史七十四卷** （宋）歐陽修撰 （宋）徐無黨注 （明）楊慎評（明）鍾名臣訂
明刻本
8 册(1 函)
版框 25.5cm×16.8cm 開本 19.9cm×13.9cm
9 行 20 字,小字雙行同,白口,左右雙邊,單白魚尾。鈐印“查方來圖書記”“□□□□□□”。
2014 年 6 月入選第三批《山東省珍貴古籍名録》(編號 0133)。

（1）

0361 **五代史七十四卷** （宋）歐陽修撰 （宋）徐無黨注
清同治十一年(1872)湖北崇文書局刻二十四史本
8 册(1 函)
版框 20.3cm×15.2cm 開本 29cm×18.2cm
12 行 25 字,小字雙行 37 字,白口,四周雙邊,單黑魚尾。書衣題:五代史。封面題:五代史。牌記題:同治十一年湖北崇文書局重雕。前有《五代史記序》。避諱至寧。版心鎸:汲古閣。鈐印“庸齋”“山東省諸城師範學校圖書館藏”。五局合刻本二十四史。

（7）

0362 **新五代史七十四卷** （宋）歐陽修撰
民國上海中華書局鉛印本
6 册(1 函)
版框 15cm×10.5cm 開本 20.7cm×13.2cm
13 行 30 字,小字雙行同,白口,四周單邊,單黑魚尾。牌記題:四部備要史部上海中華書局據武英殿本校刊。封面題:新五代史。版心下鎸:中華書局聚珍倣宋版印。

（5）

0363 **新五代史七十四卷** （宋）歐陽修撰
民國上海中華書局鉛印本
6 册(1 函)

版框 15cm×10.6cm　開本 20.6cm×13.2cm

13 行 30 字，小字雙行同，白口，四周單邊，單黑魚尾。牌記題：四部備要史部　上海中華書局據武英殿本校刊。版心下鎸：中華書局聚珍倣宋版印。

(6)

0364　**續弘簡録元史類編四十二卷**　(清)邵遠平輯

清古吴書業趙氏刻十七史本

5 册(1 函)　存 13 卷：卷 9—21

版框 20cm×15cm　開本 26cm×16.5cm

12 行 24 字，小字雙行同，白口，四周單邊，單黑魚尾。正文卷端題：續弘簡録元史類編　邵遠平學。版心上鎸：續弘簡録。避諱至弘，缺末筆。

(2)

0365　**元史二百十卷**　(明)宋濂等撰

清同治十三年(1874)江蘇書局刻二十四史本

40 册(3 函)

版框 21.4cm×15cm　開本 28.2cm×17.7cm

12 行 25 字，小字雙行同，白口，左右雙邊，單黑魚尾。書衣題：元史。封面題：元史。牌記題：同治甲戌七月江蘇書局刊版。前有《進元史表》、元史目録。避諱至玄，缺末筆。鈐印"庸齋"。五局合刻本二十四史。

(7)

0366　**元史二百一十卷**　(明)宋濂等修

民國上海中華書局鉛印本

30 册(1 函)

版框 15cm×10.6cm　開本 20.6cm×13.1cm

13 行 30 字，白口，四周單邊，單黑魚尾。牌記題：四部備要史部　上海中華書局據武英殿本校刊。版心下鎸：中華書局聚珍倣宋版印。

(5)

0367　**元史二百一十卷**　(明)宋濂等修

民國上海中華書局鉛印本

25 册(1 函)　存 167 卷：卷 1—30，48—101，111—143，152—201

版框 15cm×10.6cm　開本 19.5cm×13.5cm

13 行 30 字，白口，四周單邊，單黑魚尾。牌記題：四部備要史部　上海中華書局據武英殿本校刊。版心下鎸：中華書局聚珍倣宋版印。

(6)

0368　**周書五十卷**　(唐)令狐德棻等撰

民國上海中華書局鉛印本

6 册(1 函)

版框 15cm×10.5cm　開本 20.8cm×13.2cm

13 行 30 字，黑口，四周單邊，單黑魚尾。牌記題：四部備要史部　上海中華書局據武英殿本校刊。前有序。版心下鎸：中華書局聚珍倣宋版印。

(5)

0369　**周書五十卷**　(唐)令狐德棻撰

清同治十三年(1874)金陵書局刻二十四史本

4 册(1 函)

版框 21.1cm×15.2cm　開本 26.8cm×18.6cm

12 行 25 字，白口，左右雙邊，單黑魚尾。封面題：周書。牌記題：同治十三年冬金陵書局印行。版心鎸：汲古閣。避諱至玄，缺末筆。鈐印"山東省諸城師範學校圖書館藏"。五局合刻本二十四史。

(7)

0370　**周書五十卷**　(唐)令狐德棻等撰

民國上海中華書局鉛印本

6 册(1 函)

版框 15.1cm×10.6cm　開本 19.4cm×13.2cm

13 行 30 字，白口，四周單邊，單黑魚尾。牌記題：四部備要史部　上海中華書局據乾隆四年殿本校刊。版心下鎸：中華書局聚珍倣宋版印。

(6)

## 編年類

0371　**尺木堂綱鑑易知録九十二卷**　(清)吴乘權　(清)周之炯　(清)周之燦輯

清刻本

24 册(3 函)　存 55 卷：1—36，55—73

版框 20.5cm×13.5cm　開本 23.5cm×15.5cm

二欄，上欄 18 行 4 字，下欄 9 行 20 字，小字雙行同，白口，四周單邊，單黑魚尾。封面題：吴大中丞鑒定　山陰周静專吴楚材周星若同輯　綱鑑易知録　敦仁堂藏板。前有康熙五十年吴乘權撰《序》。目次頁題：尺木堂綱鑑易知録。正文首卷卷端題：尺木堂綱鑑易知録。版心下鎸：尺木堂。卷 10、卷 35 卷端題：大文堂綱鑑易知録。卷 12、卷 13、卷 14、卷 30 卷端題：大木堂綱鑑易知録。卷 15、卷 19 卷端題：大本堂綱鑑易知録。卷 20 卷端題：尺木堂綱鑑易知録。

(1)

0372　**尺木堂綱鑑易知録九十二卷**　(清)吴乘權　(清)周之炯　(清)周之燦輯

清刻本

34 册(1 函)　存 55 卷：卷 1—3，5—8，11—16，22，25—26，29—31，34—35，39—42，45—46，48—50，53，56—58，62—63，71—76，79—83，85—92

版框 19.4cm×13.4cm　開本 25.2cm×15.9cm

二欄,上欄 18 行 4 字,下欄 9 行 20 字,小字雙行同,白口,四周單邊,單黑魚尾。前有康熙五十年吴乘權撰《序》。次有《發凡十則》。鈐印“師儉堂藏書印”。正文卷端題:尺木堂綱鑑易知録。版心上鎸:綱鑑易知録。

(2)

0373　**尺木堂綱鑑易知録九十二卷**　(清)吴乘權　(清)周之炯　(清)周之燦輯

清鉛印本

6 册(1 函)　存 42 卷:卷 7—15,60—92

版框 16cm×10.7cm　開本 19.4cm×13cm

14 行 42 字,小字雙行同,白口,四周雙邊,單黑魚尾。版心上鎸:綱鑑易知録。

(2)

0374　**尺木堂綱鑑易知録九十二卷**　(清)吴乘權　(清)周之炯　(清)周之燦輯

清鉛印本

8 册(1 函)　存 52 卷:卷 6—12,41—47,55—92

版框 15.9cm×11cm　開本 19.2cm×12.5cm

14 行 42 字,小字雙行同,白口,四周雙邊,單黑魚尾。版心上鎸:綱鑑易知録。

(2)

0375　**尺木堂綱鑑易知録九十二卷**　(清)吴乘權　(清)周之炯　(清)周之燦輯

民國鉛印本

5 册(1 函)　存 35 卷:卷 15—21,40—46,59—64,71—77,85—92

版框 16cm×11.2cm　開本 19.9cm×12.8cm

14 行 42 字,小字雙行 42 字,白口,四周雙邊,單黑魚尾,無行格,天頭有註行 4 字。書衣題:綱鑑易知録。鈐印一枚“徐季聞收藏印”。

(4)

0376　**尺木堂綱鑑易知録九十二卷**　(清)吴乘權　(清)周之炯　(清)周之燦輯

清刻本

1 册(1 函)　存 2 卷:卷 86—87

版框 19.4cm×12cm　開本 23.6cm×15.2cm

二欄,上欄 18 行 4 字,下欄 9 行 20 字,小字雙行同,白口,四周單邊,單黑魚尾,無直格。版心上鎸:綱鑑易知録。

(2)

0377 **尺木堂明鑑易知録十五卷** (清)朱國標鈔 (清)吴乘權 (清)周之炯 (清)周之燦輯

清鉛印本

2 册(1 函)

版框 16cm×10.9cm 開本 19cm×12.4cm

14 行 42 字,小字雙行同,白口,四周雙邊,單黑魚尾,無直格,眉上有註 28 行 4 字。封面題:明鑑易知録。

(2)

0378 **重訂王鳳洲先生綱鑑會纂四十六卷續宋元紀二十三卷** (明)王世貞纂 (明)陳仁錫訂 (明)吕一經校 & **御撰資治通鑑綱目三編二十卷末一卷** (清)張廷玉等撰

清濰陽寶書堂刻本

17 册(3 函) 存 24 卷:《綱鑑會纂》卷 13—27,38—46

版框 14cm×10.5cm 開本 19.9cm×11.6cm

二欄,上欄 22 行 3—7 字,下欄 11 行 20 字,小字雙行同,白口,四周單邊,單黑魚尾。版心下鎸:寶書堂。

(2)

0379 **重訂王鳳洲先生綱鑑會纂四十六卷續宋元紀二十三卷** (明)王世貞纂 (明)陳仁錫訂 (明)吕一經校 & **御撰資治通鑑綱目三編二十卷末一卷** (清)張廷玉等撰

清慶文堂刻本

42 册(7 函) 存 69 卷:《綱鑑會纂》46 卷,《續宋元紀》23 卷

版框 15cm×10cm 開本 17cm×11.3cm

二欄,上欄 22 行 3—7 字,下欄 11 行 20 字,小字雙行同,白口,四周單邊,單黑魚尾。封面題:王鳳洲先生鑒定 御批鳳洲綱鑑會纂 慶文堂藏板。正文卷端題:重訂王鳳洲先生綱鑑會纂 瑯琊王世貞元美父纂。版心下鎸:慶文堂。有圖。

(2)

0380 **重訂王鳳洲先生會纂綱鑑四十六卷續宋元紀二十三卷** (明)王世貞纂 (明)陳仁錫訂 (明)吕一經校 & **御撰資治通鑑綱目三編二十卷末一卷** (清)張廷玉等撰

清濰陽寶書堂刻本

10 册(2 函) 存 17 卷:《續宋元紀》卷 1—11,13—16,19—20

版框 15cm×10.3cm 開本 17cm×11.6cm

二欄,上欄 22 行 3—7 字,下欄 11 行 20 字,小字雙行同,白口,四周單邊,單黑魚尾。正文卷端題:重訂王鳳洲先生會纂綱鑑 瑯琊王世貞元美父纂。版心鎸:御批鳳洲綱鑑會纂。目録題:二十三卷。目録版心下鎸:寶書堂。

(2)

0381 **綱鑑會編九十八卷首一卷歷代統系表略三卷歷代官制考略二卷歷代郡國考略三卷** (清)劉德芳訂正 (清)葉澐輯録

清康熙刻本

16 册(2 函) 存 24 卷:卷 16—39

版框 20cm×14.5cm 開本 25cm×16cm

11 行 23 字,小字雙行同,下黑口,左右雙邊,單黑魚尾。正文卷端題:文安劉德芳訂正 崑山葉澐輯録。避諱至玄。有刻工。

按《中國古籍定級標準》,此書被定爲三級乙等古籍,作善本收藏。

(1)

0382 **綱鑑會纂三十九卷首一卷** (明)王世貞編 & **御撰資治通鑑綱目三編二十卷附明福王本末** (清)張廷玉等編

清光緒二十八年(1902)煥文書局石印本

12 册(1 函)

版框 16.5cm×11.5cm 開本 19.3cm×12.8cm

26 行 54 字,小字雙行同,白口,四周雙邊,單黑魚尾。書衣題:王鳳洲綱鑑會纂。封面題:王鳳洲綱鑑會纂 光緒壬寅春月煥文書局石印。前有光緒二十五年朱文熊書明王鳳洲撰《歷朝綱鑑會纂序》。卷首有圖。正文卷端題:綱鑑會纂 王世貞編。版心上鎸:鳳洲綱鑑會纂。版心下鎸:煥文書局石印。封面二題:御撰資治通鑑綱目 光緒丁酉仲秋煥文書局石印。前有乾隆十一年《御撰通鑑綱目三編序》。前有張廷玉《進表》。正文卷端題:御撰資治通鑑綱目三編。版心上鎸:明鑑易知録。版心下鎸:煥文書局。《御撰資治通鑑綱目三編》卷 5 附《明福王本末》。

(2)

0383 **綱鑑會纂三十九卷首一卷** (明)王世貞編 & **御撰資治通鑑綱目三編六卷** (清)張廷玉等撰

清光緒二十五年(1899)上海美華書局石印本

12 册(1 函)

版框 16.5cm×12cm 開本 19.9cm×13.1cm

26 行 54 字,白口,四周雙邊,單黑魚尾,眉上有註。封面題:御撰鳳洲通鑑綱目 王鳳洲綱鑑會纂 朱文熊書 光緒己亥孟夏之月上海美華書局石印。前有《歷朝綱鑑會纂序》。版心下鎸:上海美華石印。合訂本封面題:御撰鳳洲通鑑綱目三編。

(2)

0384 **綱鑑易知録九十二卷** (清)吴乘權 (清)周之炯 (清)周之燦輯

清刻本

20 册(1 函) 存 45 卷:卷 21—23,38—42,46—49,53—66,70—75,78—83,86—92

版框 13.5cm×9.5cm　開本 18cm×11.8cm

二欄，上欄 18 行 3 字，下欄 9 行 20 字，小字雙行同，白口，四周單邊，單黑魚尾。版心上鎸：綱鑑易知録。

(2)

0385　**綱鑑易知録九十二卷**　(清)吴乘權　(清)周之炯　(清)周之燦輯

清刻本

5 册(1 函)　存 12 卷：卷 69—80

版框 13.2cm×10cm　開本 17cm×11.4cm

二欄，上欄 18 行 3 字，下欄 9 行 20 字，小字雙行同，白口，四周單邊，單黑魚尾。版心上鎸：綱鑑易知録。

(2)

0386　**綱鑑擇言十卷**　(清)司徒修選輯　(清)李嘉樹補註　(清)沈士荃 (清)葉道垠參校

清光緒二十九年(1903)濰陽承文信刻本

6 册(1 函)

版框 19cm×13.5cm　開本 24.5cm×15.5cm

二欄，上欄 20 行 4 字，下欄 10 行 26 字，小字雙行同，間夾註，白口，四周單邊，單黑魚尾。封面題：光緒癸卯重鐫　則廬司徒修選輯　石艾宣譽氏補註　綱鑑擇言　濰陽承文信藏板。前有《重刻綱鑑擇言序》。

(2)

0387　**綱鑑正史約三十六卷**　(明)顧錫疇撰　(清)陳弘謀增訂 & **甲子紀元一卷**　(清)陳弘謀撰

清乾隆二年(1737)陳氏培遠堂刻本

31 册(4 函)　存 34 卷：卷 1—11，14—36

版框 18cm×13.3cm　開本 26cm×14.5cm

11 行 20 字，小字雙行同，白口，左右雙邊，單黑魚尾，眉上有註 22 行 4 字。封面題：乾隆二年刊　桂林陳榕門增訂　綱鑑正史約　甲子紀元附　培遠堂藏板。避諱至弘。卷端弘，缺末筆，序末用弘。前有乾隆二年陳弘謀撰《重訂正史約序》、《正史約原序》。版心有刻工姓名。鈐印“文盛堂藏書”。

2012 年 1 月入選第二批《山東省珍貴古籍名録》(編號 0913)。

(1)

0388　**歷代帝王年表**　(清)齊召南編

民國上海中華書局鉛印本

2 册(1 函)

版框 15.3cm×11cm　開本 20.6cm×13.2cm

12 行(不定)36 字，白口，四周單邊，單黑魚尾。牌記題：四部備要史部　上海中華書局據文選樓本校刊。前有自三皇五帝至明代共 14 表。版心下鎸：中華書局聚珍倣宋版印。

(6)

0389 **聯業堂綱鑑易知録九十二卷** (清)吴乘權 (清)周之炯 (清)周之燦輯

清刻本

5 册(1 函) 存 12 卷:卷 42—44,50—52,81—84,91—92

版框 13.5cm×10cm 開本 17cm×11.5cm

9 行 20 字,小字雙行同,白口,四周單邊,單黑魚尾。版心鐫:綱鑑易知録。

(2)

0390 **聯業堂明鑑易知録十五卷** (清)朱國標鈔 (清)吴乘權 (清)周之炯 (清)周之燦輯

清光緒四年(1878)羊城芸居樓刻本

6 册(1 函)

版框 13.4cm×9.9cm 開本 17cm×11.5cm

9 行 20 字,小字雙行同,白口,四周單邊,單黑魚尾。封面題:吴大中丞鑒定明鑑易知録 羊城芸居樓藏板。牌記題:光緒戊寅歲校刊。前有叙。

(2)

0391 **明鑑易知録十五卷** (清)朱國標鈔 (清)吴乘權 (清)周之炯 (清)周之燦輯

清浙省經香樓刻本

4 册(1 函) 存 8 卷:卷 1—6,10—11

版框 13.5cm×9.9cm 開本 18cm×11.9cm

9 行 20 字,小字雙行同,白口,四周單邊,單黑魚尾。封面題:吴大中丞鑒定明鑑易知録 浙省經香樓藏板。

(2)

0392 **通鑑釋文辯誤十二卷** (元)胡三省考訂 (明)吴勉學校正

清刻本

1 册(1 函) 存 4 卷:卷 1—4

版框 21.5cm×13.8cm 開本 28.3cm×17cm

10 行 20 字,小字雙行同,白口,左右雙邊,單黑魚尾。版心上鐫:通鑑辯誤。

(2)

0393 **王鳳洲先生綱鑑正史全編三十二卷** (明)王世貞撰 (明)顧錫疇摘 (明)陳仁錫評 (明)湯賓尹纂 (明)張睿卿輯

清刻本

32 册(1 函)

版框 23.7cm×14.5cm 開本 25.8cm×15.8cm

10 行 21 字,小字雙行同,白口,四周單邊,單白魚尾。書衣題:鳳洲綱鑑。鈐印

“書癖”“□齋”“□□”“□□古□”“□□□□”。卷 1 有圖。

(2)

0394　**新增加批綱鑑補註二十四卷首一卷**　(明)袁黄編纂

清光緒二十七年(1901)上海文盛書局石印本

10 册(1 函)　存 20 卷:卷 1—10,15—24

版框 13cm×8.5cm　開本 16.5cm×10cm

18 行 47 字,白口,四周單邊,單黑魚尾。封面題:明趙田袁了凡先生纂　新增加批綱鑑補註。牌記題:光緒辛丑仲夏上海文盛書局石印。前有《歷史綱鑑補序》。

(1)

0395　**玉山樓綱鑑易知録九十二卷**　(清)吴乘權　(清)周之炯　(清)周之燦輯

清刻本

5 册(1 函)　存 13 卷:卷 55—56,58—68

版框 13.8cm×9.5cm　開本 17cm×11.5cm

二欄,上欄 18 行 3 字,下欄 9 行 20 字,小字雙行同,白口,四周單邊,單黑魚尾。版心上鎸:綱鑑易知録。

(2)

0396　**御批歷代通鑑輯覽一百二十卷**　(清)傅恒等撰

清光緒三十年(1904)上海通元書局石印本

24 册(1 函)

版框 19cm×12.4cm　開本 25.8cm×14.7cm

18 行 40 字,小字雙行同,白口,四周雙邊,單黑魚尾。牌記題:光緒甲辰上海通元書局原版。版心下鎸:通元書局校印。

(1)

0397　**御批歷代通鑑輯覽一百二十卷**　(清)傅恒等撰

清光緒二十八年(1902)上海掃葉山房石印本

1 册(1 函)　存 6 卷:卷 1—6

版框 16.6cm×11.8cm　開本 19.5cm×12.9cm

21 行 50 字,小字雙行同,白口,四周雙邊,單黑魚尾。牌記題:光緒壬寅春月上海埽葉山房校印。前有《通鑑輯覽序》。版心下鎸:上海埽葉山房校印。

(1)

0398　**御批歷代通鑑輯覽一百二十卷**　(清)傅恒等撰

清光緒三十年(1904)上海美華書館鉛印本

24 册(4 夾)

版框 16.2cm×11.5cm　開本 20.4cm×13.5cm

16 行 33 字,白口,四周雙邊,單黑魚尾。牌記題:光緒甲辰冬月上海美華書館謹仿殿本校印。次有《通鑑輯覽序》。正文卷端題:御批歷代通鑑輯覽。版心上鐫:御批通鑑輯覽。版心下鐫:美華書館校刊。

(2)

0399 **御批歷代通鑑輯覽一百二十卷** (清)傅恒等撰

清光緒三十年(1904)育文書局石印本

24 册(4 函)

版框 16cm×11.2cm 開本 19.5cm×12.9cm

17 行 38 字,小字雙行同,白口,四周雙邊,單黑魚尾,眉上有批行 5 字。封面題:光緒甲辰仲秋 育文書局石印。前有《通鑑輯覽序》。版心下鐫:育文書局石印。

(2)

0400 **御批歷代通鑑輯覽一百二十卷** (清)傅恒等撰

清光緒二十七年(1901)上海經香閣石印本

16 册(2 函)

版框 20.5cm×14.5cm 開本 25.5cm×15.3cm

27 行 55 字,小字雙行同,白口,四周雙邊,單黑魚尾,眉上有註 54 行 5 字。封面題:光緒辛丑仲秋月上海經香閣三次石印。前有《通鑑輯覽序》。

(2)

0401 **御批歷代通鑑輯覽一百二十卷** (清)傅恒等撰

清光緒三十年(1904)上海經藝書局石印本

6 册(1 函) 存 33 卷:卷 1—33

版框 16.7cm×11.9cm 開本 19.8cm×12.8cm

18 行 40 字,小字雙行同,白口,四周雙邊,單黑魚尾。封面題:兩朝御批歷代通鑑輯覽。牌記題:光緒甲辰孟秋月上海經藝書局印。有眉批。

(2)

0402 **御批歷代通鑑輯覽一百二十卷** (清)傅恒等撰

清末石印本

18 册(3 函) 存 86 卷:卷 34—119

版框 16.5cm×11.4cm 開本 20cm×13cm

18 行 40 字,小字雙行同,白口,四周雙邊,單黑魚尾,眉上有批行 5 字。書衣題:兩朝御批歷代通鑑輯覽。

(2)

0403 **御撰資治通鑑綱目三編二十卷** (清)張廷玉等撰

清刻本

8 册(1 函)

版框 17cm×12.8cm 開本 23.7cm×15.5cm

11 行 22 字,抬頭行 23 字,小字雙行同,下黑口,四周單邊,雙順黑魚尾。封面題:御撰資治通鑑明紀綱目。前有乾隆十一年《御撰通鑑綱目三編序》。

(1)

0404 **御撰資治通鑑綱目三編二十卷末一卷** (清)張廷玉等撰

清光緒二十九年(1903)慶文堂刻本

6冊(1函) 存19卷:卷1—6、9—20,末1卷

版框13.2cm×10.5cm 開本17cm×11.4cm

二欄,上欄18行7字,下欄11行23字,小字雙行同,白口,四周單邊,單黑魚尾。封面題:光緒癸卯年新鋟 御撰通鑑綱目三編 慶文堂藏板。版心下鎸:慶文堂。

(2)

0405 **增評加批歷史綱鑑補三十九卷首一卷** (明)王世貞 (明)袁黄編纂

民國上海錦章書局石印本

8冊(1函)

版框17cm×12.7cm 開本20cm×13.5cm

19行40字,白口,四周雙邊,單黑魚尾,眉上有批,封面題:綱鑑合纂。

(1)

0406 **資治通鑑二百九十四卷** (宋)司馬光編集 (元)胡三省音註 (明)張一桂校正 & **通鑑釋文辯誤十二卷** (元)胡三省撰

明萬曆二十年(1592)吴勉學刻本

14冊(1函) 存47卷:卷1—13,58—63,109—111,118—133,153—155,196—198,215—217

版框21.5cm×14.5cm 開本28cm×17.3cm

10行20字,小字雙行同,白口,左右雙邊,單黑魚尾。書衣題:音註資治通鑑。前有《音註資治通鑑序》。

2012年1月入選第二批《山東省珍貴古籍名録》(編號0143)。

(2)

0407 **資治通鑑二百九十四卷** (宋)司馬光編集

清刻本

2冊(1函) 存6卷:卷129—131,135—137

版框20.5cm×13cm 開本26.5cm×15.4cm

11行21字,小字雙行同,黑口,左右雙邊,雙對黑魚尾。正文卷端題:資治通鑑 司馬光奉敕編集。

(2)

0408 **資治通鑑綱目五十九卷** (宋)朱熹撰

明成化九年(1473)内府刻本

1冊(1函) 存2卷:卷50—51

版框27.2cm×18.5cm 開本35cm×20.5cm

8 行 18 字,小字雙行 21 字,黑口,四周雙邊,雙黑魚尾。版心鎸:通鑑綱目。版心鎸:通鑑綱目。

按《中國古籍定級標準》,此書被定爲三級甲等古籍,作善本收藏。

(2)

0409 **竹書紀年統箋十二卷** (南朝梁)沈約註 (清)徐文靖箋

清乾隆十五年(1750)刻本

4 册(1 函)

版框 19.5cm×13cm 開本 24cm×17cm

9 行 20 字,小字雙行同,白口,左右雙邊,單黑魚尾。封面題:當塗徐位山手輯 竹書紀年統箋 本衙藏板。正文卷端題:竹書紀年統箋 梁沈約附注 清徐文靖統箋。鈐印"御覽欽定""翻刻千里必究"。

2012 年 1 月入選第二批《山東省珍貴古籍名録》(編號 0909)。

(2)

## 紀事本末類

0410 **蕩平髮逆圖記二十二卷首一卷** (清)杜文瀾撰

清光緒十四年(1888)上海漱六山莊石印本

4 册(1 函)

版框 13.4cm×8.3cm 開本 17.2cm×10cm

16 行 36 字,白口,四周雙邊,單黑魚尾。牌記題:上海漱六山莊石印 法馬路文匯館發兑。前有光緒十四年蓼花洲主人撰《序》。有圖。

(1)

0411 **東征集六卷** (清)藍鼎元撰 (清)王者輔評

清映壁書屋刻本

1 册(1 函) 存 3 卷:卷 4—6

版框 19cm×13.4cm 開本 28.8cm×17cm

9 行 20 字,白口,四周雙邊,單黑魚尾,無行格。版心鎸:映壁書屋。

(1)

0412 **平定粤匪紀略十八卷附記四卷** (清)杜文瀾撰

清末鉛印本

2 册(1 函) 存 8 卷:卷 7—9、18,《附記》4 卷

版框 13.5cm×8.8cm 開本 17.3cm×9.3cm

12 行 27 字,白口,四周雙邊,單花魚尾,無直格。版心上鎸:平定粤匪紀略。

(2)

0413 **宋史紀事本末一百九卷** （明）馮琦原編 （明）陳邦瞻編輯 （明）張溥論正

清光緒二十四年(1898)上海文瀾書局石印本

8冊(1函)

版框 16.2cm×11cm 開本 19.7cm×13cm

19行36字，白口，四周單邊，單黑魚尾，無直格。牌記題：光緒戊戌季夏上海文瀾書局石印。前有《宋元紀事本末序》。正文卷端題：宋史紀事本末 高安陳邦瞻德遠編輯 太倉張溥天如論正。

(2)

0414 **宋史紀事本末一百九卷** （明）馮琦原編 （明）陳邦瞻編輯 （明）張溥論正

清光緒十四年(1888)上海書業公所崇德堂鉛印本

8冊(1函)

版框 15.5cm×10.5cm 開本 19.2cm×12.4cm

15行40字，白口，四周雙邊，單黑魚尾。封面題：宋紀事本末。牌記題：光緒戊子春月上海書業公所崇德堂校鑄板。前有《宋元紀事本末序》。正文卷端題：宋史紀事本末 高安陳邦瞻德遠編輯 太倉張溥天如論正。

(2)

0415 **通鑑紀事本末二百三十九卷** （宋）袁樞編輯 （明）張溥論正

清光緒石印本

5冊(1函) 存40卷：卷200—239

版框 16.4cm×11.4cm 開本 19.8cm×13.1cm

18行36字，白口，四周單邊，單黑魚尾。有眉批。版心上鎸：通鑑紀事本末。

(2)

## 雜史類

0416 **三皇五帝徵實録六卷** （清）王縈緒撰

清乾隆六十年(1795)刻本

2冊(1函) 存3卷：卷1—2，6

版框 18.7cm×12.1cm 開本 25cm×15.5cm

10行21字，小字雙行同，白口，四周雙邊，單黑魚尾，無直格。前有乾隆乙卯譚尚忠撰《徵實録序》、乾隆甲午吴省欽撰《徵實録序》、乾隆癸巳王縈緒撰《三皇五帝徵實録序》。版心上鎸：徵實録。卷6正文卷端題：東周急流。卷6末題：男鳳文校字。書名據王縈緒自序題録。避諱至丘。王縈緒，山東諸城人。

按《中國古籍定級標準》，此書被定爲三級乙等古籍，作善本收藏。

(2)

0417 **滿清稗史** (清)陸保璿輯

民國二年(1013)新中國圖書局鉛印本

3冊(1函) 存5種6卷:《貪官污吏傳》1卷,《奴才小史》1卷,《清華集》卷下,《新燕語》2卷,《變異録》卷上

版框16cm×11cm 開本19.7cm×13.1cm

12行32字,黑口,四周單邊,單黑魚尾。

(2)

## 詔令奏議類

0418 **上諭條奏□□卷** (清)□□撰

清嘉慶年間刻本

8冊(2函)

版框17.8cm×12cm 開本19.5cm×13cm

9行22字,白口,四周單邊,單黑魚尾。版心上鎸:上諭條奏。版心鎸:嘉慶五年春季刑例、嘉慶七年春季刑例。正文有嘉慶六年事。版本年代據版心及内容擬定。

按《中國古籍定級標準》,此書被定爲三級丙等古籍,作善本收藏。

(2)

## 傳記類

0419 **公冶氏族譜二卷**

民國六年(1917)年刻本

2冊(1函)

版框17.8cm×14.1cm 開本27.3cm×17cm

3欄10行7—8字,小字雙行同,白口,四周雙邊,單黑魚尾。牌記題:公冶氏族譜 民國六年歲次丁巳何月重刊。前有《三修族譜序》等。

(2)

0420 **國朝先正事略六十卷** (清)李元度纂

清刻本

5冊(1函) 存14卷:卷23—36

版框15.5cm×9.5cm 開本20cm×11.5cm

10行24字,白口,左右雙邊,單黑魚尾。正文卷端題:國朝先正事略 平江李元度次青纂。

(2)

0421 **清優增生李竹橋先生鄉謚温簡議**

民國二十五年(1936)鉛印本

1冊(1函)

版框 19.5cm×10.7cm　開本 26.5cm×13.5cm

7 行 25 字，白口，四周單邊，單黑魚尾。

(1)

0422　**[山東諸城]王氏族譜□卷**　(清)王宸証志　(清)王茂桓續志　(清)王召南　(清)王焕章采訪　(清)王化南　(清)王樹烈參訂

清刻本

1 册(1 函)

版框 20cm×14cm　開本 27.1cm×18cm

5 欄 10 行 3—4 字，小字雙行 7 字，白口，四周雙邊，單黑魚尾。前有采訪編訂者姓名。正文卷端題：始遷祖　彦名　前明居沂水城西　至公遷居大營莊　遂家焉事見縣誌詮公傳　有家傳。版心上鎸：王氏族譜。書名據版心及内容擬録。殘本。

(3)

0423　**[山東諸城]相州王氏族譜□□卷**　(清)王增傑修

清道光十八年(1838)世德堂刻本

1 册(1 函)

版框 20.9cm×13.3cm　開本 24.7cm×16cm

5 欄 9 行 6 字，小字雙行同，白口，四周雙邊，單黑魚尾。8 行 20 字，小字雙行同，白口，四周雙邊，單黑魚尾。前有康熙七年王鉞題識、康熙五十三年王沛旦撰《族譜後序》、乾隆四十三年王辛祚撰《重修族譜序》、道光十八年王增傑撰《續修族譜序》，次有《凡例》曰："是刻起於丁酉仲夏，成於戊戌孟夏。"正文卷端題：相州王氏族譜。版心上鎸：王氏族譜。版心下鎸：世德堂藏板。

(3)

0424　**[山東諸城]岳氏老族譜□□卷**　(清)岳昇龍詮　(清)葛之藩訂

清抄本

1 册(1 函)

開本 23cm×15.7cm

5 欄行字不一，無邊框行格。書衣題：岳氏老族譜。内書衣題：岳氏老族譜　光緒三十三年歲次丁未春二月重修。前有光緒三十三年山東諸城岳家莊岳瑞麟撰《序》。正文卷端題：岳氏受姓圖。

(3)

0425　**[山東諸城]岳氏支譜□□卷**　(清)岳棠修

清抄本

1 册(1 函)

版框 23.6cm×13.5cm　開本 27.8cm×15.7cm

5 欄行字不一，白口，四周單邊。前有光緒三十二年岳棠撰《重修岳氏支譜序》。正文卷端題：岳氏五支譜世系。版心上鎸：岳氏支譜。書名據版心題録。

(3)

0426 **[山東諸城]岳旺張氏族譜□□卷** (清)張墨亭 (清)張致遠修
清光緒十三年(1887)刻本
3冊(1函)
版框21.5cm×14cm 開本26.5cm×17.4cm
行字不一,白口,四周雙邊,單黑魚尾,無直格。前有光緒十三年張墨亭撰張致遠書《岳旺張氏族譜序》。正文卷端題:世系圖。版心上鎸:張氏族譜。書名據序題録。
(3)

0427 **[山東諸城]岳旺張氏族譜(義譜)□□卷** (清)張耀德修
清刻本
4冊(1函)
版框22cm×14cm 開本26.5cm×13.5cm
行字不一,白口,四周雙邊,單黑魚尾,無直格。前有乾隆二十四年張耀德撰《義譜序》。正文卷端題:義譜世系圖。版心上鎸:張氏族譜。
(3)

0428 **[山東諸城]趙氏支譜□□卷** (清)趙凌雲修
清道光刻本
1冊(1函)
版框21.3cm×15.8cm 開本25.8cm×19.4cm
5欄行字不一,小字雙行同,四周雙邊,白口,單黑魚尾。書衣題:趙氏支譜。前有道光二十三年趙凌雲撰《支譜序》。版心上鎸:趙氏支譜。字跡漫漶。
(3)

0429 **尚友録二十二卷補遺一卷** (明)廖用賢編纂 (清)張伯琮補輯
清末鉛印本
5冊(1函) 存19卷:卷1—7、12—22,《補遺》1卷
版框11.9cm×8cm 開本14.5cm×8.9cm
12行21字,小字雙行42字,白口,四周雙邊,單黑魚尾。封面題:增補尚友録 拱之沈錦垣署。前有康熙丙午陸可求撰《尚友録序》、萬曆四十五年廖用賢撰《尚友録自叙》。次有《凡例》、尚友録總目。正文卷端題:尚友録 廖用賢編纂 張伯琮補輯。
(2)

0430 **尚友録二十二卷補遺一卷** (明)廖用賢編纂 (清)張伯琮補輯
清末鉛印本
5冊(1函) 存20卷:卷4—22,《補遺》1卷
版框12cm×7.9cm 開本15cm×9cm
12行21字,小字雙行42字,白口,四周雙邊,單黑魚尾。書衣題:增補尚友録。卷19—22有一複本。
(2)

0431 **王心源先生鄉謚貞毅議** (清)商震等輯
民國八年(1919)刻本
1 册(1 函)
版框 18.6cm×12cm 開本 26.8cm×15.2cm
9 行 25 字,四周單邊。

(2)

0432 **晏子春秋七卷音義二卷校勘二卷** (清)孫星衍撰 (清)黄以周記
上海中華書局鉛印本
1 册(1 函) 存 2 卷:《校勘》上、下
版框 15.3cm×10.2cm 開本 20.5cm×13.2cm
13 行 20 字,白口,四周單邊,單黑魚尾。書衣題:晏子春秋 册四。正文卷端題:晏子春秋校勘版上 定海黄以周記。版心下鎸:中華書局聚珍倣宋版印。

(6)

## 史抄類

0433 **廿四史約編八卷首一卷** (清)鄭元慶述
清光緒二十二年(1896)焕文書局石印本
8 册(1 函)
版框 9.5cm×7.5cm 開本 12.4cm×8.3cm
12 行 31 字,小字雙行同,白口,四周雙邊,單黑魚尾。封面題:校補廿四史約編 鴻雪齋主署首 光緒丙申初夏焕文書局石印。前有序,有後記,跋文中有輿圖。

(2)

0434 **二十四史約編不分卷** (清)鄭元慶撰
清光緒二十九年(1903)支那書局石印本
4 册(1 函) 存:上古、漢書、南北史—隋書、唐書
版框 9.8cm×7.3cm 開本 12.5cm×8cm
12 行 31 字,白口,四周雙邊,單黑魚尾。封面題:校補廿四史約編 光緒癸卯孟春支那書局石印。前有二序、一自序,後記。後跋有輿圖等。

(2)

0435 **皇朝經世文編一百二十卷** (清)賀長齡輯
清石印本
8 册(1 函) 存 30 卷:卷 88—98,100—108,111—120
版框 17cm×12.1cm 開本 19.5cm×13cm
17 行 44 字,白口,四周單邊,雙對黑魚尾。正文卷端題:皇朝經世文編 善化賀長齡藕庚輯。

(2)

0436 **前漢書菁華録四卷後漢書菁華録二卷** (清)高嵣撰
清光緒二十七年(1901)上海廣益書局石印本
6册(1函)
版框16cm×12cm 開本19.6cm×12.9cm
19行37字,小字雙行同,白口,四周雙邊,單黑魚尾,眉上有批。封面題:光緒辛丑冬月上海廣益書局石印。前有高嵣《序》。

(2)

0437 **史記菁華録六卷** (漢)司馬遷撰 (清)姚祖恩摘録
清刻本
4册(1函) 存4卷:卷1,3—5
版框19.5cm×12.5cm 開本24.5cm×14.3cm
二欄,上欄22行5字,下欄11行25字,小字雙行同,白口,四周單邊,單黑魚尾。書衣題:史記。封面題:史記菁華録 成文堂藏板。前有《史記菁華録題辭》。

(2)

0438 **史記菁華録六卷** (漢)司馬遷撰 (清)姚祖恩摘録
清刻本
6册(1函)
版框13.4cm×10.9cm 開本19.1cm×12.4cm
9行20字,小字雙行同,黑口,左右雙邊,單黑魚尾,眉上有批。正文卷端題:秦始皇本紀。版心鎸:史記菁華録。

(2)

## 載記類

0439 **十國春秋一百十六卷** (清)吴任臣撰 (清)牛奂閲 (清)周昂重校刊
清乾隆五十三年至嘉慶四年(1788—1799)昭文周昂刻咸豐元年(1851)常熟珍藝堂印本
12册(1函)
版框21cm×13cm 開本24.3cm×15cm
10行21字,白口,左右雙邊,單黑魚尾。封面題:十國春秋 咸豐元年春日常熟珍藝堂印行。正文卷端題:十國春秋 仁和吴任臣志伊氏譔 鄚城牛奂濬子氏閲 昭文周昂少霞重校刊。
按《中國古籍定級標準》,此書被定爲三級乙等古籍,作善本收藏。

(2)

## 地理類

0440 **[萬曆]安邱縣志二十八卷** (明)熊元修 (明)馬文煒纂
民國三年(1914)石印本
1册(1函) 存11卷:卷1—11
版框18.6cm×12.2cm 開本26.2cm×15.2cm
10行24字,小字雙行同,白口,四周雙邊,單黑魚尾。正文卷端題:安邱縣志 邑人馬文煒撰。版本據《全國地方志聯合目録》。

(2)

0441 **宸垣識略十六卷** (清)吴長元輯
清乾隆五十三年(1788)池北草堂刻本
6册(1函) 存6卷:卷9—14
版框12.5cm×9.5cm 開本17cm×12cm
9行21字,白口,左右雙邊,單黑魚尾。正文卷端題:宸垣識略 仁和吴長元太初氏輯。
按《中國古籍定級標準》,此書被定爲三級乙等古籍,作善本收藏。

(2)

0442 **滇攷二卷** (清)馮甦編
清康熙刻本
2册(1函)
版框19.5cm×14cm 開本26.5cm×16.5cm
9行20字,白口,四周雙邊,單黑魚尾。前有高□□撰《序》。封面題:滇攷卷上。正文卷端題:滇攷 天台馮甦再來編。
2014年6月入選第三批《山東省珍貴古籍名録》(編號1029)。

(2)

0443 **[嘉慶]東流縣志三十卷** (清)吴篪修 (清)李兆洛等纂
清嘉慶二十三年(1818)刻本
1册(1函) 存1卷:卷10
版框18cm×14cm 開本25.5cm×15.5cm
10行21字,白口,左右雙邊,單黑魚尾。正文卷端題:東流縣志 吴篪修。版心上鎸:東流縣志。

(2)

0444 **[民國]高密縣志十六卷首一卷** 余有林等纂
民國二十四年(1935)鉛印本
3册(1函) 存2卷:卷13—14
版框19cm×11.5cm 開本25.8cm×15cm

10行25字,白口,四周單邊,單黑魚尾。版心下鎸:青島膠東書社承印。

(2)

0445 **鴻雪因緣圖記三集六卷** (清)完顔麟慶撰 (清)汪英福等繪

清末石印本

1册(1函) 存1集:3集上

版框13.4cm×10.7cm 開本19.5cm×12.1cm

22行36字,白口,四周雙邊,單黑魚尾。前有《鴻雪因緣圖記三集序》。版心上鎸:鴻雪因緣圖記。版心下鎸:三集上。書名據版心題録。

(2)

0446 **膠澳志十二卷附一卷** 趙琪修

民國十七年(1928)鉛印本

10册(1函)

版框12.5cm×10.6cm 開本25cm×14.2cm

12行33字,白口,四周雙邊,無魚尾。前有民國十七年十月掖縣趙琪《序》。

(1)

0447 **歷代地理志韻編今釋二十卷** (清)李兆洛撰

民國上海中華書局鉛印本

6册(1函)

版框15cm×10.9cm 開本19.5cm×13.1cm

13行26字,白口,四周單邊,雙黑魚尾。牌記題:四部備要史部 上海中華書局據江寧局刻本校刊。版心下鎸:中華書局聚珍倣宋版印。

(6)

0448 **[至元]齊乘六卷** (元)于欽纂修 & **釋音一卷** (元)于潛撰 & **考證六卷** (清)周嘉猷撰

清乾隆四十六年(1781)胡德琳登州刻本

3册(1函) 存4卷:卷3—6

版框18.7cm×14cm 開本24.8cm×16cm

11行21字,白口,左右雙邊,單黑魚尾。後有元至正十一年于潛撰《跋》、清乾隆四十六年周慶承撰《跋》。

2014年6月入選第三批《山東省珍貴古籍名録》(編號1070)。

(2)

0449 **日下舊聞四十二卷** (清)朱彝尊輯

清康熙二十七年(1688)朱氏六峰閣刻本

10册(1函) 存20卷:卷1—20

版框18.6cm×13.8cm 開本25cm×16cm

12行21字,白口,四周單邊,單黑魚尾。封面題:朱竹垞太史輯 日下舊聞 六峯閣藏板。鈐印"夢亭圖書""悠然堂李林字西園號夢亭""丙子丁丑聯捷進士"。

2012年1月入選第二批《山東省珍貴古籍名録》(編號1227)。

(2)

0450 **山海經十八卷圖讚一卷** (晋)郭璞傳 (清)郝懿行箋疏
清光緒二十三年(1897)上海梧岡精舍石印本
6册(1函)
版框11.9cm×9.3cm 開本14.6cm×9.8cm
10行24字,小字雙行同,白口,左右雙邊。書衣題:欽定郝注山海經。封面題:御覽山海經箋疏 光緒丁酉孟冬之月上海梧岡精舍出重資搜求諸名家繪圖 用西洋法照成 文玉山房主人識。有彩圖。牌記題:光緒二十三年梧岡精舍複印。前有上諭、《山海經圖讚》一卷。版心下鎸:還讀樓校刊。

(2)

0451 **水經注四十卷首一卷末一卷** (北魏)酈道元撰
清光緒十八年(1892)思賢講舍刻本
16册(2函)
版框18.1cm×13.5cm 開本26.5cm×15.4cm
11行24字,小字雙行同,大黑口,左右雙邊,單黑魚尾。封面題:合校水經注。牌記題:光緒壬辰季孟秋思賢講舍栞。正文卷端題:水經注 長沙王氏校本 後魏酈道元撰。

(1)

0452 **水經注四十卷** (北魏)酈道元撰
清刻本
8册(1函)
版框17.9cm×14.2cm 開本29cm×17.4cm
10行21字,白口,左右雙邊,無魚尾。前有序。正文卷端題:河水 水經 酈道元注。版心上鎸:水經注。

(2)

0453 **太平寰宇記二百卷目録二卷** (宋)樂史撰
清光緒八年(1882)金陵書局鉛印本
50册(6函)
版框18cm×13cm 開本28.1cm×18.8cm
10行20字,白口,左右雙邊,單黑魚尾。書衣題:太平寰宇記 第一册。牌記題:光緒八年五月金陵書局刊行。

(1)

0454 **卧象山志四卷** (清)張侗著
清康熙十八年(1679)刻本
1册(1函)
版框17.5cm×14cm 開本23.7cm×15.5cm

9行20字,白口,四周單邊,單黑魚尾。前有康熙己未李澄中撰《卧象山志序》。正文卷端題:琅邪張侗石之氏著　劉子羽　李畲田兩先生評。鈐印“濰西”。張侗,山東諸城人。

2014年6月入選第三批《山東省珍貴古籍名録》(編號1182)。

(2)

0455　**五蓮山志五卷**　(清)釋海霆編集　(清)王咸炤批選　(清)張侗訂正　(清)李焕章删定

清康熙二十年(1681)刻乾隆二十二年(1757)萬松禪林增刻本

2册(1函)

版框18.9cm×14.2cm　開本25.5cm×16.2cm

8行20字,白口,四周單邊,單黑魚尾。書衣題:五蓮山志。封面題:乘州李織齋先生删定　五蓮山志　萬松禪林梓刻。前有臧振榮撰《叙》、康熙二十年李焕章撰《叙》、康熙辛酉年釋海霆撰《自序》。卷4末有乾隆丁丑李翰撰《翰修師重修五蓮山記》。

2014年6月入選第三批《山東省珍貴古籍名録》(編號1181)。

(2)

0456　**西域聞見録八卷**　(清)七十一(尼瑪查)撰

清蘿軒主人抄本

1册(1函)　存2卷:《新疆記略》2卷

開本23cm×12.5cm

9行26字。書衣題:癸巳仲春訂　蘿軒主人鈔。書衣鈐印一枚,不清晰。前有乾隆四十二年椿園七十一撰《序》。目次頁題:西域聞見目録。

2019年5月入選第四批《山東省珍貴古籍名録》(編號0407)。

(2)

0457　**徐霞客遊記二卷**　丁文江編

民國十七年(1928)上海商務印書館鉛印本

2册(1函)

開本26cm×19.5cm

16行39字。封面題:徐霞客遊記　上册　丁文江編　商務印書館發行。

(2)

0458　**[道光]沂水縣志十卷**　(清)張燮修　(清)劉承謙等纂

清道光七年(1827)刻本

1册(1函)　存2卷:卷9—10

版框17.7cm×14cm　開本23cm×16cm

10行20字,白口,左右兩邊,單黑魚尾。版心上鎸:沂水縣志。

(1)

0459 **雩東山莊八景圖一卷** (清)臧燿初繪
清光緒二十五年(1899)彩繪本
8幅圖:彩色
開本 32.2cm×39cm
書衣墨筆題:光緒二十五年冬至日主人晋堂氏誌。彩圖8幅。鈐印"晋堂"。臧燿初(1816—?),字晋堂,山東諸城人。
2012年1月入選第二批《山東省珍貴古籍名録》(編號1243)。

(1)

0460 **增修膠志五十五卷首一卷刊誤一卷** (清)匡超總纂
民國二十年(1931)膠縣大同印刷社鉛印本
16册(2函)
版框 19.6cm×13.5cm 開本 27.5cm×15.4cm
11行25字,白口,四周雙邊,單黑魚尾。前有民國二十年膠縣縣長袁勵傑《序》等。版心下鎸:膠縣大同印刷社排印。

(1)

0461 **[光緒]增修諸城縣續志二十五卷** (清)劉嘉樹修 (清)苑棻池 (清)邱濬恪纂
清光緒十八年(1892)刻本
6册(1函) 存20卷:卷6—25,卷1—5爲鋼筆補抄本
版框 18.4cm×14.5cm 開本 25.3cm×16.4cm
10行21字,小字雙行同,大黑口,四周單邊,雙黑魚尾。書衣題:增修諸城縣續志。

(3)

0462 **諸城山海物産志二卷** (清)臧燿初撰 (清)臧繼昭訂
清光緒九年(1883)抄本
2册(1函)
開本 25cm×15cm
11行19字,白口,無格。前有光緒九年張昭潛撰《序》。正文卷端題:諸城山海物産志 諸城臧燿初晋堂著 男繼昭訂。有圖。
2012年1月入選第二批《山東省珍貴古籍名録》(編號1304)。

(1)

0463 **[光緒]諸城縣鄉土志二卷** (清)陳觀圻修 (清)王熙昭等纂 (清)王鳳翥校
清光緒三十三年(1907)鉛印本
2册(1函)
版框 18.9cm×12cm 開本 26cm×15cm
10行25字,小字雙行同,白口,四周雙邊,單黑魚尾。書衣題:諸城縣鄉土志

卷上 清光緒。

(3)

0464 **[民國]諸城縣鄉土志二卷** 王煒辰主編
民國九年(1920)諸城振華石印本
2 册(1 函)
版框 18.5cm×11.9cm 開本 26.3cm×14.7cm
8 行 24 字,小字雙行同,白口,四周單邊。書衣題:諸城縣鄉土誌 惠樹賡題簽。封面題:諸城縣鄉土誌。牌記題:諸城振華石印局印。前有民國九年尹祚章撰《序》、民國九年王煒辰撰《序》。殘破。

(3)

0465 **[道光]諸城縣續志二十三卷** (清)劉光斗修 (清)朱學海纂
清道光十四年(1834)刻本
2 册(1 函) 存 11 卷:卷 1—11
版框 18.8cm×15cm 開本 27.1cm×17cm
10 行 21 字,小字雙行同,大黑口,四周單邊,雙黑魚尾。書衣題:諸城縣續志。前有道光十四年劉光斗撰《續修諸城縣志序》、道光十四年鄧亮功撰《序》、道光十四年汪封渭撰《序》。

(3)

0466 **[道光]諸城縣續志二十三卷** (清)劉光斗修 (清)朱學海纂
清道光十四年(1834)刻本
4 册(1 函)
版框 19cm×15cm 開本 27.1cm×17.1cm
10 行 21 字,小字雙行同,大黑口,四周雙邊,雙黑魚尾。書衣題:諸城縣續志 共四本。前有道光十四年劉光斗撰《續修諸城縣志序》、道光十四年鄧亮功撰《序》、道光十四年汪封渭撰《序》。次有續修縣志姓名、諸城縣續志目。

(3)

0467 **[道光]諸城縣續志二十三卷** (清)劉光斗修 (清)朱學海纂
清道光十四年(1834)刻本
4 册(1 函)
版框 19.8cm×15cm 開本 25cm×17cm
10 行 21 字,小字雙行同,黑口,四周單邊,雙黑魚尾。前有道光十四年劉光斗撰《續修諸城縣志序》、道光十四年鄧亮功撰《序》、道光十四年汪封渭撰《序》。鈐印"敬文堂之藏書"。

(1)

0468 **[道光]諸城縣續志二十三卷** (清)劉光斗修 (清)朱學海纂
清道光十四年(1834)刻本
4 册(1 函)

版框 18.5cm×14.3cm　開本 24.5cm×17cm

10 行 21 字，小字雙行同，黑口，四周單邊，雙黑魚尾。前有道光十四年劉光斗撰《續修諸城縣志序》、道光十四年鄧亮功撰《序》、道光十四年汪封渭撰《序》。

(2)

0469　[康熙]諸城縣志十二卷　(清)卞穎修　(清)王勸纂

清康熙十二年(1673)刻本

2 册(1 函)　存 3 卷:卷 2,3,6

版框 20.8cm×14.7cm　開本 25.2cm×15.7cm

9 行 20 字，小字雙行同，白口，左右雙邊，單黑魚尾。鈐印“雲泉山莊藏□書”“榆蔭園主人藏”。

按《中國古籍定級標準》，此書被定爲三級丙等古籍，作善本收藏。

(1)

0470　[乾隆]諸城縣志四十六卷　(清)宫懋讓修　(清)李文藻等纂

清乾隆二十九年(1764)刻本

7 册(1 函)　存 40 卷:卷 1—26,33—46

版框 20cm×15cm　開本 27cm×17cm

10 行 21 字，小字雙行同，黑口，四周單邊，雙黑魚尾。前有乾隆二十九年宫懋讓撰《重修諸城縣志序》，乾隆二十九年顧士安撰《序》，乾隆二十九年何樂善撰《序》，趙秉忠、丁惟寧《前志序》二首，卞穎《後志序》一首，劉必顯《跋》一首，修志姓名，圖 1 卷。

按《中國古籍定級標準》，此書被定爲三級丙等古籍，作善本收藏。

(1)

0471　[乾隆]諸城縣志四十六卷　(清)宫懋讓修　(清)李文藻等纂

清乾隆二十九年(1764)刻本

8 册(2 函)

版框 20.2cm×15cm　開本 22cm×16.8cm

10 行 21 字，小字雙行同，大黑口，四周單邊，雙黑魚尾，直格。前有乾隆甲申宫懋讓《重修諸城縣志序》、乾隆二十九年顧士安《序》，乾隆二十九年何樂善《序》，趙秉忠、丁惟寧《前志序》，卞穎《後志序》一首，劉必顯《跋》一首，圖 1 卷。正文卷端題:諸城縣志。

按《中國古籍定級標準》，此書被定爲三級丙等古籍，作善本收藏。

(3)

0472　[乾隆]諸城縣志四十六卷　(清)宫懋讓修　(清)李文藻等纂

清乾隆二十九年(1764)刻本

5 册(1 函)　存 27 卷:卷 1—2,4—9,22—40

版框 20.3cm×15cm　開本 27cm×16cm

10 行 21 字，大黑口，四周單邊，雙黑魚尾，直格。前有乾隆甲申宫懋讓《序》，乾隆二十九年顧士安《序》，乾隆二十九年何樂善《序》，趙秉忠、丁惟寧《前志序》二首，卞穎《後志序》一首，劉必顯《跋》一首，修志姓名，圖 1 卷。正文卷端題：諸城縣志。

按《中國古籍定級標準》，此書被定爲三級丙等古籍，作善本收藏。

(3)

0473 **[乾隆]諸城縣志四十六卷** (清)宮懋讓修 (清)李文藻等纂

清乾隆二十九年(1764)刻本

8 册(1 函)

版框 20cm×15cm 開本 25cm×17cm

10 行 21 字，大黑口，四周單邊，雙黑魚尾，直格。書衣題：諸城縣志。前有乾隆二十九年顧士安撰《重修諸城縣志序》、乾隆二十九年何樂善撰《序》、《前志序》二首、圖 1 卷。正文卷端題：諸城縣志。

按《中國古籍定級標準》，此書被定爲三級丙等古籍，作善本收藏。

(3)

0474 **[乾隆]諸城縣志四十六卷** (清)宮懋讓修 (清)李文藻等纂

清乾隆二十九年(1764)刻本

8 册(2 函)

版框 19.6cm×14.9cm 開本 23.7cm×16.9cm

10 行 21 字，大黑口，四周單邊，雙黑魚尾，直格。前有乾隆二十九年顧士安撰《序》、乾隆二十九年何樂善撰《序》、《前志序》二首、修志姓名、圖 1 卷。正文卷端題：諸城縣志。

按《中國古籍定級標準》，此書被定爲三級丙等古籍，作善本收藏。

(3)

0475 **[乾隆]諸城縣志四十六卷** (清)宮懋讓修 (清)李文藻等纂

清乾隆二十九年(1764)刻本

8 册(1 函) 存 43 卷：卷 4—46

版框 20cm×15.1cm 開本 24.7cm×17cm

10 行 21 字，大黑口，雙黑魚尾，四周單邊。書衣題：諸城縣志。

按《中國古籍定級標準》，此書被定爲三級丙等古籍，作善本收藏。

(4)

0476 **[乾隆]諸城縣志四十六卷** (清)宮懋讓修 (清)李文藻等纂

清乾隆二十九年(1764)刻本

8 册(1 函)

版框 19.5cm×14.5cm 開本 24cm×16.5cm

10 行 21 字，小字雙行同，黑口，四周雙邊，雙黑魚尾。書衣題：諸城縣志。前有乾隆二十九年甲申宮懋讓撰《重修諸城縣志序》、乾隆二十九年顧士安撰《序》、乾隆二十九年何樂善撰《序》。

2014年6月入選第三批《山東省珍貴古籍名録》(編號1172)。

(1)

0477 **[乾隆]諸城縣志四十六卷** (清)宫懋讓修 (清)李文藻等纂

清乾隆二十九年(1764)刻本

7册(1函) 存40卷:卷1—40

版框19.7cm×15cm 開本24.9cm×17.1cm

10行21字,小字雙行同,黑口,四周單邊,雙黑魚尾。前有乾隆二十九年顧士安《序》、乾隆二十九年何樂善《序》、《前志序》二首、圖1卷。鈐印"□齋"。

按《中國古籍定級標準》,此書被定爲三級丙等古籍,作善本收藏。

(2)

0478 **[乾隆]諸城縣志四十六卷** (清)宫懋讓修 (清)李文藻等纂

清乾隆二十九年(1764)刻本

8册(1函)

版框20cm×15cm 開本27.5cm×17.5cm

10行21字,黑口,四周單邊,雙黑魚尾。前有《重修諸城縣志序》。圖1卷。

2014年6月入選第三批《山東省珍貴古籍名録》(編號1171)。

(2)

0479 **[乾隆]諸城縣志四十六卷** (清)宫懋讓修 (清)李文藻等纂

清乾隆二十九年(1764)刻本

8册(1函)

版框20.2cm×15cm 開本27.5cm×17cm

10行21字,小字雙行同,黑口,四周單邊,雙黑魚尾。前有乾隆二十九年宫懋讓撰《重訂諸城縣志序》、乾隆二十九年顧士安《序》、乾隆二十九年何樂善《序》。圖1卷。宫《序》下鈐印"□齋"。

2012年1月入選第二批《山東省珍貴古籍名録》(編號1119)。

(2)

## 政書類

0480 **駁案續編七卷** (清)全士潮纂輯

清嘉慶刻本

9册(1函)

版框13.5cm×10.5cm 開本18cm×11.7cm

9行20字,白口,四周單邊,單黑魚尾。封面題:嘉慶元年起至本年止 駁案續編 本衙藏板。前有駁案續編總目。

(1)

0481 **大清律例集解四十卷附録二卷** (清)沈之奇原註 (清)姚潤纂輯 (清)任則珊重輯

清刻本

2 册(1 函) 存 2 卷:卷 7—8

版框 20cm×13.5cm 開本 26cm×16cm

三欄,上欄 18 行 4 字,中欄 18 行 18 字,下欄 9 行 20 字,小字雙行同,白口,四周單邊,單黑魚尾。版心上鎸:大清律例統纂集成。

(2)

0482 **大清律例全纂集成四十卷** (清)姚潤輯

清刻本

3 册(1 函) 存 8 卷:卷 9—15,23

版框 19.5cm×13cm 開本 25cm×15.5cm

三欄,中欄 18 行 18 字,下欄 9 行 19 字,小字雙行同,白口,四周單邊,單黑魚尾。書衣題:大清律例增修統纂集成。鈐印"玉田縣印"。

(2)

0483 **大清律例新修統纂集成四十卷** (清)陶東皋 (清)陶曉篔增修

清光緒十七年(1891)邵州學庫山房刻本

6 册(1 函) 存 6 卷:卷 1—6

版框 25.7cm×16cm 開本 18.5cm×12.5cm

9 行 20 字,白口,左右雙邊,單黑魚尾。封面題:光緒十七年新鐫 會稽陶東皋 陶曉篔增修 卷端題:大清律例增修統纂集成 邵州協鎮街學庫山房發兑。前有《世祖章皇帝御製大清律原序》。

(2)

0484 **國朝貢舉考略三卷明貢舉考略二卷** (清)黃崇蘭輯

4 册(1 函)

清道光十四年(1834)平河青雲齋刻本

版框 16.6cm×12.2cm 開本 22.5cm×14.6cm

12 行 30 字,小字雙行同,白口,左右雙邊,單黑魚尾。封面題:道光甲午年重鎸 貢舉考畧 平河青雲齋藏板。前有《明貢舉考略序》。正文卷端題:明貢舉考畧 懷寧黃崇蘭先生輯。避諱至寧。

(2)

0485 **國朝謚法考一卷** (清)王士禛編輯

清康熙刻本

1 册(1 函)

版框 16.8cm×13.3cm 開本 27cm×17cm

10 行 19 字,黑口,左右雙邊,單黑魚尾。書衣題:謚法考。前有謚法考目録。目録後題:門人宋至山言 男王啓涑啓汸啓汧 孫兆酇兆鄭兆郢仝較。正文卷端題:多羅郡王謚號。版心鎸:謚法考。

按《中國古籍定級標準》,此書被定爲三級乙等古籍,作善本收藏。

(2)

0486 **例案全集四十五卷** (清)張光月編
清思敬堂刻本
15册(1函) 存15卷:卷3—5,9,18,21—23,35—36,38,41—43,45
版框21cm×15cm 開本26cm×16cm
12行28字,白口,四周單邊,單黑魚尾。版心下鎸:思敬堂。

(2)

0487 **欽定吏部處分則例五十二卷** 清吏部編
清刻本
6册(1函) 存12卷:卷41—52
版框13.2cm×10.5cm 開本20.7cm×14.5cm
9行22字,白口,左右雙邊,單黑魚尾。版心上鎸:欽定六部處分則例。

(2)

0488 **欽定吏部處分則例五十二卷** 清吏部編
清刻本
6册(1函) 存16卷:卷25—40
版框13cm×10.3cm 開本20.8cm×14.5cm
9行22字,白口,左右雙邊,單黑魚尾。版心上鎸:欽定六部處分則例。

(2)

0489 **盛世危言三編六卷** (清)鄭觀應輯著
清光緒二十四年(1898)圖書集成局鉛印本
4册(1函)
版框16.7cm×12cm 開本20cm×13cm
18行43字,白口,四周單邊,雙黑魚尾。牌記題:光緒二十四年春三月 圖書集成局鑄鉛代印。正文卷端題:盛世危言三編 香山鄭觀應陶齋輯著。

(2)

0490 **文獻通考詳節二十四卷** (元)馬端臨撰 (清)嚴虞惇録
清光緒二十四年(1898)浙紹墨潤堂書莊石印本
6册(1函)
版框12.5cm×8cm 開本14.5cm×9cm
19行40字,下黑口,四周單邊,單黑魚尾。封面題:文獻通考詳節 光緒戊戌重九會稽峭菴王緯題耑。牌記題:浙紹墨潤堂書莊石印。

(2)

0491 **文獻通考詳節二十四卷** (元)馬端臨撰 (清)嚴虞惇録
清光緒二十七年(1901)焕文書局石印本

6 册(1 函)

版框 13.1cm×8.3cm　開本 15.7cm×9.5cm

18 行 40 字,白口,四周雙邊,單黑魚尾。封面題:文獻通考詳節　光緒辛丑十月焕文書局石印。鈐印"徐季聞收藏印"。版心下鎸:上洋焕文書局。

(2)

0492　**熙朝紀政四卷**　(清)王慶雲述

清光緒二十八年(1902)賨興堂刻本

3 册(1 函)

版框 16.7cm×10.7cm　開本 21cm×12.5cm

12 行 34 字,白口,四周雙邊。封面題:光緒二十八年新刻　熙朝紀政　賨興堂藏板。正文卷端題:熙朝紀政　閩縣王慶雲敬述。前有序。

(2)

0493　**新刻法筆驚天雷四卷**

清刻本

1 册(1 函)

版框 18.5cm×11cm　開本 22.9cm×12.5cm

二欄,上欄 15 行 14 字,下欄 13 行 21 字,白口,四周單邊,單黑魚尾。封面題:新刻增補　法家驚天雷　内附大清律例。前有法筆驚天雷目次。

(1)

0494　**豫東事例不分卷**　(清)吴璥等撰　(清)曹振鏞等擬

清嘉慶十八年(1813)刻本

1 册(1 函)

版框 13.8cm×9.5cm　開本 17.3cm×11.5cm

10 行 24 字,白口,四周雙邊,單黑魚尾。封面題:豫東事例。前有吴璥、曹振鏞等奏。内容爲賑災事。

按《中國古籍定級標準》,此書被定爲三級丙等古籍,作善本收藏。

(1)

## 目録類

0495　**國立北平圖書館書目不分卷**　蕭璋編

民國二十三年(1934)鉛印本

2 册(1 函)

版框 17.5cm×11cm　開本 26.6cm×15cm

11 行,行字不一,細黑口,四周單邊,單黑魚尾。文前有民國二十三年傅增湘《序》。

(1)

0496　**欽定四庫全書簡明目録二十卷首一卷**　(清)紀昀等編
清刻本
14 册(1 函)
版框 14cm×10.9cm　開本 21.1cm×13.1cm
9 行 21 字,白口,左右雙邊,無魚尾。鈐印"常熟縣圖書館印"。

(1)

## 金石類

0497　**[高密宫爾勸墓志銘]一卷**　(清)□□撰
清拓本
1 册(1 函)
版框 21cm×11.2cm　開本 24.4cm×14.5cm
6 行 13 字。1 折 15 頁。殘本。文曰:諱爾勸字九叙晚自號怡雲。

(1)

0498　**高貞碑一卷**　(北魏)□□撰
清拓本
1 册(1 函)
版框 23.9cm×14.2cm　開本 29cm×18cm
4 行 7 字。函盒題:高貞碑。封面題:魏故營州刺史懿侯高君之碑。正文卷端題:魏故驍驤將軍營州刺史高使君懿侯碑銘。據北魏孝明帝正光四年碑文拓。簡稱高貞碑。

(1)

0499　**積古齋鐘鼎彝器款識十卷**　(清)阮元編録　(清)朱爲弼編
清光緒十九年(1893)上海積山書局石印本
5 册(1 函)
版框 12.7cm×10cm　開本 16.6cm×10.9cm
12 行 24 字,白口,四周單邊,單黑魚尾。牌記題:光緒癸巳年孟冬上海積山書局石印。前有《積古齋鐘鼎彝器款識序》《積古齋鐘鼎彝器款後叙》。正文卷端題:積古齋鐘鼎彝器款識　揚州阮氏編録。

(2)

0500　**吉金所見録十六卷首一卷末一卷**　(清)初尚齡纂輯　(清)初夏齡參訂　(清)初項齡校字
清宣統元年(1909)馬恒源抄本
4 册(1 函)
開本 25.5cm×16.1cm
10 行 25 字,小字雙行同,無格。正文卷端題:吉金所見録　萊陽初尚齡纂輯。

有圖。有宣統元年馬恒源題《跋》。抄本年代據題跋。鎸印“馬恒源印”。

(2)

0501 **金石索十二卷首一卷** (清)馮雲鵬 (清)馮雲鵷輯

清光緒三十二年(1906)上海文新局石印本

24 册(1 夾)

版框 15cm×12cm 開本 20cm×13.4cm

16 行 25 字,白口,四周單邊,單黑魚尾。封面題:道光元年開鐫 金石索。牌記題:光緒丙午年上海新馬路文新局石印千頃堂發兑。正文卷端題:石索 紫琅馮雲鵬晏海氏 雲鵷集軒氏同輯。版心下鎸:邃古齋藏。有圖。

(2)

0502 **歷代鐘鼎彝器款識目録二十卷** (宋)薛尚功撰

民國上海文瑞樓書局石印本

5 册(1 函)

版框 16cm×11.2cm 開本 20cm×13.3cm

8 行 16 字,白口,四周單邊。

(2)

0503 **六朝墓志精華四集** 羅振玉撰

民國影印本

7 册(1 函) 存 4 集 7 册:第 1 集 3 册,第 2 集 2 册,第 3 集 1 册,第 4 集 1 册

開本 25.2cm×15cm

正文拓本,4 行 9 字。封面題:六朝墓志精華 第一集 北魏二十五種。前有王元一題識:民國十三年冬月購于稷門。鈐印:元一。

(4)

0504 **欽定錢録十六卷** (清)梁詩正等撰

清抄本[清同治元年(1862)佚名題跋]

2 册(1 函)

開本 21.5cm×14cm

8 行 23 字,白口,無格。書衣題:同治壬戌仲春月訂。前有乾隆五十二年紀昀、陸錫熊、孫士毅等撰《序》。鈐印“□氏家藏”“樂善不倦”“謹終如始”“吞花”“賦閒堂”“悠然見南山”。書内有圖。有拓片。

(2)

0505 **匋雅二卷** (清)寂園叟(陳瀏)撰

清宣統二年(1910)書貴山房鉛印寂園叢書本

3 册(1 函) 存 3 册:上卷 2 册,下卷 1 册

版框 16.5cm×12cm 開本 20cm×13.4cm

11 行 28 字,小字雙行同,白口,四周雙邊,單黑魚尾。前有宣統庚戌寂園叟撰

《序》。正文卷端題:匋雅　江浦寂園叟初稿　書貴山房重刊。按:園,誤。

(2)

0506　**鄭塚古器圖考十二卷**　關葆謙著

民國十七年(1928)中華書局石印本

4 册(1 函)

版框 21.3cm×18cm　開本 27.9cm×21.5cm

12 行 18 字,黑口,四周雙邊,單黑魚尾。書衣題:鄭塚古器圖考　第一册　中華書局印行。封面題:鄭塚古器圖考　戊辰秋八月　關葆謙署。前有《鄭塚古器圖考序》,乙丑九秋開封關葆謙識於夢周山房。版心上鎸:鄭塚古器圖考。版心下鎸:益齋稽古。

(1)

0507　**諸城王錫棨暨配王淑人合祔墓志銘一卷**　(清)徐會灃撰　(清)尚其亨書　(清)宋書升篆

清拓本

1 張

開本 60cm×60cm

33 行 39 字。書名據碑文内容擬定。碑文曰:光緒二十七年合祔於巴山莊東。王錫棨,字戟門,諸城巴山人,王瑋慶之子。

(1)

## 史評類

0508　**漢書評註一百卷**　(漢)班固撰　(明)凌稚隆評註

民國十一年(1922)掃葉山房石印本

5 册(1 函)　存 15 卷:卷 25—26,29—41

版框 15.6cm×11.5cm　開本 20cm×13.1cm

14 行 30 字,小字雙行同,白口,左右雙邊,單黑魚尾。書衣題:百大名家著作　漢書評注　掃葉山房印行。版心下鎸:掃葉山房。有眉批。

(2)

0509　**歷代史論十二卷宋史論三卷元史論□卷**　(明)張溥論正

清光緒二十四年(1898)焕文書局石印本

6 册(1 函)

版框 12.7cm×7.5cm　開本 15.2cm×8.7cm

13 行 34 字,白口,四周雙邊,單黑魚尾,無直格,眉上有註行 6 字。封面題:歷代史論　焕文書局發兑　光緒戊戌六月仿泰西法石印。前有《歷代史論原序》。次有歷代史論目録。正文卷端題:歷代史論。後有宋史論目録、宋史論正文、元史論目録。鈐印"策銘""□勳"。

(2)

0510 **史記論文一百三十卷** (漢)司馬遷撰 (清)吴見思評點 (清)吴興祚參訂

清刻本

6册(1函) 存34卷:卷32—65

版框20cm×13.5cm 開本25cm×16.2cm

9行21字,小字雙行同,白口,左右雙邊,單黑魚尾。版心上鎸:史記論文。

(2)

0511 **史記論文一百三十卷** (漢)司馬遷撰 (清)吴見思評點 (清)吴興祚參訂

清刻本

3册(1函) 存14卷:卷107—116,127—130

版框20cm×13.4cm 開本25cm×16cm

9行21字,小字雙行同,白口,左右雙邊,單黑魚尾。正文卷端題:史記論文 吴進吴見思齊賢評點 山陰吴興祚留村參訂。

(2)

0512 **四史評議四種十六卷** 李景星著 李象鼎 李象晋校録

民國濟南精藝印刷公司鉛印本

4册(1函)

版框18cm×12.6cm 開本26cm×15.5cm

12行31字,白口,四周雙邊。封面題:史記評議 費縣李紫垣先生著 濟南精藝印刷公司承印。牌記題:歲陽玄黓 歲陰涒灘 如月開始 皋月竣工。前有《史記評議自序》。有《史記評議》《漢書評議》《後漢書評議》《三國志評議》各4卷。

(1)

0513 **掌故叢編二輯** 故宫博物院輯

民國十七年(1928)和濟印刷局鉛印本

2册(1函)

版框15cm×10.8cm 開本27.5cm×15.5cm

12行25字,白口,四周單邊,單黑魚尾。書衣題:掌故叢編 第一輯。正文卷端題:清聖祖論旨一 三十六條。版心下鎸:掌故叢編。

(2)

# 子　部

## 總　類

0514　**評點百二十子二十六卷**　(明)歸有光輯　(明)文震孟參訂

民國石印本

3册(1函)　存8卷:卷10—13,16—19

版框15.9cm×11.3cm　開本20.1cm×13.3cm

13行28字,小字雙行同,細黑口,左右雙邊,單黑魚尾。正文卷端題:評點百二十子　崑山歸有光熙甫蒐輯　長洲文震孟文起參訂。

(2)

0515　**子書二十二種□□卷**　浙江書局輯

清光緒二十三年(1897)上海圖書集成局鉛印本

9册(1函)　存6種83卷:《揚子法言》13卷,《鶡冠子》3卷,《墨子》16卷,《淮南子》21卷,《韓非子》20卷,《文中子》10卷

版框16.2cm×11cm　開本19.5cm×12.9cm

13行40字,小字雙行同,白口,四周單邊,雙對黑魚尾。牌記題:光緒丁酉年圖書集成局據江都秦氏本校印。

(2)

## 儒家類

0516　**改良繪圖日用雜字**　(清)馬益著撰

民國石印本

1册(1函)

版框17.8cm×11.4cm　開本20cm×13cm

二欄,上欄爲圖,下欄10行11字,白口,四周雙邊,單黑魚尾。有圖。封面題:改良繪圖日用雜字　歲次甲子夏四月初旬重訂。封面題:改良繪圖日用雜字。正文卷端題:人生天地間　莊家最爲先。

(1)

0517　**繪圖增註歷史三字經一卷**　(□)□□撰
民國石印本
1冊(1函)
版框 17.8cm×11.4cm　開本 20cm×13cm
二欄,上欄爲圖;下欄9行7字,小字雙行22字。正文卷端題:繪圖增註歷史三字經。版心上鎸:繪圖增註三字經。

(1)

0518　**寄傲山房塾課新增幼學故事瓊林四卷首一卷**　(清)程允升撰　(清)鄒聖脈增補　(清)謝梅林　(清)鄒可庭參訂
清光緒六年(1880)濰陽成文信刻本
4冊(1函)
版框 19cm×14cm　開本 26.5cm×16cm
二欄,上欄11行7字,下欄10行26字,小字雙行同,白口,四周單邊,單黑魚尾。封面題:光緒庚辰年仲秋鐫　霧閣鄒梧岡定　新增幼學故事瓊林　濰陽成文信藏板　校訂隻字無訛。前有序。有圖。程登吉(1601—1648),字允升,號退齋,明末西昌(今江西新建)人。

(1)

0519　**寄傲山房塾課新增幼學故事瓊林四卷首一卷**　(清)程允升撰　(清)鄒聖脈增補　(清)謝梅林　(清)鄒可庭參訂
清光緒二十一年(1895)成文堂刻本
4冊(1函)
版框 18.6cm×11.5cm　開本 23.2cm×13.4cm
二欄,上欄10行8字,下欄10行26字,小字雙行同,白口,四周雙邊,單黑魚尾。封面題:光緒乙未年春新刊　幼學瓊林　成文堂藏板。前有乾隆二十五年鄒聖脈撰《序》。有圖。

(1)

0520　**寄傲山房塾課新增幼學故事瓊林四卷首一卷**　(清)程允升撰　(清)鄒聖脈增補　(清)謝梅林　(清)鄒可庭參訂
清光緒二十一年(1895)成文堂刻本
4冊(1函)
版框 18.2cm×12.1cm　開本 24cm×14.4cm
二欄,上欄10行8字,下欄10行26字,小字雙行同,白口,四周雙邊,單黑魚尾。封面題:光緒乙未年新刊　幼學瓊林　成文堂藏板。前有乾隆二十五年鄒聖脈撰《序》。

(2)

0521 **寄傲山房塾課新增幼學故事瓊林四卷首一卷** （清）程允升撰 （清）鄒聖脈增補 （清）謝梅林 （清）鄒可庭參訂

清光緒李光明莊刻本

1册（1函） 存1卷：卷2

版框19cm×11.5cm 開本22.7cm×14cm

二欄，上欄10行8字，下欄10行26字，小字雙行同，白口，四周雙邊，單黑魚尾。版心下鎸：李光明莊。

（1）

0522 **寄傲山房塾課新增幼學故事瓊林四卷首一卷** （清）程允升撰 （清）鄒聖脈增補 （清）謝梅林 （清）鄒可庭參訂

清光緒二十一年（1895）成文堂刻本

1册（1函） 存1卷：卷1

版框19cm×11.3cm 開本23cm×14cm

二欄，上欄10行8字，下欄10行26字，小字雙行同，白口，四周雙邊，單黑魚尾，眉上佚名批註，光緒乙未年春新刊 幼學瓊林 成文堂藏板。前有乾隆二十五年鄒聖脈撰《序》。

（1）

0523 **寄傲山房塾課新增幼學故事瓊林四卷首一卷** （清）程允升撰 （清）鄒聖脈增補 （清）謝梅林 （清）鄒可庭參訂

清光緒二十一年（1895）成文堂刻本

4册（1函）

版框19cm×11.3cm 開本23cm×14cm

二欄，上欄10行8字，小字雙行同，下欄10行26字，小字雙行同，白口，四周雙邊，單黑魚尾。封面題：光緒乙未年春新刊 幼學瓊林 成文堂藏板。前有序。版心上鎸：新增故事瓊林。

（2）

0524 **寄傲山房塾課新增幼學故事瓊林四卷首一卷** （清）程允升撰 （清）鄒聖脈增補 （清）謝梅林 （清）鄒可庭參訂

清光緒二十七年（1901）德盛堂刻本

4册（1函）

版框18.6cm×12.3cm 開本23.5cm×14.2cm

二欄，上欄10行8字，小字雙行同，下欄10行26字，小字雙行同，白口，四周雙邊，單黑魚尾，眉上佚名批註。封面題：光緒辛丑季春刊 幼學瓊林 德盛堂梓行。前有序。版心下鎸：李光明莊。

（2）

0525 **寄傲山房塾課新增幼學故事瓊林四卷首一卷** （清）程允升撰 （清）鄒聖脈增補 （清）謝梅林 （清）鄒可庭參訂

清光緒二十二年（1896）寶書堂刻本

3冊（1函） 存3卷：卷1—2，4

版框18.3cm×11.3cm 開本23.8cm×14.3cm

二欄，上欄10行8字，小字雙行同，下欄10行26字，小字雙行同，白口，四周雙邊，單黑魚尾。封面題：光緒丙申年春新刊 幼學瓊林 寶書堂藏板。前有序。

（2）

0526 **近思録集註十四卷** （宋）朱熹輯選 （清）江永集註 & **考訂朱子世家一卷校勘記一卷** （清）江永著

清光緒十五年（1889）掃葉山房刻本

4冊（1函） 存12卷：卷1，4—14

版框18.3cm×12.5cm 開本23.4cm×15cm

9行19字，小字雙行同，白口，左右雙邊，單黑魚尾。牌記題：光緒十五年埽葉山房刊。正文卷端題：近思録 江永集註。前有《朱子原訂近思録序》。鈐印“校經山房督造書籍”。

（2）

0527 **近思録集註十四卷** （宋）朱熹輯選 （清）江永集註 & **考訂朱子世家一卷** （清）江永著

清咸豐三年（1853）刻本

3冊（1函） 存13卷：卷1，4—14，《考訂朱子世家》1卷

版框24cm×13cm 開本26cm×15.8cm

9行21字，小字雙行同，白口，四周雙邊，單黑魚尾。封面題：咸豐癸丑重鐫 江慎修先生原輯 五子近思録集註。書名據封面題録。前有《近思録集註序》。

（2）

0528 **孔氏家語十卷** （三國魏）王肅註

清光緒十四年（1888）掃葉山房刻本

4冊（1函）

版框17.7cm×13cm 開本26cm×16cm

11行24字，小字雙行同，白口，左右雙邊，單黑魚尾。封面題：光緒戊子年春鐫 東海王子雍先生增註 增註校正孔子家語 校讐無訛 埽葉山房藏版。前有魏王肅撰《孔氏家語序》。正文卷端題：孔氏家語 王肅注。

（1）

0529 **孔氏家語十卷** （三國魏）王肅註

清光緒六年（1880）掃葉山房刻本

1冊（1函） 存5卷：卷1—5

版框17.5cm×13cm 開本24cm×15.2cm

11行24字,小字雙行同,白口,左右雙邊,單黑魚尾。封面題:光緒六年仲春鐫 東海王子雍先生增註 增註校正孔子家語 校讐無訛 埽葉山房藏版。前有魏王肅撰《孔氏家語序》。正文卷端題:孔氏家語 王肅注。版心鐫:孔子家語。

(1)

0530 **曠視山房課兒草二卷** (清)丁守存撰

清光緒十六年(1890)成文信刻本

1册(1函)

版框11.7cm×9.5cm 開本15.5cm×11cm

9行25字,白口,四周雙邊,單黑魚尾。牌記題:光緒庚寅四月重刊 成文信梓。封面題:曠視山房課幼編初卷。前有戴鴻慈撰《序》。

(1)

0531 **曠視山房課幼編二卷** (清)丁守存撰

清光緒七年(1881)刻本

1册(1函)

版框11.6cm×9.4cm 開本15.5cm×11cm

9行25字,白口,四周雙邊,單黑魚尾。封面題:曠視山房課幼編二卷。牌記題:光緒七年四月重刊。前有光緒元年段廣瀛撰《序》。

(1)

0532 **困學録集粹八卷** (清)張伯行著 (清)李汝霖校 (清)張師栻 (清)張師載正字

清雍正四年(1726)刻本

1册(1函)

版框19.3cm×14.4cm 開本27.5cm×17.5cm

9行20字,白口,四周雙邊,單黑魚尾。正文卷端題:困學録集粹 儀封張伯行敬菴著 男師栻、師載正字。鈐印"王肇旭字曉嚴號觀復又號壽菴"。

2012年1月入選第二批《山東省珍貴古籍名録》(編號1379)。

(2)

0533 **龍文鞭影二卷** (明)蕭良有著 (明)楊臣諍增訂

清光緒十一年(1885)成文堂刻本

2册(1函)

版框20.5cm×13.5cm 開本24.5cm×15.2cm

二欄,上欄8行4字,下欄16行25字,白口,四周單邊,單黑魚尾。封面題:光緒乙酉年新鐫 蕭漢冲先生養蒙故事 龍眠楊古度先生增訂 新增龍文鞭影 訓蒙四字經 成文堂藏板。前有訓蒙四字經讀本 書樓校刊。正文卷端題:龍文鞭影 蕭良有著 楊臣諍增訂 陳士龍編次 王廷伯分校。

(1)

0534　**龍文鞭影二卷**　(明)蕭良有著　(明)楊臣諍增訂
清刻本
1册(1函)　存1卷:卷下
版框20.5cm×13.5cm　開本26cm×16cm
二欄,上欄8行4字,下欄16行25字,白口,四周單邊,單黑魚尾。前有訓蒙四字經讀本　樓校刊。正文卷端題:龍文鞭影下卷　明中楚蕭良有漢冲著　龍眠後學楊臣諍古度增訂　楊縣昌編次　陸澤分校。

(2)

0535　**龍文鞭影二卷**　(明)蕭良有著　(明)楊臣諍增訂 & **龍文鞭影二集二卷**　(清)李暉吉　(清)徐瓚輯
清光緒十一年(1885)彙文堂刻本
4册(1函)
版框20.5cm×13.5cm　開本26cm×16cm
二欄,上欄8行4字,下欄16行25字,白口,四周雙邊,單黑魚尾。封面題:光緒乙酉春鐫　明中楚蕭良有漢冲纂輯　龍眠楊臣諍古度增訂　古越來集之元成音註　新增龍文鞭影全集　彙文堂藏板。前有訓蒙四字經讀本　書樓校刊。

(2)

0536　**龍文鞭影二卷**　(明)蕭良有著　(明)楊臣諍增訂 & **龍文鞭影二集二卷**
清光緒十一年(1885)彙文堂刻本
4册(1函)
版框20.4cm×13.9cm　開本25.9cm×16.1cm
二欄,上欄8行4字,下欄16行25字,白口,四周單邊,單黑魚尾。封面題:光緒乙酉春鐫　明中楚蕭良有漢冲纂輯　龍眠楊臣諍古度增訂　古越來集之元成音註　新增龍文鞭影全集　彙文堂藏板。前有訓蒙四字經讀本　書樓校刊。

(2)

0537　**龍文鞭影二卷**　(明)蕭良有著　(明)楊臣諍增訂 & **龍文鞭影二集二卷**　(清)李暉吉　(清)徐瓚輯 & **續龍文鞭影三集二卷**　(清)賀鳴鸞撰　(清)賀緒蕃注
清光緒二十七年(1901)順和恒刻本
6册(1函)
版框17.4cm×12cm　開本24cm×14cm
二欄,上欄8行4字,下欄16行25字,白口,四周單邊,單黑魚尾。封面題:光緒辛丑新鐫　蕭漢冲先生養蒙故事　龍眠楊古度先生增訂　龍文鞭影　順和恒藏板。前有原序。正文卷端題:龍文鞭影　明中楚蕭良有漢冲著　龍眠後學楊臣諍古度增訂　堉陳士龍荀一編次。二集卷端題:龍文鞭影二集　書樓校刊　番禺李暉吉子良　徐瓚蘭畦輯。續三集卷端題:續龍文鞭影三集　鎮遠賀鳴鸞桐郵撰第五男緒蕃幼誠注。

(2)

0538 **龍文鞭影二集二卷** (清)李暉吉 (清)徐灒輯

清光緒十一年(1885)成文堂刻本

1册(1函) 存1卷:卷下

版框 20cm×13.5cm 開本 24.5cm×15.5cm

二欄,上欄8行4字,下欄16行25字,白口,四周單邊,單黑魚尾。正文卷端題:龍文鞭影二集下卷 書樓校刊 番禺李暉吉子良 徐灒蘭畦輯。

(1)

0539 **龍文鞭影二集二卷** (清)李暉吉 (清)徐灒輯

清刻本

2册(1函)

版框 19.8cm×14cm 開本 24.6cm×15.1cm

二欄,上欄8行4字,下欄16行25字,白口,四周單邊,單黑魚尾。書衣題:龍文鞭影 卷四。前有訓蒙四字經二集讀本 樓校刊。正文卷端題:龍文鞭影二集 書樓校刊 李暉吉 徐灒輯。

(2)

0540 **龍文鞭影二集二卷** (清)李暉吉 (清)徐灒輯

清光緒二十二年(1896)德盛堂刻本

2册(1函)

版框 19.8cm×14cm 開本 24.6cm×15.1cm

二欄,上欄8行4字,下欄16行25字,白口,四周單邊,單黑魚尾。封面題:光緒丙申年新鐫 番禺李暉吉子良 徐灒蘭畦輯 龍文鞭影二集 訓蒙四字經 德盛堂藏板。前有訓蒙四字經二集讀本 樓校刊。

(2)

0541 **三字經註解備要二卷** (宋)王應麟著 (清)賀興思註解 (清)岳朗軒校正

清光緒二十三年(1897)成文堂刻本

1册(1函)

版框 15.7cm×11.5cm 開本 21.1cm×13cm

8行15字,小字雙行27字,白口,四周雙邊,單黑魚尾。封面題:光緒丁酉新刊 三字經註解備要 成文堂藏板。前有原叙。眉上有註。

(1)

0542 **三字經註解備要二卷** (宋)王應麟著 (清)賀興思註解 (清)岳朗軒校正

清刻本

1册(1函)

版框 17cm×12.5cm　開本 23cm×15cm
8行19字，白口，四周雙邊，單黑魚尾。

(2)

0543　**王陽明先生傳習録三卷**　(明)王守仁著
民國十三年(1924)上海掃葉山房石印本
3册(1函)
版框 15.6cm×11.8cm　開本 20cm×13.2cm
14行28字，左右雙邊，白口，單黑魚尾。封面題：王陽明傳習録　民國十三年孟春　上海掃葉山房發行。牌記題：民國十三年石印。首卷卷端題：王陽明先生傳習録卷上。版心上鎸：王陽明傳習録。版心下鎸：掃葉山房藏版。

(2)

0544　**新增足本大字幼學瓊林註解四卷**
民國上海啓新書局石印本
5册(1函)　存3卷：卷2—4
版框 16.7cm×11.8cm　開本 20.2cm×13.3cm
14行36字，白口，四周雙邊，單黑魚尾，無行格。書衣題：新增足本大字幼學瓊林註解　上海啟新書局印行。封面題：新增足本大字幼學瓊林註解。有人物圖。版心鎸：幼學瓊林註解　上海啟新書局印行。

(4)

0545　**新著儒門静坐法淵源□卷**　(清)張知睿編解
清末刻本
1册(1函)
版框 18cm×12.5cm　開本 23.5cm×15cm
10行20字，白口，四周雙邊，單黑魚尾。正文卷端題：新著儒門静坐法淵源　大名張知睿編解。

(1)

0546　**醒世要言一卷**　(清)宫南莊編撰
清光緒二十七年(1901)刻本
1册(1函)
版框 18cm×11.5cm　開本 24.8cm×14.2cm
9行24字，白口，四周單邊，雙黑魚尾。封面題：醒世要言　光緒辛丑年鐫。

(1)

0547　**性理標題綜要二十二卷**　(明)詹淮纂輯　(明)陳仁錫訂正
明積秀堂刻本
10册(1函)　存12卷：卷1—12
版框 20.8cm×13.4cm　開本 24.8cm×15.6cm
9行19字，小字雙行同，白口，四周單邊，單黑魚尾，眉上有註18行5字。封面題:陳明卿太史訂正　性理大全綜要　積秀堂梓行。前有陳仁錫撰《性理序》。次有性理綜要總目。正文卷端題:性理標題綜要。

按《中國古籍定級標準》,此書被定爲三級甲等古籍,作善本收藏。

(2)

0548　**薛文清公讀書録講義十二卷**　(明)薛瑄撰　(清)張伯行選定　(清)黄靇　(清)雷鋐編　(清)鄒昌焰講義　(清)馬德懋輯訂

清刻本

4 册(1 函)　存 9 卷:卷 2—10

版框 17.5cm×12.5cm　開本 25.5cm×15.7cm

9 行 19 字,白口,左右雙邊,單黑魚尾。正文卷端題:薛文清公讀書録講義。版心上鎸:讀書録。

(2)

0549　**御纂性理精義十二卷**　(清)李光地等編

清咸豐二年(1852)寶仁堂刻本

6 册(1 函)

版框 12.9cm×9cm　開本 16.8cm×11.2cm

8 行 18 字,小字雙行 22 字,白口,四周單邊,單黑魚尾,無直格。封面題:咸豐壬子新鎸　御纂性理精義　寶仁堂藏板。前有《御製性理精義序》。

(2)

0550　**淵鑒齋御纂朱子全書六十六卷**　(宋)朱熹撰　(清)李光地　(清)熊賜履等編

清刻本

6 册(1 函)　存 13 卷:卷 1—2,7—11,17—19,21—23

版框 19.4cm×14cm　開本 25.2cm×16.2cm

9 行 20 字,抬頭行 21 字,黑口,四周單邊,雙順黑魚尾,無直格。書衣題:御纂朱子全書。

(2)

## 兵家類

0551　**火龍經二集三卷**　(明)劉基補著　(明)毛希秉彙輯

清刻本

1 册(1 函)

版框 16.5cm×12cm　開本 24.6cm×16.4cm

7 行 16 字,下黑口,四周雙邊,單黑魚尾。正文卷端題:火龍經二集　明伯温劉基補著　後學毛希秉彙輯。有圖。

(2)

0552 **評註七子兵略七卷** (明)陳玖學輯

民國六年(1917)鴻文齋石印本

4 册(1 函)

版框 16cm×15cm 開本 20cm×13cm

13 行 26 字,小字雙行同,白口,四周雙邊,單黑魚尾,眉上有批。封面題:評註七子兵略 定武社藏板 丁巳仲春鴻文齋印。正文卷端題:評註七子兵略 於越雲玆居士陳玖學。

(2)

0553 **素書一卷** 題(漢)黄石公著 (宋)張商英註 (明)程天榮校 & **新語二卷** (漢)陸賈撰

明萬曆刻本

1 册(1 函)

版框 20cm×14cm 開本 28.2cm×17.4cm

9 行 20 字,小字雙行同,白口,左右雙邊,單白魚尾。書衣題:素書新語合訂。鈐印一枚,不清晰。前有《黄石公素書序》。

2012 年 1 月入選第二批《山東省珍貴古籍名録》(編號 0250)。

(1)

0554 **中西兵略指掌二十四卷** (清)陳龍昌輯

清光緒二十三年(1897)東山草堂石印本

8 册(1 函)

版框 16.5cm×11cm 開本 19.6cm×12.7cm

22 行 32 字,白口,四周雙邊,單黑魚尾。牌記題:光緒廿有弎年丁酉十月東山草堂栞印。前有叙。

(2)

## 農家類

0555 **重訂增補陶朱公致富全書四卷** (清)石巖逸叟增訂

清刻本

1 册(1 函) 存 2 卷:卷 3—4

版框 20.5cm×13cm 開本 24cm×15.5cm

二欄,上欄 24 行 3 字,下欄 12 行 25 字,小字雙行同,白口,四周單邊,單黑魚尾,無直格。正文卷端題:重訂增補陶朱公致富全書。版心上鎸:致富全書。

(2)

## 醫家類

0556 **本草從新十八卷** (清)吴儀洛撰

清光緒十二年(1886)掃葉山房刻本

6 册(1 函)
版框 19.7cm×14.5cm 開本 25.5cm×16cm
10 行 24 字,小字雙行同,白口,左右雙邊,單黑魚尾。封面題:光緒丙戌春鐫 本草從新 埽葉山房藏版。牌記題:道光丙午孟冬 瓶花書屋校刊。前有原序。鈐印一枚,不清晰。

(2)

0557 **本草綱目五十二卷** (明)李時珍撰
民國鉛印本
6 册(2 函) 存 40 卷:卷 7—46
版框 17cm×12cm 開本 20.5cm×13.5cm
19 行 40 字,小字雙行同,白口,四周雙邊,單黑魚尾,眉上有註 21 行 3 字。書衣題:增廣本草綱目 錦章圖書局印行。

(2)

0558 **重訂外科正宗十二卷** (明)陳實功撰
清嘉慶十三年(1808)越城問奇齋刻本
6 册(1 函)
版框 21.3cm×14.7cm 開本 24.4cm×15.5cm
12 行 26 字,白口,四周單邊,單黑魚尾。封面題:嘉慶戊辰秋鐫 崇川陳實功原本 圖像外科正宗大成 越城問奇齋藏板。前有乾隆乙巳序。

(1)

0559 **重訂外科正宗十二卷** (明)陳實功撰
清刻本
1 册(1 函) 存 2 卷:卷 5—6
版框 18.8cm×13.5cm 開本 24.4cm×15.2cm
12 行 26 字,白口,四周單邊,單黑魚尾。版心上鎸:外科正宗。

(2)

0560 **重訂外科正宗十二卷** (明)陳實功撰
清刻本
4 册(1 函) 存 8 卷:卷 1—2,5—6,9—12
版框 20.2cm×14.1cm 開本 23.3cm×15.5cm
12 行 26 字,白口,四周單邊,單黑魚尾。封面題:崇川陳實功原本 鴻文堂詳校外科正宗 文益堂藏板。鈐印“一卵同胞”。

(2)

0561 **重刊補註洗冤録集證五卷** (宋)宋慈撰 (清)王又槐增輯 (清)李觀瀾補輯 (清)阮其新補註 & **續增洗冤録辨正一卷** (清)瞿中溶撰
清末民國上海錦章圖書局石印本
5 册(1 函)

版框 17.5cm×11.9cm　開本 20.5cm×13.3cm

二欄，上欄 36 行 5 字，下欄 18 行 38 字，白口，四周雙邊，單黑魚尾，眉上有註 36 行 4 字。書衣題：補註洗冤録集證　上海錦章圖書局印行。封面題：補註洗冤録集證。前有光緒五年梅啓照《序》。正文卷端題：重刊補註洗冤録集證。書内有圖。

(1)

0562　**達生編二卷**　(清)亟齋居士著　(清)南方恒人述

清道光二十四年(1844)刻本

1 册(1 函)

版框 16.5cm×12cm　開本 21.5cm×14cm

9 行 22 字，白口，左右雙邊，單黑魚尾。前有序。

(2)

0563　**丹溪心法五卷**　(元)朱震亨撰　(明)吴勉學校

明刻本

1 册(1 函)　存 1 卷：卷 4

版框 20cm×13cm　開本 24.8cm×15.8cm

10 行 20 字，白口，四周雙邊，單黑魚尾。卷 4 正文卷端題：丹溪心法　新安吴勉學校。

按《中國古籍定級標準》，此書被定爲三級乙等古籍，作善本收藏。

(2)

0564　**丹溪心法附餘二十四卷首一卷**　(明)方廣撰

清刻本

1 册(1 函)　存 5 卷：卷 6—10

版框 21cm×14.5cm　開本 26.5cm×16cm

12 行 27 字，小字雙行同，白口，四周單邊，雙白魚尾。版心鎸：心法附餘。

(2)

0565　**痘症精言四卷**　(清)袁句撰

清抄本

1 册(1 函)　存 1 卷：卷 4

開本 25cm×17.5cm

10 行 25 字，白口，無格。書衣題：辛卯端月孜篴氏題。

(2)

0566　**増[增]訂本草備要十一卷醫方集解三卷**　(清)汪昂著輯　(清)汪桓參訂　(清)汪端　(清)汪惟寵校

清刻本

6 册(1 函)

版框 19.8cm×12.3cm　開本 23cm×14.3cm

二欄,上欄10行17字,小字雙行同,下欄10行21字,小字雙行同,白口,四周單邊,單黑魚尾。封面題:新鐫本草醫方合編　兩儀堂藏板。前有汪昂撰《原叙》。

(1)

0567　**傅氏眼科審視瑶函六卷首一卷**　(明)傅允科編著

民國紀元(1912)上海江東茂記書局石印本

1册(1函)　存1卷:卷1

版框17.5cm×12.3cm　開本23cm×13.4cm

20行40字,白口,四周雙邊,單黑魚尾。有圖。封面題:增補眼科大全　宣統元年重校。牌記題:中華民國紀元上海江東茂記書局重校發行。版心上鐫:審視瑶函。

(2)

0568　**古今醫案按十卷**　(清)俞震纂輯　(清)李齡壽重校輯

清宣統元年(1909)上海會文堂書局石印本

10册(1函)

版框16.5cm×10.5cm　開本20.3cm×13.3cm

13行28字,白口,四周雙邊,單黑魚尾。封面題:古今醫案按　嘉善俞震東扶纂輯　古今醫案按　己酉秋上海會文堂書局印行。正文卷端題:嘉善俞震東扶纂輯　吴江李齡壽辛詑重校輯。

(2)

0569　**合訂本草備要四卷合訂醫方集解二卷本草醫方合編圖像首一卷**　(清)汪昂著輯　(清)汪桓参訂　(清)汪端　(清)汪惟寵校

清刻本

1册(1函)　存3卷:《增訂本草備要》卷1,《醫方集解》上卷,《本草醫方合編圖像》首1卷

版框14.6cm×9.8cm　開本18.6cm×12cm

二欄,上欄10行12字,下欄10行16字,白口,四周單邊,單黑魚尾。前有康熙甲戌汪昂撰《序》。次有《合訂本草備要總義》《合訂醫方集解凡例》。次有目録,上欄有《本草備要》卷1—4,下欄有《醫方集解》卷上、下。次有《本草醫方合編圖像》首一卷。正文卷端上欄題:增訂本草備要。下欄題:醫方集解。

(2)

0570　**濟陰綱目十四卷**　(明)金德生輯著　(清)汪淇箋釋　(清)查學淳訂正　(清)查望参閲

清刻本

2册(1函)　存5卷:卷5—7,12—13

版框20.5cm×14.4cm　開本24.3cm×15.5cm

二欄,上欄22行5字,下欄11行25字,白口,左右雙邊,單黑魚尾。正文卷端題:濟陰綱目　吴興金德生閬風父輯著　西陵汪淇憺漪子箋釋　錢塘查學淳用拙

父訂正　天都查望于周父參閲。

(1)

0571　**家寶二集八卷**　(清)石成金訂集

清刻本

1冊(1函)　存2卷:卷5—6

版框12.2cm×10cm　開本18.5cm×11.5cm

9行20字,白口,左右雙邊,單黑魚尾。書衣題:傳家寶貳集　卷五　六。正文卷端題:家寶二集保産心法卷之五　揚州石成金天基訂集。

(1)

0572　**家居録□□卷**　(清)□□撰

清手抄本

1冊(1函)　存1卷:卷下

版框18.3cm×11cm　開本23.5cm×14.5cm

9行24字,白口,四周雙邊,單黑魚尾,墨格。書衣墨筆題:家居録　墨香齋存本。正文卷端題:産後調理法。

(2)

0573　**金匱懸解二十二卷**　(清)黄元御著　(清)徐樹銘校栞

清爕龢精舍刻本

1冊(1函)　存7卷:卷1—7

版框18cm×13.5cm　開本23cm×15cm

12行23字,小字雙行同,白口,左右雙邊,單黑魚尾。封面題:金匱懸解二十二卷　爕龢精舍。正文卷端題:金匱懸解　昌邑黄元御坤載著　長沙徐樹銘校栞。前有《金匱懸解自叙》。

(2)

0574　**景岳全書二十四集六十四卷**　(明)張介賓著　(清)魯超訂

清光緒六年(1880)天台山房抄本

10冊(1函)　存13卷:卷1—9,11—12,14,19

開本18cm×12cm

9行20字,白口,無格。封面題:光緒六年歲次庚辰　景岳全書　天台山房藏。正文卷端題:景岳全書　會稽張介賓會卿著　會稽魯超謙菴訂。鈐印"劍膽琴心""久在天台雷石間""行雲流水"。

(2)

0575　**潛齋醫學叢書十四種□□卷**　(清)王士雄著

中華民國七年(1918)集古閣刻本

7冊(1函)　存6種18卷:《潛齋簡效方》1卷,《王氏醫案》2卷:卷1—2,《王氏醫案續編》8卷:卷1—8,《王氏醫案三編》3卷:卷1—3,《霍亂論》2卷:上、下,《重慶堂隨筆》2卷:上、下

版框 16.4cm×11.4cm　開本 20.2cm×13.3cm

15 行 34 字,黑口,四周雙邊,單黑魚尾。封面題:潛齋醫學叢書十四種。分封面題:北水老人遺稿　重慶堂随筆。

(2)

0576　**潛齋醫學叢書十四種**　(清)王士雄選

民國七年(1918)集古閣刻本

9 册(1 函)　存 8 種 18 卷:《歸硯録》4 卷,《女科輯要》2 卷,《古今醫案按選》4 卷,《四科簡效方》4 卷,《願體醫話》1 卷,《柳州醫話》1 卷,《徐氏醫砭》1 卷,《言醫評選》1 卷

版框 16.5cm×11.3cm　開本 20cm×13.4cm

15 行 34 字,白口,四周單邊,單黑魚尾。書衣題:潛齋醫學叢書十四種。

(2)

0577　**傷寒論三註十六卷**　(漢)張機撰　(清)周揚俊註

清刻本

2 册(1 函)　存 6 卷:卷 1—3,8—10

版框 18.8cm×12.4cm　開本 24.4cm×14.5cm

9 行 21 字,白口,四周雙邊,單黑魚尾。版心上鎸:傷寒論三註。

(2)

0578　**世補齋醫書六種三十三卷**　(清)陸懋修著

民國上海江東茂記書局石印本

8 册(1 函)　存 5 種 31 卷:《世補齋醫書前集》16 卷,《世補齋不謝方》1 卷,《傷寒論陽明病釋》4 卷,《内經運氣病釋》9 卷,《内經運氣表》1 卷

版框 20cm×12.2cm　開本 22cm×13.3cm

19 行 40 字,白口,四周雙邊,單黑魚尾。正文卷端題:世補齋醫書　文一　元和陸懋修九芝著。牌記題:中華民國紀元上海江東茂記書局重校發行。

(2)

0579　**世補齋醫書續集□□種□□卷**　(清)陸懋修著

民國上海江東茂記書局石印本

8 册(1 函)　存 10 種 30 卷:《廣温熱論》4 卷,《傷寒論註》6 卷,《傷寒論附餘》2 卷,《讀傷寒論註心法》1 卷,《迴瀾説》1 卷,《時節氣候决病法》1 卷,《理虚元臨》5 卷,《傷寒例新註》1 卷,《女科》8 卷,《生化編》1 卷

版框 18cm×12cm　開本 20.3cm×13.5cm

19 行 40 字,小字雙行同,白口,四周雙邊,單黑魚尾。書衣題:陸潤庠參校　世補齋醫書續集　上海江東書局印行。

(2)

0580　**衛生易簡方十二卷**　(明)胡濙輯

明嘉靖刻本

2 册(1 函)　存 6 卷:卷 1—3,7—9

版框 21.5cm×16.2cm　開本 26.5cm×18cm

10 行 20 字,黑口,四周雙邊,單黑魚尾。前有明宣德二年楊士奇撰《衛生易簡方序》、明胡濙撰《跋衛生易簡方後》、宣德二年夏原吉撰《易簡方序》、宣德二年楊榮撰《衛生易簡方後序》、宣德二年黄淮撰《書衛生易簡方後》、明金幼孜撰《易簡方序》、宣德二年楊溥撰《書衛生易簡方後》、宣德二年曾棨撰《易簡方序》、明王英撰《易簡方序》、嘉靖四十一年鄭真撰《題衛生易簡方後》、李春芳撰《重刻跋》。

2014 年 6 月入選第三批《山東省珍貴古籍名録》(編號 0425)。

(2)

0581　**詳校醫宗必讀十卷**　(明)李中梓著　(明)吴肇廣參　(明)李廷芳訂

清咸豐元年(1851)會文堂刻本

6 册(1 函)

版框 20.3cm×14cm　開本 24.1cm×15.4cm

12 行 24 字,白口,四周單邊,單黑魚尾。封面題:雲間李士材輯　醫宗必讀　咸豐元年會文堂重刊。前有《醫宗必讀自序》。正文卷端題:詳校醫宗必讀　雲間李中梓士材父著。

(2)

0582　**新輯校正纂圖元亨療馬集六卷**　(明)喻仁　(明)喻傑著 & **圖像水黄牛經合併大全二卷駝經一卷**　(明)喻仁　(明)喻傑傳方

清末上海校經山房石印本

3 册(1 函)　存 7 卷:卷 3—6,《圖像水黄牛經合併大全》2 卷,《駝經》1 卷

版框 18cm×12.8cm　開本 20cm×13.5cm

23 行 48 字,小字雙行同,白口,四周單邊,單黑魚尾,無直格。卷 5 正文卷端題:新輯校正纂圖元亨療馬集　校經山房重校印。卷 6 正文卷端題:新輯纂圖類方元亨療馬集。版心上鎸:元亨療馬集。版心下鎸:上海校經山房印行。有圖。目次頁題:圖像水黄牛經大全目録　喻本元亨傳方。正文卷端題:圖像水黄牛經合併大全。後有《駝經》。版心上鎸:元亨療馬集。版心下鎸:上海校經山房印行。

(2)

0583　**新輯纂圖類方元亨療馬集六卷**　(明)喻仁　(明)喻傑著

清末石印本

1 册(1 函)　存 2 卷:卷 3—4

版框 17cm×10.5cm　開本 18.5cm×12.7cm

16 行 38 字,小字雙行同,下黑口,四周雙邊,單黑魚尾,無直格。書衣題:元亨療馬集　己亥仲春李節齋題。有圖。正文卷端題:新輯纂圖類方元亨療馬集。版心上鎸:元亨療馬集。

(2)

0584 **薛氏醫按二十四種** （明）薛巳等撰 （明）吴琯輯
明刻本
2册（1函） 存2種3卷：《平治會萃》卷2—3，《女科撮要》卷下
版框20.2cm×13.5cm 開本25.5cm×16cm
10行20字，白口，左右雙邊，單黑魚尾。正文卷端題：平治會萃 薛氏醫按。版心鎸：薛氏醫按。

（2）

0585 **眼科集驗方一卷** （□）□□撰
清抄本
1册
開本18.8cm×13cm
8行16字，白口，無格。書衣題：眼科集驗方 辛酉冬月裝成 肖舫讀過。

（2）

0586 **驗方新編十六卷** （清）鮑相璈編輯 （清）鮑相璧校 & **咽喉秘集二卷** （清）吴□ （清）張□撰 & **痧症全書三卷** （清）林森傳授 （清）王凱編輯 （清）何汾 （清）何湘删訂 （清）孫鴻 （清）孫鵠参校
清道光二年（1822）刻同治元年（1862）海山仙館補刻本
8册（1函） 存16卷：《驗方新編》卷1、卷5—14，《咽喉秘集》2卷，《痧症全書》3卷
版框13cm×10cm 開本15.8cm×11cm
《驗方新編》：10行22字，小字雙行同，《咽喉秘集》《痧症全書》：12行22字，小字雙行同，白口，左右雙邊，單黑魚尾，無直格。正文卷端題：驗方新編 善化鮑相璈雲韶編輯。《咽喉秘集》正文卷端題：咽喉秘集 吴氏 張氏原本 海山仙館編梓。有圖。《痧症》前有道光二年吴篪撰《序》、道光二年王楚堂撰《序》、嘉慶三年何汾撰《删訂痧書序》、同治元年海山仙館主人識。正文卷端題：痧症全書 林森傳授 王凱編輯 何汾 何湘删訂 孫鴻 孫鵠参校。存《驗方新編》6册、《咽喉秘集》1册、《痧症全書》1册。

（2）

0587 **［驗方選編］一卷** （□）□□編
清抄本
1册（1函）
開本26.2cm×17.8cm
10行25字，白口，無格。書名本館自擬。

（2）

0588 **［驗方選編］一卷** （□）□□編
清抄本
1册

開本 28cm×15.7cm
9 行 21 字,白口,無格。書名本館自擬。

(2)

0589 **醫門棒喝初集四卷二集九卷** (清)章楠著 (清)王孟英評點
清宣統元年(1909)蠡城三友益齋石印本
10 册(1 函)
版框 16cm×11cm 開本 19.5cm×12.7cm
13 行 28 字,白口,四周雙邊,單黑魚尾。封面題:會稽章虚谷先生編注 海寧王孟英先生評點 增批評點醫門棒喝 宣統元年歲次己酉六月 陽湖汪洵書耑 蠡城三友益齋精校石印發行。前有序。版心下鎸:宣統元年改良石印。

(2)

0590 **醫書匯參輯成二十四卷** (清)蔡宗玉輯
清道光十九年(1839)崇讓堂刻本
3 册(1 函) 存 6 卷:卷 1—2,9—10,15—16
版框 17.5cm×11cm 開本 23.8cm×13.3cm
二欄,上欄 18 行 4 字,下欄 9 行 27 字,小字雙行同,白口,左右雙邊,單黑魚尾。封面題:己亥重鐫 醫書滙參輯成 詳加較對 刊刻無訛 次知齋原本 崇讓堂藏板。前有《醫書匯參輯成序》。鈐印"折桂堂印"。正文卷端題:醫書匯參輯成 泉江蔡宗玉茗莊手輯 男絢受彩 綬綰青校刊。

(2)

0591 **醫通十六卷** (清)張璐撰
清刻本
4 册(1 函) 存 4 卷:卷 4—5,8,16
版框 18.8cm×12.8cm 開本 24.7cm×15.5cm
9 行 20 字,白口,四周雙邊。書衣題:醫通。書名據版心題録。

(2)

0592 **瀛經堂詳校醫宗必讀十卷** (明)李中梓著 (明)包時化 (明)李廷芳參訂
清刻本
1 册(1 函) 存 1 卷:卷 7
版框 20.5cm×14cm 開本 24.5cm×16cm
12 行 24 字,小字雙行同,白口,四周單邊,單黑魚尾。正文卷端題:瀛經堂詳校醫宗必讀 雲間李中梓士材父著。

(2)

0593 **幼科秘書推拿廣意三卷** (清)熊應雄纂輯 (清)陳世凱重訂
清刻本
1 册 存 2 卷:卷中、下

版框 19cm×13.5cm　開本 24cm×15cm

10 行 23 字，小字雙行同，白口，四周單邊，單黑魚尾。正文卷端題：幼科秘書推拿廣意　楚清江陳世凱紫山重訂　東川熊應雄運英纂輯。版心上鐫：推拿廣意。

(2)

0594　**御纂醫宗金鑑九十卷首一卷**　(清)吴謙等纂

清抄本

2 册(1 函)　存 8 卷：卷 61—63，72—76

開本 25.7cm×17cm

12 行 35 字，小字雙行同，白口，無格。前有御纂醫宗金鑑目録。鈐印"東武故城李氏世藏"。

(2)

0595　**御纂醫宗金鑑九十卷首一卷**　(清)吴謙等纂

清刻本

7 册(1 函)　存 8 卷：卷 18—25

版框 19cm×13.5cm　開本 24.5cm×15.8cm

10 行 24 字，白口，左右雙邊，單黑魚尾。版心上鐫：御纂醫宗金鑑。

(2)

0596　**御纂醫宗金鑑九十卷首一卷**　(清)吴謙等纂

清刻本

4 册(1 函)　存 5 卷：《外科心法》卷 4，9，12—13，16

版框 15cm×10.4cm　開本 18.7cm×11.5cm

9 行 23 字，白口，四周單邊，單黑魚尾。書衣題：外科心法。

(2)

0597　**御纂醫宗金鑑九十卷首一卷**　(清)吴謙等纂

清刻本(佚名批註)

1 册(1 函)　存 1 卷：卷 61

版框 18.8cm×14cm　開本 24.4cm×15.2cm

10 行 19 字，白口，四周單邊，單黑魚尾。封面題：御製外科心法。有圖。前有御纂醫宗金鑑首卷。有乾隆七年《序》。序後題：咸豐五年重刊。正文卷端題：御纂醫宗金鑑。首卷爲四周雙邊，正文爲四周單邊。

(2)

0598　**御纂醫宗金鑑九十卷首一卷**　(清)吴謙等纂

清抄本

1 册(1 函)　存 1 卷：卷 5

開本 19.4cm×11.8cm

10 行 24 字，白口，無格。有圖。鈐印"年年不惜買花栽"。

(2)

0599 **雲林醫聖普渡慈航八卷** (明)龔廷賢撰 (明)龔定續編 (明)王肯堂参
手抄本
1冊(1函) 存1卷:卷3
開本22.5cm×13cm。
12行25字,白口,無格。正文卷端題:雲林醫聖普渡慈航卷之三 天集。鈐印“元□堂記”。

(2)

0600 **針灸大成十卷** (明)楊繼洲撰
清刻本
4冊(1函) 存4卷:卷3—6
版框22cm×13.6cm 開本24.9cm×16cm
10行22字,白口,四周雙邊,單黑魚尾,無直格。正文卷端題:針灸大成。版心上鎸:鍼灸大成。

(2)

0601 **針灸大成十卷** (明)楊繼洲撰
清刻本
1冊(1函) 存1卷:卷8
版框21cm×14cm 開本24.9cm×16cm
10行22字,白口,四周雙邊,單黑魚尾。正文卷端題:針灸大成。版心上鎸:鍼灸大成。有圖。

(2)

0602 **中西彙通醫書五種** (清)唐宗海撰
清光緒三十四年(1908)千頃堂書局石印本
12冊(1函) 存5種28卷:《中西彙通醫經精義》2卷,《本草問答》2卷,《血證論》8卷,《金匱要略淺註補正》9卷,《傷寒論淺註補正》7卷
版框14.5cm×9.7cm 開本17.5cm×11.4cm
13行36字,白口,四周雙邊,單黑魚尾。封面題:傷寒論淺注補正 千頃堂書局。光緒三十四年陸月。

(2)

0603 **中西醫判二卷** (清)唐宗海撰
民國三年(1914)百草廬石印本
2冊(1函)
版框16.9cm×11.6cm 開本20cm×13.2cm
16行34字,黑口,四周雙邊,單黑魚尾。封面題:中西醫判 吾鳴署籤 蜀天彭唐宗海容川先生著 上海二馬路千頃堂發行。牌記題:民國三年春百草廬校刊。前有《叙》:光緒十八年壬辰九月彭縣唐宗海識於上海袖海山房。

(2)

## 天文算法類

0604 **天元曆理全書十二卷首一卷** （清）徐發撰
清康熙刻本（清尹彭壽、尹錫綸題跋）
7冊（1函）
版框 19.9cm×13.5cm 開本 24.1cm×15.3cm
10行21字，小字雙行同，白口，四周單邊，單白魚尾。封面題：檇李徐圃臣輯註 天文曆理大全 本衙藏板 翻刻必究。前有序。封面有咸豐八年戊午尹彭壽題識、民國六年丁巳尹錫綸題識。鈐印“東武尹氏珍藏”“投筆”“次經”“尹錫綸印”“尹彭壽印”“筱喻”“情之所鍾”“我用我法”“恨不十年讀書”“筱喻”“□□書屋”等。
2012年1月入選第二批《山東省珍貴古籍名録》（編號1416）。
（2）

## 術數類

0605 **大六壬課經集四卷** （明）郭載騋輯
清刻本
4冊（1函）
版框 21.8cm×14.5cm 開本 24.1cm×15cm
二欄，下欄11行25字，小字雙行同，白口，四周單邊，單黑魚尾。版心上鎸：課經集。
（2）

0606 **地理辨正五卷** （明）蔣平階註 （清）章甫直解
清刻本
1冊（1函） 存2卷：卷4—5
版框 19cm×13cm 開本 25.3cm×16.3cm
9行21字，白口，四周雙邊，單黑魚尾。前有孟南氏撰《序》。卷4正文卷端題：地理辨正 都天寶照經 唐楊益筠松著 雲間蔣平階注 無心道人直解。卷5正文卷端題：地理辨正 雲間蔣平階大鴻氏著。
（1）

0607 **地理體用合編四卷** （清）林士恭著 （清）吴頤慶参訂
清同治元年（1862）兩儀堂刻本
2冊（1函）
版框 19cm×13.2cm 開本 24cm×15.5cm
8行20字，白口，四周雙邊，單黑魚尾。封面題：懷遠林鶴亭著 陽湖吴少苑著 地理全體大用合編 兩儀堂藏板。前有《地理體用合編序》。佚名題《跋》。
（1）

0608 **地理五集三卷附蕉窗問答一卷** (唐)楊益著
清刻本
2 册(1 函)
版框 18.7cm×12.8cm 開本 25.3cm×16.2cm
9 行 21 字,白口,四周雙邊,單黑魚尾。正文卷端題:地理五集 唐楊益筠松著。
(1)

0609 **歸厚録一卷** (明)蔣平階撰 (清)于楷輯
清嘉慶刻本
1 册(1 函)
版框 19cm×13cm 開本 24cm×16.5cm
9 行 21 字,白口,四周雙邊,單黑魚尾,眉上有批。前有嘉慶壬戌于楷撰《序》。正文卷端題:歸厚録 雲間蔣平階大鴻著 秀水于楷端士輯。有圖。
(1)

0610 **乩仙夏子詩一卷** (清)□□撰 (清)尹彭壽輯
清同治五年(1866)諸城尹彭壽抄本(清同治五年尹彭壽題跋)
1 册(1 函)
開本 25cm×12.8cm
9 行 26 字,白口,無格。書衣題:鸞仙夏子詩草。有同治丙寅東武尹慈經題《跋》:"仙與吾邑安園李氏爲莫逆友,相處多年,故有是詩,原序失落,容采訪之以足成,同治丙寅菊月之四日東武鄧郙尹慈經重訂。"鈐印"横埽""東武尹氏珍藏""次經""遊戲""酒杯以外如鴻毛""歌金縷醉瑶卮此外君休問"。
(2)

0611 **羅經精一解三卷** (清)范宜賓著
清末抄本
1 册(1 函)
開本 26.5cm×16.3cm
10 行 25 字,白口,無格。正文卷端題:羅經精一解 瀋陽范宜賓著。
(2)

0612 **秘傳水龍經五卷** (明)蔣平階輯訂
清刻本
2 册(1 函) 存 2 卷:卷 1,4
版框 19cm×13cm 開本 25.3cm×16.4cm
9 行 21 字,白口,四周雙邊,單黑魚尾。正文卷端題:秘傳水龍經 雲間蔣平階大鴻輯訂。書内有圖。蔣平階(1616—1714),初名雯階,一字大鴻,華亭人,故明御史,入清不仕。
(1)

**0613　欽定奇門寶鑑六卷**　(清)阿桂纂　(清)年羹堯校　(清)岳鍾琪校

清抄本

6 册(1 函)

開本 17.8cm×12.5cm

9 行 22 字,白口,無格。正文卷端題:欽定奇門寶鑑　阿桂纂　年羹堯　岳鍾琪校。

(2)

**0614　欽定協紀辨方書三十六卷**　(清)李廷耀等纂

民國上海錦章圖書局石印本

3 册(1 函)　存 11 卷:卷 1—7,33—36

版框 17.5cm×12cm　開本 20cm×13.5cm

19 行 40 字,白口,四周雙邊,單黑魚尾。有圖。書衣題:殿版縮印協紀辨方書　上海錦章圖書局發行。封面題:殿版縮印協紀辨方。牌記題:上海錦章圖書局石印。版心下鎸:殿版原本縮印。

(1)

**0615　雙潭龍王靈應簽一卷**　(□)□□撰

清抄本

1 册(1 函)

開本 25.5cm×14.5cm

8 行 20 字,小字雙行同,白口,無格。

(2)

**0616　水法指明一卷**　(□)□□撰

清抄本

1 册(1 函)

開本 18.8cm×12.9cm

9 行 22 字,白口,無格。

(1)

**0617　天元五歌五卷**　(明)蔣平階著

清嘉慶七年(1802)刻本

1 册(1 函)

版框 19cm×13cm　開本 25.4cm×16.4cm

9 行 21 字,小字雙行同,白口,四周雙邊,單黑魚尾。前有嘉慶七年于楷撰《序》。正文卷端題:天元五歌　杜陵蔣平階大鴻著。

(1)

**0618　天元五歌闡義一卷附玄空秘旨**　(明)蔣平階撰　(清)章甫註

清抄本

1 册(1 函)

開本 26.5cm×15cm

10 行 28 字，小字雙行同，白口，無格。書衣題：蔣平階天元五歌　後附玄空秘旨。正文卷端題：天元五歌闡義　雲間蔣大鴻氏撰　錫山無心道人注。

(2)

0619　**五種秘竅全書十七卷**　(明)甘霖纂著　(明)梁廷棟校

明末刻本

4 册(1 函)　存 3 種 6 卷:《天星秘竅》1 卷,《地理秘竅》1 卷,《羅經秘竅》1—4 卷

版框 20cm×13cm　開本 25cm×15.5cm

9 行 19 字，小字雙行同，白口，四周單邊，單黑魚尾。書衣題：五種秘竅。封面題：楚黄甘時望先生手著　五種秘竅全書　至善堂藏板。封面二題：甘時望先生手著　天星秘竅　至善堂藏板。前有吴用先撰《刻甘時望三式秘竅序》、戴振先撰《秘竅後序》。鈐印“柱峰之印”“鄒平旬記印章”。正文卷端題：選擇天星秘竅　楚黄布衣甘霖時望父纂著　鄭圃居士梁廷棟大朐父纂著。

2014 年 6 月入選第三批《山東省珍貴古籍名録》(編號 0435)。

(2)

0620　**嚴陵張九儀增釋地理琢玉斧巒頭歌括四卷**　(明)徐之鏌撰　(清)張鳳藻釋　(清)陳綵　(清)趙斌　(清)趙溥　(清)張廷楨等同課　(清)袁士麟參訂

清刻本

4 册(1 函)　存 6 卷:卷 5—10

版框 19.5cm×12.5cm　開本 22.4cm×12.5cm

9 行 19 字，白口，四周雙邊。有圖。版心上鐫：徐試可地理琢玉斧。

(2)

## 藝術類

0621　**安刻草真書譜合璧四卷**　周鍾麟識

民國二十一年(1932)上海求古齋石印本

4 册(1 函)

版框 22cm×13.7cm　開本 26cm×15.3cm

5 行 8 字。封面題：安刻初拓書譜正草合刊　第一册。

(2)

0622　**草訣百韻歌[帖]**　(晋)王羲之書

民國上海尚古山房石印本

1 册(1 函)

版框 18.7cm×11.1cm　開本 20.3cm×13cm

4 行 10 字。書衣題：草訣百韻歌　王右軍書　上海尚古山房發行。

(1)

0623 **草字彙十二集** (清)石梁集
清末民國存古齋石印本
6 册(1 函)
版框 17cm×11cm 開本 20.3cm×13.3cm
4 行 10 字,行間夾註,白口,四周雙邊,雙黑魚尾。書衣題:集古名人草字彙 存古齋石印 第一册。封面題:石監菴先生集古 草字彙 仁和黄俊書端 士禮居藏本 存古齋石印。前有乾隆五十二年袁日森撰《序》。次有乾隆五十一年蔣光越撰《序》。木記題:采采流水 蓬蓬遠春。次有目録。正文卷端題:草字彙 石梁集。

(1)

0624 **草字彙十二卷** (清)石梁集
民國六年(1917)上海商務印書館石印本
6 册(1 函)
版框 15.2cm×10.5cm 開本 19.8cm×13cm
3 行 7 字,白口,四周雙邊,無魚尾。牌記題:丁巳秋八月涵芬樓影印。

(2)

0625 **重修正文對音捷要真傳琴譜大全十卷** (明)楊表正撰
明萬曆十三年(1585)富春堂刻本
1 册(1 函) 存 1 卷:卷 6
版框 21cm×14cm 開本 25.5cm×16cm
10 行字不一,小字雙行字不一,白口,四周雙邊,單黑魚尾。書衣題:楊西峰山人琴譜。正文卷端題:重修正文對音捷要真傳琴譜大全 閩延平貢川西峰山人楊表正撰。

(2)

0626 **大唐西京千福寺多寶佛塔感應碑文** (唐)岑勛撰 (唐)顔真卿書 (唐)徐浩題額
清拓本
1 册(1 函)
開本 23.4cm×15.8cm
4 行 8 字。内容爲唐顔真卿多寶塔碑文。

(1)

0627 **[道德經]一卷** (春秋)李耳撰
舊拓本
2 册(1 函)
版框 23.5cm×12.4cm 開本 29cm×16.2cm
8 行 18 字,白口,無格。内容爲《道德經》第四十三章。

(1)

0628 **東坡書髓** (□)□□撰
民國九年(1920)上海文明書局影印本
6册(1函)
開本 30.5cm×26cm
7行15字。拓片影印本。牌記題:東坡書髓凡百八十四頁計六册上海文明書局印行中華民國九年十一月再版。

(1)

0629 **高南阜詩稿** (清)高南阜書
清手寫本
11頁
版框 24.2cm×17.6cm　開本 29.5cm×20cm
行字不一。書衣題:南阜詩稿　小陽春月之五日題。
按《中國古籍定級標準》,此書被定爲三級甲等古籍,作善本收藏。

(2)

0630 **[高王觀世音經印]一卷** (□)□□撰
清杜庚祥刻本
1册(1函)
版框 14.2cm×7.8cm　開本 17.5cm×10.2cm
6行16字,白口,四周單邊。正文爲高王觀世音經印八十枚并釋文。卷後題:密邑弟子杜庚祥敬誌謹刊。鈐印"密邑□河□□""杜庚祥齋林野者敬鎸"。

(1)

0631 **國朝畫徵録三卷** (清)張庚著
清末石印本
3册(1函)
版框 16.5cm×11.2cm　開本 20cm×13cm
15行32字,小字雙行同,下黑口,四周雙邊,單黑魚尾。前有序。正文卷端題:國朝畫徵録　張庚著　蔣泰　湯之昱校梓。鈐印"劉桂琛印"。

(2)

0632 **[懷素千字文]一卷** (南朝梁)周興嗣撰　(唐)釋懷素書
清拓本
1册(1函)
開本 30.5cm×15.5cm
3行8字,白口,無格。書衣題:千字文。正文卷端題:千字文　懷素書。

(1)

0633 **皇甫君碑一卷** (唐)于志寧撰　(唐)歐陽詢書
清拓本
1册(1函)

版框 23.3cm×11.8cm　開本 27cm×15.8cm

4 行 8 字，白口，無格。書名據内容擬定。

(1)

0634　**芥子園畫傳初集六卷二集九卷三集六卷**　(清)王槩　(清)王蓍　(清)王臬輯

民國二十二年(1933)上海天寶書局石印本

11 册(3 函)　存 18 卷:《初集》卷 1—4,《二集》卷 1—8,《三集》卷 1—6

版框 20.5cm×14.2cm　開本 26cm×15.5cm

24 行 47 字，白口，四周單邊，單黑魚尾。封面題:李笠翁先生論定　繡水王安節摹古　芥子園畫傳　吴縣朱煜題　芥子園畫傳初集　真本芥子園畫傳　藏板者上海同文書局　影印者上海天寶書局　總發行上海啓新書局。前有光緒十三年何鏞撰《序》。正文卷端題:青在堂畫學淺説。版心上鎸:芥子園畫傳。版心下鎸:初集。

(2)

0635　**芥子園畫傳四集四卷**　(清)丁皋著并繪 & **圖章會纂一卷**　(清)李漁纂輯

清緑蔭堂刻本

3 册(1 函)　存 3 卷:卷 1—3

版框 21.4cm×13.5cm　開本 26.5cm×15.8cm

10 行 21 字，白口，四周單邊。封面題:芥子園畫傳四集　寫真秘傳　仙佛圖　賢俊圖　美人圖　附圖章會纂　緑蔭堂藏板。正文卷端題:寫真秘訣　丹陽丁皋鶴洲氏著。前有《芥子園人物畫譜叙》。版心下鎸:芥子園。書内有圖。

(1)

0636　**臨本皇甫府君之碑一卷**　(清)黄自元書

清光緒泉州王氏刻本

1 册(1 函)

版框 21cm×12.8cm　開本 26cm×15cm

3 行 5 字，白口，四周雙邊，單黑魚尾。封面題:光緒新鎸　臨本皇甫府君之碑　泉州王氏家藏。書名據封面題録。

(1)

0637　**靈飛經帖一卷**　(唐)釋玉真長公主書

明萬暦拓本

1 册(1 函)

開本 24.2cm×13cm

6 行 17 字。有明董其昌撰《序》《跋》。書内有章。經折裝。

按《中國古籍定級標準》，此書被定爲三級甲等古籍，作善本收藏。

(1)

0638 **劉諸城家書真蹟** (清)劉墉撰
清手寫本
1册
開本 31cm×17cm
8幅16頁。書衣題:劉諸城家書真蹟　丁卯八月延闓。有譚延闓和李宇超《跋》。按《中國古籍定級標準》,此書被定爲三級甲等古籍,作善本收藏。

(2)

0639 **清朝畫徵録二卷** (清)張庚著
民國十五年(1926)上海掃葉山房石印本
2册(1函)
版框 16.5cm×11cm　開本 19.7cm×13cm
15行31字,黑口,左右雙邊,單黑魚尾。封面題:清朝畫徵録　民國十年孟夏訂正。牌記題:民國十五年發行　掃葉山房。版心下鎸:掃葉山房藏版。

(2)

0640 **清河書畫舫十二卷鑒古百一詩一卷** (明)張丑撰
清刻本[清同治八年(1869)芸谷題跋]
6册(1函)
版框 13.7cm×9.8cm　開本 19.2cm×11.1cm
9行22字,黑口,左右雙邊,無魚尾。正文卷端題:清河書畫舫　吴郡張丑青父造。鈐印"琅邪王香谷藏書之印""芸谷""芸谷珍藏""以不才終其天"。有同治己巳芸谷題《跋》。

(2)

0641 **名人楹聯真蹟大全** 劉再蘇編
民國影印本
5册(1函)
版框 15.2cm×10.5cm　開本 19.9cm×13cm
行字不一,下黑口,四周單邊,無魚尾。書衣題:影印名人楹聯真蹟大全　附屏條堂幅。

(2)

0642 **名賢集一卷** (□)□□撰
民國上海錦章圖書局石印本
1册(1函)
版框 17cm×11.9cm　開本 20cm×13.3cm
二欄,上欄圖,下欄11行17字,白口,四周單邊,單黑魚尾。封面題:繪圖名賢集　錦章圖書局藏版。正文卷端題:名賢集　上海錦章圖書局印行。版心上鎸:繪圖名賢集。

(1)

0643 **十鐘山房印舉十二卷** (清)陳介祺輯
民國十一年(1922)上海商務印書館影印本
6 册(1 函) 存 6 卷:卷 7—12
版框 17.2cm×12.4cm 開本 26.3cm×15.1cm
印 9 枚,白口,四周單邊,雙黑魚尾。書衣題:十鐘山房印舉 第七册。版心上鎸:十鐘山房印舉。版心題:姓名印 姓名廻。版心上鎸:涵芬樓影印。

(2)

0644 **書畫跋跋三卷續三卷** (明)孫鑛撰
民國八年(1919)上海大東書局石印本
4 册(1 函)
版框 16cm×12cm 開本 20cm×11.5cm
14 行 30 字,小字雙行,白口,四周雙邊,單黑魚尾。牌記題:己未季冬上海大東書局藏版。前有《書畫跋跋序》。

(2)

0645 **書畫鑑影二十四卷** (清)李佐賢編輯
清同治十年(1871)利津李氏刻本
7 册(1 函) 存 21 卷:卷 1—2,6—24
版框 18cm×11cm 開本 25.4cm×15cm
9 行 24 字,小字雙行同,白口,四周雙邊,單黑魚尾。封面題:同治辛未年鐫 書畫鑑影 利津李氏藏板。前有自序。正文卷端題:書畫鑑影 利津李佐賢竹朋編輯。

(2)

0646 **印字類纂十二卷** 孟昭鴻撰
民國二十二年(1933)西泠印社石印本
4 册(1 函)
版框 19.8cm×12.4cm 開本 26.2cm×15.4cm
6 行 11 字,白口,四周雙邊。首卷卷端題:印字類纂卷一 諸城孟昭鴻方儒纂摹。

(2)

0647 **印字類纂十二卷** 孟昭鴻撰
民國二十二年(1933)西泠印社石印本
4 册(1 函)
版框 19.8cm×12.5cm 開本 26.3cm×15.5cm
6 行 11 字,白口,四周雙邊。首卷卷端題:印字類纂卷一 諸城孟昭鴻方儒纂摹。

(2)

0648　**印字類纂十二卷**　孟昭鴻撰
民國二十二年(1933)西泠印社石印本
4 册(1 函)
版框 20cm×12.5cm　開本 26.7cm×15.2cm
6 行 11 字,白口,四周雙邊。首卷卷端題:印字類纂卷一　諸城孟昭鴻方儒纂摹。

(2)

## 譜録類

0649　**仿古萃編不分卷**　(清)徐桂蟾編
民國十三年(1924)石印本
4 册(1 函)
版框 20cm×12.3cm　開本 26cm×16.2cm
4—7 行不等,字數 10—20 個不等,四周單邊。封面題:庚戍孟春　仿古萃編　同邑李桂馨題。牌記題:宣統二年問月軒主人裝訂。鈐印"季占""李桂馨"。有圖。徐桂蟾,字蘊秋,山東諸城人。

(2)

0650　**仿古萃編不分卷**　(清)徐桂蟾編
民國十三年(1924)石印本
4 册(1 函)
版框 20cm×12.2cm　開本 25cm×14.8cm
6 行 14 字,白口,四周單邊。書内有圖。書衣題:仿古萃編　莊陔蘭敬題　元。封面題:庚戍孟春　仿古萃編　同邑李桂馨題。牌記題:宣統二年問月軒主人裝訂。鈐印"莊陔蘭印"。

(2)

## 雜家類

0651　**池北偶談二十六卷**　(清)王士禛著
清三槐堂刻本
6 册(1 函)　存 20 卷:卷 1—20
版框 19cm×14.8cm　開本 24cm×15.6cm
11 行 23 字,黑口,左右雙邊,單黑魚尾。書衣題:池北偶談。封面題:王阮亭先生著　池北偶談　三槐堂藏板。前有《池北偶談序》。王士禛(1634—1711),山東新城人,原籍山東諸城。

(2)

0652　**傳家寶吉徵三集八卷**　(清)石成金訂補
清刻本

2册(1函)　存7卷:卷1—5,7—8

版框12cm×9.3cm　開本16.8cm×11.3cm

9行20字,白口,左右雙邊,單黑魚尾。封面題:家寶三集。前有姚恭撰《序》、石成金撰《序》。

(1)

0653　**大千圖説三卷**　江希張撰并繪圖

民國刻本

1册(1函)　存1卷:卷2

版框18cm×12.5cm　開本24cm×15.5cm

10行25字,白口,四周雙邊。書衣題:重刊大千圖説　此係原稿　與前北京所印不同。版心上鎸:大千圖説。有圖。

(1)

0654　**河南邵氏聞見後録三十卷**　(宋)邵博著　(明)毛晋訂

明崇禎毛氏汲古閣刻津逮秘書本

8册(1函)

版框20.5cm×13.3cm　開本26.8cm×16.3cm

8行19字,白口,左右雙邊,無魚尾。書衣題:邵氏聞見後録。正文卷端題:河南邵氏聞見後録　宋邵博著　明毛晋訂。版心下鎸:汲古閣。

2019年5月入選第四批《山東省珍貴古籍名録》(編號0147)。

(2)

0655　**家寶四集八卷**　(清)石成金訂集

清刻本

6册(1函)　存6卷:卷2—3,5—8

版框12.7cm×9.2cm　開本16.8cm×11.3cm

9行20字,白口,左右雙邊,單黑魚尾。卷2有小叙曰:"遊覽及粤,有同鄉崔君出揚州石天基印稿,欲行重梓,就正於予。"版心鎸:快樂印。書内有章。

(1)

0656　**三畏格言一卷**　(清)計彬撰

清光緒二十三年(1897)京都琉璃廠刻本

1册(1函)

版框18.5cm×11.8cm　開本22.8cm×14cm

5行11字,白口,四周單邊,單黑魚尾。書衣題:三畏格言　羅文彬署檢。前有光緒丁酉羅文彬撰書首。序後題:光緒丁酉孟秋月京都琉璃廠寄觀閣主人計彬文卿甫藏板　丁松石敬送　諸君欲刷不取板資。

(1)

0657 **堂邑乞人武訓興學俗話傳□□卷** (清)江鍾秀 (清)張清合演
民國十四年(1925)鉛印本
1册(1函)
版框 13.7cm×9.5cm 開本 19cm×12cm
9行18字,白口,四周雙邊,單黑魚尾。有圖。書衣題:興學創聞 田步蟾題簽。鈐印"諸城萬國道德會□□分□章"。版心上鐫:興學創聞。牌記題:中華民國十四年一月出版。

(1)

0658 **桃園明聖經不分卷** (□)□□撰
民國十九年(1930)北京天華印書館鉛印本
1册(1函)
版框 19cm×12.3cm 開本 25.1cm×14.5cm
13行33字,黑口,四周雙邊,單黑魚尾。書衣及卷端題:朱子删定玉泉真本桃園明聖經。前有中華民國十九年歐陽籍夔《序》。附刊《大道指南》,後附《經驗藥方》。

(1)

0659 **文料大成四十卷補編二卷** (清)冷香子撰
清末鉛印本
1册(1函) 存1卷:卷4
版框 9.5cm×5.7cm 開本 11.5cm×7.5cm
15行33字,白口,四周雙邊,單黑魚尾。

(1)

0660 **嘯亭雜録八卷** (清)汲修主人(昭槤)著
清光緒二十七年(1901)掃葉山房石印掌故叢編本
3册(1函)
版框 17.5cm×11.5cm 開本 20cm×13cm
15行35字,下黑口,四周雙邊,單黑魚尾。牌記題:光緒辛丑孟冬埽葉山房石印。前有序。正文卷端題:嘯亭雜録 汲修主人著。版心下鐫:掌故叢編。

(2)

0661 **續墨子間詁四卷** 劉載賡著
民國十四年(1925)上海掃葉山房石印本
4册(1函)
版框 16.5cm×11.9cm 開本 20cm×13.1cm
10行20字,白口,四周雙邊,單黑魚尾。書衣題:續墨子間詁 衡陽曾熙署。封面題:漢川劉載賡先生著 續墨子間詁。牌記題:民國十四年石印總發行所上海北市棋盤街 掃葉山房。版心下鐫:掃葉山房。

(4)

## 小説類

0662 **重訂西青散記八卷** (清)史震林撰 (清)裴玠校梓
清同治十三年(1874)鉛印本
3册(1函) 存6卷:卷1—4,7—8
版框14.3cm×9.5cm 開本20.5cm×11.5cm
15行28字,白口,四周雙邊,單花魚尾。封面題:重訂西青散記 甲戌十月仿聚珍版印。前有《重刻西青散記序》。鈐印"讀古人書"。

(2)

0663 **東周列國全志二十三卷** (明)馮夢龍撰 (清)蔡奡評點
清光緒十二年(1886)文英堂刻本
19册(1函) 存22卷:卷1—13,15—23
版框16.5cm×12.3cm 開本24cm×15cm
13行26字,白口,四周雙邊,單黑魚尾。封面題:光緒丙戌秋鐫 繡像東周列國志 秣陵蔡元放評 文英堂梓。前有序。鈐印"東武""隱者"。有圖。蔡奡,即蔡元放。

(2)

0664 **洞冥記十卷** 惟一子輯
民國十八年(1929)上海宏大善書局石印本
1册(1函) 存2卷:卷1—2
版框16.2cm×11.5cm 開本20cm×13.3cm
14行30字,白口,四周雙邊,單黑魚尾。書衣題:洞冥記 第一二集。牌記題:上海宏大善書局印行。前有《武哲天皇上帝序文》。版心下鐫:宏大善書局石印。書衣鈐印"膠州白馬鄉崔家皂户莊崔全增敬送"。

(1)

0665 **洞冥記十卷** 惟一子輯
民國十八年(1929)上海宏大善書局石印本
5册(1函) 存8卷:卷1—2,5—10
版框16.1cm×12cm 開本20cm×13.4cm
14行30字,白口,四周雙邊,單黑魚尾。封面題:己巳歲印行 洞冥寶記 龍鳳山述古老人書。牌記題:上海宏大善書局印行。前有《武哲天皇上帝序文》。版心下鐫:宏大善書局石印。

(1)

0666 **洞冥記十卷** 惟一子輯
民國十八年(1929)上海宏大善書局石印本
4册(1函) 存6卷:卷1—4,8—9
版框16.1cm×11.9cm 開本19.9cm×13.3cm

14行30字,白口,四周雙邊,單黑魚尾。封面題:己巳歲印行　洞冥寶記　龍鳳山述古老人書。牌記題:上海宏大善書局印行。前有《武哲天皇上帝序文》。版心下鐫:宏大善書局石印。有圖。

(1)

0667　**斷腸花二卷**　蔣毓如著
民國二十四年(1935)上海新民印刷局鉛印本
1冊(1函)
開本18.5cm×12.7cm
12行30字,白口,無魚尾。首卷卷端題:哀情小説斷腸花卷上。

(1)

0668　**懷人堂繪像第六才子書八卷**　(元)王實甫撰　(清)金聖歎(金人瑞)批
清光緒十三年(1887)汲修山館刻本
6冊(1函)
版框10cm×7cm　開本15.2cm×9cm
8行16字,白口,四周雙邊,單黑魚尾。封面題:聖歎外書　繪像增批六才子書。牌記題:光緒丁亥刊于汲修山館。前有《重刻繪像六才子書序》。有圖。正文卷端題:懷人堂繪像第六才子書　聖歎外書。

(2)

0669　**記事珠六卷**　(□)□□撰
清抄本
3冊(1函)　存3卷:1—2,6
開本18cm×13cm
11行26字,白口,無格。各冊以禮、樂、射、御、書、數編次。館藏三卷(禮、樂、數),分别對應卷次爲1—2、6。扉頁題王敬泉《詠凉棚》詩1首。

(2)

0670　**箋註繪像第六才子西厢釋解八卷末一卷**　(元)王實甫撰　(清)金聖歎(金人瑞)批點　(清)鄧汝寧音義
清致和堂刻本
6冊(1函)
版框19.5cm×12.7cm　開本26.3cm×13.5cm
10行20字,白口,四周單邊,單黑魚尾。書衣題:致和堂箋釋第六才子書。封面題:聖歎先生批點　吴吴山三婦合評西厢記　箋註第六才子書釋解　續增圍棋闖局　選句骰譜　鄧汝寧音義　致和堂梓行。避諱至寧。前有康熙己酉汪溥勳撰《序》。正文卷端題:箋註繪像第六才子西厢釋解　聖歎外書。版心下鐫:郁郁堂。有圖。

(1)

0671 **今世説八卷** (清)王晫撰
清刻本
3册(1函) 存3卷:卷3,5,7
版框12.8cm×9.4cm 開本17.5cm×11.1cm
9行20字,小字雙行同,黑口,左右雙邊,單黑魚尾。卷3正文卷端題:今世説 仁和王晫丹麓撰。有橢圓、長方形鈐印各一。

(2)

0672 **紅樓夢廣義二卷** (清)青山山農(黄見三)撰
清末抄本
1册(1函) 存1卷:卷下
版框14.4cm×10.5cm 開本19.3cm×13cm
10行22字,白口,四周單邊,無魚尾。正文卷端題:紅樓夢廣義 青山山農撰。青山山農,本名黄見三(1807—1870),字景知,一字心垣,福建長樂人。

(2)

0673 **兩般秋雨盦隨筆八卷** (清)梁紹壬撰
民國九年(1920)上海掃葉山房石印本
4册(1函)
版框17cm×11.8cm 開本20cm×13cm
16行38字,白口,四周雙邊,單黑魚尾。牌記題:民國九年石印 埽葉山房。首卷卷端題:兩般秋雨盦隨筆卷一 錢塘梁紹壬應來甫纂。版心下鐫:上海埽葉山房石印。

(2)

0674 **四海棠四卷** 題(清)王緑坡撰
清光緒三十一年(1905)楊維樞抄本(清楊維樞題跋)
4册(1函)
開本20.8cm×13.7cm
10行24字,白口,無格。前有楊維樞題識曰:"光緒乙巳春,偶得四海棠一書。乃籍練字鈔録,五閱月告成。"四海棠爲言情小説。鈐印"少山"。鼓詞。楊維樞,諸城城里大樹堂人。

(1)

0675 **四雪草堂重訂通俗隋唐演義二十卷一百回** (清)褚人穫撰 (清)吴鶴樵評
清文奎堂刻本
18册(2函) 存18卷:卷1—10,13—20
版框11.8cm×9.5cm 開本17.5cm×11.5cm
11行24字,白口,四周單邊,單黑魚尾。封面題:吴鶴樵先生評 繡像隋唐演義 文奎堂梓行。前有康熙乙亥褚人穫撰《隋唐演義原序》。有圖。

按《中國古籍定級標準》,此書被定爲三級丙等古籍,作善本收藏。

(1)

0676 **圖像三國志演義第一才子書六十卷首一卷** (明)羅貫中撰 (清)金人瑞 (清)毛宗崗評

清光緒十五年(1889)上海廣百宋齋鉛印本

12 册(1 函)

版框 17.3cm×10.7cm 開本 19.5cm×12cm

17 行 44 字,白口,四周雙邊,單黑魚尾,無直格。前有光緒十六年許時庚撰《原序》。牌記題:己丑仲夏上海廣百宋齋校印。書内有圖。前有目録,共 60 卷 120 回,首 1 卷。正文卷端題:圖像三國志演義第一才子書 聖嘆外書 毛宗崗評。版心下鎸:廣百宋齋校印。

(1)

0677 **詳註聊齋志異圖詠十六卷** (清)蒲松齡著 (清)吕湛恩註

清末石印本

2 册(1 函) 存 4 卷:卷 5—8

版框 15.3cm×10.3cm 開本 19.3cm×12.3cm

14 行 36 字,小字雙行同,白口,四周花邊,無直格。正文卷端題:詳註聊齋志異圖詠 蒲松齡著 吕湛恩註。有圖。

(1)

0678 **新齊諧二十四卷續新齊諧三卷** (清)袁枚撰

清末上海雲章書局石印本

6 册(1 函) 存 6 卷:《新齊諧》卷 3—5,《續新齊諧》卷 1—3

版框 17.8cm×11.8cm 開本 20.3cm×13.5cm

23 行 50 字,白口,四周單邊,單黑魚尾。書衣題:繪圖正續子不語 上海雲章書局印行。有圖。初集卷 3 正文卷端題:新齋諧 隨園戲編。齊,誤刻爲齋。版心上鎸:新齊諧初集。續集正文卷端題:續新齊諧 隨園戲編。版心上鎸:新齊諧續集。

(1)

0679 **增像全圖東周列國志八卷** (清)蔡元放評點

民國二年(1913)上海文華書局石印本

8 册(1 函)

開本 20cm×13cm 版框 17.5cm×11.8cm

32 行 79 字,白口,四周單邊,單黑魚尾。封面題:東周列國志 白下蔡元放評點 上海文華書局石印行。前有中華民國二年九月文華書局主人《序》。有圖。

(1)

# 類書類

0680 **策學淵萃四十六卷目録二卷** (清)□□輯

清刻本

9册(1函) 存16卷:卷1—5,15—20,30,40—42,目録1卷(22—46卷目)

版框11cm×8.5cm 開本14.1cm×9.8cm

13行26字,白口,四周單邊,單黑魚尾,無直格。書衣題:策學淵海。目次頁題:策學淵海統纂大成。

(2)

0681 **策學淵海統纂大成四十六卷目録二卷** (清)□□輯

清刻本

12册(1函) 存28卷:卷21—46,目録2卷

版框11cm×8.5cm 開本13.5cm×9.5cm

13行26字,白口,四周單邊,單黑魚尾,無直格。前有目録。卷22目次頁題:策學淵海統纂大成。

(2)

0682 **重訂廣事類賦四十卷** (清)華希閔著 (清)鄒升恒參 (清)華希閎重訂

清刻本

2册(1函) 存12卷:卷29—40

版框13.1cm×10cm 開本17cm×12cm

9行21字,小字雙行同,黑口,四周雙邊,單黑魚尾。書衣題:廣事類賦。鈐印3枚,不識。

(2)

0683 **重訂廣事類賦四十卷** (清)華希閔著 (清)鄒升恒參 (清)華希閎重訂

清經國堂刻本

10册(1函)

版框14cm×10cm 開本18cm×11.5cm

9行21字,小字雙行同,白口,四周單邊,單黑魚尾。封面題:錫山華希閔著 重鐫增廣事類賦 經國堂梓行。鈐印"經國堂印""開卷有益"。前有乾隆二十九年華希閎撰《刻書序》、康熙三十八年華希閎撰《重訂廣事類賦序》。

(2)

0684 **重訂廣事類賦四十卷** (清)華希閔著 (清)鄒升恒參 (清)華希閎重訂

清成文信刻本

6册(1函) 存28卷:卷1—7,14—28,35—40

版框 13cm×10.3cm　開本 17cm×12cm

9 行 21 字,小字雙行同,黑口,四周雙邊,單黑魚尾。封面題:重訂廣事類賦成文信藏板。前有乾隆二十九年華希閔撰《重訂廣事類賦序》、康熙三十八年華希閔撰《廣事類賦序》。次有重訂廣事類賦目録。

(2)

0685　**重訂廣事類賦四十卷**　(清)華希閔著　(清)邵之鷺參　(清)華希閔重訂

清刻本

6 册(1 函)　存 32 卷:卷 5—14,19—40

版框 12.9cm×9.8cm　開本 16.4cm×11.4cm

9 行 21 字,小字雙行同,白口,四周單邊,單黑魚尾。書衣題:廣事類賦。

(2)

0686　**重訂廣事類賦四十卷**　(清)華希閔著　(清)鄒升恒參　(清)華希閔重訂

清敬文堂刻本

8 册(1 函)

版框 13cm×9.8cm　開本 15.9cm×11.8cm

9 行 21 字,小字雙行同,白口,左右雙邊,單黑魚尾。封面題:錫山華希閔著重鐫增廣事類賦　敬文堂梓行。前有康熙三十八年華希閔撰《重訂廣事類賦序》、乾隆二十九年華希閔撰《重刻序》。

(2)

0687　**重訂事類賦三十卷**　(宋)吴淑撰註　(明)華麟祥校刊

清刻本

1 册(1 函)　存 4 卷:卷 6—9

版框 13.2cm×9.9cm　開本 16.7cm×11.9cm

9 行 21 字,小字雙行同,黑口,四周雙邊,單黑魚尾。正文卷端題:重訂事類賦宋博士渤海吴淑撰註　明後學無錫華麟祥校刊。

(2)

0688　**重訂事類賦三十卷**　(宋)吴淑撰註　(明)華麟祥校刊

清刻本

1 册(1 函)　存 5 卷:卷 14—18

版框 13cm×10cm　開本 17cm×11.6cm

9 行 21 字,小字雙行同,白口,四周雙邊,單黑魚尾。正文卷端題:重訂事類賦宋博士渤海吴淑撰註　明後學無錫華麟祥校刊。

(2)

0689　**重訂事類賦三十卷**　(宋)吴淑撰註　(明)華麟祥校刊

清刻本

4 册(1 函)　存 21 卷:卷 1—5,10—13,19—30

版框 13cm×10cm　開本 17cm×12cm

9 行 21 字,小字雙行同,黑口,四周雙邊,單黑魚尾。書衣題:廣事類賦。鈐印"□古人書""□臣氏""張□之印"。前有紹興丙寅邊惇德《序》。次有重訂事類賦目録。正文卷端題:重訂事類賦　宋博士渤海吴淑撰註　明後學無錫華麟祥校刊。

(2)

0690　**初學行文語類四卷**　(清)孫埏編輯

清乾隆十五年(1750)刻本

2 册(1 函)　存 2 卷:卷 1,3

版框 17cm×12.8cm　開本 23.8cm×15cm

10 行 22 字,小字雙行同,白口,四周單邊,單黑魚尾。封面題:乾隆十五年重鐫　四明蔣季眉孫上登編輯　增訂初學行文語類。前有乾隆四年蔣拭之撰《類語序》、乾隆十五年孫埏撰《類語序》。書衣題:行文語類。

按《中國古籍定級標準》,此書被定爲三級乙等古籍,作善本收藏。

(2)

0691　**廣事類賦四十卷**　(清)華希閔著　(清)鄒升恒参　(清)華希閎重訂

清嘉慶四年(1799)劍光閣刻本

10 册(1 函)

版框 17cm×13.5cm　開本 24.5cm×15.5cm

11 行 20 字,小字雙行同,白口,左右雙邊,單黑魚尾。封面題:嘉慶四年新鐫　重訂廣事類賦　劍光閣藏板。前有《重訂廣事類賦序》《廣事類賦序》。

按《中國古籍定級標準》,此書被定爲三級乙等古籍,作善本收藏。

(2)

0692　**廣事類賦四十卷**　(清)華希閔著　(清)華纓校

清刻本

5 册(1 函)　存 23 卷:卷 9—12,17—19,25—40

版框 18.5cm×14.5cm　開本 25.5cm×16.3cm

12 行 20 字,小字雙行同,白口,左右雙邊,單黑魚尾。正文卷端題:廣事類賦　無錫華希閔豫原著　男纓飛翮校。

(2)

0693　**廣事類賦四十卷**　(清)華希閔著　(清)尤紳參

清刻本

2 册(1 函)　存 10 卷:卷 18—22,31—35

版框 19cm×14.3cm　開本 25.5cm×16.4cm

12 行 20 字,小字雙行同,白口,左右雙邊,單黑魚尾。正文卷端題:廣事類賦　無錫華希閔豫原著　門人尤紳邦英參。

(2)

0694 **廣事類賦四十卷** (清)華希閔著 (清)華紘校
清刻本
3册(1函) 存13卷:卷11—14,27—30,36—40
版框19.5cm×14.5cm 開本25.5cm×16.3cm
12行20字,小字雙行同,白口,左右雙邊,單黑魚尾。正文卷端題:廣事類賦 無錫華希閔豫原著 男紘抑兮校。

(2)

0695 **廣事類賦四十卷** (清)華希閔著 (清)華纓校
清刻本
7册(1函) 存27卷:卷9—35
版框11cm×9.1cm 開本17.6cm×10.7cm
10行20字,小字雙行同,白口,左右雙邊,單黑魚尾。書衣題:廣事類賦。正文卷端題:廣事類賦 無錫華希閔豫原著 男纓飛翮校。鈐印"□□"。

(2)

0696 **廣事類賦四十卷** (清)華希閔著 (清)鄒兆升參
清刻本
2册(1函) 存6卷:卷4—9
版框12.7cm×9cm 開本16.4cm×10.7cm
9行23字,小字雙行同,黑口,左右雙邊。正文卷端題:廣事類賦 無錫華希閔豫原著 同學鄒兆升泰和參。

(2)

0697 **廣事類賦四十卷** (清)華希閔著 (清)鄒兆升參
清五瑞堂刻本
1册(1函) 存3卷:卷1—3
版框10.8cm×9cm 開本17.6cm×10.9cm
10行20字,小字雙行同,白口,左右雙邊,單黑魚尾。封面題:校正無訛 劍光閣增訂廣事類賦 五瑞堂藏板。前有康熙三十八年華希閔撰《廣事類賦序》。正文卷端題:廣事類賦 無錫華希閔豫原著 同學鄒兆升泰和參。鈐印"東川""琅邪王香谷藏書之印""暮雲春尌""留餘步""王士□私藏""天朗氣清惠風和暢""王□復印""香谷""紅□山館""香谷居士"。
2019年5月入選第四批《山東省珍貴古籍名録》(編號0513)。

(2)

0698 **廣事類賦四十卷** (清)華希閔著 (清)鄒兆升參
清乾隆二十九年(1764)劍光閣刻本
2册(1函) 存7卷:卷1—3,8—11
版框19cm×15.5cm 開本25.5cm×16cm
12行20字,小字雙行同,上黑口,左右雙邊,單黑魚尾。書衣題:劍光閣增廣事類賦。封面題:乾隆甲申新鐫　重訂廣事類賦　劍光閣藏板。前有《廣事類賦序》。正文卷端題:廣事類賦　無錫華希閔豫原著　同學鄒兆升泰和參。

按《中國古籍定級標準》,此書被定爲三級乙等古籍,作善本收藏。

(2)

0699　**廣事類賦四十卷**　(清)華希閔著　(清)鄒兆升參

清刻本

2 册(1 函)　存 8 卷:卷 3—6,18—21

版框 17.5cm×13.3cm　開本 24cm×15.3cm

12 行 20 字,小字雙行同,白口,左右雙邊,單黑魚尾。正文卷端題:廣事類賦　無錫華希閔豫原著　同學鄒兆升泰和參。

(2)

0700　**錦字箋四卷**　(清)黄澐纂　(清)侯文耀　(清)侯文燈編輯

清刻本

2 册(1 函)　存 2 卷:卷 3—4

版框 14.5cm×10.5cm　開本 20cm×12.3cm

9 行 20 字,小字雙行同,白口,四周單邊,單黑魚尾。正文卷端題:錦字箋　錫山黄澐維觀氏纂　後學侯文耀夏若　門下侯文燈伊傳編輯。

(2)

0701　**類類聯珠初編三十二卷二編十二卷**　(清)李堃編　(清)李椿林增補

清同治九年(1870)琉璃廠刻本

10 册(1 函)

版框 9.5cm×6.7cm　開本 11.7cm×7.5cm

12 行 24 字,白口,四周單邊,單黑魚尾。書衣題:類類聯珠初編。牌記題:同治癸酉年都城琉璃廠原本。前有同治九年洪璇樞撰《序》。正文卷端題:類類聯珠。版心上鐫:類類聯珠。版心下鐫:初編、二編。

(2)

0702　**類書纂要三十三卷**　(清)周魯輯

清刻本

8 册(1 函)　存 9 卷:卷 17—25

版框 19.5cm×11.6cm　開本 25.3cm×16cm

9 行 22 字,小字雙行同,白口,四周單邊,單白魚尾。

(2)

0703　**類書纂要三十三卷**　(清)周魯輯

清刻本

4 册(1 函)　存 5 卷:卷 10—12,15—16

版框 19.5cm×10.9cm　開本 25.4cm×15.4cm

9 行 22 字,小字雙行同,白口,四周單邊,單白魚尾。正文卷端題:類書纂要武林次辰黄太史鑒定　無錫周魯南林輯。

(2)

0704　**佩文韻府四百四十四卷**　(清)張玉書　(清)陳廷敬等撰
清刻本
2 册(1 函)　存 2 卷:卷 13—14
版框 16.5cm×11cm　開本 23.7cm×14.7cm
12 行 25 字,抬頭行 26 字,小字雙行同,白口,四周雙邊,單黑魚尾,無直格。版心上鎸:佩文韻府。

(2)

0705　**日知録集釋三十二卷附刊誤二卷續刊誤二卷**　(清)顧炎武著　(清)黄汝成集釋
民國四年(1915)中華圖書館石印本
8 册(1 函)
版框 17cm×11.9cm　開本 20cm×13.2cm
20 行 40 字,白口,四周單邊,單黑魚尾。書衣題:日知録集釋。封面題:顧炎武先生日知録。牌記題:中華民國四年印行。

(4)

0706　**日知録刊誤二卷**　(清)黄汝成撰
民國四年(1915)石印本
1 册
版框 17.4cm×11.8cm　開本 20cm×13.2cm
20 行 39 字,白口,四周單邊,單黑魚尾。書衣題:日知録刊誤。牌記題:中華民國四年印行。

(4)

0707　**太平廣記五百卷目録十卷**　(宋)李昉等編纂
清乾隆十八年(1753)黄晟刻本
9 册(1 函)　存 71 卷:卷 73—80,185—192,225—241,381—395,409—425,456—461
版框 12cm×9cm　開本 16cm×10.4cm
12 行 22 字,白口,四周雙邊,單黑魚尾。正文卷端題:太平廣記　天都黄晟曉峰氏校刊。避諱至玄。袖珍本。
按《中國古籍定級標準》,此書被定爲三級乙等古籍,作善本收藏。

(2)

0708　**唐類函二百卷**　(明)俞安期彙纂
明萬曆刻本
1 册(1 函)　存 5 卷:卷 191—195
版框 21.6cm×15cm　開本 28.5cm×17.3cm

10行20字，小字雙行，白口，四周單邊，單黑魚尾。正文卷端題：唐類函　明東吴俞安期彙纂　明武林朱文啓校訂。

按《中國古籍定級標準》，此書被定爲三級甲等古籍，作善本收藏。

(2)

0709　**新鐫註釋故事白眉十卷**　(明)許以忠纂集　燃藜閣重校

清乾隆十八年(1753)聚錦堂刻本

6册(1函)

版框19.5cm×11.6cm　開本23.1cm×13.5cm

二欄，上欄18行4字，下欄9行25字，小字雙行同，白口，四周單邊，單黑魚尾。書衣題：白眉故事。封面題：乾隆癸酉重刻　許貫日先生註釋　增補白眉故事　聚錦堂梓行。前有《故事白眉弁首》。正文卷端題：新鐫註釋故事白眉　貫日許以忠纂集　古延燃藜閣重較。

2023年5月入選第五批《山東省珍貴古籍名録》(編號0381)。

(2)

0710　**淵鑑類函四百五十卷目録四卷**　(清)張英　(清)王士禎等撰

清康熙四十九年(1710)内府刻本

107册(17函)　存335卷：卷23—26，30—43，47—60，64—89，96—98，102—105，109—132，138—222，226—229，234—237，242—309，312—335，339—355，359—370，401—412，417—424，435—442，447—450

版框16.2cm×11.5cm　開本24.5cm×15.2cm

10行21字，小字雙行同，黑口，四周雙邊，雙順黑魚尾。書衣題：淵鑑類函　卷四百一至四百四。

按《中國古籍定級標準》，此書被定爲三級乙等古籍，作善本收藏。

(2)

0711　**增補事類統編九十三卷首一卷**　(清)王鳳喈撰註　(清)王仕偉校録

清敦好堂刻本

8册(1函)　存14卷：卷26—30，38—39，56—59，63—65

版框12.6cm×9.8cm　開本17.5cm×11.7cm

9行23字，小字雙行同，白口，四周雙邊，單黑魚尾。版心下鐫：敦好堂。

(2)

0712　**增補事類統編九十三卷首一卷**　(清)黄葆真增輯　(清)何立中校字

清敦好堂刻本

18册(1函)　存41卷：卷5—11，44—45，50—51，54—61，64—65，68—79，86—93

版框13cm×9.5cm　開本17.5cm×11.5cm

9行21字，小字雙行同，白口，四周雙邊，單黑魚尾。卷5正文卷端題：增補事類統編　丹陽黄葆真誠齋增輯　何立中敬亭校字。卷6版心下鐫：敦好堂。

(2)

0713　**增補事類統編九十三卷首一卷**　(清)王鳳喈撰註　(清)王仕偉校録

清文選樓刻本

8 册(1 函)　存 15 卷:卷 29—43

版框 13cm×9.5cm　開本 17.5cm×11.5cm

9 行 23 字,小字雙行同,白口,四周雙邊,單黑魚尾。卷 29 正文卷端題:增補事類統編　王鳳喈譔註　男仕偉校録。卷 29、卷 31 版心下鐫:文選樓。

(2)

0714　**增補事類統編九十三卷首一卷**　(清)黄葆真增輯　(清)何立中校字

清道光二十六年(1846)丹陽黄氏敦好堂刻本

40 册(5 函)　存 78 卷:卷 1—27,44—93,首 1 卷

版框 13cm×10cm　開本 18cm×12cm

9 行 21 字,小字雙行同,白口,四周雙邊,單黑魚尾。封面題:增補事類賦統編。牌記題:道光丙午孟秋　丹陽黄氏開鐫。鈐印"埽葉山房督造書籍"。前有《重訂事類賦序》。版心下鐫:敦好堂。

(1)

0715　**增補事類統編九十三卷首一卷**　(清)黄葆真增輯　(清)何立中校字

清刻本

15 册(1 函)　存 30 卷:卷 2—6,15—16,19,42—43,62—63,66—68,72—74,82—93

版框 13cm×10cm　開本 16.3cm×11cm

9 行 21 字,小字雙行同,白口,四周雙邊,單黑魚尾。鈐印"乾元"。

(2)

0716　**增補字類統編九十三卷**　(清)黄葆真增輯　(清)何立中校字

清刻本

28 册(5 函)　存 72 卷:卷 6—30,45—57,60—93

版框 9.8cm×7.4cm　開本 14.7cm×8.7cm

8 行 21 字,小字雙行同,白口,四周雙邊,單黑魚尾,無直格。卷 60 正文卷端題:增補字類統編。

(2)

0717　**增訂錦字箋四卷**　(清)黄澐纂

清刻本

5 册(1 函)

版框 14.5cm×10cm　開本 21.5cm×12cm

8 行 20 字,小字雙行同,白口,四周雙邊,無魚尾。書衣題:錦字箋。版心鐫:增訂錦字箋。書名據版心題録。

(1)

# 釋家類

0718　**佛説阿彌陀經一卷**　(後秦)釋鳩摩羅什譯

民國二十七年(1938)上海道德書局石印本

1册(1函)

開本 26.1cm×15cm

8行18字,黑口,無格。有圖。書衣題:阿彌陀經　姬佛陀敬題。鈐印"杏齋""李敬壇印"。

(1)

0719　**根本經□□卷**　(□)□□撰

民國二十六年(1937)麻渠普濟佛教分會石印本

1册(1函)

版框 16.5cm×11.5cm　開本 20.1cm×14.8cm

12行22字,白口,四周雙邊,單黑魚尾。書衣題:根本經　内附　老母收緣卷　種瓜記　敬灶王經　老母採茶經　鬧雲城經　三皇姑採茶經。牌記題:中華民國二十六年六月再版。

(1)

0720　**戒殺放生文一卷**　(明)釋袾宏撰

民國十五年(1926)上海宏大善書局石印本

1册(1函)

版框 16.4cm×10.5cm　開本 19.8cm×13.3cm

10行24字,白口,四周雙邊,單黑魚尾。書衣題:戒殺放生文　庚申季春佩道人題。鈐印一枚,不清晰。封面題:丙寅孟春　戒殺放生文　四明方壺署。牌記題:上海河南路中市宏大善書局石印。前有《戒殺放生文序》。正文卷端題:戒殺放生文　古杭雲棲寺沙門袾宏撰並書。版心下鐫:上海宏大紙號印。

(1)

0721　**金剛般若波羅密經直解二卷**　(後秦)釋鳩摩羅什譯　(清)純陽子解　(清)王貽桂添註

清咸豐十年(1860)濟南文德堂刻本

1册(1函)

版框 12cm×9.5cm　開本 20.5cm×13cm

9行17字,小字雙行同,白口,四周單邊,單黑魚尾。書衣題:金剛般若波羅密經。前有乾隆元年純陽子撰《叙》。次有嘉慶四年王貽桂撰《序》。次有《金剛經啟請》。正文卷端題:金剛般若波羅密經直解。版心上鐫:金剛經。後有乾隆五十三年馮堜撰《跋》。跋曰:"金剛經心經註解乃唐吕祖降乩授,清福建黄正元讀。"後題:咸豐十年望松重刻。歷邑張英麟書。跋末題:板存後宰門街文德堂刻字店。

(1)

0722 **金剛經三十二章圓通文尼自在光佛直解** (後秦)釋鳩摩羅什譯
清光緒九年(1883)青州同善堂刻本
1册(1函)
版框 18cm×12cm 開本 24.5cm×15cm
6行13字,白口,左右雙邊,單黑魚尾。封面題:光緒癸未冬月重刻 吕祖註講金剛心經 板存青州考院街同善堂。前有道光戊子好道子撰《序》。正文卷端題:金剛經啟請。

(1)

0723 **摩訶般若波羅蜜多心經一卷** (唐)釋玄奘譯
民國十八年(1929)膠澳鉛印本
1册(1函)
版框 20.8cm×13.4cm 開本 28.1cm×15.9cm
15行38字,白口,四周雙邊,單黑魚尾。封面題:己巳仲春印於膠澳 心經註解 夏子賢 姚華蓀 孫翰忱敬贈。正文卷端題:大興朱文正公原本 摩訶般若波羅蜜多心經。版心上鎸:心經註解。

(1)

0724 **孽海舟四卷** (□)□□撰
民國石印本
1册(1函) 存1卷:卷3
版框 18.3cm×12.8cm 開本 25.5cm×16cm
9行21字,白口,四周雙邊,單黑魚尾。封面題:孽海舟卷三 不看送人訓 慎勿褻瀆。版心上鎸:孽海舟。

(1)

0725 **未來保命註解説明真經** (□)□□撰
民國鉛印本
1册(1函)
版框 21.4cm×13.1cm 開本 25.7cm×14.4cm
8行15字,白口,四周雙邊,單黑魚尾。有圖。書衣題:未來保命注解説明真經。卷首有佛圖12幅,末尾1幅。首卷卷端題:四句真言。書衣鈐印"攷道选佛"。

(1)

## 道家類

0726 **大成捷要二卷** 朱文彬撰
民國二十三年(1934)山東印書館鉛印本
2册(1函)
版框 20cm×11.6cm 開本 27cm×15.5cm

10行26字,黑口,四周雙邊,單黑魚尾。封面題:民國二十三年正月　大成道鄉修真全集　承印者山東印書館。

(1)

0727　**[道符]一卷**　(□)□□撰

清抄本

1册(1函)

開本18.4cm×13cm

12行32字,白口,無格。正文卷端題:應用之物。有圖。書名自擬。

(1)

0728　**道鄉集二卷**　史從龍輯

民國十七年(1928)嶗山白雲洞石印本

1册(1函)　存1卷:卷1

版框19.5cm×12.5cm　開本26.3cm×15.4cm

9行22字,白口,四周雙邊,單黑魚尾。封面題:民國十七年榴月石印　道鄉集　嶗山白雲洞珍存。前有《孚佑帝君序》。首卷卷端題:三丰真人降詩。版心上鎸:道鄉集。

(1)

0729　**廣野歸原寶筏不分卷**　(清)廣野老人撰

清光緒十六年(1890)繩一子刻本

1册(1函)

版框18.6cm×12.5cm　開本24.3cm×15.3cm

8行20字,上黑口,四周雙邊,單黑魚尾。封面題:光緒庚寅重鎸　歸原寶筏　板藏蓬萊閣。前有光緒十六年繩一子撰《歸原寶筏重刻小引》。

(1)

0730　**濟世寶筏□□卷**　(□)□□撰

民國七年(1918)刻本

1册(1函)

版框21.5cm×12cm　開本26cm×15cm

8行22字,白口,四周雙邊,單黑魚尾。封面題:民國戊午年刊　濟世寶筏。前有《釋迦佛讚》。版心上鎸:濟世寶筏下卷。正文卷端下鈐印"中國佛教會高密縣分會""王星元印"。

(1)

0731　**金籙延禧十轉玄靈早朝科儀□□卷**　(□)□□撰

清抄本

1册(1函)

開本23.5cm×12.5cm

8行21字,白口,無格。正文卷端題:金籙延禧十轉玄靈早朝科儀。

(1)

0732 **看破世界不分卷** (清)香花道人編
清末諸城恒心石印局石印本
1冊(1函)
版框16.5cm×11.5cm 開本20.3cm×13.3cm
13行33字,白口,四周單邊,單黑魚尾。正文卷端題:看破世界 香花道人重編。卷末題:諸城鐘樓後恒心石印局代印。

(1)

0733 **老子道德經** (晋)王弼註
民國上海中華書局石印本
12冊(1函)
版框12cm×8cm 開本15.1cm×10.5cm
10行15字,小字雙行同,白口,四周單邊,雙黑魚尾。牌記題:四部備要 子部 上海中華書局據華亭張氏本校刊。版心下鎸:中華書局聚珍倣宋版印。

(2)

0734 **靈寶施食** 徐元秀抄
民國二十一年(1932)抄本
1冊(1函)
開本32cm×19cm
7行13字。書衣題:靈寶施食 全部 青雲觀廟徐記。首卷卷端第二列題有:山東諸城縣某鄉社某人氏。卷末題:中華民國貳拾壹年六月望後子俊徐元秀應同窗友人之囑敬書青雲觀弟子徐元聚珍藏。徐元秀,山東諸城人。

(1)

0735 **南華真經解内篇一卷外篇一卷雜篇一卷** (清)宣穎著 (清)王暉吉校
清刻本
3冊(1函)
版框20.5cm×14.2cm 開本25.6cm×15.7cm
9行24字,白口,四周雙邊,單黑魚尾。正文卷端題:南華真經解 句曲後學宣穎茂公著 同學王暉吉季孟較。

(2)

0736 **南華真經解内篇一卷外篇一卷** (清)宣穎著 (清)王暉吉校
清康熙六十年(1721)積秀堂刻本
2冊(1函)
版框20.7cm×14.3cm 開本21.7cm×15.2cm
9行24字,小字雙行同,白口,四周雙邊,單黑魚尾。封面題:句曲宣茂公先生手著 莊子南華經解 積秀堂梓行。前有康熙六十年張芳撰《序》、康熙六十年宣穎撰《自序》。正文卷端題:南華真經解 句曲後學宣穎茂公著 同學王暉吉季孟較。

按《中國古籍定級標準》,此書被定爲三級乙等古籍,作善本收藏。

(2)

0737 **祈福永觀苦渡文不分卷** 王坤善選 王佩榮録

民國三十三年(1944)膠縣大同印刷社鉛印本

1 册(1 函)

版框 21cm×12.3cm 開本 26cm×15cm

10 行 27 字,白口,四周雙邊,單黑魚尾。書衣題:祈福永觀苦渡文 甲申年桃月膠縣鄭家廟訂。前有《祈福永觀苦渡文序》。版心上鎸:苦渡文。版心下鎸:膠縣大同印刷社製。

(1)

0738 **施食無量大天尊一卷** (□)□□撰

清抄本

1 册(1 函)

開本 29.3cm×21cm

7 行 10 字,白口,無格。正文卷端題:施食無量大天尊。

(1)

0739 **太上感應篇圖説八卷** (宋)李昌齡撰 (清)黄正元輯

清刻本

1 册(1 函) 存 1 卷:卷 3

版框 20cm×12.5cm 開本 24.3cm×15cm

9 行 25 字,白口,左右雙邊,單黑魚尾。書衣題:太上感應篇圖説 誠敬展觀 卷三 童祥熊題籤 膠州慎餘堂敬送 每部八卷 幸勿遺失。正文卷端題:施恩不求報 忠字號第三卷。版心上鎸:太上感應篇圖説。書内有圖。

(1)

0740 **文昌帝君聖訓寶箴不分卷** (清)□□撰

清同治九年(1870)袁翼夔抄本

1 册(1 函)

開本 16.5cm×11.5cm

9 行 24 字,白口,無格。正文卷端題:文昌帝君聖訓寶箴。卷末題:同治九年歲次庚午八月既望海舫子袁翼夔薰沐敬題。鈐印"袁翼夔印""詔卿""南"。

(1)

0741 **文昌化書四卷** (清)趙申喬藏校

清嘉慶十二年(1807)東武王增傑紹德堂刻本

1 册(1 函)

版框 18.5cm×12.5cm 開本 26cm×14.8cm

10 行 21 字,白口,四周單邊,單黑魚尾。書衣題:帝君化書。封面題:嘉慶十二年敬鎸 文昌化書 紹德堂藏板。前有序。正文卷端題:文昌化書 蘭陵趙申喬

藏較　東武王增傑重刊。

按《中國古籍定級標準》,此書被定爲三級丙等古籍,作善本收藏。

(2)

0742　**陰騭果報圖註一卷**　(清)吴嘉猷繪

清光緒十七年(1891)宏大善書局石印本

1册(1函)

版框17cm×10.5cm　開本20cm×13.3cm

12行26字,小字雙行,白口,四周雙邊。封面題:陰騭果報圖注　光緒十有七年春三月元和沈錦垣沐手謹署。正文卷端題:太上感應篇。版心上鐫:陰騭果報圖註。版心下鐫:宏大善書局印。書内有圖。

(1)

0743　**元始天尊説三官消災滅罪懺三卷**　(□)□□撰

清抄本

2册(1函)　存2卷:中、下

開本28.5cm×14.3cm

6行15字,白口,四周雙邊。經折裝。

(1)

# 集　部

## 别集類

0744　**[八股文作法]一卷**　(清)□□輯

清抄本

1 册(1 函)

開本 24cm×13cm

9 行 25 字,白口,無格。正文卷端題:破題者,將題中之意分而明之也。

(1)

0745　**八指頭陀詩續集八卷**　(清)釋敬安撰

民國北京法源寺刻本

1 册(1 函)　存 3 卷:卷 6—8

版框 16.8cm×13cm　開本 27cm×18cm

10 行 21 字,白口,左右雙邊,雙黑魚尾。正文卷端題:八指頭陀詩續集卷六 釋敬安寄禪。

(1)

0746　**板橋詩鈔四卷**　(清)鄭燮撰

民國鑄記書局石印本

4 册(1 函)

版框 14.7cm×11cm　開本 19.9cm×13.1cm

8 行 12 字,白口,四周單邊。書衣題:原版缩影鄭板橋全集　鑄記書局石印。正文卷端題:板橋詩鈔　范縣作　興化鄭燮克柔氏。

(2)

0747　**板橋詩鈔一卷板橋詞鈔一卷**　(清)鄭燮著

清乾隆司徒文膏寫刻本

2 册(1 函)

版框 16.3cm×13.6cm　開本 25.7cm×16.4cm

《板橋詩鈔》8 行 12—13 字,白口,四周單,《板橋詞鈔》8 行 13—14 字,白口,左右雙邊。《板橋詩鈔》正文卷端題:板橋詩鈔　范縣作　興化鄭燮克柔氏。《板橋詞鈔》正文卷端題:板橋詞鈔　興化縣鄭燮著　上元司徒文膏刻。

按《中國古籍定級標準》,此書被定爲三級乙等古籍,作善本收藏。

(2)

0748　**板橋詩鈔一卷**　(清)鄭燮著

清乾隆刻本

1 册(1 函)

版框 16.3cm×13.6cm　開本 25.7cm×16.4cm

10 行 19 字,小字雙行同,白口,左右雙邊,單黑魚尾。木記:板橋道人　十年縣令　雪浪齋。前有《前刻詩序》《後刻詩序》,正文卷端題:板橋詩鈔　興化鄭燮克柔氏著。第一首爲鉅鹿之戰。

按《中國古籍定級標準》,此書被定爲三級乙等古籍,作善本收藏。

(2)

0749　**蠶尾集十卷續集二卷後集二卷**　(清)王士禛撰

清康熙刻本

5 册(1 函)　存 12 卷:《蠶尾集》卷 1—10,《續集》卷 1—2

版框 16.3cm×13.3cm　開本 27cm×17cm

10 行 19 字,黑口,左右雙邊,單黑魚尾。前有康熙三十五年宋犖撰《叙》。

2012 年 1 月入選第二批《山東省珍貴古籍名録》(編號 1805)。

(2)

0750　**草堂詩稿一卷**　(□□)祝桂山撰

民國三十三年(1944)抄本

1 册(1 函)

版框 19.5cm×14.3cm　開本 23cm×17.5cm

10 行 24 字,白口,左右雙邊,上下雙花邊,單紅魚尾。祝桂山,東武人。前有民國三十三年歲次甲申六月東武祝桂山景顏氏《自序》。鈐印“祝桂山章”。詩稿收詩 159 首。

(1)

0751　**昌黎先生集四十卷外集十卷點勘四卷**　(唐)韓愈撰

民國章氏刻本

9 册(1 函)　存 53 卷:卷 2—40,《外集》10 卷,《點勘》4 卷

版框 16.8cm×12cm　開本 20.2cm×13.3cm

14 行 32 字,小字雙行同,白口,左右雙邊,單黑魚尾。書衣題:韓昌黎先生全集(東雅堂原本)。版心上鎸:韓昌黎全集。版心下鎸:東雅堂原本。

(2)

0752　**尺牘句解初集四卷增廣尺牘句解二集四卷**　(清)桃花館主編

清光緒二十二年(1896)上海才記書棧石印本

2 册(1 函)
版框 10.2cm×6.8cm　開本 12.7cm×7.7cm
11 行 25 字,黑口,四周雙邊,單黑魚尾。封面題:桃花館主編　增廣尺牘句解初集　上海四馬路永慶里上海才記書棧發兑。

(1)

0753　**重訂李義山詩集箋註三卷**　(唐)李商隱著　(明)朱鶴齡原本　(清)程夢星删補
清乾隆刻本(佚名批點)
1 册(1 函)　存 1 卷:卷上
版框 18.8cm×13.5cm　開本 25cm×14.5cm
10 行 21 字,小字雙行 31 字,黑口,四周單邊,單黑魚尾。前有《舊唐書・文苑傳》。佚名批點。避諱至玄。鈐印"古柏尚留今日翠""我思古人""時與賞心遇""警菴""忠孝傳家""曉園""王縈昕印""買花得蝶""移石饒雲"。

(2)

0754　**重訂古文釋義新編八卷**　(清)余誠評註　(清)余芝參閲
清光緒二十九年(1903)成文堂刻本
8 册(1 函)
版框 18.9cm×13cm　開本 24.5cm×14.5cm
二欄,上欄 20 行 6 字,下欄 10 行 22 字,小字雙行同,行間夾註,白口,四周單邊,單黑魚尾。封面題:光緒癸卯季冬新刊　上元余自明評選　古文釋義　德盛堂藏板。前有《重鐫古文釋義序》。版心下鐫:成文堂。

(2)

0755　**重刊分類補註李詩全集二十五卷**　(唐)李白撰　(宋)楊齊賢集註　(元)蕭士贇補註 & **重刊分類編次李太白文集五卷**　(唐)李白撰　(明)郭雲鵬編次
明刻本
6 册(1 函)
版框 20cm×14.5cm　開本 29cm×17.7cm
11 行 22 字,小字雙行同,白口,左右雙邊,單黑魚尾。前有《唐翰林李太白詩序》等。

(2)

0756　**[萃芬堂即事等詩鈔]一卷**　(清)□□撰
清抄本
1 册(1 函)
開本 24.3cm×14.2cm
9 行 22 字,白口,無格。書名據卷端自擬。

(2)

0757 **大司空鄉會硃卷一卷** (明)臧惟一撰
清抄本
1 册(1 函)
開本 24.2cm×14.2cm
10 行 30 字,白口,無格。書衣題:大司空鄉會硃卷。書名據書衣題録。鈐印“臧魁璧印”“□□”。正文卷端題:四書　乙丑會試硃卷。

(1)

0758 **東坡全集一百十五卷** (宋)蘇軾撰
上海中華書局石印本
10 册(1 函)　存 66 卷:首 1 卷,《東坡集》40 卷,《東坡後集》20 卷,《東坡奏議》5 卷
版框 15.5cm×11.3cm　開本 19.6cm×13.4cm
20 行 20 字,白口,四周單邊,雙黑魚尾。前有《重刊蘇文忠公全集序》。封面題:東坡全集。牌記題:四部備要集部　上海中華書局據匋齋校刊本校刊。版心上鎸:東坡集。版心下鎸:中華書局聚珍倣宋版印。書名據封面。

(6)

0759 **東坡題跋不分卷** (宋)蘇軾著 & **山谷題跋二卷** (宋)黄庭堅撰
清温良抄本
4 册(1 函)
開本 23.7cm×14.9cm
9 行 21 字,白口,無格。正文卷端題:東坡題跋　眉山蘇軾著　醉墨温良録。

(1)

0760 **東坡先生全集七十五卷** (宋)蘇軾撰
明末刻本
34 册(4 函)
版框 20cm×15.6cm　開本 25.5cm×16.2cm
10 行 19 字,白口,左右雙邊。前有東坡先生全集目録。正文卷端題:東坡先生全集。
2012 年 1 月入選第二批《山東省珍貴古籍名録》(編號 0458)。

(1)

0761 **東武詩存十卷** (清)王賡言纂
清嘉慶二十五年(1820)化香閣刻本
10 册(2 函)
版框 18.3cm×13.6cm　開本 24.5cm×15.5cm
10 行 21 字,白口,左右雙邊,單黑魚尾。版心下鎸:化香閣。
按《中國古籍定級標準》,此書被定爲三級乙等古籍,作善本收藏。

(1)

0762　**讀書後八卷**　(明)王世貞撰　(清)顧朝泰校

清乾隆刻本

2册(1函)

版框 18.8cm×13.5cm　開本 27.5cm×17.5cm

10行23字,白口,左右雙邊,單黑魚尾。正文卷端題:讀書後　瑯琊王世貞元美撰　梁溪顧朝泰昇階校。

2012年1月入選第二批《山東省珍貴古籍名録》(編號1734)。

(2)

0763　**遯夫詩集□卷**　(清)王在宣撰

民國二十二年(1933)鉛印本

1册(1函)　存4卷:卷8—11

版框 17.5cm×12.5cm　開本 26.5cm×15.4cm

15行35字,黑口,四周雙邊,單黑魚尾。牌記題:民國二十二年七月印竣。正文卷端題:遯夫詩集　瓠樽集卷八　清光緒三十年至民國元年　東武王在宣萬達。

(2)

0764　**放鶴村文集五卷**　(清)張侗著

清刻本

1册(1函)

版框 19.5cm×13.8cm　開本 27cm×16.5cm

10行21字,白口,四周雙邊,單黑魚尾,無直格。前有康熙四十年金奇玉撰《序》。正文卷端題:放鶴村文集　琅邪張侗石民著　孫用魯紹民　景初中黄　昉初仔伯　用書敬紳纂輯　同邑後學王斂福凝箕　高璿齊光　竇詵斯和參閲　丁克智臨遠校對。

2019年5月入選第四批《山東省珍貴古籍名録》(編號0594)。

(2)

0765　**馮註李義山詩集六卷年譜一卷目録一卷**　(唐)李義山撰　(清)馮浩註

民國三年(1914)崇古山房石印本

8册(1函)

版框 16.7cm×12.3cm　開本 19.7cm×13cm

12行24字,白口,四周雙邊,單黑魚尾。書衣題:馮注李義山詩集。封面題:馮註李義山詩集　拙盦題。牌記題:民國三年正月崇古山房石印本。

(4)

0766　**艮齋文選一卷**　(清)李澄中撰

清刻本

1册(1函)

版框 19.2cm×11.2cm　開本 25.3cm×16.3cm

10行26字,白口,左右雙邊,單黑魚尾,無直格。書衣題:漁村先生集。鈐印

“□□臧世氏珍藏”。封面題:艮齋文選。
2023年5月入選第五批《山東省珍貴古籍名録》(編號0447)。

(1)

0767 **艮齋文選一卷** (清)李澄中撰
清刻本
1冊(1函)
版框19cm×11.6cm 開本25.5cm×16.2cm
10行26字,白口,左右雙邊,無直格。正文卷端題:艮齋文選。版心上鎸:艮齋文選。

(2)

0768 **庚辰集五卷** (清)紀昀編
清刻本
5冊(1函)
版框18.5cm×12.7cm 開本24.5cm×15.5cm
10行24字,小字雙行同,白口,左右雙邊,單黑魚尾。封面題:庚辰集 康熙庚辰科至乾隆庚辰科 館閣詩併試卷行卷 唐人試律説 河間紀曉嵐編。前有序。正文卷端題:庚辰集 河間紀昀編。

(2)

0769 **庚辰集五卷唐人試律説一卷** (清)紀昀編
清積秀堂刻本
5冊(1函)
版框20.3cm×14cm 開本24cm×15.5cm
10行24字,小字雙行同,白口,左右雙邊,單黑魚尾。封面題:河間紀曉嵐編 積秀堂梓 庚辰集 康熙庚辰科至乾隆庚辰科 館閣詩併試卷行卷 後附唐人試律説。正文卷端題:庚辰集 河間紀昀編。

(2)

0770 **耕餘集□□卷** (□)東門居士録
清抄本
3冊(1函) 存3卷:卷4—6
開本17.1cm×12.8cm
12行24字,白口,無格。正文卷端題:耕餘集 東門居士録。鈐印“崇雅堂鍾”“劉心瀒印”“静齋”。

(2)

0771 **海天居詩集四卷** (清)王紹周著
民國十二年(1923)石印本
1冊(1函) 存2卷:卷3—4
版框19.8cm×11.7cm 開本26.5cm×15.3cm

10行25字,四周單邊。正文卷端題:海天居詩集卷三　諸城王紹周復先著　安邱王心謙竹軒選　受業劉燕賓錫廷　孫樹傑子英校。版心鐫:七言律詩。王紹周(? —1919),字復先,山東諸城人。

(2)

0772　**韓文杜律二卷**　(唐)韓愈　(唐)杜甫撰　(明)郭正域評選

明萬曆閔齊伋刻套印本

1册(1函)　存1卷:韓文1卷

版框20.2cm×14.5cm　開本27.5cm×18cm

8行18字,白口,左右雙邊,無魚尾。書衣題:韓文　郭明龍評選。前有郭正域撰《評選韓昌黎文序》。

2009年4月入選第一批《山東省珍貴古籍名録》(編號1535)。

(1)

0773　**河間試律矩三卷**　(清)紀昀著　(清)林昌評註

清抄本

1册(1函)

開本23.5cm×12.7cm

9行20字,小字雙行,白口,無格。書衣題:河間試律矩　癸巳菊月重訂。正文卷端題:象罔求珠。

(1)

0774　**虹舟制義不分卷**　(清)李祖惠撰

清刻本

2册(1函)

版框19.9cm×11cm　開本21.5cm×12.7cm

9行25字,白口,四周單邊,無魚尾。版心鐫:乾隆壬申恩科。

(2)

0775　**話真詩草一卷**　(清)臧燿初著

清光緒八年(1882)諸城臧燿初抄本

1册(1函)

開本24.5cm×13cm

9行22字,白口,無格。前有咸豐三十年臧燿初自識:光緒八年臧燿初復鈔時年六十七歲。正文卷端題:話真詩草　諸城臧燿初晋堂著。

(1)

0776　**話真詩草一卷**　(清)臧燿初撰

清抄本

1册(1函)

開本24.5cm×13cm

8行21字,白口,無格。正文卷端題:外集　話真詩草　諸城臧燿初晋堂著。

詩262首。

(1)

0777 **會試硃卷(光緒丁丑科)一卷** (清)徐堉撰

清光緒刻本

1册(1函)

版框16.3cm×12.5cm 開本26.4cm×15cm

行字不一,白口,四周雙邊,單黑魚尾。前爲徐堉履歷,後爲會試硃卷。徐堉,山東諸城人,光緒三年進士。

(1)

0778 **寄嶽雲齋選讀一卷** (清)聶銑敏著

清光緒十年(1884)抄本

2册(1函)

開本23.5cm×12.5cm

6行18字,白口,無格。書名據封面題録。封面題:寄嶽雲齋選讀 甲申春日。正文卷端題:萬家雲氣中 聶銑敏。

(1)

0779 **家政須知一卷** (清)丁耀亢著

清康熙抄本

1册(1函)

開本23.2cm×12.3cm

9行25字,白口,無格。書衣題:家政須知 乙丑抄録。正文卷端題:家政須知 諸城丁野鶴著。

2009年4月入選第一批《山東省珍貴古籍名録》(編號3296)。

(2)

0780 **兼濟堂文集選二十卷** (清)魏裔介著 (清)魏荔彤編輯

清龍江書院刻本

7册(1函) 存10卷:卷10—13,15—20

版框18.2cm×13.5cm 開本25.5cm×15.5cm

9行20字,白口,左右雙邊,單黑魚尾。正文卷端題:兼濟堂文集選 栢鄉魏裔介貞菴著 男荔彤編輯。版心下鎸:龍江書院鎸。

(2)

0781 **江干草二卷** (清)丁耀亢著

清康熙十二年(1673)家刻本

2册(1函)

版框18.5cm×14cm 開本24cm×16cm

9行21字,小字雙行同,白口,四周單邊,單黑魚尾。前有康熙癸丑龔鼎孳撰《序》。正文卷端題:江干草 諸城丁耀亢野鶴著。鈐印"王建勳印"。

2009年4月入選第一批《山東省珍貴古籍名録》(編號3297)。

(2)

0782 **椒丘詩二卷** (清)丁耀亢著

清順治刻本

1册(1函) 存1卷:卷1

版框17.5cm×13.8cm 開本26cm×16cm

9行21字,白口,四周單邊,單黑魚尾,無直格。前有順治乙未丁耀亢撰《椒丘詩叙》。正文卷端題:椒丘詩 東海丁耀亢埜鶴著。鈐印“王建勳印”。

2012年1月入選第二批《山東省珍貴古籍名録》(編號1750)。

(2)

0783 **金蘭詩刻三卷** (清)臧盛枌著 (清)臧燿初録

清光緒十一年(1885)諸城臧燿初抄本

1册(1函)

開本24.5cm×13cm

9行22字,白口,無格。前有咸豐九年臧燿初《序》。序末題:光緒十一年歲次乙酉臧燿初清録,時年七十歲。正文卷端題:金蘭詩刻 諸城臧盛枌昔農著 男燿初敬録。臧盛枌,山東諸城人,臧燿初之父。

(1)

0784 **静遠堂詩存一卷** (清)孟繼垚撰

民國六年(1917)石印本

1册(1函)

版框17cm×11.1cm 開本27cm×15cm

7行18字,四周單邊,白口,無直格。封面題:丁巳仲夏 静遠堂詩存 李桂馨敬署。牌記題:中華民國六年六月石印。正文卷端題:静遠堂詩存 諸城孟繼垚學山。前有郭金篆《序》,後有楊廷榦《跋》,後有郭金範《題辭》。鈐印“李桂馨”“高密楊廷榦印”“鐵漁長壽”“郭金篆印”“芝蕿”“郭金範印”“莘丞”。

(2)

0785 **覺生賦鈔不分卷** (清)鮑桂星撰

清刻本

1册(1函)

版框10.8cm×7.3cm 開本15.3cm×9.2cm

10行23字,白口,四周雙邊,單黑魚尾。書衣題:覺生賦鈔 歙縣鮑桂星雙五。正文卷端題:覺生賦鈔 歙鮑桂星雙五。鈐印4枚。

(1)

0786 **刻鵠齋詩鈔一卷** (清)臧應鈞撰

清鄭杲抄本

1册(1函)

版框 13.5cm×9.5cm　開本 20.5cm×13cm

8行12字,白口,四周雙邊,無魚尾。前有乾隆癸巳臧潤撰《序》。正文卷端題:刻鴿齋詩鈔　瑯琊臧應鈞鳳標撰。卷末題:愚表甥鄭杲薰沐書。

(1)

0787　**[李澄中詩鈔]一卷**　(清)李澄中撰

清抄本

1册(1函)

開本 21.5cm×14.2cm

6行20字,白口,無格。題名本館自擬。李澄中(1629—1700),山東諸城人。2012年1月入選第二批《山東省珍貴古籍名録》(編號1875)。

(2)

0788　**兩間書屋醉吟草一卷**　(清)管啓柖著

清光緒刻本

1册(1函)

版框 17cm×12.1cm　開本 25.9cm×14.1cm

8行18字,白口,四周單邊,單黑魚尾。書衣題:兩間書屋醉吟草　光緒甲午牛蔚堂題簽。正文卷端題:兩間書屋醉吟草　東武管啟柖蘧軒甫著。管啓柖,山東諸城人。

(2)

0789　**林於草堂和龔學士莘野梅詩一百首一卷**　(清)宫去矜撰　(清)徐本仙輯

清刻本

1册(1函)

版框 17.5cm×12.5cm　開本 22.3cm×14.5cm

10行18字,白口,左右雙行,單黑魚尾。正文卷端題:林於草堂和龔學士莘野梅詩一百首　高密宫去矜伯申。

(2)

0790　**六也堂訓蒙草一卷虚字詳解一卷**　(清)李岸南撰　(清)路德鑒定

清光緒十七年(1891)成文堂刻本

2册(1函)

版框 16.5cm×10.5cm　開本 21cm×12.5cm

8行25字,小字雙行同,白口,四周單邊,無魚尾。封面題:光緒十七年鐫　六也堂訓蒙草　虚字詳解附　成文堂藏板。正文卷端題:六也堂訓蒙草　粤東李岸南先生原本　盩厔路閏生先生鑒定。前有序。路德(1785—1851),字閏生,西安盩厔人。

(1)

0791 **陸舫詩草五卷** (清)丁耀亢著
清康熙刻本
3册(1函)
版框18.5cm×14cm 開本24cm×16cm
9行21字,白口,四周單邊,單黑魚尾。前有序。鈐印"王建勳印"。正文卷端題:陸舫詩草 諸城丁耀亢野鶴甫著。丁耀亢(1599—1669),山東諸城人。
2009年4月入選第一批《山東省珍貴古籍名録》(編號3295)。
(2)

0792 **欒城集四十八卷目録二卷欒城後集二十四卷** (宋)蘇轍撰
清道光十二年(1832)眉州三蘇祠刻本
18册(1函)
版框19.5cm×13.5cm 開本26cm×18.5cm
9行25字,黑口,左右雙邊,雙對黑魚尾。封面題:道光壬辰新鐫 欒城初集 板藏眉州三蘇祠。前有宋淳熙六年鄧光撰《欒城集跋語》。
(1)

0793 **欒城應詔集十二卷後集二十卷三集十卷** (宋)蘇轍撰 & **斜川集六卷** (宋)蘇過撰
清道光十二年(1832)眉州三蘇祠刻本
12册(1函)
版框19.8cm×13.7cm 開本26cm×16.5cm
9行25字,黑口,左右雙邊,雙對雙黑魚尾。封面題:道光壬辰新鐫 欒城應詔集 板藏眉州三蘇祠。前有欒城應詔集目録。此書與《欒城第三集》10卷、《欒城後集》20卷、《斜川集》6卷合刻。
(1)

0794 **駱賓王文集十卷** (唐)駱賓王撰
民國上海涵芬樓藏明翻元刊影印本
1册(1函)
版框13.8cm×10.7cm 開本20cm×13.3cm
11行18字,白口,四周單邊,單黑魚尾。書衣題:駱賓王文集。封面題:駱賓王文集。牌記題:上海涵芬樓藏明翻元刊本 元書版心高營造尺五寸六分寬四寸三分。前有郗雲卿撰《駱賓王文集序》。鈐印"徐季聞收藏印"。
(4)

0795 **孟東野詩集十卷** (唐)孟郊撰 (宋)國材 (宋)劉辰翁評
明凌濛初刻朱墨套印盛唐四名家集本
4册(1函) 存4卷:卷1,3,6,9
版框20.2cm×14.9cm 開本26cm×17.3cm
8行19字,白口,左右雙邊,無魚尾,眉上有註。前有宋景定壬戌國材撰《孟東野詩集序》。正文卷端題:孟東野詩集　唐孟郊撰　宋國材評。鈐印“諸城孟氏藏”“孟繼世印”。

2009年4月入選第一批《山東省珍貴古籍名録》(編號1558)。

(2)

0796　**夢華廬賦海三十卷**　(清)夢華廬主人選

清光緒十七年(1891)上海鴻寶齋石印本

8册(1函)　存8卷:卷1—8

版框9.7cm×8.5cm　開本12cm×8.5cm

29行50字,白口,四周單邊,單黑魚尾。封面題:夢華廬賦海　守園居士書。牌記題:光緒十七年仲秋上海鴻寶齋重印。前有序。

(2)

0797　**綿津山人詩集三十一卷**　(清)宋犖撰

清康熙刻本

5册(1函)

版框18.3cm×13.5cm　開本26.3cm×17.9cm

10行19字,白口,四周單邊,雙順黑魚尾。書衣題:綿津山人集。前有序。鈐印“曾經御覽”。末卷封面題:筠廊偶筆。

2019年5月入選第四批《山東省珍貴古籍名録》(編號0593)。

(2)

0798　**其樓詩集二卷**　(清)張侗著　(清)李漁村(李澄中)選

民國七年(1918)振華石印本

2册(1函)

版框18.7cm×12.4cm　開本26.5cm×15.5cm

8行24字,白口,四周雙邊,無魚尾。書衣題:其樓詩集。牌記題:戊午季秋振華石印。前有叙。正文卷端題:其樓詩集　同鄉李漁村先生選　琅邪張侗石之民。張侗,山東諸城人。

(2)

0799　**其樓文集六卷**　(清)張侗著　(清)張用魯等纂輯　(清)高璿　(清)王斂福　(清)竇詵參閲　(清)丁克智校對

民國七年(1918)振華石印本

6册(1函)

版框18.8cm×13cm　開本26.5cm×15.5cm

8行24字,白口,四周雙邊,無魚尾。書衣題:其樓文集　李時亮題簽。牌記題:戊午季秋振華石印。前有康熙四十年金奇玉撰《序》。正文卷端題:其樓文集　琅邪張侗石民著。

(2)

0800 **秋蓬子詩草一卷秋蓬集三卷** (清)臧盛枌撰
清抄本
1册(1函)
開本 23.8cm×13cm
9行22字,白口,無格。前有嘉慶十年秋蓬子臧盛枌《自序》。臧盛枌,字昔農,號秋蓬,山東諸城人。

(1)

0801 **三興堂詩草一卷三興堂詩草後集一卷** (清)孫星著
清光緒二十九年(1903)刻本
2册(1函)
版框 17.7cm×12.8cm 開本 24.4cm×14.7cm
10行26字,白口,四周雙邊,單黑魚尾。前有孫星同治甲子《自序》,光緒壬寅(二十八年)徐會澧、宋晏海撰《序》,光緒二十九年王綽撰《序》。首卷卷端題:三興堂詩草 卷一 諸城孫星儷甫著男沐庭校。正文卷端題:三興堂詩草後集 東武孫星儷甫著男沐庭校。孫星,山東諸城人。

(2)

0802 **[山東諸城臧氏詩鈔]一卷** (清)臧夢元 (清)臧仲陽輯
清抄本
1册(1函)
開本 24.5cm×12.9cm
8行24字,白口,無格。書名本館自擬。叙末題:仲陽識。

(1)

0803 **邵康節先生孝弟詩一卷** (宋)邵雍撰
清光緒三十四年(1908)同文堂刻本
1册(1函)
版框 17cm×11cm 開本 22cm×12.3cm
7行15字,小字雙行30字,行間夾註,白口,四周雙邊,單黑魚尾。封面題:光緒戊申春鐫 新刻簡明孝弟詩 同文堂。前有光緒三十四年匡學洢撰《序》。

(2)

0804 **省吾齋稿一卷** (清)竇光鼐撰
清刻本
1册(1函)
版框 19.5cm×10.7cm 開本 23.5cm×15cm
9行25字,白口,四周單邊,無直格。封面題:省吾齋稿。竇光鼐,山東諸城人。2012年1月入選第二批《山東省珍貴古籍名録》(編號1953)。

(2)

0805 **省吾齋稿一卷** (清)竇光鼐撰
清刻本
1 册(1 函)
版框 19.2cm×10.5cm 開本 27cm×15.9cm
9 行 25 字,白口,四周單邊,無直格。書衣墨筆題:省吾齋稿 壬午季夏重訂。序末左下鎸:武林金文模 小弟西式鎸。
2012 年 1 月入選第二批《山東省珍貴古籍名録》(編號 1954)。
(2)

0806 **省吾齋古文集十二卷** (清)竇光鼐撰
清刻本
1 册(1 函) 存 4 卷:卷 9—12
版框 17.1cm×14cm 開本 24.2cm×16.3cm
11 行 21 字,白口,左右雙邊,單黑魚尾。正文卷端題:省吾齋古文集。版心上鎸:省吾齋古文集。竇光鼐,山東諸城人。
2019 年 5 月入選第四批《山東省珍貴古籍名録》(編號 0619)。
(2)

0807 **省吾齋古文集四卷** (清)竇光鼐撰
民國石印本
1 册(1 函) 存 4 卷:卷 1—4
版框 18.5cm×12.6cm 開本 25.4cm×14.8cm
9 行 25 字,白口,四周單邊,無直格。書衣墨筆題:竇光鼐省吾齋古文集四卷全本。
(2)

0808 **[詩抄]一卷** (□)□□撰
清抄本
2 册(1 函)
開本 24cm×13cm
9 行 25 字,無格,眉上有註。題名本館自擬。正文卷端題:一東 李宗昉。内容爲詩文精簡。
(1)

0809 **詩清都爲飲茶多[詩集]一卷** (□)□□撰
清光緒十六年(1890)抄本
1 册(1 函)
開本 18.3cm×13cm
8 行 20 字,白口,無格。書衣題:詩清都爲飲茶多 歲在甲午訂於泮溪山房南軒之下。書名據書衣擬。正文卷端題:手倦抛書午夢長。卷末題:共詩一百三十首 光緒十六年冬月鈔。
(1)

0810　**詩言志一卷**　(清)□□撰
清抄本
1 册(1 函)
開本 21.5cm×13cm
8 行 21 字,白口,無格。書衣題:詩言志　客子光陰詩卷裏。正文卷端題:戊戌歲重陽登障日峯信口吟成七字四首。障日山在諸城東南。
(2)

0811　**十年草一卷**　(清)臧潤撰
清臧盛柯抄本
1 册(1 函)
開本 23.5cm×13.2cm
8 行 24 字,白口,無格。前有乾隆庚寅臧潤撰《序》。抄詩 45 首。
(1)

0812　**石氏喬梓詩集二卷**　(清)石藹士撰　(清)石梅孫撰
清光緒九年文翰齋刻本
1 册(1 函)　存 1 卷:《聽雨樓詩》1 卷
版框 16.7cm×12.5cm　開本 24.5cm×15.6cm
10 行 21 字,黑口,四周雙邊,單黑魚尾。書衣題:聽雨樓詩　滂喜齋叢書　第四函第六册。封面題:石氏喬梓詩集　石藹士聽雨樓詩　石梅孫葵青居詩。牌記題:光緒九年十一月吴縣潘氏栞。前有《石氏喬梓詩刻叙》,題光緒九年未十月邑後學潘鍾瑞謹叙,後有八十老人韞玉《跋》。首卷卷端題:聽雨樓詩　吴縣石嘉吉藹士。跋前卷末題:古吴郡廟西首謝文翰齋刻印。
(4)

0813　**施註蘇詩四十二卷補遺一卷**　(宋)蘇軾撰　(宋)施元之註　(清)邵長蘅　(清)顧嗣立　(清)宋至删補
清康熙三十八年(1699)商丘宋犖刻本
4 册(1 函)　存 16 卷:卷 1—5、12—21,《補遺》1 卷
版框 18.8cm×13.6cm　開本 24.6cm×16.6cm
10 行 21 字,小字雙行不一,黑口,四周單邊,單黑魚尾。正文卷端題:施註蘇詩。
按《中國古籍定級標準》,此書被定爲三級乙等古籍,作善本收藏。
(2)

0814　**示我周行後集不分卷**　(清)鶴和堂輯定
清刻本
1 册(1 函)
版框 11.1cm×9.9cm　開本 17.8cm×11.9cm
9 行 20 字,小字雙行同,白口,左右雙邊,單黑魚尾。正文卷端題:示我周行後

集　閩中碧谿鶴和堂輯定。人之好我，示我周行，出自《詩·小雅·鹿鳴》。

(2)

0815　**蘇文忠公詩編註集成一百零三卷韻山堂詩集七卷**　(清)王文誥選

清光緒十四年(1888)浙江書局刻本

24 册(2 函)

版框 19.8cm×15cm　開本 27.2cm×16.6cm

11 行 30 字，小字雙行同，白口，左右雙邊，單黑魚尾。書衣題：蘇文忠公詩編注集成　韻山堂詩附。牌記題：清光緒十四年浙江書局刊。

(4)

0816　**蘇文忠詩合註五十卷首一卷**　(宋)蘇軾著　(清)馮應榴輯訂

清踵息齋刻本

15 册(2 函)

版框 19.3cm×14.8cm　開本 27.5cm×17cm

11 行 26 字，小字雙行同，白口，左右雙邊，單黑魚尾。封面題：桐鄉馮星實輯訂蘇文忠公詩合註　踵息齋藏版。前有《東坡先生笠屐圖》。鈐印"錫翊堂"。

(1)

0817　**隨園詩話十六卷補遺四卷**　(清)袁枚撰

民國三年(1914)上海鴻寶齋書局石印本

4 册(1 函)：圖

版框 17cm×12cm　開本 20cm×13.3cm

21 行 46 字，四周雙邊，單黑魚尾。函盒題：增圖隨園詩話。封面題：甲寅歲仲春月　增圖隨園詩話　上海鴻寶齋書局石印。有人物圖。倉山居士，即袁枚。

(4)

0818　**太古園詩草一卷**　(清)臧振榮著

清康熙二十九年(1690)刻本

1 册(1 函)

版框 18cm×14cm　開本 25.5cm×19cm

9 行 18 字，白口，左右雙邊，無魚尾。前有康熙庚午潘耒撰《太古園詩序》。正文卷端題：太古園詩草　諸城臧振榮岱青著。臧振榮，山東諸城人。

2012 年 1 月入選第二批《山東省珍貴古籍名録》(編號 1837)。

(1)

0819　**太古園詩集一卷**　(明)王僴著　(清)張謙宜評選　(清)宋雲會校定

清康熙刻本

1 册(1 函)

版框 18.6cm×14cm　開本 23.9cm×15.6cm

6 行 12 字，小字雙行同，白口，左右雙邊，單黑魚尾。書衣題：太古園詩集　也園藏稿。前有《太古園詩序》。

(2)

0820 **太史升庵遺集二十六卷** (明)楊慎著 (明)楊金吾 (明)楊宗吾輯 (明)王象乾校 (明)湯日昭閲

明萬曆三十四年(1606)湯日昭刻本

4 册(1 函)

版框 22.1cm×15cm 開本 31cm×18cm

10 行 20 字,白口,四周雙邊,單黑魚尾。書衣題:太史楊升菴遺集。正文卷端題:太史升菴遺集 成都楊慎著 孫金吾宗吾輯 濟南王象乾校 丹陽湯日昭閲。

2009 年 4 月入選第一批《山東省珍貴古籍名録》(編號 1876)。

(2)

0821 **天書序一卷** (清)臧燿初撰

清抄本

1 册(1 函)

開本 24.5cm×13cm

8 行 22 字,無格。正文卷端題:天書序。書名據卷端擬。此書包含《天書序》《丁卯除夜記》等文。

(1)

0822 **託素齋詩集四卷文集六卷** (清)黎士弘撰 & **行述一卷** (清)劉元慧撰

清雍正二年(1724)黎致遠刻本

10 册(1 函)

版框 18.8cm×14cm 開本 27cm×17.2cm

9 行 21 字,小字雙行同,上黑口,左右雙邊,單黑魚尾,有刻工。封面題:長汀黎媿曾先生著 託素齋文集 本衙藏板。前有康熙庚戌黎士弘撰《自序》。正文卷端題:託素齋詩集 長汀黎士弘媿曾甫著。

2012 年 1 月入選第二批《山東省珍貴古籍名録》(編號 1794)。

(2)

0823 **文瀾風起海濤生[詩文集]一卷** (清)□□撰

清抄本

1 册(1 函)

開本 23.8cm×12.7cm

9 行 23 字,白口,無格。書衣題:文瀾風起海濤生。書名據書衣題録。正文卷端題:春水緑波賦 以題爲韻。

(1)

0824 **卧象山房文集四卷** (清)李澄中著

清康熙刻本

1 册(1 函)　存 1 卷:卷 1

版框 17.5cm×13.5cm　開本 23.5cm×16cm

10 行 20 字,白口,四周雙邊,單黑魚尾。書衣題:卧象山房文集。前有《劉子羽鏡庵詩選序》。正文卷端題:卧象山房文集　琅邪李澄中漁村著。李澄中,山東諸城人。

按《中國古籍定級標準》,此書被定爲三級乙等古籍,作善本收藏。

(2)

0825　**卧象山房文集四卷**　(清)李澄中著

清康熙刻本

1 册(1 函)　存 1 卷:卷 1

版框 17.3cm×13.3cm　開本 25.4cm×16cm

10 行 20 字,白口,四周雙邊,單黑魚尾。正文卷端題:卧象山房文集　琅邪李澄中漁村著。

按《中國古籍定級標準》,此書被定爲三級乙等古籍,作善本收藏。

(2)

0826　**西坪詩鈔二卷**　(清)王文驤著

清同治九年(1870)諸城王氏九仙山館刻本

2 册(1 函)

版框 17.5cm×12.2cm　開本 26.1cm×15.1cm

8 行 22 字,小字雙行同,白口,四周雙邊,單黑魚尾。封面題:同治庚午春鋟西坪詩鈔　九仙山館藏板。正文卷端題:諸城王文驤雲子著　男祺海　孫男繩綽校刊。王文驤,山東諸城人。詩 235 首。

(2)

0827　**戲鷗居詩鈔九卷**　(清)毛大瀛撰

清嘉慶七年(1802)姚令儀刻本

3 册(1 函)　存 3 卷:卷 1,5,8

版框 18.5cm×13cm　開本 25.5cm×16cm

10 行 21 字,黑口,四周雙邊,雙對黑魚尾。前有嘉慶七年姚令儀撰《序》。正文卷端題:戲鷗居詩鈔　寶山毛大瀛海客。

(2)

0828　**仙舫聯唫一卷**　(清)王賡言撰

清刻本

1 册(1 函)

版框 18cm×14.3cm　開本 25cm×16cm

8 行 20 字,白口,四周雙邊,單黑魚尾。書衣題:仙舫聯唫。前有《仙舫聯唫序》。王賡言(1762—1825),山東諸城人。

(2)

0829 **香山詩鈔二十卷** (唐)白居易著 (清)楊大鶴選
清康熙四十年(1701)刻本
4 册(1 函)
版框 19cm×13.6cm 開本 23.7cm×15.1cm
10 行 19 字,小字雙行同,白口,左右雙邊,單黑魚尾。封面題:康熙辛巳新鐫 武進楊芝田手選 香山詩鈔 本院藏板 翻刻必究。前有康熙四十年楊大鶴撰《序》。
2009 年 4 月入選第一批《山東省珍貴古籍名録》(編號 3163)。
(2)

0830 **小匡廬集不分卷** (清)王樞著
清刻本
1 册(1 函)
版框 17.3cm×13.3cm 開本 24.6cm×15cm
8 行 16 字,小字雙行同,黑口,左右雙邊,無魚尾。前有清陳以剛撰《序》。次有小匡廬集目録。正文卷端題:小匡廬集 琅邪王樞宸垣著。王樞,字宸垣,山東諸城人。
(1)

0831 **[選明文小題]一卷** (□)□□撰
清抄本
1 册(1 函)
開本 25cm×12.7cm
9 行 26 字,白口,無格。正文卷端題:有朋自遠方來。書名本館自擬。
(1)

0832 **學耐煩齋詩草二卷** (清)王志浩著
清刻本
2 册(1 函)
版框 21.3cm×16cm 開本 21.5cm×13.6cm
9 行 21 字,白口,四周雙邊,單黑魚尾。前有序。正文卷端題:學耐煩齋詩草 諸城王志浩集堂甫著。王志浩,山東諸城人。
(2)

0833 **陽明先生文録五卷外集九卷别録十卷** (明)王守仁撰
明嘉靖三十六年(1557)胡宗憲刻本
2 册(1 函) 存 3 卷:《外集》卷 4—6
版框 19cm×13cm 開本 25cm×15.5cm
9 行 19 字,小字雙行同,白口,四周雙邊,單白魚尾。前有明嘉靖丙申黄綰撰《陽明先生文録序》、明胡宗憲撰《重刊陽明先生文録叙》。
2009 年 4 月入選第一批《山東省珍貴古籍名録》(編號 1825)。
(1)

0834　**楊盈川集十一卷**　（唐）楊炯撰　（明）童珮輯

民國上海涵芬樓石印本

2 册（1 函）

版框 13.8cm×10.7cm　開本 20cm×13.3cm

11 行 18 字，白口，四周單邊，單黑魚尾。封面題：楊盈川集十一卷。牌記題：上海涵芬樓借江南圖書館藏明童氏刊本影印　原書高營造尺六寸半分寬四寸六分。

（4）

0835　**姚端恪公文集十八卷末一卷**　（清）姚文然撰

清康熙刻本

2 册（1 函）　存 5 卷：卷 5—8，末 1 卷

版框 18.3cm×13.6cm　開本 23cm×15.6cm

9 行 20 字，白口，四周雙邊，單黑魚尾。書衣題：姚端恪公全集。卷末徐乾學撰《銘》："康熙三十一年六月，士基請銘於乾學。"

2019 年 5 月入選第四批《山東省珍貴古籍名録》（編號 0580）。

（2）

0836　**藝苑名言八卷首一卷**　（清）蔣瀾纂輯

清乾隆四十一年（1776）粵東三元堂刻本

4 册（1 函）

版框 11cm×8.3cm　開本 15.5cm×10cm

8 行 16 字，小字雙行同，白口，四周單邊，無魚尾。書衣鈐印"盛京文興德記自在江蘇揀選古今書籍發行"。封面題：苕水蔣雲會輯　藝苑名言　粵東三元堂藏板。前有乾隆丙申蔣瀾撰《序》、《例言》。正文卷端題：藝苑名言　苕水蔣瀾雲會氏纂輯。

按《中國古籍定級標準》，此書被定爲三級丙等古籍，作善本收藏。

（1）

0837　**有正味齋賦稿一卷**　（清）吴錫麒撰

清光緒十一年（1885）濟南同會齋刻四家賦抄本

1 册（1 函）

版框 10.8cm×7.9cm　開本 15.2cm×9.2cm

10 行 23 字，白口，四周雙邊，單黑魚尾。書衣題：有正味齋賦稿　錢塘吴錫麒穀人。鈐印 4 枚，不識。封面題：四家賦鈔　錢塘吴錫麒　長洲顧元熙　歙縣鮑桂星　蘄水陳沅　光緒乙酉五月濟南同會齋。

（1）

0838　**玉蝀書屋詩文序一卷**　（清）臧夢元著

清道光八年（1828）抄本

1 册（1 函）

版框 18.5cm×10cm　開本 23cm×13.2cm

6 行 20 字,白口,四周雙邊,單紅魚尾。書衣題:玉蝀書屋詩文序。鈐印“琅邪人家”。書名據書衣題録。正文卷端題:蝀亭臧公時文序。前有清劉光斗撰《序》。

(1)

0839 **御製詩二集九十卷目録十卷** (清)高宗弘曆撰 (清)蔣溥等編

清刻本

8 册(1 函) 存 34 卷:卷 57—90

版框 20cm×13.3cm 開本 24.5cm×15.5cm

9 行 17 字,小字雙行同,白口,四周雙邊,單黑魚尾。書衣題:御製詩二集。

(2)

0840 **元氏長慶集六十卷** (唐)元稹作

上海中華書局鉛印本

4 册(1 函)

版框 14.9cm×13.3cm 開本 19.9cm×13.3cm

13 行 26 字,黑口,四周單邊,單黑魚尾。牌記題:四部備要集部 上海中華書局據明刻本校刊。前有《元氏長慶集序》。版心下鎸:中華書局聚珍倣宋版印。

(5)

0841 **韻山堂詩集七卷** (清)王文誥撰

清光緒十四年(1888)浙江書局刻本

1 册(1 函)

版框 19.5cm×14.8cm 開本 27.3cm×16.2cm

11 行 30 字,白口,左右雙邊,單黑魚尾。書衣題:韻山堂詩集。封面題:韻山堂詩。牌記題:光緒十四年浙江書局刊。前有嘉慶三年王文誥撰《韻山堂詩集自序》。此書爲《蘇文忠公詩編註集成》的一部分。

(4)

0842 **雜集詩本[詩文集]一卷** (清)□□輯

清抄本

1 册(1 函)

開本 18.5cm×12.4cm

16 行 32 字,白口,無格。書衣題:雜集詩本 癸巳梅月訂。正文卷端題:五更滄海月三竿。

(1)

0843 **蟄居吟草** (清)孟憲樹撰

民國十二年(1923)石印本

1 册(1 函)

版框 17cm×11cm 開本 27cm×15.5cm

5 行 14 字,白口,無魚尾。封面題:蟄居吟草 芸湈鄭時題。前有孟渡禪傳同邑臺子詒撰。前有郭篆撰《序》。序文前題:以爲引言　歲在壬戌上元前一日似潛老人撰并書於放廬。鈐印"郭金篆印""芝蕘""郭金範印""莘丞""管廷欽""冷江""來叔"。

(2)

0844　**正誼堂詩集二十卷**　(清)董以寧撰　(清)湯斌　(清)陸圻選　(清)鄒祗謨評

清抄本

1冊(1函)　存8卷:《古樂府》2卷,《五古》2卷,《七古》2卷,《五律》2卷

開本25.2cm×18.5cm

12行20字,白口,無格。避諱至寧。正文卷端題:常州董以寕文友著　杭州毛先舒馳黄　崑山葉方藹訒菴選　同里黄永雲孫評。

(1)

0845　**註釋水竹居賦不分卷**　(清)盛觀潮輯

清修文堂刻本

2冊(1函)

版框12.1cm×9.7cm　開本15.2cm×11.5cm

二欄,下欄9行25字,小字雙行同,白口,四周單邊,單黑魚尾。書衣題:水竹居上卷。鈐印"醉經閣印"。封面題:元和盛觀潮石卿著　詳批註釋水竹居賦　修文堂藏版。前有道光癸卯吴鍾峻撰《序》。次有註釋水竹居賦目録。正文卷端題:二分春色到花朝賦。版心上鎸:註釋水竹居賦。

(2)

0846　**足本句讀讀書雜誌八十三卷**　(清)王念孫著

民國上海鴻章書局石印本

24冊(2函)

版框17cm×11.7cm　開本19.9cm×13.3cm

15行31字,白口,單黑魚尾,四周單邊。書衣題:足本句讀讀書雜誌　上海文端樓印行。封面題:高郵王懷祖先生著　足本句讀讀書雜志　鈕君宜題。牌記題:文端樓藏版　鴻章書局石印。文前有《王懷祖先生傳》。

(4)

## 總集類

0847　**程墨華國集□□卷**　(清)盛弘邃評定　(清)郎士佩　(清)孫文錫　(清)薛國秀仝校

清刻本

2冊(1函)　存5卷:上《論》、下《論》、《中庸》、上《孟》、下《孟》

版框21.1cm×12.2cm　開本25.2cm×13.6cm

9行26字,白口,左右雙邊。前有盛弘邃撰《序》。版心鎸:程墨華國集　應天

萬曆丙子　上論。

(2)

0848　**重訂古文釋義新編八卷**　(清)余誠評註　(清)余芝參閱

清光緒十七年(1891)成文堂刻本

8册(1函)

版框 20.4cm×13cm　開本 24.8cm×15cm

二欄,上欄 20 行 6 字,下欄 10 行 22 字,小字雙行同,行間夾註,白口,四周單邊,單黑魚尾。封面題:光緒辛卯季冬新刊　上元余自明評選　古文釋義　成文堂藏板。前有余誠撰《重鐫古文釋義序》。版心下鐫:成文堂。

(1)

0849　**重訂古文釋義新編八卷**　(清)余誠評註　(清)余芝參閱

清光緒二十九年(1903)德盛堂刻本

8册(1函)

版框 19.4cm×13cm　開本 24.5cm×14.5cm

二欄,上欄 20 行 6 字,下欄 10 行 22 字,小字雙行同,行間夾註,白口,四周單邊,單黑魚尾。封面題:光緒癸卯季冬新刊　上元余自明評選　古文釋義　德盛堂藏板。前有《重鐫古文釋義序》。版心下鐫:成文堂。

(2)

0850　**重訂古文釋義新編八卷**　(清)余誠評註　(清)余芝參閱

清成文堂刻本

5册(1函)　存 5 卷:卷 4—8

版框 19.6cm×12.7cm　開本 24.5cm×14.5cm

二欄,上欄 20 行 6 字,下欄 10 行 22 字,小字雙行同,行間夾註,白口,四周單邊,單黑魚尾。版心下鐫:成文堂。

(2)

0851　**重訂古文釋義新編八卷**　(清)余誠評註　(清)余芝參閱

清成文堂刻本

7册(1函)　存 7 卷:卷 2—8

版框 19.8cm×12.6cm　開本 24.2cm×14.5cm

二欄,上欄 20 行 6 字,下欄 10 行 22 字,小字雙行同,行間夾註,白口,四周單邊,單黑魚尾。版心下鐫:成文堂。

(2)

0852　**重訂古文釋義新編八卷**　(清)余誠評注　(清)余芝參閱

民國三年(1914)上海書局石印本

7册(1函)

版框 22.2cm×13.9cm　開本 26cm×14.9cm

二欄,上欄 24 行 8 字,下欄 12 行 23 字,小字雙行同,行間夾註,白口,四周雙邊，單黑魚尾。書衣題：重訂古文釋義新編。書面題：重訂古文釋義新編。牌記題：民國三年孟夏上海書局校印。

(4)

0853 **重訂文選集評十五卷首一卷末一卷** (南朝梁)蕭統撰 (清)于光華編次

清咸豐九年(1859)宏道堂刻本

8 册(1 函) 存 8 卷：卷 1—7，首 1 卷

版框 15.7cm×10.7cm 開本 19.9cm×12.4cm

二欄，上欄 18 行 5 字，下欄 9 行 20 字，小字雙行同，行間夾註，白口，四周單邊，單黑魚尾。封面題：咸豐己未新鐫 金壇于惺介先生編 重訂昭明文選集評合註 宏道堂藏板。前有《文選集評原序》。次有重訂文選集評總目、《梁昭明太子文選序》。正文卷端題：徵訂文選集評 于光華編次。

(2)

0854 **得月樓賦四卷** (清)張元灝選評

清同治十年(1871)漱芳書屋刻本

3 册(1 函) 存 3 卷：乙，丙，丁

版框 16.1cm×10.6cm 開本 21.8cm×12cm

9 行 25 字，白口，四周雙邊，單黑魚尾。書衣分別題：得月樓賦乙 得月樓賦丙 得月樓賦丁。封面題：同治辛未重刊 得月樓賦乙編 漱芳書屋藏板。前有得月樓賦乙編目録。正文卷端題：拜月賦。版心上鎸：得月樓賦乙編。鈐印“王鳳翥印”“儀庭”。

(2)

0855 **得月樓賦四卷** (清)張元灝選評

清刻本(佚名題跋)

3 册(1 函) 存 3 卷：甲，乙，丙

版框 17.8cm×10.5cm 開本 21.8cm×12cm

9 行 25 字，白口，四周雙邊，單黑魚尾。書衣分別題：得月樓甲編 得月樓乙編 得月樓丙編。鈐印“王鳳翥印”“儀庭”。版心上分別鎸：得月樓賦甲編 得月樓賦乙編 得月樓賦丙編。

(2)

0856 **讀文如練兵[文集]一卷** (□)□□撰

清抄本

13 册(2 函)

開本 24.1cm×12.7cm

9 行 25 字，白口，無格。正文卷端題：爲人臣止於敬。書名據篇首擬定。

(1)

0857　**分類賦學三十卷**　(清)張維城校輯
清刻本
3冊(1函)　存11卷:卷14—24
版框13.6cm×9.5cm　開本15.8cm×11cm
15行37字,白口,四周雙邊。版心鎸:分類賦學。書名據版心題録。
(1)

0858　**分類詳註飲香尺牘四卷**　(清)飲香居士輯　(清)慵隱子箋釋
清乾隆五十四年(1789)又賞齋刻本
4冊(1函)
版框13.7cm×10cm　開本17.5cm×11.5cm
10行21字,小字雙行同,白口,四周單邊,單黑魚尾。書衣題:飲香尺牘。封面題:乾隆五十四年鎸　分類詳註飲香尺牘　又賞齋藏板。正文卷端題:分類詳註飲香尺牘　飲香居士原輯　白下慵隱子牋釋。前有乾隆五十二年慵隱子撰《叙》。
按《中國古籍定級標準》,此書被定爲三級乙等古籍,作善本收藏。
(1)

0859　**分體利試詩法入門十九卷**　(清)鄭錫瀛輯　(清)葉錫麟訂
清光緒十九年(1893)成文堂記刻本
5冊(1函)　存15卷:卷5—19
版框12.4cm×9.5cm　開本17.2cm×11.5cm
9行19字,小字雙行同,白口,四周單邊,單黑魚尾。封面題:光緒癸巳年鎸　鄭惕盦先生原本　武水葉雲臺重訂　及門諸子分註校刊　註釋分體試帖法程　成文堂記梓。前有序。正文卷端題:分體利試詩法入門。
(2)

0860　**分體利試詩法入門十九卷**　(清)鄭錫瀛輯　(清)葉錫麟訂
清同治元年(1862)書業德記刻本
6冊(1函)
版框13cm×9cm　開本16cm×11.2cm
9行19字,小字雙行同,白口,左右雙邊,單黑魚尾。書衣題:試帖法程。内書衣題:書業德註釋分體試帖法程。鈐印"濟雲""龍□""書業德記發行"。封面題:同治壬戌年鎸　鄭惕盦先生原本　武水葉雲臺重訂　註釋分體試帖法程　書業德記梓。前有序。正文卷端題:分體利試詩法入門。
(2)

0861　**分韻試帖青雲集合註四卷**　(清)楊逢春輯　(清)蕭應槐　(清)沈景福　(清)徐紹曾參　(清)沈品金等註　(清)葉祺昌合註　(清)沈錫慶校正　(清)高辛元重校
清光緒二十五年(1899)高密德盛堂刻本
4冊(1函)

版框 15.5cm×10.5cm　開本 20cm×12.4cm

二欄,上欄 10 行 4 字,小字雙行同,下欄 10 行 22 字,小字雙行同,白口,四周雙邊,單黑魚尾。封面題:光緒己亥年新鐫　三校批點青雲集合註　高密德盛堂藏板。前有序。正文卷端題:分韻試帖青雲集合註　海鹽楊逄春杏橋輯　海鹽蕭應槐雨香　沈景福竺橋　海昌徐紹曾壽魚仝參　受業沈品金　沈品三　沈品華　沈品第註。

(1)

0862　**分韻試帖青雲集合註四卷**　(清)楊逄春輯　(清)蕭應槐　(清)沈景福　(清)徐紹曾參　(清)沈品金等註　(清)葉祺昌合註　(清)沈錫慶校正　(清)高辛元重校

清光緒十四年(1888)膠西成文堂刻本

4 册(1 函)

版框 15.5cm×10.5cm　開本 21.3cm×12.5cm

二欄,上欄 10 行 4 字,下欄 10 行 22 字,小字雙行同,白口,四周單邊,單黑魚尾。封面題:光緒戊子年新鐫　三校批點青雲集合註　膠西成文堂藏板。前有序。版心下鐫:成文堂。正文卷端題:分韻試帖青雲集合註　海鹽楊逄春杏橋輯　海鹽蕭應槐雨香　沈景福竺橋　海昌徐紹曾壽魚仝參　受業沈品金　沈品三　沈品華　沈品第註。版心上鐫:青雲集合註。版心下鐫:成文堂。

(1)

0863　**分韻試帖青雲集合註四卷**　(清)楊逄春輯　(清)蕭應槐　(清)沈景福　(清)徐紹曾參　(清)沈品金等註　(清)葉祺昌合註　(清)沈錫慶校正

清光緒四年(1878)書業德記刻本

4 册(1 函)

版框 15.8cm×10.3cm　開本 22.2cm×12.4cm

二欄,上欄 18 行 4 字,小字雙行同,下欄 9 行 22 字,小字雙行同,白口,四周雙邊,單黑魚尾。封面題:光緒戊寅年新鐫　重校批點青雲集合註　書業德記藏板。前有序。正文卷端題:分韻試帖青雲集合註　楊逄春杏橋輯　海鹽蕭應槐雨香　沈景福竺橋　海昌徐紹曾壽魚參　受業沈品金　沈品三　沈品華　沈品第註。

(1)

0864　**分韻試帖青雲集合註四卷**　(清)楊逄春輯　(清)蕭應槐　(清)沈景福　(清)徐紹曾參　(清)沈品金等註　(清)葉祺昌合註　(清)沈錫慶校正　(清)高辛元重校

清光緒二十五年(1899)高密德盛堂刻本

4 册(1 函)

版框 15.3cm×10.5cm　開本 21cm×12.5cm

二欄,上欄 10 行 4 字,下欄 10 行 22 字,小字雙行同,白口,四周單邊,單黑魚尾。封面題:光緒己亥年新鐫　三校批點青雲集合註　高密德盛堂藏板。前有序。正文卷端題:分韻試帖青雲集合註　海鹽楊逢春杏橋輯　海鹽蕭應槐雨香　沈景福竺橋　海昌徐紹曾壽魚仝參　受業沈品金　沈品三　沈品華　沈品第註。

(2)

0865　**分韻試帖青雲集合註四卷**　(清)楊逢春輯　(清)蕭應槐　(清)沈景福　(清)徐紹曾參　(清)沈品金等註　(清)葉祺昌合註　(清)沈錫慶校正　(清)高辛元重校

清刻本

2冊(1函)　存2卷:卷3—4

版框15cm×10.5cm　開本20.5cm×12.6cm

二欄,上欄10行4字,下欄10行22字,小字雙行同,白口,四周單邊,單黑魚尾。正文卷端題:分韻試帖青雲集合註。版心上鐫:青雲集合註。

(2)

0866　**分韻試帖青雲集合註四卷**　(清)楊逢春輯　(清)蕭應槐　(清)沈景福　(清)徐紹曾參　(清)沈品金等註　(清)葉祺昌合註　(清)沈錫慶校正

清光緒十一年(1885)濰陽成文信刻本

4冊(1函)

版框16.2cm×10.6cm　開本22.8cm×12.7cm

二欄,上欄18行4字,下欄9行22字,小字雙行同,白口,四周雙邊,單黑魚尾。封面題:光緒乙酉年新鐫　重校批點青雲集合註　濰陽成文信藏板。前有光緒三年序。正文卷端題:分韻試帖青雲集合註　楊逢春杏橋輯　海鹽蕭應槐雨香　沈景福竺橋　海昌徐紹曾壽魚參　受業沈品金　沈品三　沈品華　沈品第註。

(2)

0867　**分韻試帖青雲集合註四卷**　(清)楊逢春輯　(清)蕭應槐　(清)沈景福　(清)徐紹曾參　(清)沈品金等註　(清)葉祺昌合註　(清)沈錫慶校正

清刻本

3冊(1函)　存3卷:卷2—4

版框16cm×10.9cm　開本25.3cm×13cm

二欄,上欄18行4字,小字雙行同,下欄9行22字,小字雙行同,白口,四周雙邊,單黑魚尾。書衣題:青雲集合註。版心題:青雲集合註。

(2)

0868　**分韻試帖青雲集合註四卷**　(清)楊逢春輯　(清)蕭應槐　(清)沈景福　(清)徐紹曾參　(清)沈品金等註　(清)葉祺昌合註　(清)沈錫慶校正　(清)高辛元重校

清光緒二十五年(1899)高密成和堂刻本

4冊(1函)

版框15cm×10.5cm　開本19.3cm×12.3cm

二欄,上欄10行4字,下欄10行22字,小字雙行同,白口,四周單邊,單黑魚尾。封面題:光緒己亥年新鐫　三校批點青雲集合註　高密成和堂藏板。前有序。正文卷端題:分韻試帖青雲集合註　海鹽楊逢春杏橋輯　海鹽蕭應槐雨香　沈景福竺橋　海昌徐紹曾壽魚仝參　受業沈品金　沈品三　沈品華　沈品第註。

(2)

0869　**分韻試帖青雲集合註四卷**　(清)楊逢春輯　(清)蕭應槐　(清)沈景福　(清)徐紹曾參　(清)沈品金等註　(清)葉祺昌合註　(清)沈錫慶校正　(清)高辛元重校

清光緒四年(1878)刻本

3册(1函)　存3卷:卷2—4

版框 15cm×11cm　開本 20.5cm×12.5cm

二欄,上欄10行4字,下欄10行22字,小字雙行同,白口,四周單邊,單黑魚尾。正文卷端題:分韻試帖青雲集合註。版心上鐫:青雲集合註。

(2)

0870　**分韻試帖青雲集合註四卷**　(清)楊逢春輯　(清)蕭應槐　(清)沈景福　(清)徐紹曾參　(清)沈品金等註　(清)葉祺昌合註　(清)沈錫慶校正

清光緒四年(1878)書業德記刻本

3册(1函)　存3卷:卷1—2,4

版框 17.5cm×10.6cm　開本 22.5cm×13cm

二欄,上欄18行4字,下欄9行22字,小字雙行同,白口,四周雙邊,單黑魚尾。封面題:光緒戊寅年新鐫　重校批點青雲集合註　書業德記藏板。前有序。正文卷端題:分韻試帖青雲集合註　楊逢春杏橋輯　海鹽蕭應槐雨香　沈景福竺橋　海昌徐紹曾壽魚參　受業沈品金　沈品三　沈品華　沈品第註。

(2)

0871　**分韻試帖青雲集摘録不分卷**　(清)臧燿初輯

清光緒十一年(1885)抄本

1册(1函)

開本 24.5cm×13cm

8行21字,小字雙行29字,白口,無格,眉上有小字註。正文卷端題:分韻試帖青雲集摘録　主人晋堂氏時年七十歲。

(1)

0872　**古唐詩合解十六卷**　(清)王堯衢註　(清)李模　(清)李桓校

清寶寧堂刻本

6册(1函)

版框 20cm×14cm　開本 24cm×15cm

11行21字,小字雙行同,白口,左右雙邊,單黑魚尾。書衣題:唐詩合解。封面題:王阮亭先生原本　吴郡王翼雲先生註　唐詩合解箋註　寶寧堂梓行。前有雍正壬子王堯衢撰《序》。次有《凡例》。版心下鎸:寶寧堂。

(1)

0873 **古唐詩合解十六卷** (清)王堯衢註 (清)李模 (清)李桓校

清光緒十一年(1885)成文信刻本

4 册(1 函) 存 11 卷:卷 1—6,8—12

版框 18.9cm×14.2cm 開本 25.7cm×15.7cm

10 行 21 字,小字雙行同,白口,左右雙邊,單黑魚尾。封面題:乙酉九月重鎸 武水馬静齋先生校 唐詩合解箋註 成文信藏版。前有雍正壬子王堯衢撰《序》。版心下鎸:崇。

(2)

0874 **古唐詩合解十六卷** (清)王堯衢註 (清)李模 (清)李桓校

清雍正七年(1729)成文信刻本

3 册(1 函) 存 7 卷:《唐詩》卷 3—9

版框 19.4cm×14.2cm 開本 25.7cm×16.1cm

11 行 21 字,小字雙行同,白口,四周雙邊,單黑魚尾。封面題:乙酉九月重鎸 武水馬静齋先生校 唐詩合解箋註 成文信藏版。前有雍正壬子王堯衢撰《序》。

按《中國古籍定級標準》,此書被定爲三級乙等古籍,作善本收藏。

(2)

0875 **古唐詩合解十六卷** (清)王堯衢註 (清)李模 (清)李桓校

清刻本

3 册(1 函) 存 11 卷:《古詩》卷 1—4,《唐詩》卷 6—12

版框 19.5cm×13.5cm 開本 24.5cm×15.5cm

11 行 21 字,小字雙行同,白口,四周單邊,單黑魚尾。正文卷端題:古唐詩合解。

(2)

0876 **古唐詩合解十六卷** (清)王堯衢註 (清)李模 (清)李桓校

清同治四年(1865)經餘厚刻本

1 册(1 函) 存 5 卷:卷 1—5

版框 19.7cm×13.5cm 開本 24.5cm×15.3cm

10 行 21 字,小字雙行同,白口,四周單邊,單黑魚尾。封面題:同治四年重刊 吴郡王翼雲先生註 唐詩合解箋註 經餘厚梓。前有序,次有目録。正文卷端題:古唐詩合解。

(2)

0877 **古唐詩合解十六卷** (清)王堯衢註 (清)李模 (清)李桓校

清光緒十一年(1885)成文信刻本

5 册(1 函) 存 14 卷:《古唐詩》卷 1—4,《唐詩》卷 1—2、5—12

版框 18.3cm×13.5cm 開本 24.5cm×15.5cm

10 行 21 字,小字雙行同,白口,左右雙邊,單黑魚尾。封面題:乙酉九月重鎸

武水馬静齋先生校　唐詩合解箋註　成文信藏版。前有雍正壬子王堯衢撰《序》。版心下鎸:崇。

(2)

0878　**古唐詩合解十六卷**　(清)王堯衢註　(清)李模　(清)李桓校

清光緒七年(1881)寶書堂記刻本

4册(1函)　存9卷:《唐詩》卷1—4,8—12

版框19.5cm×13.5cm　開本24.3cm×15.3cm

10行21字,小字雙行同,白口,四周雙邊,單黑魚尾。封面題:光緒七年重校　吴郡王翼雲先生註　唐詩合解箋註　後附古詩　寶書堂記藏板。

(2)

0879　**古唐詩合解十六卷**　(清)王堯衢註　(清)李模　(清)李桓校

清光緒十一年(1885)膠州成文堂刻本

6册(1函)

版框18cm×13cm　開本24.3cm×15.5cm

11行21字,小字雙行同,白口,左右雙邊,單黑魚尾。封面題:光緒十一年重校刻　吴郡王翼雲先生註　唐詩合解箋註　後附古詩　膠州成文堂藏板。前有序。版心下鎸:埽葉山房。

(2)

0880　**古唐詩合解十六卷**　(清)王堯衢註　(清)李模　(清)李桓校

清光緒十一年(1885)膠州成文堂刻本

6册(1函)

版框18cm×13.5cm　開本24.5cm×15.3cm

11行21字,小字雙行同,白口,左右雙邊,單黑魚尾。封面題:光緒十一年重校刻　吴郡王翼雲先生註　唐詩合解箋註　後附古詩　膠州成文堂藏板。前有序。版心下鎸:埽葉山房。

(2)

0881　**古唐詩合解十六卷**　(清)王堯衢註　(清)李模　(清)李桓校

清乾隆五十五年(1790)金閶書業堂刻本

3册(1函)　存8卷:《唐詩》卷1—5,10—12

版框18cm×13cm　開本24.3cm×15.5cm

10行21字,小字雙行同,下黑口,左右雙邊,單黑魚尾,無直格。封面題:乾隆庚戌年夏鐫　吴郡王翼雲先生編　後附古詩　重鐫唐詩合解箋註　金閶書業堂藏板。前有序。

按《中國古籍定級標準》,此書被定爲三級乙等古籍,作善本收藏。

(2)

0882　**古唐詩合解十六卷**　(清)王堯衢註　(清)李模　(清)李桓校

清刻本

4 册(1 函)　存 8 卷:《古詩》卷 1—4,《唐詩》卷 7—10
版框 17.2cm×13cm　開本 24.9cm×15.3cm
10 行 21 字,小字雙行同,下黑口,左右雙邊,單黑魚尾,無直格。正文卷端題:古唐詩合解　吴郡王堯衢翼雲註。

(2)

0883　**古唐詩合解十六卷**　(清)王堯衢註　(清)李模　(清)李桓校
清光緒九年(1883)文盛堂刻本
4 册(1 函)
版框 18.7cm×13.7cm　開本 25cm×15.2cm
10 行 21 字,小字雙行同,白口,四周雙邊,單黑魚尾。封面題:光緒九年重校　吴郡王翼雲先生註　唐詩合解箋註　後附古詩　文盛堂梓。前有序。

(2)

0884　**古唐詩合解十六卷**　(清)王堯衢註　(清)李模　(清)李恒校
清同治八年(1869)文會堂刻本
6 册(1 函)
版框 19cm×14cm　開本 24.5cm×15.5cm
10 行 21 字,小字雙行同,白口,四周單邊,單黑魚尾。書衣題:文會堂唐詩合解。封面題:同治己巳新鐫　長洲王翼雲註　唐詩合解　文會堂梓。

(4)

0885　**古文辭類纂七十四卷**　(清)姚鼐纂集
清末鉛印本
1 册(1 函)　存 4 卷:卷 6—9
版框 16.9cm×12cm　開本 19.9cm×13cm
19 行 44 字,白口,四周單邊,單黑魚尾。正文卷端題:古文辭類纂。

(2)

0886　**古文辭類纂七十五卷**　(清)姚鼐輯
上海中華書局鉛印本
14 册(1 函)
版框 15.3cm×11.5cm　開本 20.5cm×13.3cm
14 行 20 字,白口,四周單邊,雙黑魚尾。牌記題:四部備要集部　上海中華書局據滁州李氏求要堂校本校刊。版心下鐫:中華書局聚珍倣宋版印。

(6)

0887　**古文辭類纂七十五卷**　(清)姚鼐輯
上海中華書局鉛印本
16 册(1 函)
版框 12cm×9cm　開本 15cm×10cm
14 行 20 字,白口,四周單邊,雙黑魚尾。書衣題:袖珍古書读本　古文辭類纂。

牌記題:四部備要集部　上海中華書局據滁州李氏求要堂校本校刊。版心下鎸:中華書局聚珍倣宋版印。

(6)

0888　**古文辭類纂七十四卷**　(清)姚鼐纂集 & **續古文辭類纂三十四卷**　(清)王先謙纂集

清光緒十八年(1892)席氏掃葉山房刻本

11 册(1 函)　存 11 卷:《類纂》卷 1、5—9,《續類纂》卷 2、4—7

版框 17.4cm×13.4cm　開本 23cm×14.7cm

13 行 22 字,黑口,左右雙邊,對黑魚尾。封面題:古文辭類纂　壬辰李盦高邕席氏埽葉山房重校印行。前有《古文辭類纂序目》。牌記題:光緒甲申良月　吴縣孫谿槐廬校刊　本宅家塾。前有《古文辭類纂後序》。鈐印"掃葉山房督造書籍"。

(2)

0889　**古文辭類纂七十四卷**　(清)姚鼐纂集 & **續古文辭類纂三十四卷**　(清)王先謙纂集

清光緒三十四年(1908)上海文瑞樓石印本

6 册(1 函)　存 17 卷:《類纂》卷 4—15,《續類纂》卷 1—5

版框 16.2cm×11.8cm　開本 20.1cm×13.2cm

18 行 43 字,小字雙行同,下黑口,四周雙邊,單黑魚尾。書衣題:正續古文辭類纂。牌記題:光緒戊申秋上海文瑞樓石印。前有王先謙撰《續古文辭類纂序》。

(2)

0890　**古文辭類纂七十五卷**　(清)姚鼐纂集 & **續古文辭類纂三十四卷**　(清)王先謙纂集

清光緒十六年(1890)上海文瑞樓石印本

7 册(1 函)　存 13 卷:《類纂》卷 1—5,《續類纂》卷 1、5—11

版框 16cm×11.2cm　開本 19.5cm×12.8cm

18 行 43 字,下黑口,四周雙邊,雙對黑魚尾。封面題:續古文辭類纂　光緒十六年上海文瑞樓校印。

(2)

0891　**古文辭類纂七十四卷**　(清)姚鼐纂集 & **續古文辭類纂三十四卷**　(清)王先謙纂集

清光緒三十四年(1908)上海文瑞樓石印本

4 册(1 函)　存 8 卷:《類纂》卷 1—3、6,《續類纂》卷 7—10

版框 16.2cm×11.7cm　開本 20cm×13.3cm

18 行 43 字,小字雙行同,下黑口,四周雙邊,雙黑魚尾。封面題:古文辭類纂。牌記題:光緒戊申秋上海文瑞樓石印。前有《古文辭類纂序目》。

(2)

0892 **古文辭類纂七十四卷** (清)姚鼐纂集 & **續古文辭類纂三十四卷** (清)王先謙纂集

清光緒三十年(1904)上海商務印書館鉛印本

11册(1函) 存98卷:《類纂》卷1—53、64—74,《續類纂》卷1—34

版框16.5cm×11cm 開本20.2cm×13cm

16行33字,白口,四周雙邊,單黑魚尾。牌記題:光緒甲辰上海商務印書館鑄版印行。正文卷端題:古文辭類纂 桐城姚鼐纂集。版心下鎸:商務印書館印行。

(2)

0893 **古文辭類纂評註七十四卷** (清)姚鼐纂集

民國上海文明書局鉛印本

5册(1函) 存26卷:卷39—61,67—69

版框16.6cm×12cm 開本20cm×13.3cm

14行29字,小字雙行不一,黑口,四周單邊,單黑魚尾,眉上有註行4字。書衣題:古文辭類纂評註 第十一册。鈐印"愛吾廬藏書之鈐記"。正文卷端題:古文辭類纂評註 桐城姚鼐纂集。

(2)

0894 **古文觀止十二卷** (清)吴乘權 (清)吴大職録 (清)吴興祚鑒定

清光緒二十四年(1898)膠州成文堂刻本

6册(1函)

版框18.5cm×13.5cm 開本24.3cm×15.6cm

11行24字,小字雙行同,白口,左右雙邊,單黑魚尾。封面題:校對無訛 古文觀止 查德基署。牌記題:光緒戊戌孟冬月膠州成文堂藏板。前有序。

(2)

0895 **古文觀止十二卷** (清)吴乘權 (清)吴大職録 (清)吴興祚鑒定

清光緒二十四年(1898)膠州成文堂刻本

6册(1函)

版框18.3cm×14cm 開本24.2cm×15.5cm

11行24字,小字雙行同,白口,左右雙邊,單黑魚尾。封面題:校對無訛 古文觀止 查德基署。牌記題:光緒戊戌孟冬月膠州成文堂藏板。前有序。

(2)

0896 **古文析義十四卷** (清)林雲銘評註

清乾隆五十年(1785)書業堂刻本

6册(1函)

版框20.3cm×14.2cm 開本24.6cm×15.8cm

10行24字,小字雙行同,白口,四周單邊,單黑魚尾,無直格。封面題:乾隆五十年夏鐫 晋安林西仲先生評 書業堂重訂古文析義。前有序。正文卷端題:古文析義 晋安林雲銘西仲評註。版心下鎸:書業堂。

按《中國古籍定級標準》,此書被定爲三級乙等古籍,作善本收藏。

(2)

0897 **古文淵鑒六十四卷** (清)聖祖玄燁選 (清)徐乾學等編註

清刻本

2 册(1 函) 存 4 卷:卷 29—30,44—45

版框 19cm×13.6cm 開本 27.6cm×17.7cm

9 行 20 字,小字雙行同,黑口,四周單邊,雙順黑魚尾,無直格。正文卷端題:古文淵鑒 徐乾學等編注。

(2)

0898 **顧視清高氣深穩[詩文雜鈔]一卷** (清)□□輯

清抄本

1 册(1 函)

開本 24.8cm×13cm

9 行 25 字,白口,無格。書衣題:顧視清高氣深穩。正文卷端題:王孫圉論楚寶左丘明。唐杜甫詩:"可憐九馬争神駿,顧視清高氣深穩。"

(1)

0899 **關中書院詩課□□卷關中書院賦□□卷時藝核□□卷** (清)路德編

清道光二十八年(1848)玉檢山房刻本

7 册(1 函) 存 7 卷:《關中書院詩課》卷 1—3,《關中書院賦》卷 1—3,《時藝核》卷 3

版框 17.7cm×11.2cm 開本 22.4cm×12.1cm

9 行 25 字,白口,四周單黑,單黑魚尾。封面題:道光戊申年鐫 仁在堂試帖詳註 玉檢山房藏板。前有道光戊戌劉源灝撰《序》。前有關中書院詩課目録。封面二題:道光戊申年鎸 仁在堂律賦箋註 玉檢山房藏板。次有關中書院賦目録。版心鎸:詩 賦 時藝核。

(2)

0900 **關中書院詩課□□卷** (清)路德編

清同治八年(1869)聚□堂刻本

1 册(1 函) 存 1 卷:卷 1

版框 12.4cm×10.3cm 開本 16cm×11.2cm

9 行 22 字,白口,四周雙邊,單黑魚尾。封面題:同治八年秋鎸 盩至路閏生先生選 關中書院課士詩 仁在堂藏本 聚□堂梓。前有同治癸亥路德撰《序》。目次頁題:關中書院詩課。書名據目次頁題録。正文卷端題:春城無處不飛花。

(1)

0901 **國朝歷科發蒙小品初集不分卷** (清)唐惟懋選 (清)吴鳳儀註

清刻本

1 册(1 函)

版框 19cm×11cm　開本 23.7cm×12.5cm

9 行 25 字,小字雙行同,白口,四周單邊,無魚尾。書衣題:發蒙小品　初集上卷。鈐印"雪亭""珍藏"。封面題:雲間唐太初原編　發蒙小品註釋　□□堂梓行。前有雍正乙卯沈德潛撰《序》。目次頁題:發蒙小品目録　云間唐惟懋太初編　山陰吴鳳儀舜來注。版心上鎸:發蒙小品。版心下鎸:上論。

(2)

0902　**國朝賦選同聲集四卷**　(清)胡浚評選

清刻本

4 册(1 函)　存 3 卷:卷 2—4

版框 16cm×12cm　開本 25.5cm×16cm

9 行 19 字,小字雙行同,下黑口,左右雙邊,單黑魚尾。正文卷端題:竹泉春雨賦。版心鎸:同聲集　賦選。

(2)

0903　**國朝歷科發蒙小品二集不分卷**　(清)唐惟懋選　(清)沈湖　(清)唐惟悳增訂

清刻本

1 册(1 函)

版框 19.5cm×10.5cm　開本 23.2cm×12.5cm

9 行 25 字,白口,四周單邊,無魚尾。書衣題:發蒙小品　上論。前有乾隆八年沈德潛撰《序》。目次頁題:發蒙小品二集目録　云間唐惟懋太初原選　同學沈湖鏡涵　同懷弟惟悳升聞編次。正文卷端題:國朝歷科發蒙小品二集。版心鎸:發蒙小品二集　論語上。

(2)

0904　**紅蘭新體四卷**　(清)宗績辰編註

清道光三年(1823)謙益堂刻本

4 册(1 函)

版框 12.1cm×9.3cm　開本 15.9cm×11.6cm

9 行 20 字,白口,左右雙邊,單黑魚尾。封面題:道光三年新鐫　宗績辰先生著　紅蘭新體賦鈔　謙益堂梓。前有《紅蘭新體序》。正文卷端題:紅蘭新體　會稽宗績辰滁子編注。版心下鎸:王弗措。

(2)

0905　**集虚齋存續全稿□□卷**　(清)方桼如等撰

清刻本

1 册(1 函)

版框 20.2cm×11.5cm　開本 24.3cm×13.2cm

9 行 25 字,白口,四周單邊,無魚尾。書衣題:一覽衆山小。鈐印"可庭明月是相知”。正文卷端題:有朋自遠方來。應爲篇名。書名據版心題録。

(1)

0906 **[康誥曰惟命等文集]一卷** (明)項煜 (清)李濤等撰
清抄本
1 册(1 函)
開本 18cm×13cm
10 行 23 字,白口,無格。正文卷端題:康誥曰惟命 項煜。書名據卷端擬定。項煜,明進士。李濤,清康熙進士。

(1)

0907 **[課藝]不分卷** (清)□□輯
清抄本
4 册(1 函)
開本 24.8cm×13.2cm
9 行 26 字。正文卷端題:子曰 事君能致其身。鈐印“袁萬夔印”“韶卿”“臣夔”“虹橋散人”。

(1)

0908 **蘭言詩鈔四卷** (清)李瑞輯 (清)穆騰額註釋 (清)殷毓校正
清光緒十五年(1889)四寶堂刻本
4 册(1 函)
版框 14.5cm×10.5cm 開本 17.3cm×11.7cm
11 行 20 字,小字雙行同,白口,四周雙邊,單黑魚尾。函盒題:新刻蘭言詩鈔。封面題:光緒己丑新鐫 蘭言詩鈔 四寶堂藏板。前有同治十一年李瑞撰《蘭言詩鈔原叙》、蘭言詩鈔選本諸部目録,次有光緒乙酉識《詩鈔各類纂説》。卷 1 正文卷端題:認題小引 辨似小引。版心上鐫:蘭言詩鈔。卷 2—4 依次題:刻畫小引 樂出虛 寫意小引。

(2)

0909 **蘭言詩鈔四卷** (清)李瑞輯
清刻本
1 册(1 函) 存 1 卷:卷 4
版框 15.2cm×10.5cm 開本 19.3cm×12.5cm
9 行 20 字,白口,四周單邊,單黑魚尾。版心鐫:蘭言詩鈔。

(1)

0910 **琅邪詩略第一編□□卷** (清)隋平輯選 (清)張侗删定
清抄本
1 册(1 函) 存 2 卷:卷 5—6
開本 24cm×12.5cm
9 行 26 字,小字雙行同,無格。正文卷端題:琅邪詩畧第一編 古諸馮隋平昆

銕輯選　張侗石民删定。隋平(1646—1711),山東諸城人。張侗,山東諸城人。

2009 年 4 月入選第一批《山東省珍貴古籍名録》(編號 3694)。

(2)

0911　**名家制義四十八卷**　(清)俞長城輯

清刻本

24 册(3 函)　存 24 卷:卷 9—16,25—32,41—48

版框 20cm×11cm　開本 22.5cm×12.4cm

9 行 26 字,白口,四周單邊。書衣一題:可儀堂名家制義　樂一　唐荆川。封面一題:桐川俞長城論次　唐荆川稟。前有清俞長城撰《題唐荆川稿》。次有名家制義目録。書衣二題:樂二。封面二題:羅念庵稿。次有清俞長城撰《題羅念庵稿》、名家制義目録。版心上鎸:名家制義。版心下鎸:可儀堂。書衣三題:可儀堂名家制義　御一　郝楚望　吴因之。前有名家制義目録。書衣四題:可儀堂名家制義　數一　戚價人　李石臺　張爾成。封面四題:戚價人稟。前有《題戚價人稿》。

(2)

0912　**明詩别裁集十二卷**　(清)沈德潛　(清)周準輯

清務本堂刻本

4 册(1 函)

版框 9cm×7.4cm　開本 14.3cm×9.2cm

8 行 16 字,小字雙行同,白口,四周單邊,單黑魚尾。封面題:明詩别裁集　務本堂藏板。前有乾隆戊午周準撰《明詩别裁集序》、乾隆己未蔣重光撰《明詩别裁集序》。

(2)

0913　**明詩綜一百卷**　(清)朱彝尊録　(清)汪森等輯評

清康熙刻本

5 册(1 函)　存 27 卷:卷 68—80,87—100

版框 18.8cm×13.8cm　開本 26.3cm×17.7cm

11 行 21 字,白口,左右雙邊,單黑魚尾。正文卷端題:明詩綜　小長蘆朱彝尊録　休陽吴元鋐緝評。

按《中國古籍定級標準》,此書被定爲三級乙等古籍,作善本收藏。

(2)

0914　**耐寒樓試帖註釋□卷**　(清)盧孝曾課　(清)邱德懷等註　(清)盧孝望等輯

清刻本

2 册(1 函)　存 2 卷:卷 4—5

版框 13.5cm×9.6cm　開本 16.6cm×11.3cm

8 行 17 字,小字雙行同,白口,四周單邊,單黑魚尾。正文卷端題:耐寒樓試帖

註釋　甬上盧孝曾小點課。

(1)

0915　**南宋襍事詩七卷**　(清)沈嘉轍等撰

清刻本

4 册(1 函)

版框 17.5cm×13cm　開本 25cm×15.5cm

11 行 21 字,小字雙行 30 字,白口,左右雙邊,單黑魚尾。正文卷端題:南宋襍事詩　錢唐沈嘉轍樂城。

(2)

0916　**批點七家詩合註七卷**　(清)張熙宇評　(清)申珠　(清)杜炳南　(清)王植桂補註

清光緒十二年(1886)成文堂記刻本

4 册(1 函)　存 4 卷:卷 1,3—4,6

版框 14cm×10cm　開本 18.4cm×12.3cm

9 行 25 字,小字雙行同,行間夾註,白口,四周單邊,單黑魚尾。封面題:光緒丙戌夏日新鐫　張玉田先生原本　批點七家詩合註　成文堂記藏板。牌記題:墊江李惺　陽湖劉嗣綰　江安楊庚　大興王廷紹　蘄水陳沆　葉河那清安　盩至路德。前有叙。

(1)

0917　**批點七家詩合註七卷**　(清)張熙宇評　(清)申珠　(清)杜炳南　(清)王植桂補註

清光緒十年(1884)德盛堂記刻本

8 册(1 函)

版框 13.6cm×8.9cm　開本 18.9cm×12.5cm

9 行 25 字,小字雙行同,行間夾註,白口,左右雙邊,單黑魚尾。封面題:光緒甲申冬日新鐫　張玉田先生原本　批點七家詩合註　德盛堂記藏板。牌記題:墊江李惺　陽湖劉嗣綰　江安楊庚　大興王廷紹　蘄水陳沆　葉河那清安　盩至路德。前有序。

(1)

0918　**批點七家詩合註七卷**　(清)張熙宇評　(清)申珠　(清)杜炳南　(清)王植桂補註

清光緒十二年(1886)成文堂記刻本

8 册(1 函)

版框 14.4cm×10.3cm　開本 18.6cm×12.4cm

9 行 25 字,小字雙行同,行間夾註,白口,四周單邊,單黑魚尾。封面題:光緒丙戌夏日新鐫　張玉田先生原本　批點七家詩合註　成文堂記藏板。前有叙。版心鐫:七家詩合註。

(2)

0919　**批點七家詩合註七卷**　(清)張熙宇評　(清)申珠　(清)杜炳南　(清)王植桂補註

清光緒六年(1880)成文信記刻本

6册(1函)　存5卷:卷1—2,5—7

版框14.4cm×10.5cm　開本19.1cm×12.8cm

9行25字,小字雙行同,行間夾註,白口,左右雙邊,單黑魚尾。封面題:光緒庚辰冬日新鐫　張玉田先生原本　批點七家詩合註　成文信記藏板。前有叙。

(2)

0920　**批點七家詩合註七卷**　(清)張熙宇評　(清)申珠　(清)杜炳南　(清)王植桂補註

清光緒二十一年(1895)成文堂記刻本

8册(1函)

版框13.8cm×10.4cm　開本19cm×12.2cm

9行25字,小字雙行同,行間夾註,白口,四周單邊,單黑魚尾。封面題:光緒乙未春月新鐫　張玉田先生原本　批點七家詩合註　成文堂記藏板。正文卷端題:澹香齋試帖合註　大興王廷紹楷堂著　峩眉張熙宇玉田評　鄴下申珠玉田　杜炳南蕙蹊　大成王植桂馨山補註。

(2)

0921　**評校音註續古文辭類纂三十四卷**　(清)王先謙纂集

上海文明書局鉛印本

8册(1函)

版框16.2cm×10.8cm　開本19.8cm×13.4cm

13行30字,白口,四周單邊,單黑魚尾,眉上有批。封面題:評校音注續古文辭類纂　上海文明書局印行。

(6)

0922　**普天忠憤全集十四卷**　(清)魯陽生撰

清光緒二十一年(1895)石印本

7册(1函)

版框13.5cm×9.8cm　開本17cm×9.8cm

15行34字,白口,四周雙邊,單黑魚尾。牌記題:光緒二十一年歲在乙未孟冬校印。匡時讜論嗣出。前有光緒二十一年果爾敏撰《曠清硯書叙》。《凡例》卷端題:普天忠憤全集　曲阜魯陽生擬。

(2)

0923　**七家詩合註七卷**　(清)張熙宇評　(清)申珠　(清)杜炳南　(清)王植桂補註

清刻本

7册(1函)　存6卷:卷2—7

版框 14.6cm×10.2cm　開本 18.1cm×11.8cm

9 行 25 字,小字雙行同,行間夾註,白口,左右雙邊,單黑魚尾。正文卷端題:修竹齋試帖合註　葉河那清安慎修著　峩眉張熙宇玉田評　鄴下申珠玉田　杜炳南蕙蹊　大成王植桂馨山補註。

(2)

0924　**七家詩選箋註七卷**　(清)張熙宇輯訂

清咸豐元年(1851)寶善堂刻本

4 册(1 函)

版框 15.5cm×10.5cm　開本 17.5cm×11cm

二欄,上欄 10 行 10 字,小字雙行同,下欄 10 行 21 字,白口,左右雙邊。封面題:咸豐辛亥年鐫　批點七家詩選箋註　寶善堂藏板　墊江李惺　陽湖劉嗣綰　江安楊庚　大興王廷紹　蕲水陳沆　葉河那清安　盩至路德。前有《弁言》。卷端上欄題:澹香齋試帖註　陽安張昶編輯　江右王潤生校刊;卷端下欄題:澹香齋試帖　大興王廷紹楷堂著　峩眉張熙宇玉田輯訂。鈐印"壺中□不□""白石山房""非日能之""黄梅時節家家雨""張□""師竹齋""平生□""居□""江上晴風""策銘"。

(2)

0925　**山左校士録四卷附經藝詩賦一卷**　(清)黄體芳編選

清光緒七年(1881)四明茹古齋刻本

4 册(1 函)

版框 11.2cm×8cm　開本 15.3cm×9.1cm

14 行 30 字,白口,四周單邊,單黑魚尾。封面題:督學使者黄鑒定　山左校士録　經藝詩賦附後。牌記題:光緒七年春三月四明茹古齋校印　山東各府會試文章。

(2)

0926　**聖駕南巡賦不分卷**　(清)姚鼐　(清)竇光鼐撰

清乾隆刻本

2 册(1 函)

版框 17.6cm×13cm　開本 23.4cm×15cm

10 行 19 字,白口,四周單邊,單黑魚尾。前有《聖駕五巡江浙恭紀謹序》。竇光鼐,山東諸城人。

2019 年 5 月入選第四批《山東省珍貴古籍名録》(編號 0657)。

(2)

0927　**試律青雲集四卷**　(清)楊逢春輯　(清)蕭應槐　(清)沈景福　(清)徐紹曾參　(清)沈品金等註

清咸豐六年(1856)敬文堂刻本

1 册(1 函)

開本 18.3cm×13cm

9行22字,小字雙行同,行間夾註,白口,四周單邊,單黑魚尾,無直格。封面題:咸豐六年春月新鐫　試帖青雲集註釋　敬文堂梓。前有序。正文卷端題:試律青雲集　楊逢春杏橋輯　海鹽蕭應槐　沈景福　海昌徐紹曾參　受業沈品金　沈品三　沈品華　沈品第註。

(2)

0928　**書業堂重訂古文釋義新編八卷**　(清)余誠評註　(清)余芝參閲

清嘉慶十三年(1808)書業堂刻本

8册(1函)

版框 19cm×13.3cm　開本 24.3cm×15.5cm

二欄,上欄20行6字,下欄11行22字,白口,四周單邊,單黑魚尾。封面題:嘉慶十三年春新鐫　上元余自明評選　書業堂詳校古文釋義。版心下鎸:書業堂。正文卷端題:書業堂重訂古文釋義新編　上元余誠自明評註。前有《重鎸古文釋義序》。

(2)

0929　**塾課[文集]□卷**　(□)□□撰

清抄本

2册(1函)

開本 24.6cm×13cm

7行24字,白口,無格。書名本館自擬。正文卷端題:有朋。

(1)

0930　**塾課小題分編八集**　(清)王步青評

清敦復堂刻本

6册(1函)　存6卷:《初集啟蒙》1卷,《三集行機》1卷,《四集參變》1卷,《五集精詣》1卷,《六集大觀》1卷,《七集老境》1卷

版框 20.2cm×10.5cm　開本 24cm×13cm

9行25字,行間夾註,白口,四周單邊。書衣題:八集分編　精詣上。封面題:塾課小題分編。書名據封面題録。前有序。《初集》版心上鎸:小題初集啟蒙。版心下鎸:家塾課本。《五集》封面題:金壇王罕皆論次　五集精詣　敦復堂藏版。《六集》版心上鎸:小題六集大觀。《七集》版心上鎸:小題七集老境。

(2)

0931　**塾課小題正鵠二集二卷三集三卷**　(清)李元度編輯　(清)李傳敏鑒定

清刻本

5册(1函)

版框 20cm×13cm　開本 23.3cm×17.7cm

《二集》9行25字,行間夾註,白口,左右雙邊,單黑魚尾。《三集》二欄,上欄有註行4字,下欄9行25字,行間夾註,白口,左右雙邊,單黑魚尾。封面題:小題正鵠二集。前有塾課小題正鵠二集目録。版心上鎸:小題正鵠。封面二題:小題正

鵠三集。前有道光丁未張(金榮)撰《序》、道光丁未何忠駿撰《跋》。次有塾課小題正鵠二集目録。

(2)

0932　**唐人試律説一卷**　(清)紀昀撰

清刻本

1冊(1函)

版框 18.5cm×12.7cm　開本 24.4cm×15.5cm

10行24字,白口,左右雙邊,單黑魚尾。書衣題:唐人試律説。版心中鎸:唐人試律説。

(2)

0933　**[唐詩抄]一卷**　(□)□□輯

清抄本

1冊(1函)

開本 19.4cm×13cm

8行15字,白口,無格。封面題:唐詩。書名本館自擬。

(1)

0934　**唐詩三百首不分卷**　(清)蘅塘退士(孫洙)編

清光緒十一年(1885)膠州劉成文堂書坊刻本

2冊(1函)

版框 17cm×12.5cm　開本 23.6cm×14.5cm

10行21字,白口,左右雙邊,黑單魚尾。牌記題:光緒乙酉年秋七月中浣　山東膠州劉成文堂書坊校正重刻於蘇臺　吴縣孫谿逸士署檢。正文卷端題:唐詩三百首　蘅塘退士手編。

(2)

0935　**唐詩選七卷**　(明)李攀龍撰　(明)蔣一葵箋釋

明末古吴陳長卿刻本

1冊(1函)　存2卷:卷1—2

版框 21.5cm×12cm　開本 23.2cm×13cm

二欄,上欄18行3字,下欄9行20字,小字雙行同,白口,四周單邊,單黑魚尾。封面題:諸名家合評　重訂李于鱗評註唐詩選　附詩韻輯要　古吴陳長卿梓。前有《李于鱗唐詩選序》。正文卷端題:唐詩選　濟南李攀龍編選　晋陵蔣一葵箋釋。鈐印"德聚堂"。卷1首頁不避諱玄。

(2)

0936　**唐詩肄雅八卷**　(清)鞠愷輯

清刻本

1冊(1函)　存2卷:卷4—5

版框 19.2cm×13.3cm　開本 26cm×15.3cm

9行20字,白口,四周雙邊,單黑魚尾。鈐印“老實王家”。

(2)

0937 **唐宋八大家類選十四卷** (清)儲欣評 (清)儲芝參述 (清)徐永勲 (清)吴振乾 (清)董南紀 (清)儲掌文校訂

清翰文堂刻本(清臧著楣題識)

3册(1函) 存6卷:卷7—12

版框16cm×10.3cm 開本20.8cm×12.5cm

10行25字,小字雙行同,行間夾註,白口,左右雙邊,單黑魚尾。書衣題:臧著楣讀本 唐宋八大家類選 卷七。正文卷端題:唐宋八大家類選 卷七 版心鎸:卷五。版心下鎸:翰文堂。臧著楣,山東諸城人。

(2)

0938 **唐宋八家文讀本三十卷** (清)沈德潛評點

清光緒二十四年(1898)上海江左書林石印本

6册(1函)

版框16.2cm×12.1cm 開本19.3cm×13.4cm

18行40字,白口,四周雙邊,雙黑魚尾,眉上有註行4字。書衣題:唐宋八大家文讀本。封面題:唐宋八大家古文讀本 沈歸愚先生評選 壽椿萱館主書檢 顧閭亭顧禄百二先生編 周念蘐陸雲洲二先生較 戊戌仲秋中浣上海江左書林重楷精校用泰西脱影法石印本。前有序,次有《凡例》、目録。正文卷端題:唐宋八家文讀本 後學沈德潛確士評點。

(2)

0939 **晚香書屋課存不分卷** (清)苑棻池撰

清光緒刻本

2册(1函)

版框19.2cm×12cm 開本27cm×14.9cm

9行25字,下黑口,左右雙邊,單黑魚尾。前有光緒十四年苑棻池《自記》。正文卷端題:君子務本本立而道生 苑棻池。苑棻池,字秋舫,山東諸城人。

(2)

0940 **文選六十卷** (梁)昭明太子撰 (唐)李善註 & **考異十卷** (清)胡克家撰

民國錦章圖書局石印本

16册(2函)

版框16cm×12.1cm 開本20.2cm×13.5cm

17行33字,黑口,四周雙邊,單黑魚尾,天頭有註行6字。書衣題:仿宋孫批胡刻文選 錦章圖書局印行。封面題:文選李善註六十卷 上海錦章圖書局印行。牌記題:宋淳熙本重雕 潘陽胡氏藏版。

(4)

0941　**文選六十卷**　(梁)昭明太子撰　(唐)李善註

上海中華書局石印本

22 册(1 函)　存 58 卷:卷 3—60

版框 14.9cm×10.7cm　開本 20.6cm×13.2cm

13 行 26 字,黑口,四周單邊,單黑魚尾。封面題:文選李善註。牌記題:四部備要集部　上海中華書局據鄱陽胡氏校刻本校刊。版心下鎸:中華書局聚珍倣宋版印。

(6)

0942　**小試分類文凖一卷小試花樣度鍼一卷**　題(清)宜亭氏選

清光緒二十五年(1899)成文堂刻本

1 册(1 函)

版框 16cm×11cm　開本 21cm×12.6cm

7 行 25 字,小字雙行同,行間夾註,白口,四周雙邊,單黑魚尾。書衣題:成文堂小試分類文凖。封面題:光緒己亥夏鐫　小試分類文凖　後附小試花樣度鍼　成文堂梓行。前有道光二十七年聊攝宜亭氏撰《序》。目次卷端題:小試分類文凖　半隱家塾讀本。目次頁後題:白書奎　劉繼勛校。

(1)

0943　**小試花樣度鍼一卷**　題(清)宜亭氏選

清光緒二十五年(1899)成文堂刻本

1 册(1 函)

版框 16cm×10.5cm　開本 21cm×12.7cm

7 行 25 字,行間夾註不等,白口,四周單邊,單黑魚尾。書衣題:成文堂小試花樣度鍼。封面題:光緒己亥春鐫　小試花樣度鍼　成文堂梓行。前有道光丁未宜亭氏撰《小試花樣度鍼弁言》。

(1)

0944　**小題二集式法二卷**　(清)王步青評　(清)王士鼇編　(清)王維甸　(清)王乃昀校

清敦復堂刻本

1 册(1 函)　存 1 卷:下

版框 19cm×10.5cm　開本 23.7cm×12.5cm

9 行 25 字,白口,四周單邊,無魚尾。正文卷端題:賢賢易色　焦袁禧。版心上鎸:小題二集式法集下。版心下鎸:家塾課本。書名據版心題録。

(1)

0945　**小題二集式法二卷小題三集行機二卷**　(清)王步青編

清敦復堂刻本

3 册(1 函)　存 2 卷:《小題二集式法》上,《小題三集行機》上

版框 19.8cm×11.5cm　開本 23cm×12.5cm

9 行 25 字,白口,四周單邊,無魚尾。封面題:金壇王罕皆論次　二集式法　敦

復堂藏版。版心上鎸:小題二集式法。封面二題:金壇王罕皆論次　三集行機敦復堂藏版。版心上鎸:小題三集行機。書名據版心題録。

(2)

0946　**小題五集精詣二卷**　(清)王步青評　(清)王士鼇編　(清)王維甸　(清)王乃昀校

清敦復堂刻本

1 册(1 函)　存 1 卷:卷下

版框 19cm×11.3cm　開本 23.8cm×12.5cm

9 行 25 字,白口,四周單邊,無魚尾。版心上鎸:小題五集精詣集下。版心下鎸:家塾課本。書名據版心題録。

(1)

0947　**小題五集精詣二卷**　(清)王步青評　(清)王士鼇編　(清)王維甸　(清)王乃昀校

清敦復堂刻本

1 册(1 函)　存 1 卷:卷下

版框 19.5cm×11.5cm　開本 24cm×12.5cm

9 行 25 字,白口,四周單邊,無魚尾。版心上鎸:小題五集精詣集下。書名據版心題録。

(1)

0948　**小題七集老境二卷**　(清)王步青評　(清)王士鼇編　(清)王維甸　(清)王乃昀校

清敦復堂刻本

1 册(1 函)　存 1 卷:集下卷之十四

版框 20cm×10.6cm　開本 23.7cm×12cm

9 行 25 字,白口,四周單邊,無魚尾。版心上鎸:小題七集老境集下。版心下鎸:家塾課本。書名據版心題録。

(1)

0949　**小題新鍘一卷**　(清)路德等撰

清抄本

1 册(1 函)

開本 19cm×13cm

6 行 16 字,白口,無格。書衣題:小題新鍘。正文卷端題:賦得南東其畝。書名據書衣題録。

(1)

0950　**小題正鵠全集附訓蒙草一卷養正草一卷**　(清)李元度編輯

清光緒二十三年(1897)圖書集成局鉛印本

6 册(1 函)　存 4 種:《塾課小題正鵠初集》1 册,《塾課小題正鵠二集》2 册,《塾

課小題正鵠三集》2 册,《訓蒙草》1 册

版框 16.3cm×11.6cm　開本 20.3cm×13.3cm

13 行 42 字,白口,四周單邊,雙黑魚尾。封面題:小題正鵠全集　訓蒙草養正草坿後　圖書集成局印　天禄書局發兑　光緒丁酉仲春圖書集成局鑄。前有序。版心鎸:批點小題正鵠。

(2)

0951　**瀛海探驪集八卷**　(清)朱埏之輯　(清)馮泉　(清)毛寅初　(清)田柟註

清嘉慶十九年(1814)集錦堂刻本

1 册(1 函)　存 2 卷:卷 1—2

版框 12cm×9.9cm　開本 18.2cm×12cm

9 行 20 字,小字雙行同,黑口,左右雙邊。封面題:海鹽朱埏之輯　瀛海探驪集　集錦堂梓行。前有嘉慶甲戌蔣子蒲撰《序》、嘉慶甲戌姚文田撰《序》、嘉慶甲戌朱方增撰《序》。朱序曰"注既竣,乃付剞劂"。版本年代據朱序。目次頁題:瀛海探驪集　海鹽朱埏之輯　道南書屋讀本。正文卷端題:瀛海探驪集。版心鎸:瀛海探驪集。

(2)

0952　**瀛海探驪集八卷**　(清)朱埏之輯　(清)馮泉　(清)毛寅初　(清)田柟註

清刻本

2 册(1 函)　存 1 卷:卷 8

版框 12cm×9.9cm　開本 18.2cm×12cm

9 行 20 字,小字雙行同,黑口,左右雙邊,無魚尾。目次頁題:瀛海探驪集　海鹽朱埏之輯　道南書屋讀本。

(2)

0953　**瀛海探驪集八卷**　(清)朱埏之輯　(清)馮泉　(清)毛寅初　(清)田柟註

清嘉慶十九年(1814)集錦堂刻本

3 册(1 函)　存 3 卷:卷 3,5—6

版框 12.5cm×9.8cm　開本 19cm×12cm

9 行 20 字,小字雙行同,黑口,左右雙邊,無魚尾。正文卷端題:瀛海探驪集　朱埏之輯　馮泉　毛寅初　田柟註。版心鎸:瀛海探驪集。

(2)

0954　**御定歷代賦彙一百四十卷外集二十卷逸句二卷補遺二十二卷**　(清)陳元龍編輯

清刻本

17 册(2 函)　存 47 卷:《賦彙》卷 22—23、138—140,《外集》卷 1—20,《逸句》卷

1—2,《補遺》卷 1—20

版框 19cm×14.2cm　開本 25.8cm×16.2cm

11 行 21 字,黑口,左右雙邊,單黑魚尾。版心中鎸:御定歷代賦彙。

(1)

0955　**御選唐宋文醇五十八卷**　(清)高宗弘曆選　(清)允禄校

清刻本

2 册(1 函)　存 5 卷:卷 20—24

版框 19.5cm×13.5cm　開本 28.3cm×17.5cm

9 行 22 字,白口,四周單邊,單黑魚尾,無直格。正文卷端題:御選唐宋文醇。版心上鎸:御選唐宋文醇。

(2)

0956　**韻蘭集賦鈔六卷**　(清)陸雲槎輯選　(清)宋淮三考典

清道光七年(1827)四友堂刻本

6 册(1 函)

版框 14.4cm×10.4cm　開本 18.1cm×12cm

9 行 21 字,小字雙行同,行間夾註,白口,四周單邊,單黑魚尾。封面題:道光七年春鎸　平湖陸雲槎輯選　甬上宋淮三考典　律賦韻蘭集註釋　四友堂藏板。前有道光丁亥王家相撰《序》。

(2)

0957　**增訂古文覺斯新編八卷**　(清)過珙評選　(清)過奕誥　(清)過奕讚編次

清竹素園刻本

8 册(1 函)

版框 20cm×13.5cm　開本 22.5cm×14.3cm

9 行 22 字,小字雙行同,白口,四周單邊,單黑魚尾。書衣題:古文覺斯。鈐印"行止固不由人"。封面題:過商侯先生評選　增訂古文覺斯新編　竹素園藏板。前有康熙壬申過珙撰《增訂古文覺斯序》。版心下鎸:竹素園。

(2)

0958　**增批古文觀止十二卷**　(清)吴乘權輯

民國七年(1918)上海鑄記書局石印本

6 册(1 函)

版框 22.4cm×14.5cm　開本 26.4cm×15.3cm

15 行 33 字,小字雙行 66 字,白口,四周雙邊,單黑魚尾,眉上有多行 4 字小註。書衣題:增批古文觀止　鑄記書局石印。封面題:增批古文觀止　中華民國七年重刊　上海鑄記書局石印。

(2)

0959 **[戰國策等文抄]一卷** (清)□□抄
清抄本
1 册(1 函)
開本 25cm×13.1cm
9 行 24 字,白口,無格。正文卷端題:樂毅報燕惠王書 戰國策。書名自擬。此書是一手抄本,抄録的古文有《戰國策·樂毅報燕惠王書》《戰國策·范雎説秦王》,李斯《諫逐客書》,屈原《漁父辭》,賈誼《過秦論》,蘇軾《策略四》,蘇轍《上樞密韓太尉書》等 30 多篇。

(1)

0960 **政學工商四界尺牘從新六卷** 武林浣輯
民國三年(1914)文明進行社鉛印本
6 册(1 函)
版框 17.5cm×11.6cm 開本 23cm×13.5cm
9 行 17 字,白口,四周單邊,無魚尾,無格。

(2)

0961 **[紙鳶賦等文鈔]一卷** (□)□□撰
清抄本
1 册(1 函)
開本 24.1cm×12.9cm
9 行 23 字,白口,無格。書衣題:文似看山不喜平。正文卷端題:紙鳶賦。書名據首篇自擬。

(1)

## 詩文評類

0962 **彙纂詩法度鍼十卷** (清)徐文弼編輯
清乾隆三十六年(1771)謙牧堂刻本
5 册(1 函) 存 8 卷:卷 3—10
版框 24.3cm×15.6cm 開本 19cm×14.2cm
11 行 24 字,小子雙行同,白口,左右雙邊,單黑魚尾。封面題:乾隆辛卯年夏重鐫 豐城徐勷右採輯 同學及門諸子編校 詩法度鍼 註解評論 精細詳明 謙牧堂梓行。正文卷端題:彙纂詩法度鍼 豐城藎山徐文弼勷右甫編輯。前有序。

(2)

0963 **劉子文心雕龍二卷** (南朝梁)劉勰撰 (明)楊慎 (明)曹學佺等批點 &**註二卷** (明)梅慶生撰
明閔繩初刻五色套印本
3 册(1 函) 存卷上、卷下之上

版框 21cm×14.5cm　開本 26.5cm×17.7cm

9 行 19 字，白口，四周單邊，無魚尾，眉上有批。正文卷端題：劉子文心雕龍。版心上鎸：文心雕龍。上、下二卷，每卷又分上、下。是書朱、墨、藍、黄、褐五色套印，字口鋭利，有朱筆圈點。卷首有萬曆壬子春仲曹學佺撰《文心雕龍序》，次《楊升庵先生與張禺山書》，次閔繩初撰《刻楊升庵先生批點文心雕龍引》，次《凡例》，次《劉舍人本傳》，次《文心雕龍校讎姓氏》。次正文部分。

按《中國古籍定級標準》，此書被定爲三級甲等古籍，作善本收藏。

(2)

0964　**文心雕龍十卷**　(南朝梁)劉勰撰

民國十三年(1924)啓新書局石印本

4 册(1 函)

版框 17cm×11cm　開本 20.1cm×13.2cm

12 行 27 字，白口，小字雙行，四周雙邊，單黑魚尾，眉上有 4 字註。封面題：梁劉舍人先生著文心雕龍　南都李遜齊署。牌記題：中華民國十三年春上海啟新書局發行。正文卷端題：文心雕龍卷第一　梁劉勰撰　北平黄叔琳注　河間紀昀評。版心下鎸：上海啟新書局印行。

(2)

0965　**五代詩話十二卷**　(清)王士禛撰

清乾隆刻本

2 册(1 函)　存 8 卷：卷 5—12

版框 15.2cm×11.2cm　開本 23.5cm×14.4cm

9 行 19 字，白口，左右雙邊，單黑魚尾。書衣題：五代詩話。卷端題：五代詩話卷之五。卷 9—12 破損嚴重，撕毁殘缺。後有跋。書衣鈐印"閒雲埜隺"，即"閒云野鶴"。

(4)

0966　**詳批律賦標準二集四卷**　(清)葉祺昌編次　(清)傅祝山鑒定

清同治十三年(1874)書業德刻本

4 册(1 函)

版框 13cm×10.4cm　開本 18.2cm×12cm

8 行 22 字，小字雙行同，白口，四周單邊，單黑魚尾。封面題：同治甲戌新鋟　武水葉吟舫評選　同邑傅祝山鑒定　詳批律賦標準二集　書業德梓。前有《弁言》。版心下鎸：書業德。

(2)

0967　**新體廣註文心雕龍十卷**　(南朝梁)劉勰撰　(清)黄叔琳註　(清)紀昀評

民國二十年(1931)上海掃葉山房石印本

4 册(1 函)

版框 16cm×11.2cm　開本 20cm×14.5cm

12 行 25 字,小字雙行同,白口,四周單邊,單黑魚尾,眉上有 4 字註。牌記題:中華民國十二年石印　掃葉山房。文前有序。正文卷端題:新體廣注文心雕龍卷第一　梁劉勰撰　北平黄叔琳注　河間紀昀評。

(2)

0968　**餘墨偶談三集八卷**　(清)饒玉成續録

清光緒九年(1883)雙峯峰書屋刻本

6 册(1 函)

版框 10.4cm×7.4cm　開本 15.7cm×8.8cm

8 行 16 字,小字雙行,白口,左右雙邊,單黑魚尾。書衣題:餘墨偶談。鈐印"吉林□□□□自在江蘇揀選古今書籍發行"。封面題:餘墨偶談三集　癸未孟冬刻於雙峯書屋。正文卷端題:餘墨偶談三集　東鄉饒玉成新泉續録。版心下鐫:雙峯書屋。書名據封面題録。

(1)

## 詞曲類

0969　**陳眉公批評琵琶記二卷**　(明)陳繼儒評　(清)夢鳳樓　(清)暖紅室刊校

民國十四年(1925)上海掃葉山房石印本

3 册(1 函)　存上卷之下、下卷

版框 16.2cm×11.5cm　開本 20cm×13.2cm

13 行 26 字,黑口,左右雙邊,單黑魚尾。有圖,眉上有批。書衣題:第七才子琵琶記　上海掃葉山房發行。正文卷端題:陳眉公批評琵琶記上卷卷之下。雲間眉公陳繼儒評　夢鳳樓　暖紅室刊校。

(5)

0970　**紅樓夢傳奇二卷**　(清)紅豆邨樵(仲振奎)填詞　題(清)邗亭居士按拍

清嘉慶四年(1799)緑雲紅雨山房刻本

5 册(1 函)

版框 14cm×9.8cm　開本 17.7cm×11.4cm

10 行 24 字,白口,左右雙邊,單黑魚尾。封面題:嘉慶己未夏鐫　紅樓夢傳奇　緑雲紅雨山房藏板。正文卷端題:紅樓夢傳奇　吴州紅豆邨樵填詞　同里邗亭居士按拍。有畫像。

(2)

0971　**劇本一卷**　(□)□□撰

清抄本

1 册(1 函)

開本 17.5cm×12.5cm

13 行 33 字，無格。正文卷端題：净上引。

（1）

0972　**李卓吾先生批評幽閨記二卷**　（元）施惠撰　（明）李贄評

明末刻本（小螺隱主人題跋）

1 册（1 函）

版框 22cm×14cm　開本 24.2cm×15cm

10 行 22 字，白口，四周單邊，單黑魚尾。封面題：海若先生批評拜月亭記。前有目録。目録後有小螺隱主人墨筆題跋。正文卷端題：李卓吾先生批評幽閨記卷之上。

（2）

0973　**木皮子一卷**　（明）賈鳧西撰

民國二年（1913）瞰地樓書社石印本

1 册（1 函）

版框 15.1cm×10.6cm　開本 19.7cm×12cm

11 行 24 字，白口，四周單邊。書衣題：木皮子。封面題：癸丑秋月　木皮子傳瞰地樓書社石印。賈鳧西，明末鼓詞作家，作品《木皮散》清初在諸城、濰縣、日照一帶傳抄。

（2）

# 叢　部

## 彙編叢書

0974　**説郛一百二十卷**　(明)陶宗儀輯

民國十六年(1927)上海商務印書館涵芬樓鉛印本

3册(1函)　存9卷:卷34—35,39—41,52—55

版框14.5cm×10.2cm　開本26.5cm×15.2cm

13行25字,白口,四周單邊,雙對黑魚尾。鈐印"子绂珍藏"。版心下鎸:涵芬樓。

(2)

0975　**硯北偶鈔十二種十七卷**　(清)姚培謙　(清)張景星輯

清乾隆二十七年(1762)姚氏草草巢刻本

6册(1函)

版框9.2cm×6.9cm　開本13.8cm×8.6cm

6行15字,白口,左右雙邊,單黑魚尾。封面題:乾隆壬午夏　硯北偶鈔　草草巢雕版。

2014年6月入選第三批《山東省珍貴古籍名録》(編號1562)。

(2)

## 自著叢書

0976　**世德堂遺書七種二十三卷**　(清)王鉞撰

清康熙刻本

6册(1函)　存6種8卷:《讀書蕞殘》1卷,《粤遊日記》1卷,《星餘筆記》1卷,《暑窗臆説》2卷,《朱子語類纂》2卷,《水西紀略》1卷

版框17.4cm×13.2cm　開本5.5cm×16.2cm

9行20字,小字雙行同,黑口,左右雙邊,單黑魚尾。前有《世德堂遺書序》。王鉞,山東諸城人。

2012 年 1 月入選第二批《山東省珍貴古籍名録》(編號 2373)。

(2)

**0977 西河合集四百九十六卷** (清)毛奇齡撰

清刻本

6 册(1 函) 存 27 卷:《仲氏易》卷 4—30

版框 19.7cm×14.5cm 開本 25.6cm×16cm

10 行 20 字,小字雙行同,白口,四周單邊。

(4)

# 古籍圖録

**1. 七經精義**　(清)黃淦纂　清嘉慶十二年(1807)刻本　經部/總類　諸城市圖書館

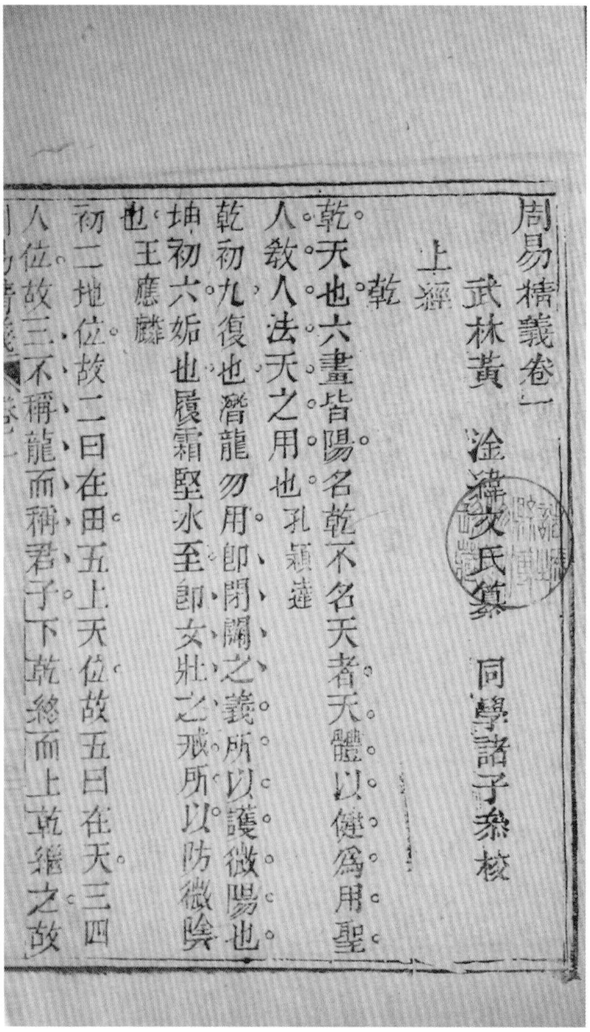
周易精義卷一
武林黃　淦緯文氏纂　同學諸子叅校
上經
乾
乾天也六畫皆陽名乾不名天者天體以健爲用聖
人教人法天之用也孔穎達
乾初九復也潛龍勿用卽閉關之義所以護微陽也
坤初六姤也履霜堅冰至卽女壯之戒所以防微陰
也王應麟
初二地位故二曰在田五上天位故五曰在天三四
人位故三不稱龍而稱君子下乾終而上乾繼之故

黃淦,字緯文,又字綺霞,浙江錢塘(今杭州市)人。乾隆四十五年(1780)舉人,生平不詳。

“七經”,指《周易》《書經》《詩經》《禮記》《春秋》《周禮》《儀禮》。黃淦窮年治《易》,舉先儒要語,融以己意,潤色其詞,“閲數百十卷書”,掇其精華,彙成此編,名曰“精義”。封面題:嘉慶十二年夏鐫　七經精義　武林黃淦緯文氏纂　尊德堂原本。前有嘉慶八年黃淦撰《自序》。正文卷端題:周易精義　武林黃淦緯文氏纂　同學諸子叅校。

2. **易經體註大全四卷** （清）來爾繩纂輯 & **周易本義四卷** （宋）朱熹撰 清乾隆二十九年(1764)光霽堂刻本 經部/易類 諸城市圖書館

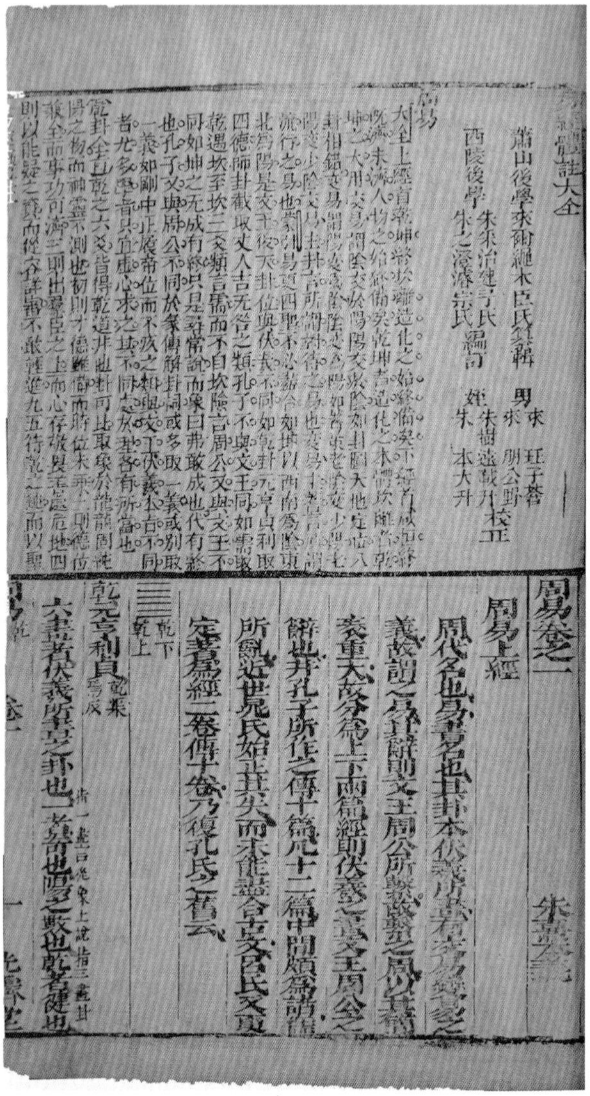
易經體註大全
蕭山後學來爾繩木臣氏纂輯

周易卷之一 朱熹本義
周易上經
周代名也易書名也其卦本伏羲所畫有交易變易之義故謂之易其辭則文王周公所繫故繫之周以其簡帙重大故分為上下兩篇經則伏羲之畫文王周公之辭也并孔子所作之傳十篇凡十二篇中間頗為諸儒所亂近世晁氏始正其失而未能盡合古文呂氏又更定著為經二卷傳十卷乃復孔氏之舊云
☰ 乾下乾上
乾元亨利貞
六畫者伏羲所畫之卦也一者奇也陽之數也乾者健也

來木臣，字爾繩，浙江蕭山人。明代著名易學家來知德的後人，易學家來集之之侄。

《易經體註大全》是來木臣對《易經》的詮釋之作。《易經》即《周易》，儒家重要經典之一。“易”有變易（窮究事物變化）、簡易（執簡馭繁）、不易（永恒不變）三義。內容包括《經》和《傳》兩部分。《經》主要是六十四卦和三百八十四爻，卦、爻各有說明，作爲占卦之用。《傳》是對《經》最早的解説，包含解釋卦辭、爻辭的七種文辭共十篇，統稱《十翼》，傳爲孔子作。《周易》通過八卦形式（象徵天、地、雷、風、水、火、山、澤八種自然現象），推測自然和社會的變化，認爲陰陽兩種勢力的相互作用是萬物産生的根源，提出“剛柔相推，變在其中”等樸素辯證法的觀點。

**3. 周易本義四卷**　(宋)朱熹撰　清嘉慶十三年(1808)敬書堂刻本　經部/易類
諸城市圖書館

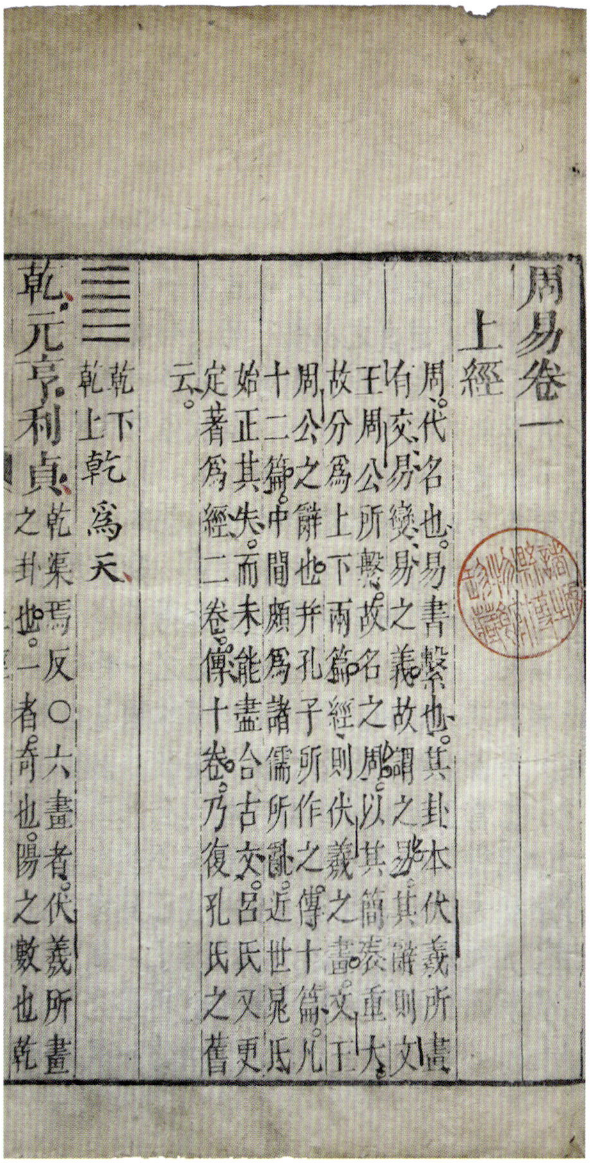
周易卷一

上經

周，代名也。易，書名也。其卦本伏羲所畫，有交易、變易之義，故謂之易。其辭則文王、周公所繫，故繫之周。以其簡袠重大，故分為上下兩篇。經則伏羲之畫、文王周公之辭也。并孔子所作之傳十篇，凡十二篇。中間頗為諸儒所亂。近世晁氏始正其失，而未能盡合古文。呂氏又更定著為經二卷、傳十卷，乃復孔氏之舊云。

☰☰ 乾下乾上　乾為天

乾，元亨利貞。乾，渠焉反。○六畫者，伏羲所畫之卦也。一者，奇也，陽之數也。乾

朱熹(1130—1200)，字元晦，號晦庵，别號紫陽，徽州婺源(今屬江西)人。南宋著名理學家、哲學家、教育家，閩學派的代表人物。世稱“朱子”，是繼孔孟之後最傑出的儒學大師，與程頤合稱“程朱學派”。著作有《四書章句集註》《周易本義》《詩集傳》《楚辭集註》，以及後人編纂的《晦庵先生朱文公文集》《朱子語類》等。

《周易》是一部中國古代哲學書，在陰陽二元論基礎上對事物運行規律加以論証，并對事物的未來發展做出預測。

4. **尚書體註約解合參六卷** (清)洪輔聖 (清)洪佐聖 (清)洪翼聖著 (清)洪文衡增訂 (清)洪正治 (清)洪肇楙等校編 & **書經六卷** (宋)蔡沈集註 清乾隆五十五年(1790)金閶書業堂刻本 經部/書類 諸城市圖書館

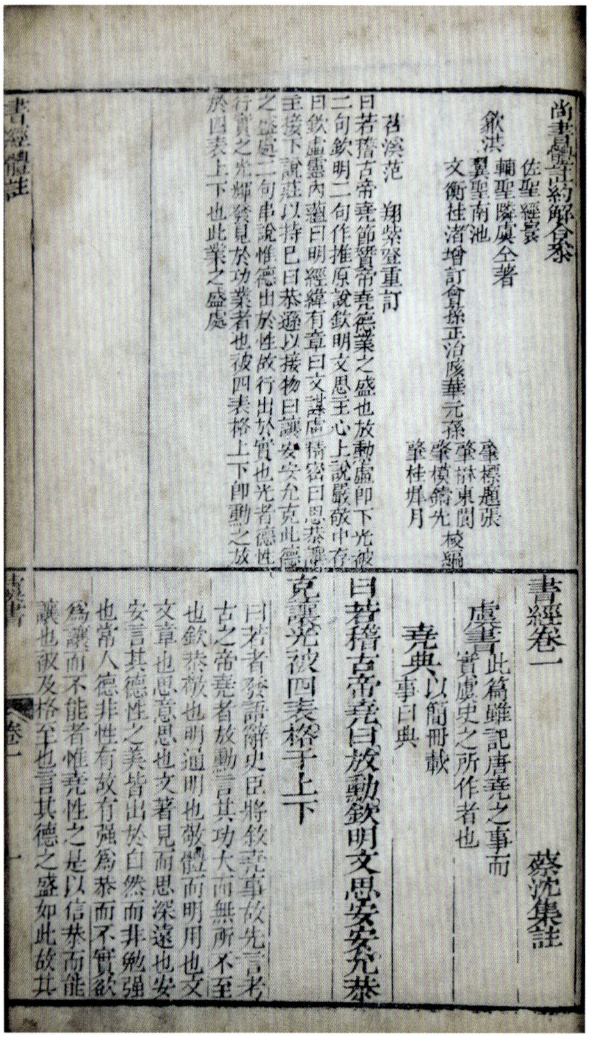
尚書體註約解合參
歙洪 佐聖經袠 輔聖鱗虞仝著 翼聖南池 文衡仕渚增訂 曾孫正治彥華 元孫 肇標趨張 肇楙東閬 肇模鑄先 肇桂犀月 校編
古溪范 翔紫登重訂
曰若稽古帝堯節贊帝堯德業之盛也放勳盧即下光被二句欽明二句作推原說欽明文思主心上說嚴敬中存曰欽虛靈內蘊曰明經緯有章曰文謀慮精密曰思恭讓主接下說莊以持己曰恭遜以接物曰讓安安允克此德之盛處二句串說惟德出於性故行出於實也光者德性行實之光輝發見於功業者也被四表格上下即勳之放於四表上下也此業之盛處

書經卷一 蔡沈集註
虞書 此篇雖記唐堯之事而實虞史之所作者也
堯典 以簡冊載事曰典
曰若稽古帝堯曰放勳欽明文思安安允恭克讓光被四表格于上下
曰若者發語辭史臣將敘堯事故先言考古之帝堯者放勳言其功大而無所不至也欽恭敬也明通明也敬體而明用也文文章也思意思也文著見而思深遠也安安言其德性之美皆出於自然而非勉強也常人德非性有故有強爲恭而不實欲爲讓而不能者惟堯性之是以信恭而能讓也被及格至也言其德之盛如此故其

《尚書》即上古時代的書,又稱《書經》《書》,是我國現存最早的史書,是中國上古歷史檔案和部分追述古代事跡著作的彙編。相傳由孔子編選而成。記載内容上起堯舜,下至春秋時期的秦穆公。書中保存商周特别是西周初期的一些重要史料,是儒家重要經典之一,對研究古代歷史和政治思想有重要的參考價值。

5. **鳳泉書經八卷**　(宋)蔡沈集傳　清嘉慶十四年(1809)金閶書業堂刻本　經部/書類　諸城市圖書館

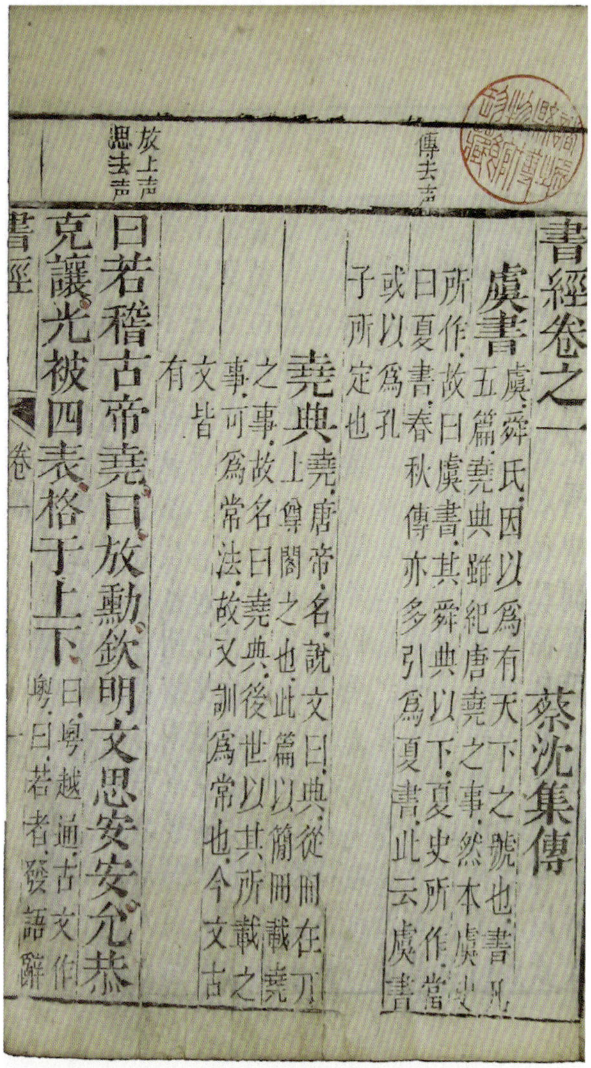
傳去声
放上声
思去声

書經卷之一　　蔡沈集傳

虞書虞,舜氏,因以爲有天下之號也。書凡五篇,堯典雖紀唐堯之事,然本虞史所作,故曰虞書。其舜典以下,夏史所作,當曰夏書。春秋傳亦多引爲夏書。此云虞書,或以爲孔子所定也。

堯典堯,唐帝名。說文曰:典,從冊在丌上,尊閣之也。此篇以簡冊載堯之事,故名曰堯典。後世以其所載之事可爲常法,故又訓爲常也。今文古文皆有。

曰若稽古帝堯,曰放勳,欽明文思安安,允恭克讓,光被四表,格于上下。曰、粤、越通,古文作粤。曰若者,發語辭。

書經　卷一

蔡沈(1167—1230),字仲默,號九峰,建陽(今福建)人,南宋學者。隱居九峰,人稱"九峰先生"。

《書經》即《尚書》,儒家經典之一。西漢初存28篇,即《今文尚書》。另有西漢時在孔子住宅壁中發現的《古文尚書》,西晋時散失。東晋豫章内史梅賾所獻朝廷的《尚書》,包括《今文尚書》、僞《古文尚書》兩種。現在通行的《十三經註疏》本《尚書》,就是《今文尚書》與僞《古文尚書》的合編。

6. **書經體註大全合參六卷** (清)錢希祥纂輯 (清)范翔鑒定 & **書經集傳六卷** (宋)蔡沈撰 清刻本(佚名批點) 經部/書類 諸城市圖書館

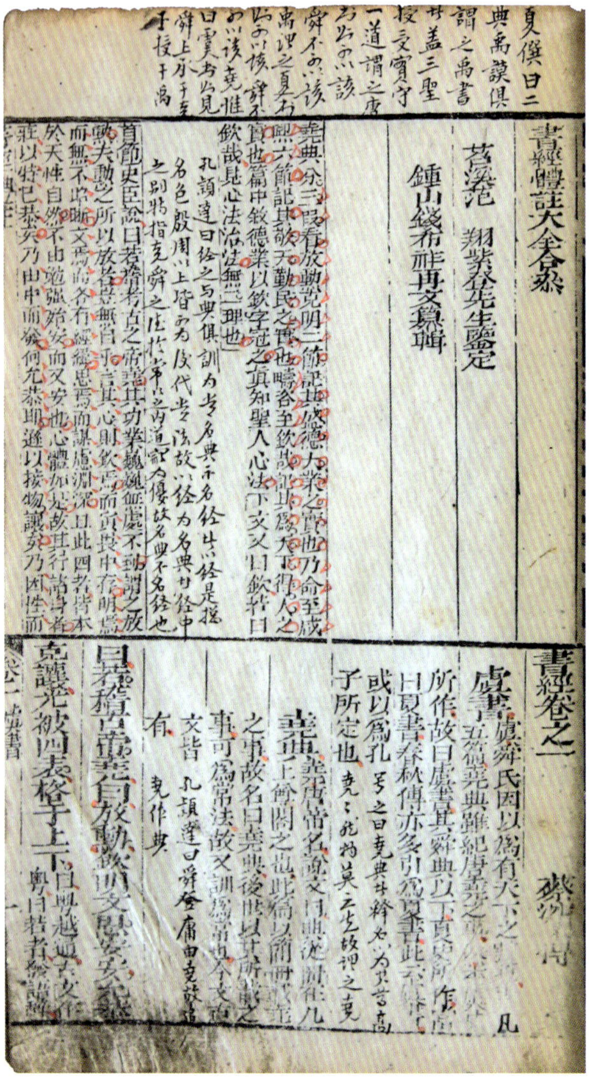

此書分上、下兩欄，上欄爲范翔、錢希祥對《書經體註》的介紹，下欄爲蔡沈《集傳》原文。

**7. 詩叶考八卷**　(清)陳天道輯著　清嘉慶十二年(1807)貽穀堂刻本　經部/詩類　諸城市圖書館

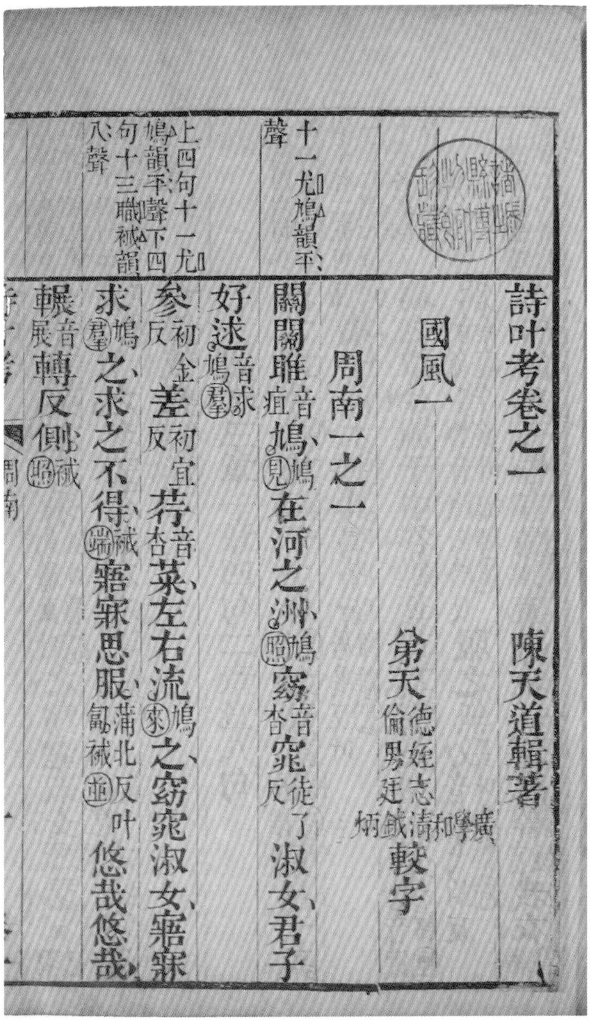
十一尤叶鳩韻平聲
上四句十一尤叶鳩韻平聲下四句十三職叶韻入聲
詩叶考卷之一　陳天道輯著
國風一　弟天德 姪志濤 男廷鉞 廷炳 較字
周南一之一
關關雎(音疽)鳩在河之洲窈(音杳)窕(徒了反)淑女君子
好逑(音求)
參(初金反)差(初宜反)荇(音杏)菜左右流之窈窕淑女寤寐
求之求之不得寤寐思服(蒲北反叶匐)悠哉悠哉
輾(音展)轉反側

《詩叶考》,是作者對《詩經》各篇所作的考證、註釋。

8. **三刻黄維章先生詩經嫏嬛體註八卷** (明)黄文焕輯著 (清)范翔重訂 (清)沈三曾 (清)沈涵參定 & **詩經集註八卷** (宋)朱熹撰 清刻本 經部/詩類 諸城市圖書館

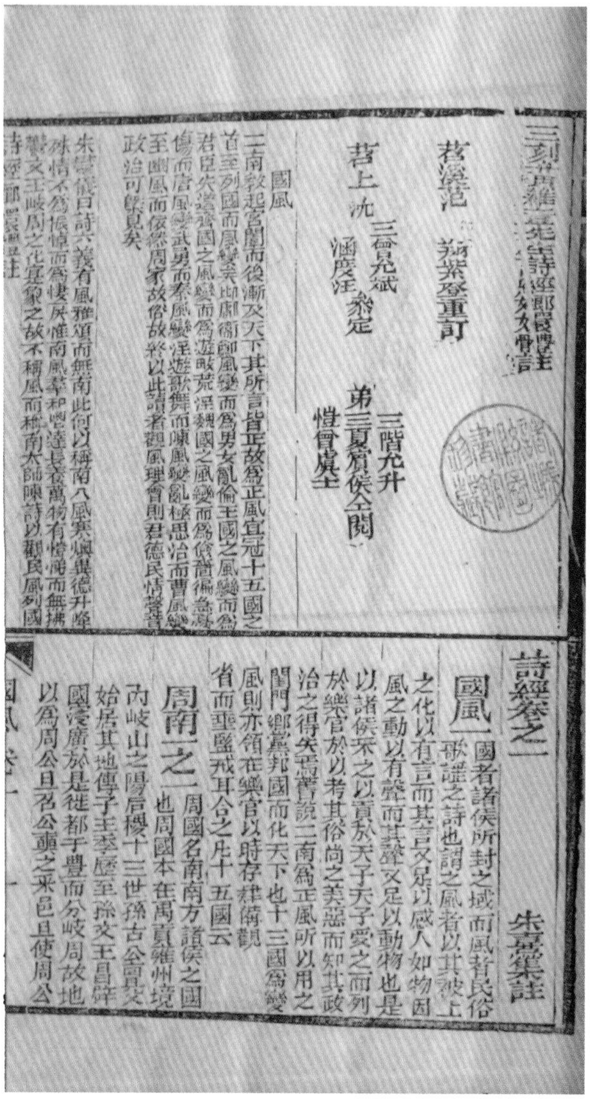

此書爲范翔重訂黄維章《詩經》註釋。嫏嬛,傳説中的天帝藏書之處。此書分兩欄,上欄爲范翔重訂黄註,下欄爲朱熹集註《詩經》。

9. **御纂詩義折中二十卷** （清）傅恒等撰　清刻本　經部/詩類　諸城市圖書館

御纂詩義折中卷之一
國風一
朱子曰國者諸侯所封之域風者民俗歌謠之
詩也謂之風者以其被上之化以有言而其言
又足以感人如物因風之動以有聲而其聲又
足以動物也
周南一之一
周國名在雍州岐山之陽太王始居之傳至文
王徙都於豐武王克商徙都於鎬成王嗣立周
公相之乃采文王之世風化所及之詩被之管
絃以爲樂歌謂之周南者言其化自周而南也
關關雎鳩在河之洲窈窕淑女君子好逑
興也關關雌雄相應之和聲雎鳩鳥之有別者也
窈窕幽閑之意淑善逑配也凡興必有所取雎鳩
詩義折中卷之一

傅恒（1723—1770），字春和，清滿洲鑲黄旗人，富察氏。高宗（乾隆）孝賢皇后之弟。撰寫《欽定旗務則例》《西域圖志》《御批歷代通鑑輯覽》等。

《御纂詩義折中》是鑒于《詩經》解説很不一致，給後人讀《詩經》帶來不便的情況而編纂的一部力求一致解釋的書籍。工部尚書汪由敦爲此書寫序，稱“竊取聖祖周易命名之意，命之曰詩義折中”。

**10. 周禮註疏刪翼三十卷** (明)王志長輯 (明)葉培恕定 明末天德堂刻本
經部/禮類/周禮 諸城市圖書館

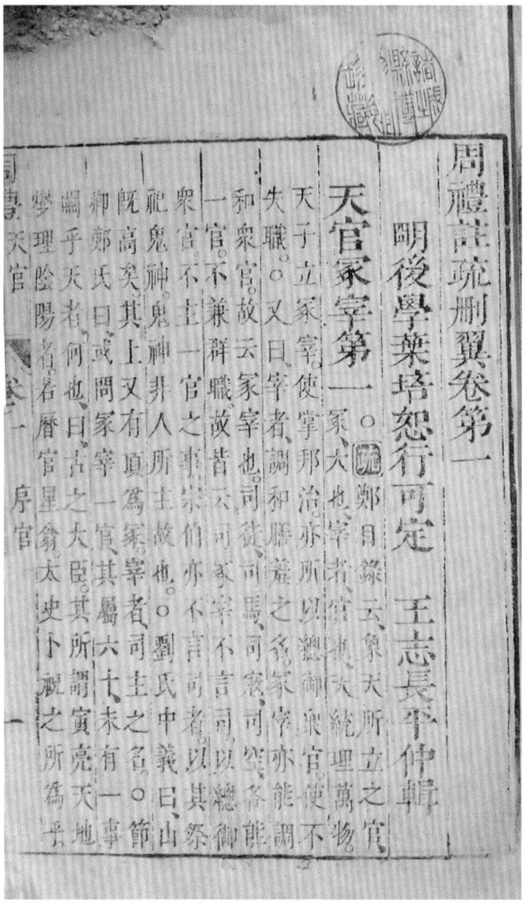
周禮註疏刪翼卷第一
明後學葉培恕行可定　王志長平仲輯
天官冢宰第一○疏鄭目錄云象天所立之官冢大也宰者官也天者統理萬物
天子立冢宰使掌邦治亦所以總御衆官使不失職○又曰宰者調和膳羞之名冢宰亦能調
和衆官故云冢宰也司徒司馬司寇司空各能
一官不兼群職故皆云司冢宰不言司以總御
衆官不主一官之事宗伯亦不言司者以其祭
祀鬼神鬼神非人所主故也○劉氏中義曰山
既高矣其上又有頂爲冢宰者司主之名○節
卿鄭氏曰或問冢宰一官其屬六十未有一事
關乎天者何也曰古之大臣其所謂寅亮天地
爕理陰陽者若曆官星翁太史卜祝之所爲乎
周禮天官　卷一　序官　一

王志長,字平仲,江蘇崑山人。萬曆舉人。明末經學家。

此書于鄭玄註、賈公彦疏多刊削其繁文,謂之"刪",又雜引諸家之説以發明其義,故謂之"翼"。《周禮》一書,得鄭註而訓詁明,得賈疏而名物制度考究大備。王志長此書亦多采宋以後説,浮文妨要,蓋所不免,而以《註》《疏》爲根柢,變而不離其宗。《周禮》,亦稱《周官》,儒家經典之一。搜集周王室官制和戰國時各國制度,植入儒家政治理想而成。有東漢鄭玄《周禮註》、唐賈公彦《周禮正義》、清孫詒讓《周禮正義》等。

**11. 禮記集説十卷** （元）陳澔撰 清嘉慶十年（1805）刻本 經部/禮類/禮記
諸城市圖書館

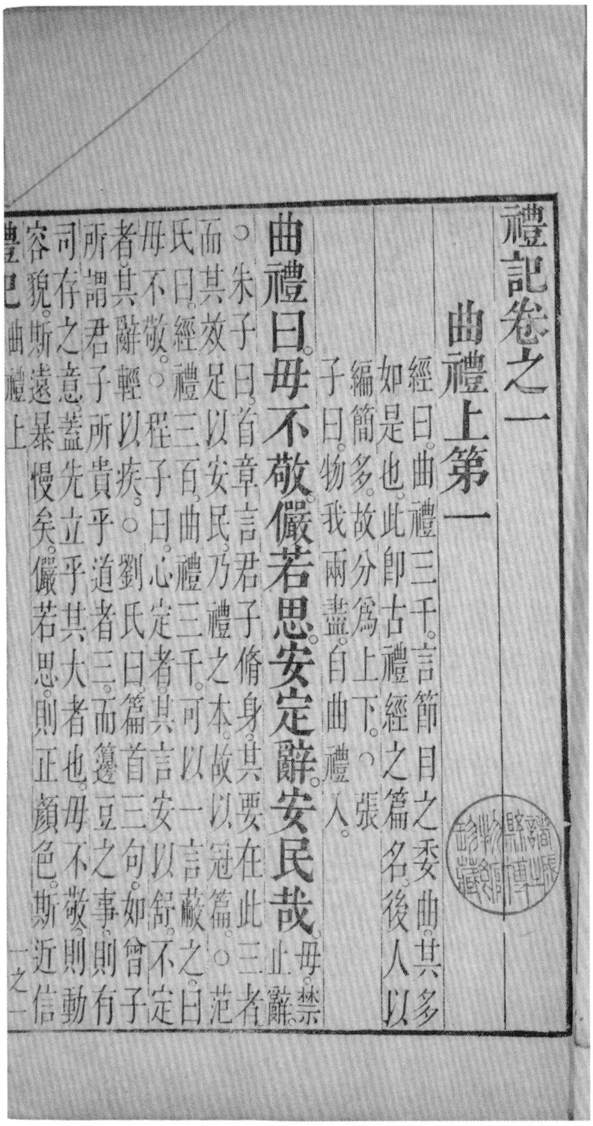
禮記卷之一
曲禮上第一
經曰曲禮三千言節目之委曲其多如是也此卽古禮經之篇名後人以編簡多故分爲上下○張子曰物我兩盡自曲禮入
曲禮曰毋不敬儼若思安定辭安民哉毋禁止辭
○朱子曰首章言君子脩身其要在此三者而其效足以安民乃禮之本故以冠篇○范氏曰經禮三百曲禮三千可以一言蔽之曰毋不敬○程子曰心定者其言安以舒不定者其辭輕以疾○劉氏曰篇首三句如曾子所謂君子所貴乎道者三而籩豆之事則有司存之意蓋先立乎其大者也毋不敬則動容貌斯遠暴慢矣儼若思則正顏色斯近信
禮記 曲禮上 一之一

陳澔（1260—1341），字可大，號雲住，又號北山叟，人稱經歸先生，元江西都昌縣人。宋末元初著名教育家、理學家。所著《禮記集説》10卷，乃明清兩代學校、書院、私塾的“御定”課本，科考取士的必讀之書。陳澔爲朱熹四傳弟子，其《禮記集説》承程朱學派，就《禮記》一書中有關教育篇章作了詳細的註疏、解釋，在傳承的基礎上又有鮮明、獨到的個人見解。

**12. 春秋左傳註評測義七十卷** （明）凌稚隆輯著　明刻本　經部/春秋類/左傳
諸城市圖書館

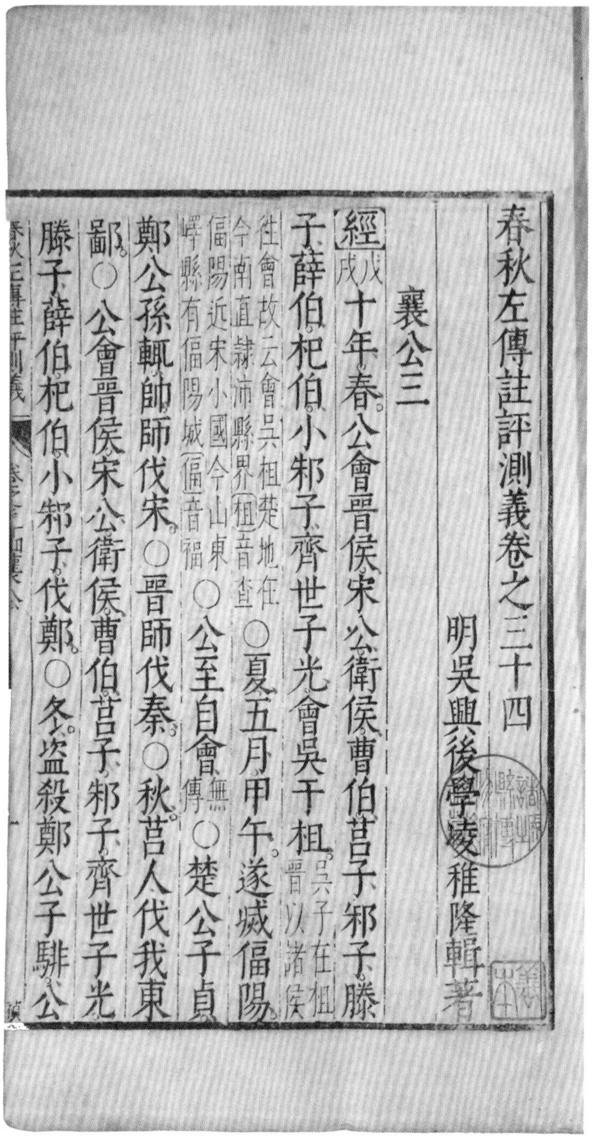
春秋左傳註評測義卷之三十四
明吳興後學凌稚隆輯著
襄公三
經戊戌十年春公會晉侯宋公衛侯曹伯莒子邾子滕子薛伯杞伯小邾子齊世子光會吳于柤吳子在柤晉以諸侯往會故云會吳柤楚地在今南直隸沛縣界柤音查○夏五月甲午遂滅偪陽偪陽近宋小國今山東嶧縣有偪陽城偪音福○公至自會無傳○楚公子貞鄭公孫輒帥師伐宋○晉師伐秦○秋莒人伐我東鄙○公會晉侯宋公衛侯曹伯莒子邾子齊世子光滕子薛伯杞伯小邾子伐鄭○冬盜殺鄭公子騑公

凌稚隆，字以棟，號磊泉，浙江烏程晟舍（今浙江湖州織里晟舍）人。明代學者、雕版印刷家。

《左傳》是我國現存最早的一部較爲完備的編年體史書，相傳爲春秋末年左丘明爲解釋孔子的《春秋》而作，叙事起自魯隱公元年（前722），至魯哀公二十七年（前468），以《春秋》爲本，通過記述春秋時期的具體史實來説明《春秋》綱目，是儒家的重要經典之一。西漢時稱之爲《左氏春秋》，東漢以後改稱《春秋左氏傳》，簡稱《左傳》。它與《公羊傳》《穀梁傳》合稱“春秋三傳”。《春秋左傳註評測義》是評論《春秋左傳》的書。

2014年6月入選第三批《山東省珍貴古籍名録》（編號0058）。

**13. 春秋左傳杜註三十卷首一卷**　（晋）杜預註　（清）姚培謙輯　清乾隆十一年（1746）吴郡陸氏小鬱林刻本　經部/春秋類/左傳　諸城市圖書館

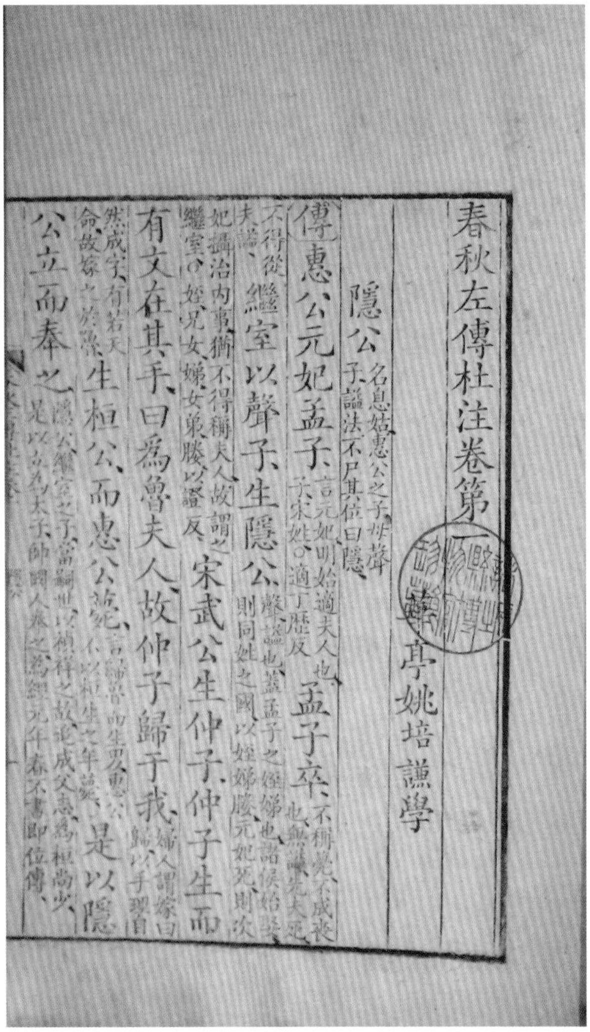

春秋左傳杜注卷第一　　　亭姚培謙學

隱公名息姑惠公之子母聲子諡法不尸其位曰隱

傳惠公元妃孟子言元妃明始適夫人也子宋姓○適丁歷反孟子卒不稱薨不成喪也無諡先夫死不得從夫諡繼室以聲子生隱公聲諡也蓋孟子之姪娣也諸侯始娶則同姓之國以姪娣媵元妃死則次妃攝治內事猶不得稱夫人故謂之繼室○姪兄女娣女弟媵以證反宋武公生仲子仲子生而有文在其手曰爲魯夫人故仲子歸于我婦人謂嫁曰歸以手理自然成字有若天命故嫁之於魯生桓公而惠公薨言歸魯而生男惠公不以桓生之年薨是以隱公立而奉之隱公繼室之子當嗣世以禎祥之故追成父志爲桓尚少是以立爲大子帥國人奉之爲經元年春不書即位傳

姚培謙（1693—1766），字平山，上海華亭人。康熙五十九年（1720）自刻所著《春帆集》，校刊宋劉克莊《後村居士後集》20卷。翌年所作之《茸城蹋歌》，記載了松江縣的風俗習慣。康熙六十一年，刻所註《古文研》16卷，《後集》18卷。雍正二年（1724），又刻所著《自知集》。一生勤于著述，所著《經史臆見》《松桂讀書堂集》入《四庫全書存目》。著作有《楚辭節註》《類腋》《春秋左傳杜註補輯》《朱子年譜》《李義山詩箋註》《樂善堂賦註》等，編有《唐宋八家詩鈔》《陶謝詩集》《文心雕龍輯註》《明史攬要》《通鑑攬要》《宋詩百一鈔》等。

此書是姚培謙引摘群書，采集各評，終爲左氏學大成之作，于乾隆十一年首刻。

2019年5月入選第四批《山東省珍貴古籍名録》（編號0360）。

14. **左繡三十卷首一卷** （清）馮李驊 （清）陸浩評輯 （清）范允斌等參評 （清）馮張孫等校輯 & **春秋經傳集解三十卷** （晉）杜預原本 （唐）陸德明音釋 （宋）林堯叟附註 （清）馮李驊增訂 清乾隆五十七年（1792）學源堂刻本 經部/春秋類/左傳 諸城市圖書館

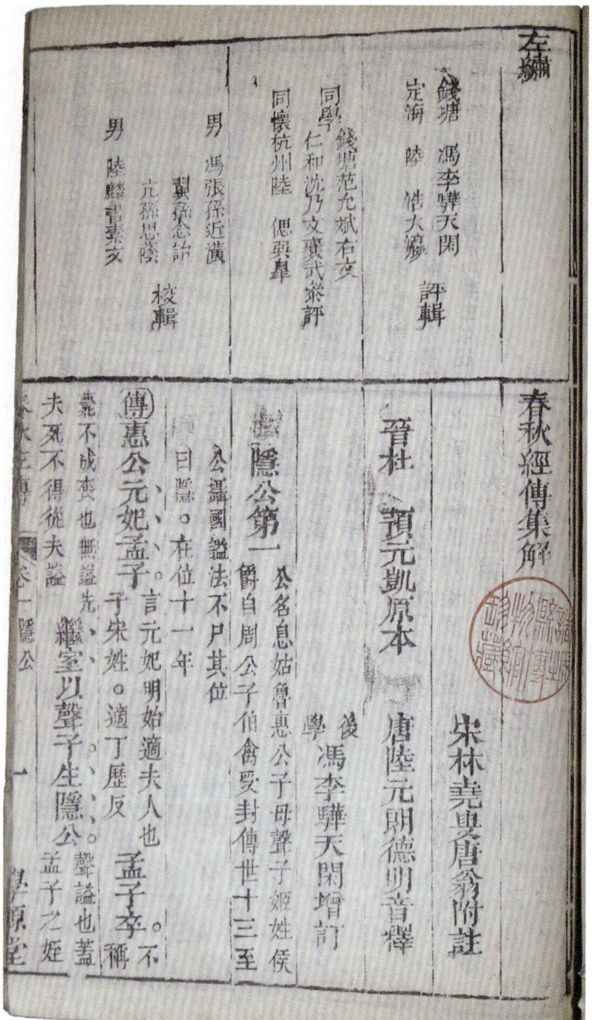

馮李驊，字天閑，錢塘（今屬浙江）人。清康熙年間學者。陸浩，字大瀛，定海人。

此書内容分兩欄，上欄爲《左繡》，載馮李驊與陸浩評語"則意以時文之法商榷經傳矣"；下欄爲《春秋經傳集解》，杜悉依原文，林解則時多删節。

**15. 曲江書屋新訂批註左傳快讀十八卷首一卷** （晉）杜預原註　（唐）陸德明音義　（宋）林堯叟　（宋）朱申參註　（清）馮李驊　（清）陸浩批評　（清）李紹崧選訂　清三讓堂刻本　經部/春秋類/左傳　諸城市圖書館

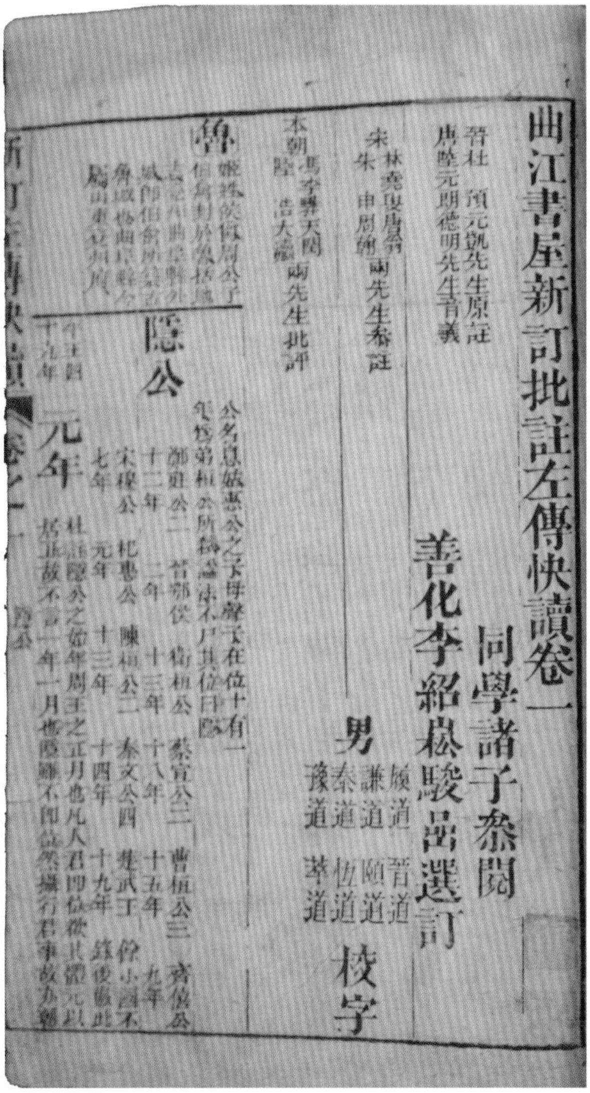
曲江書屋新訂批註左傳快讀卷一
晉杜預元凱先生原註
唐陸元朗德明先生音義
同學諸子參閱
善化李紹崧駿嵒選訂
宋林堯叟唐翁　朱申周翰　兩先生參註
本朝馮李驊天閑　陸浩大瀛　兩先生批評
男　履清道　晉道　謙道　隨道　泰道　佐道　豫道　萃道　枝字
魯
隱公
元年

李紹崧，字駿嵒，生平不詳。

此書是李紹崧對《左傳》的註解之作。著者在註釋批註上下了很大的功夫，既讓人能够讀得懂而又不失原意。此書不同于别的版本的主要特點就是，加大註釋力度，批註優于其他。

16. **曲江書屋新訂批註左傳快讀十八卷首一卷** （晉）杜預原註 （唐）陸德明音義 （宋）林堯叟 （宋）朱申參註 （清）馮李驊 （清）陸浩批評 （清）李紹崧選訂 清成文信刻本 經部/春秋類/左傳 諸城市圖書館

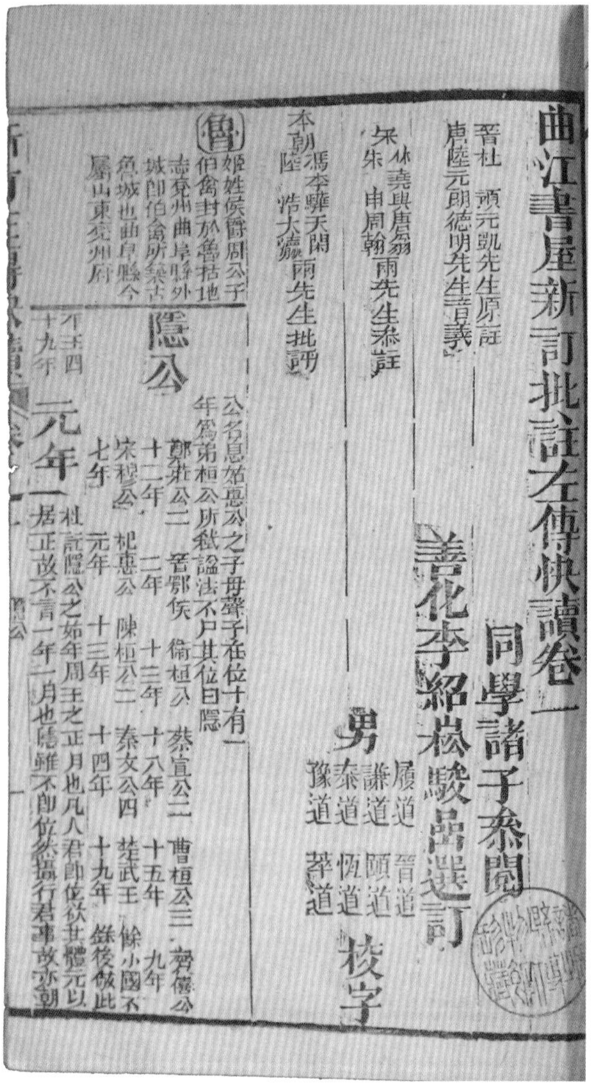

封面題：善邑李駿喦先生輯 新訂批注左傳快讀 字畫音韻 考正詳明 成文信梓。前有乾隆己酉五十四年徐元㝷撰《序》、乾隆丁未五十二年李紹崧撰《刻左傳快讀説》。

**17. 春秋紀傳五十一卷** （清）李鳳雛纂輯　清康熙六十一年（1722）懷德堂刻本
經部/春秋類/春秋總義　諸城市圖書館

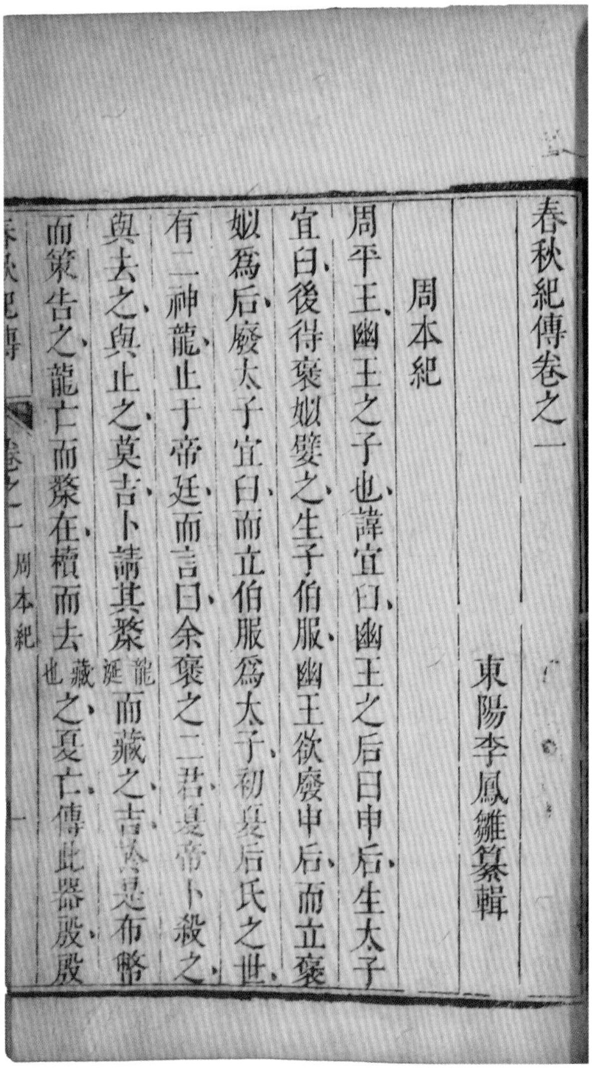
春秋紀傳卷之一
東陽李鳳雛纂輯
周本紀
周平王、幽王之子也、諱宜臼、幽王之后曰申后、生太子
宜臼、後得褒姒嬖之、生子伯服、幽王欲廢申后、而立褒
姒爲后、廢太子宜臼、而立伯服爲太子、初夏后氏之世、
有二神龍止于帝廷、而言曰余褒之二君、夏帝卜殺之、
與去之、與止之、莫吉、卜請其漦龍涎而藏之、吉、於是布幣
而策告之、龍亡而漦在、櫝而去藏之也、夏亡、傳此器殷、殷
春秋紀傳　卷之一　周本紀　一

李鳳雛（1655—1724），字紫翔，號梧岡，浙江東陽人。清康熙年間由拔貢生知曲江縣。

《春秋紀傳》，變《春秋》編年之體爲司馬遷紀傳之體，以周爲《本紀》，以列國及孔子爲《世家》，卿大夫爲《列傳》，又爲周、魯《列國世系圖》。其徵引之書，以《左傳》《國語》爲主，輔之以《公羊傳》《穀梁傳》《檀弓》《戰國策》《孔子家語》等，搜羅考核，頗爲詳備。唯采摭繁富，而皆不著其出典，是其所短。

2014 年 6 月入選第三批《山東省珍貴古籍名録》（編號 0905）。

**18. 鄉黨圖考十卷**　(清)江永撰　清乾隆五十八年(1793)金閶書業堂刻本　經部/四書類/論語　諸城市圖書館

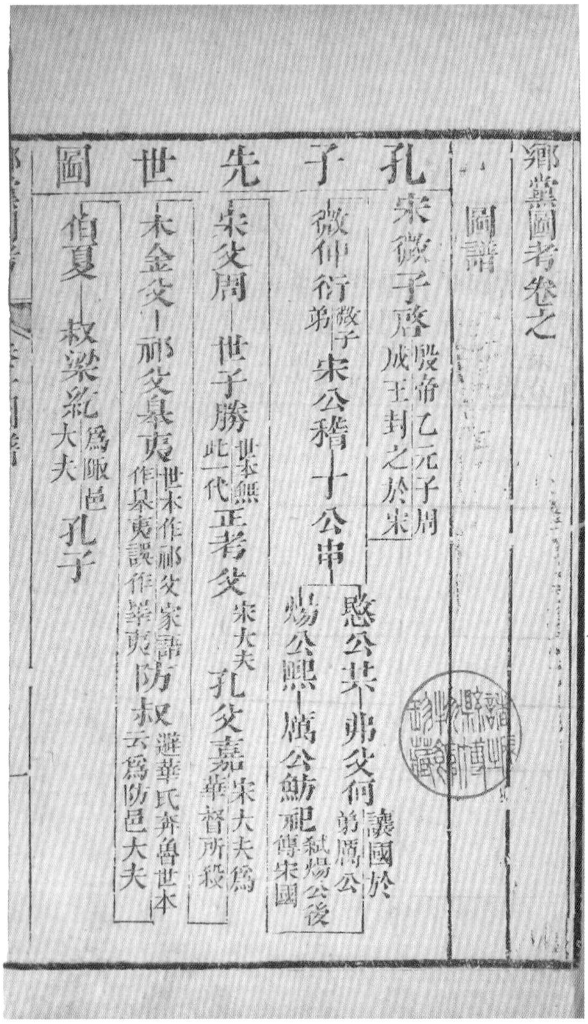

鄉黨圖考卷之一

圖譜

孔子先世圖

宋微子啓 殷帝乙元子周成王封之於宋

微仲衍 微子弟 — 宋公稽 — 丁公申 — 愍公共 — 弗父何 讓國於弟厲公

煬公熙 — 厲公鮒祀 弑煬公後傳宋國

宋父周 — 世子勝 世本無此一代 — 正考父 宋大夫 — 孔父嘉 宋大夫爲華督所殺

木金父 — 祁父皋夷 世本作祁父家語作皋夷誤作華夷 — 防叔 避華氏奔魯世本云爲防邑大夫

伯夏 — 叔梁紇 爲陬邑大夫 — 孔子

江永(1681—1762),字慎修,又字慎齋,婺源(今屬江西)人。清代著名經學家、音韻學家、天文學家和數學家。生員出身,晚年入貢。博通古今,尤長于考據之學,深究《三禮》。撰《周禮疑義舉要》,頗多創建。于音韻、樂律、天文、地理均有研究。

此書搜集經傳中所載古代制度名物,對與《論語鄉黨》篇有關的則加以詮釋。分爲圖譜、聖跡、朝聘、宮室、衣服、飲食、器用、儀節、雜典九大類。

**19. 孟子註疏解經十四卷**　(漢)趙岐註　(宋)孫奭疏　明萬曆十八年(1590)北京國子監刻十三經註疏本　經部/四書類/孟子　諸城市圖書館

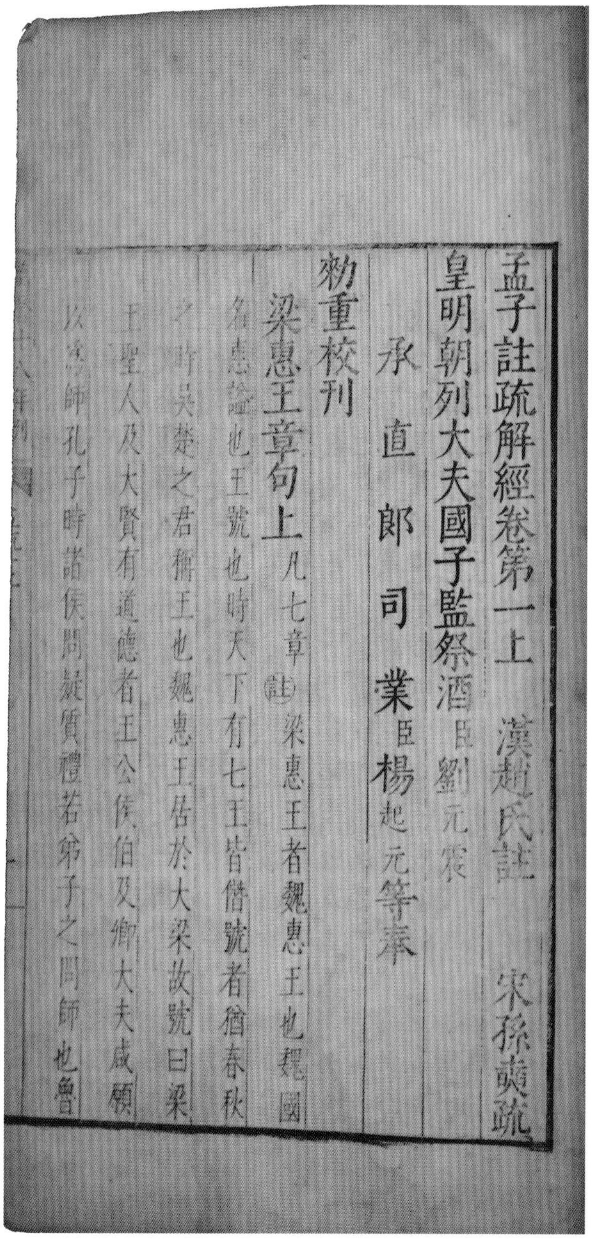
孟子註疏解經卷第一上　漢趙氏註　宋孫奭疏
皇明朝列大夫國子監祭酒臣劉元震
承直郎司業臣楊起元等奉
勑重校刊
梁惠王章句上凡七章 註 梁惠王者魏惠王也魏國
名惠謚也王號也時天下有七王皆僭號者猶春秋
之時吳楚之君稱王也魏惠王居於大梁故號曰梁
王聖人及大賢有道德者王公侯伯及卿大夫咸願
以爲師孔子時諸侯問疑質禮若弟子之問師也魯

趙岐(？—201),字邠卿,京兆長陵縣(今陝西咸陽)人。東漢末年經學家。孫奭(962—1033),字宗古,山東茌平人。北宋經學家、教育家。

《孟子註疏解經》,又稱《孟子註疏題辭解》,《四庫全書》題作《孟子正義》。漢代經學以訓詁與章句爲主。趙氏好經,尤重《孟子》,是歷史上最早爲孟子作註的學者。其註釋明白暢達,一些觀點對後世産生了很大的影響。

2014 年 6 月入選第三批《山東省珍貴古籍名録》(編號 0067)。

**22. 增補四書精繡圖像人物備考十二卷** (明)薛應旂彙輯 (明)陳仁錫增定 (明)陳義錫重校 清乾隆二十八年(1763)古吴聚秀堂刻本 經部/四書類/四書總義 諸城市圖書館

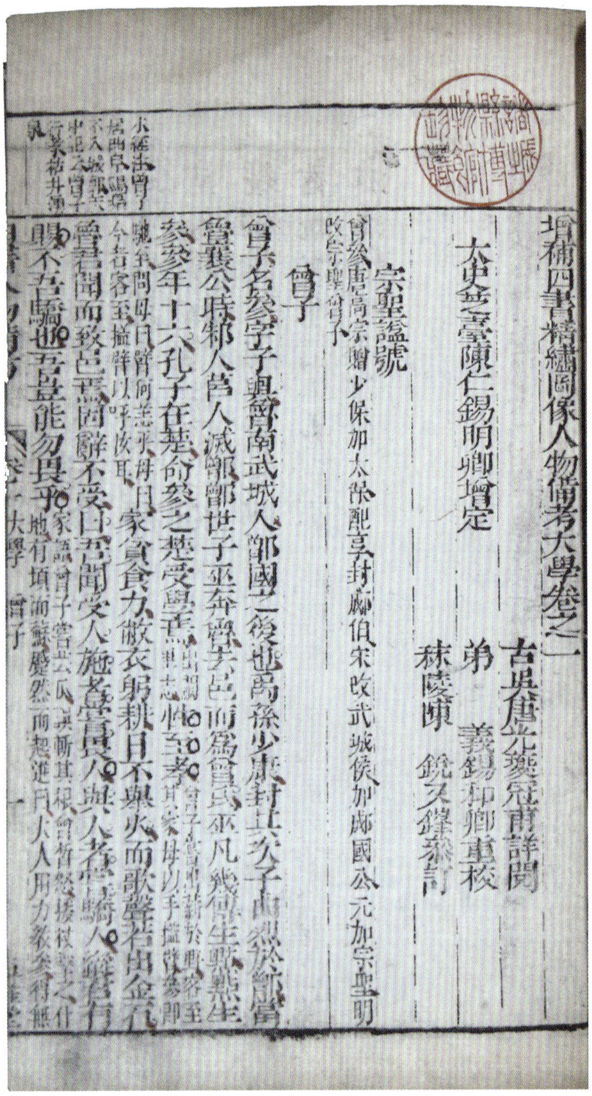
增補四書精繡圖像人物備考大學卷之一
太史芝臺陳仁錫明卿增定
宗聖謚號
曾子

陳仁錫(1581—1636),字明卿,號芝臺,長洲(今江蘇蘇州)人。明代官員、學者。明天啓二年(1622)進士,授翰林編修。性好學,喜著述,有《四書備考》《經濟八編類纂》《重訂古周禮》等。

此書是對《四書》所涉及的人物的解釋之作。

**23. 四書圖考集要五卷**　(清)張雲會輯　清乾隆三十七年(1772)愛古堂刻本
經部/四書類/四書總義　諸城市圖書館

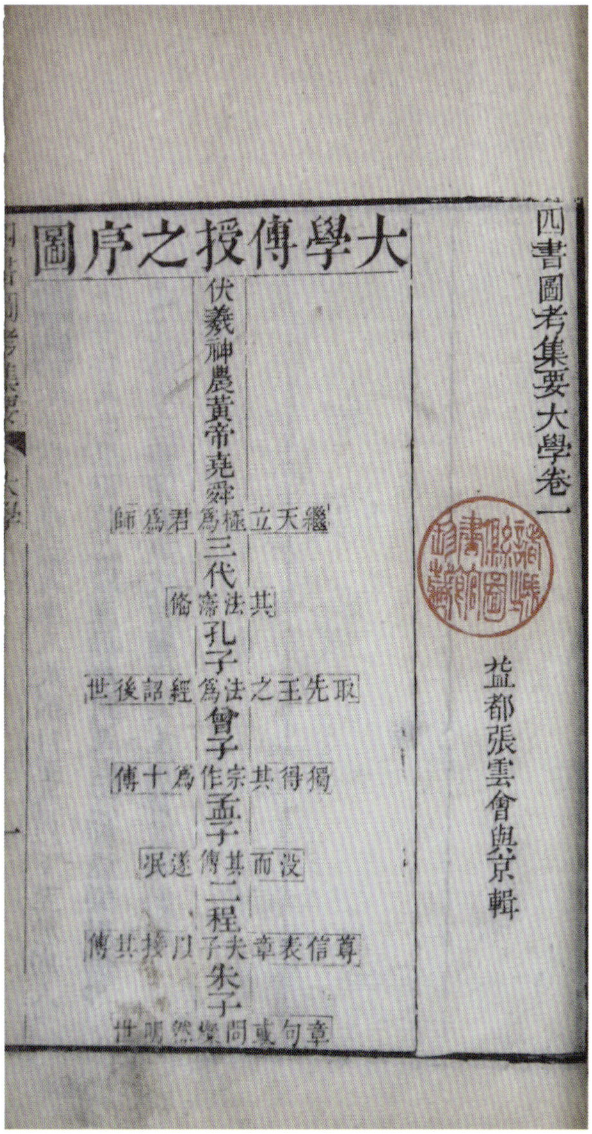


張雲會,字與京,山東益都(今青州)人。清乾隆初年歲貢生。曾在雲門書院教書。字學二王,書法遒勁,爲當時著名書法家。青州真教寺《洪武百字贊碑》及法慶寺《開山志碑》均由其書。

此書之圖按序排列,便檢便閲,一般左圖右史,特殊情況例外。考中有一事多説者,則折中取其一。圖數見者不復載,第于目録下註明見其處。常見之物如牛、羊、犬、馬之類。不需圖而自明故不載,籍中所采之所皆經書冠冕正大之論,一切陰僻之詞不載。觀此書可加深理解四書含義,易看、易懂、易記。

2012 年 1 月入選第二批《山東省珍貴古籍名録》(編號 0779)。

**24. 監本四書十九卷** (宋)朱熹撰 清嘉慶十七年(1812)金閶多文堂刻本 經部/四書類/四書總義 諸城市圖書館

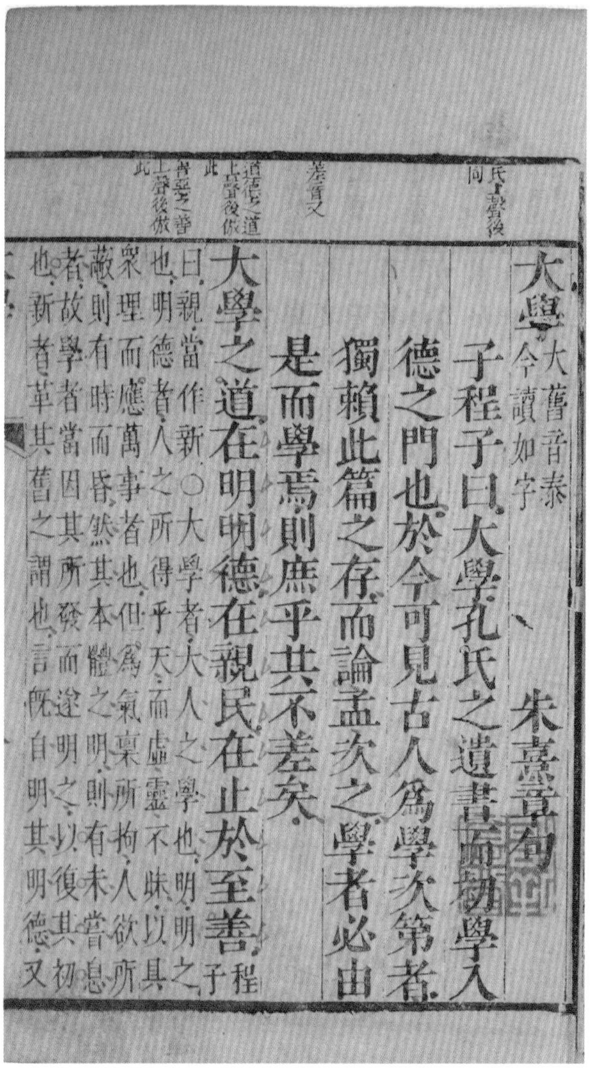

此書題名取自封面。監本,是歷代國子監刻印的書本,始于五代後唐宰相馮道命判國子監事田敏等校定"九經",刻版印售。宋代以後,沿襲此制。歷代國子監刻印圖書,以經、史著作爲主。封面題:嘉慶十七年春鐫 悉遵宋刊點畫無訛 監本四書 金閶多文堂梓行。鈐印"世德""王印椋之""葵齋""□□□堂"。

**25. 新訂四書補註備旨十卷**　(明)鄧林著　(清)鄧煜編次　(清)祁文友重校　(清)杜定基增訂　清嘉慶十八年(1813)寶寧堂刻本　經部/四書類/四書總義　諸城市圖書館

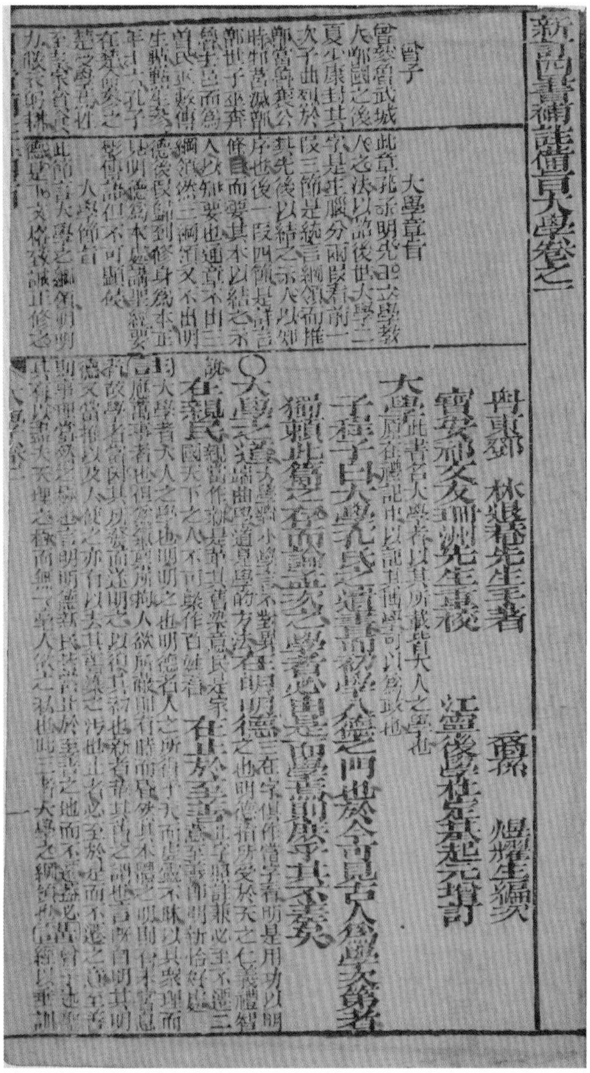

新訂四書補註備旨大學卷之一

此書爲《四書》講義書，在《四書》的基礎上作了進一步的補充、註釋，有了更加深入的發揮。封面題：嘉慶癸酉年新鐫　古岡鄧退菴先生手著　甬上仇滄柱先生參補　遵依正韻　四書補註附攷備旨　寶寧堂梓行。

**26. 四書釋文十九卷四書字辨一卷疑字辨一卷句辨一卷** （清）王賡言撰　清道光二年(1822)諸城王氏家塾刻本　經部/四書類/四書總義　諸城市圖書館

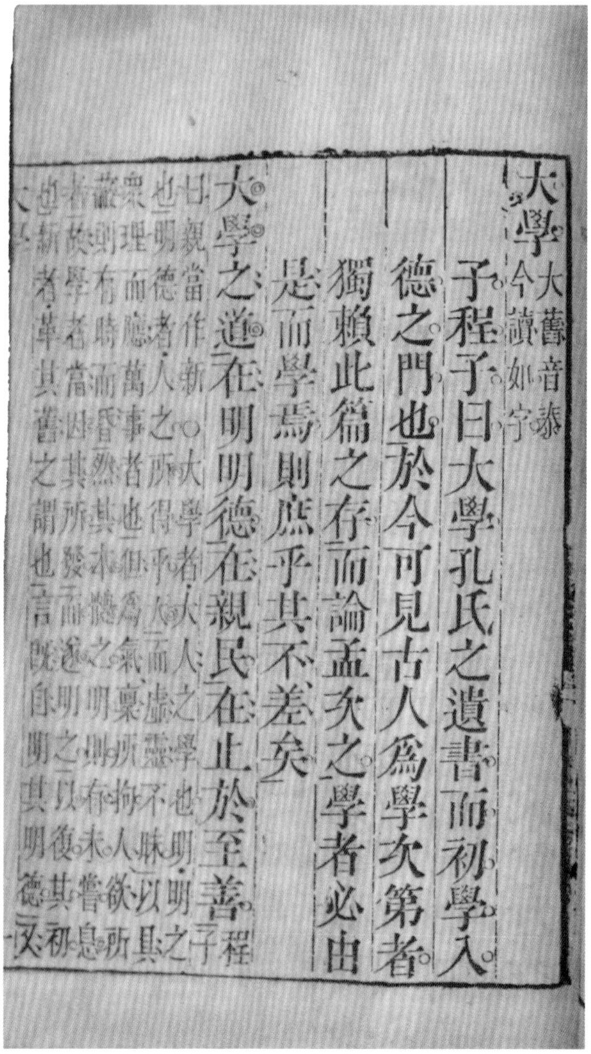
大學大舊音泰今讀如字
子程子曰大學孔氏之遺書而初學入
德之門也於今可見古人爲學次第者
獨賴此篇之存而論孟次之學者必由
是而學焉則庶乎其不差矣
大學之道在明明德在親民在止於至善程子
曰親當作新○大學者大人之學也明明之
也明德者人之所得乎天而虛靈不昧以具
衆理而應萬事者也但爲氣稟所拘人欲所
蔽則有時而昏然其本體之明則有未嘗息
者故學者當因其所發而遂明之以復其初
也新者革其舊之謂也言既自明其明德又

王賡言(1752—1825)，字贊虞，山東諸城城關鐵溝村人。清乾隆進士。工詩文。著有《簣山堂詩集》《車中吟》《四書釋文》《東武詩存》等。

《四書釋文》是一本講義書，爲諸城王氏塾刻童蒙教材。此書封面題：道光二年鐫　四書釋文　諸城王氏塾本。前有道光壬午王賡言撰《序》。次有《凡例》、《四書字辨》、《疑字辨》、《句辨》、《大學章句序》、《大學》1 卷、《中庸章句序》、《中庸》1 卷、《論語序説》、《論語》10 卷、《孟子序説》、《孟子》7 卷。

**27. 五經類編二十八卷**　(清)周世樟編輯　清康熙刻本　經部/群經總義類　諸城市圖書館

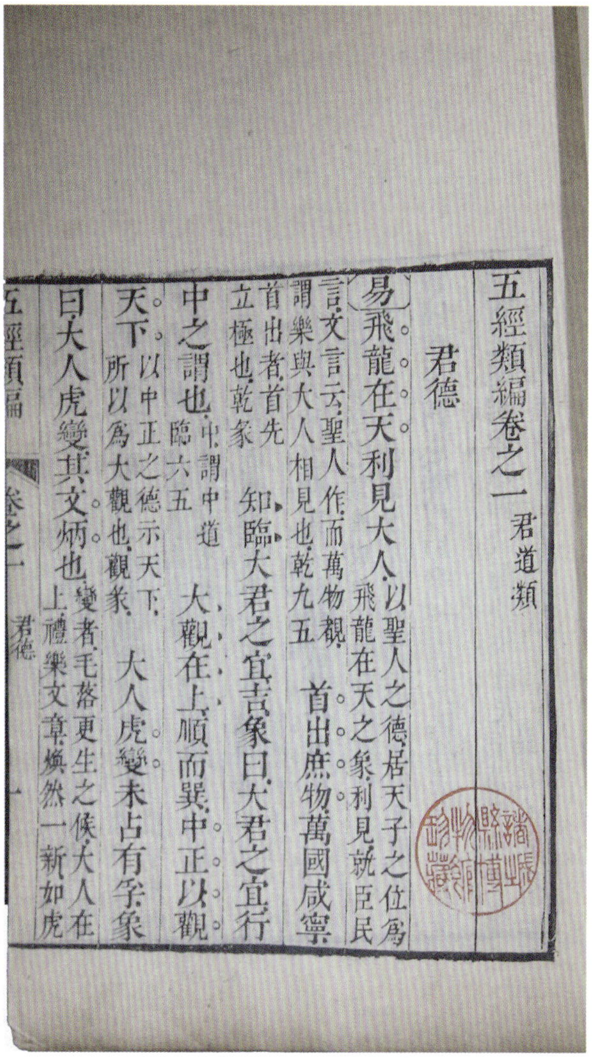
五經類編卷之一　君道類

君德

易　飛龍在天利見大人。以聖人之德居天子之位爲飛龍在天之象利見就臣民言文言云聖人作而萬物覩謂樂與大人相見也乾九五　首出庶物萬國咸寧首出者首先立極也乾彖　知臨大君之宜吉象曰大君之宜行中之謂也。中謂中道臨六五　大觀在上順而巽中正以觀天下。以中正之德示天下所以爲大觀也觀彖　大人虎變未占有孚象曰大人虎變其文炳也。變者毛落更生之候大人在上禮樂文章煥然一新如虎

五經類編　卷之一　君德

周世樟(1636—?),字章成,號安素,江蘇太倉人,年七十餘卒。

“五經”,指《詩》《書》《禮》《易》《春秋》五部儒家經典。此書摘取五經之語,分爲十門,每門又分子目,皆以備時文之用。後附諸經略説、經義辨訛、辨疑各數條。此書保存了中國古代豐富的歷史資料。

2014 年 6 月入選第三批《山東省珍貴古籍名録》(編號 0924)。

**28. 説文長箋一百卷** （漢）許慎説文 （唐）徐鉉韻譜 （明）趙宧光長箋 （明）趙均書篆字 明崇禎四年（1631）趙均小宛堂刻本 經部/小學類/字書 諸城市圖書館

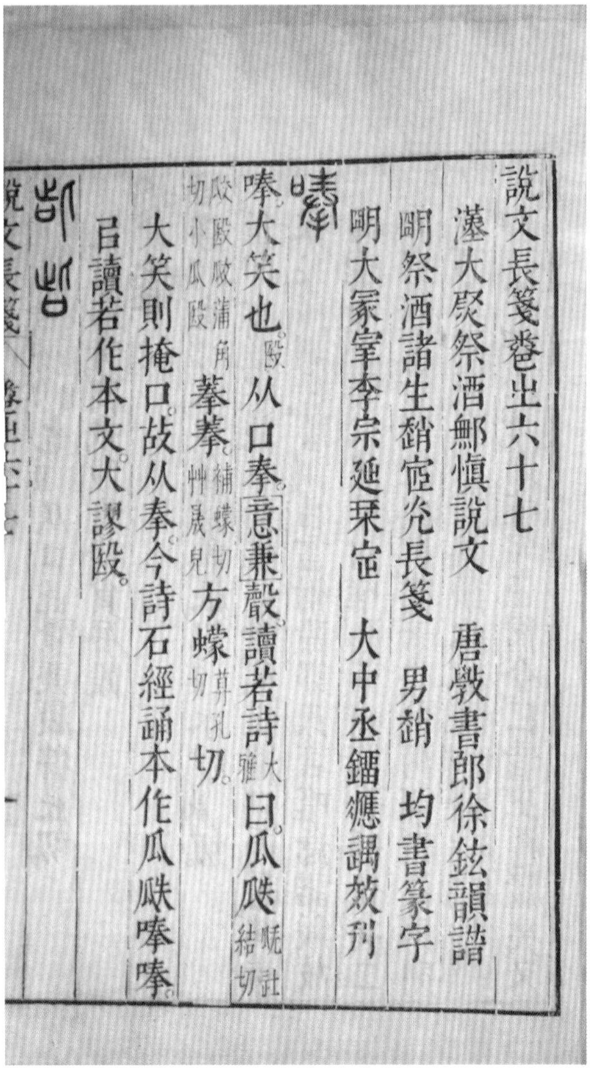
說文長箋卷之六十七
漢大尉祭酒鄦慎說文　唐散書郎徐鉉韻譜
明祭酒諸生趙宧光長箋　男趙　均書篆字
明大冢宰李宗延琛宧　大中丞鐳應謌校刊
嗪大笑也。从口奉。意兼聲。讀若詩大雅曰瓜瓞（毗結切）
殴殹𣪠蒲角切小瓜殹　菶菶。補蠓切艸盛皃　方蠓蒪孔切
大笑則掩口。故从奉。今詩石經誦本作瓜瓞嗪嗪。
㠯讀若作本文。大謬殹。

趙宧光（1559—1625），字凡夫，又字水臣，號廣平，又號寒山子，江蘇吴縣人。

《説文長箋》前列《解題》1 卷，載其平生所著字學之書 70 餘種。次列《凡例》1 卷。再列《説文》原《序》、宋初官牒，附以自撰《通誤釋文》及徐鍇《部叙》2 篇。合爲《卷首上》。次列其少時所撰《子母原》1 篇，泛論字學大意。又取《説文》540 部原目，區分門類，撰《説文表》1 篇。合爲《卷首下》。其書用李燾《五音韻譜》之本，而《凡例》乃稱爲徐鍇、徐鉉奉南唐敕定。所列諸字，于原書有所增删。增者加方圍于字外，删者加圓圍于字外。其字下之註，謂之“長語”，所附論辨，謂之“箋文”，故以《説文長箋》爲名。此書爲明代文字學之巨著。

**29. 六書通十卷** （明）閔齊伋撰 （清）畢弘述篆訂 （清）閔章 （清）程昌煒校
清乾隆刻本 經部/小學類/字書 諸城市圖書館

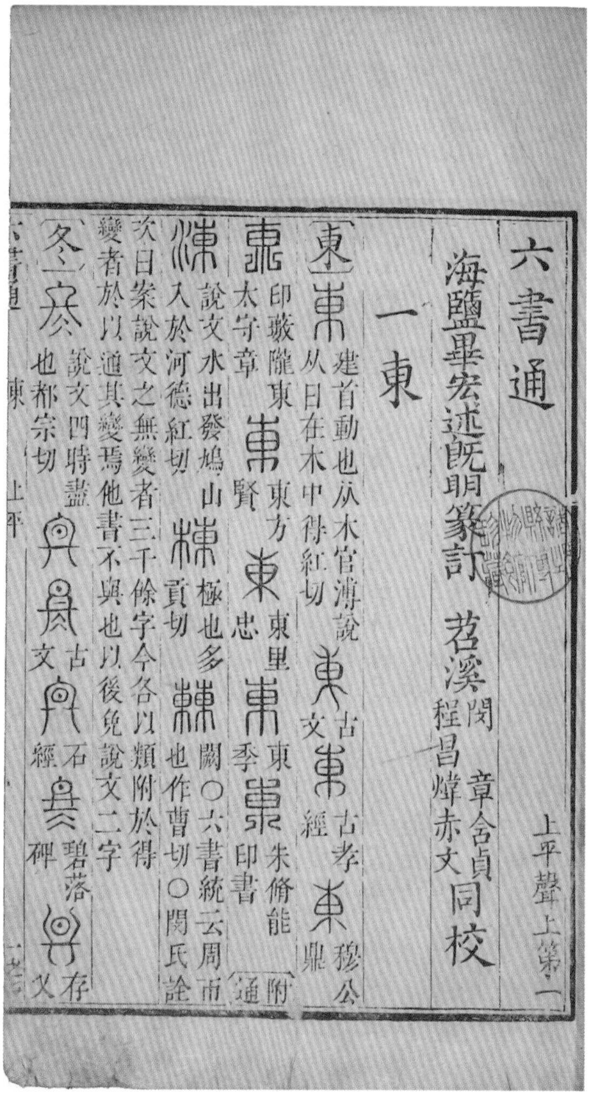


閔齊伋，生卒年不詳，字寓五，烏程（今浙江湖州）人。自幼讀書勤奮，好作詩文，以刻書爲事。

畢弘述（1662—1722），字既明，號念園，安徽歙縣人，後遷浙江海鹽。清康熙年間書法家。能詩文，工書畫、印章，尤精篆隸書法。

此書取自“通六書之變也”，亦以之爲宗旨。閔氏想通過此書滲透許慎書中的“六書”，能够貫徹許慎書的體例。

2019 年 5 月入選第四批《山東省珍貴古籍名録》（編號 0376）。

30. **説文解字句讀三十卷句讀補正三十卷** （清）王筠撰　清咸豐四年（1854）刻本　經部/小學類/字書　諸城實驗中學圖書館

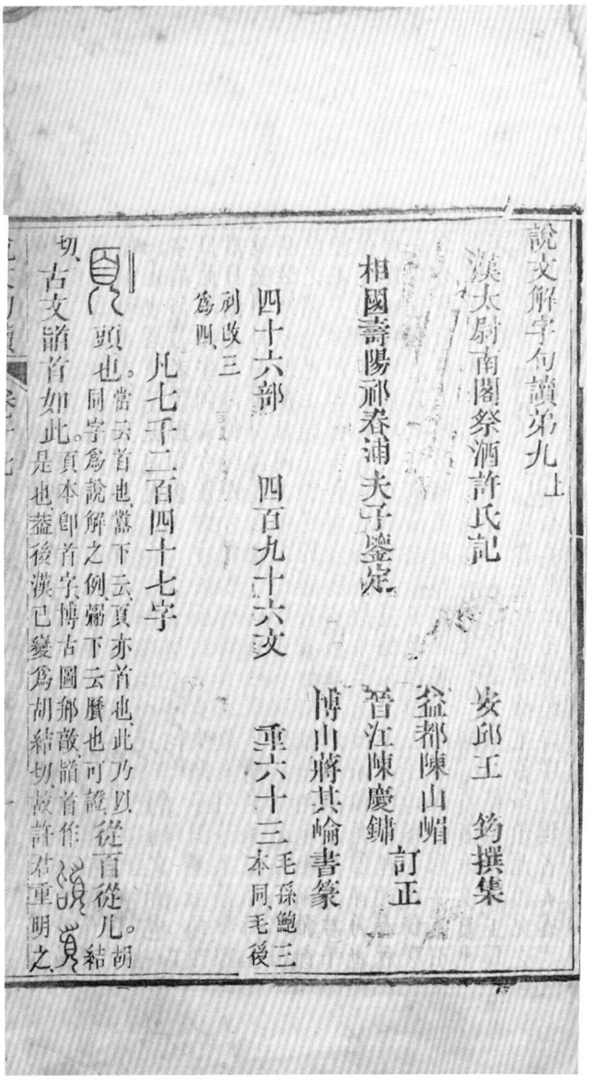
說文解字句讀弟九上

漢太尉南閣祭酒許氏記　安邱王　筠撰集

相國壽陽祁春浦夫子鑒定　益都陳山嵋　晉江陳慶鏞　訂正

博山蔣其崙書篆

四十六部　四百九十六文　重六十三　毛孫總三本同毛後刓改三為四

凡七千二百四十七字

頁　頭也。當云首也，䭫下云頁亦首也，此乃以同字為說解之例，𩠐下云䫌也可證。從百從儿。胡結切。古文䭫首如此。頁本即首字，博古圖邿敢䭫首作頁是也。蓋後漢已變為胡結切，故許君重明之

此書是一部專門探討文字學及文字體例的著作。王筠擷取了諸家之精華，博觀約取，以成一家之言。此書采掇段玉裁《説文解字註》、桂馥《説文解字義徵》及其他諸家研究《説文》的書，删繁舉要，便于初學。王筠把自己註釋的《説文》叫作“句讀”，此屬自謙，其學術價值早已遠超句讀。

**31. 説文繫傳校録三十卷**　(清)王筠撰　(清)劉燿椿參訂　清咸豐七年(1857)刻本　經部/小學類/字書　諸城實驗中學圖書館

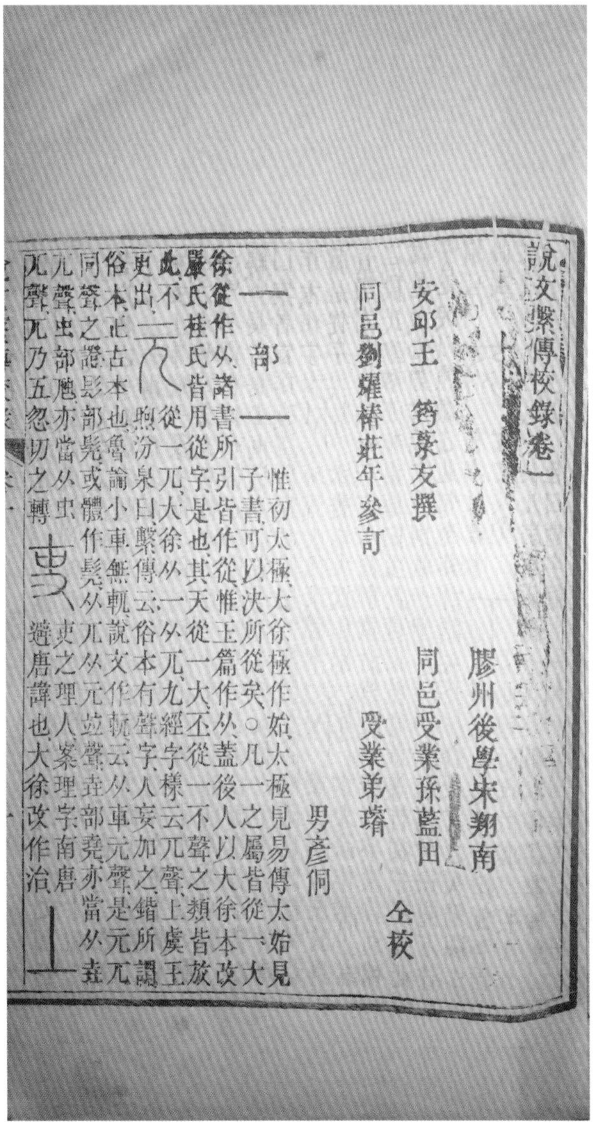

劉燿椿(1784—1858),字莊年,山東安邱賈戈鄉劉家王封村人。嘉慶二十五年(1820)中進士,選庶吉士。曾任安徽潁上、阜陽知縣。因有政績,擢升安徽六安知州,後任安慶知府。道光十八年(1838),爲福建興泉永道兼金夏兵備道。

此書針對朱文藻的《説文繫傳考異》妄改而輯,對《説文繫傳》一書作了較爲正確的訂正和闡發,不但有《説文》理論的概括,而且實踐起來也得心應手。在考釋西周最大的青銅器——虢季子白盤銘文時,將獨特的大篆本文釋爲帶偏旁的今文,還曾用金文實證來説明分別字和累增字。歸納的這兩類字,爲研究漢字發展提供了寶貴資料。

32. **説文釋例二十卷** (清)王筠撰 清道光二十八年(1848)刻本 經部/小學類/字書 諸城實驗中學圖書館

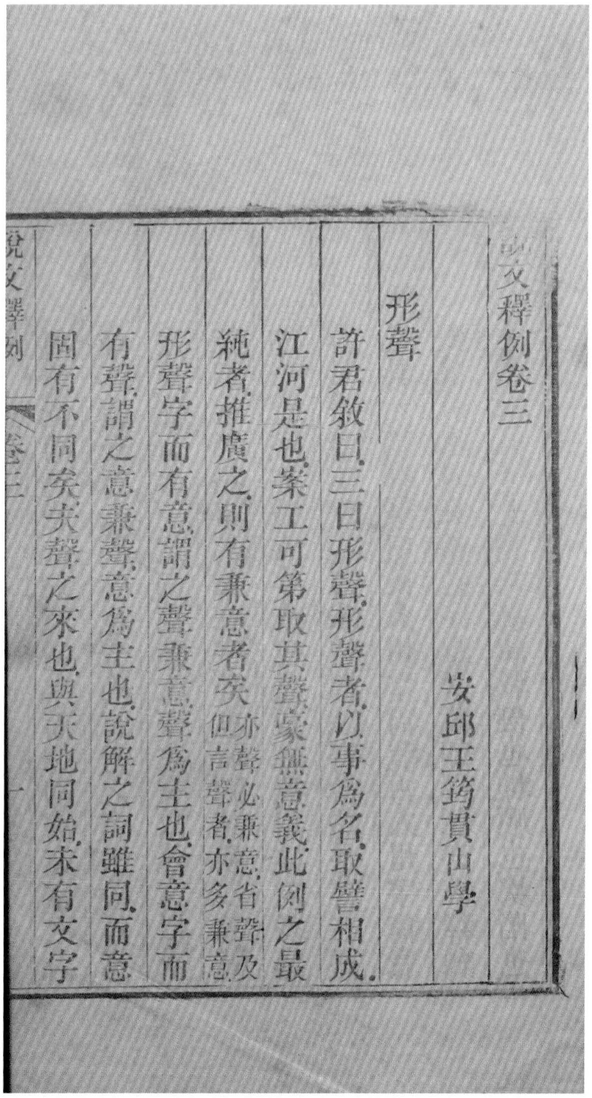
說文釋例卷三
安邱王筠貫山學
形聲
許君敘曰三曰形聲形聲者以事為名取譬相成
江河是也案工可第取其聲毫無意義此例之最
純者推廣之則有兼意者矣亦聲必兼意省聲及但言聲者亦多兼意
形聲字而有意謂之聲兼意聲為主也會意字而
有聲謂之意兼聲意為主也說解之詞雖同而意
固有不同矣夫聲之來也與天地同始未有文字
說文釋例　卷三　一

王筠(1784—1854),字貫山,號菉友,山東安邱人。清文字學家。道光舉人,官至山西寧鄉知縣。博涉經史,尤深説文之學。在《説文》研究上,綜合分析諸家之説,爲後人指示門徑。著作有《説文解字句讀》《説文釋例》《説文句讀》《説文繫傳校録》《文字蒙求》等。

此書前14卷説明"六書"及《説文》的條例、體制,後6卷列出對《説文》的一些疑問。各卷後附有"補正",常用金石古文補正《説文》的形體和説解,專門探討《説文》文字規律。書中不乏精義。

**33. 篆字彙十二集** （清）佟世男編 （清）胡正宗 （清）方正琇參 清錫環堂刻本 經部/小學類/字書 諸城市圖書館

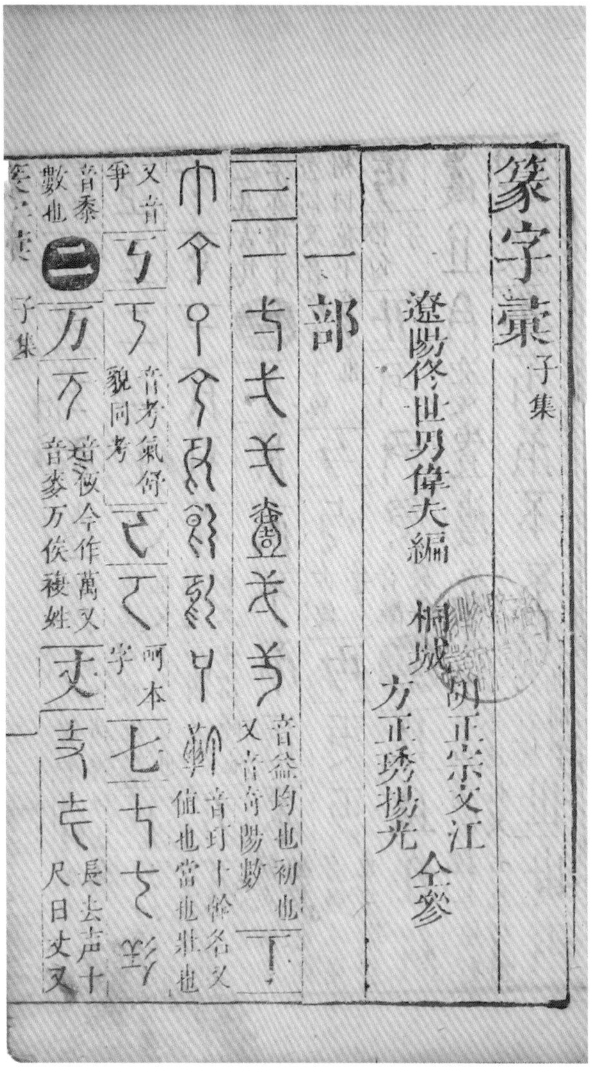
篆字彙 子集
遼陽佟世男偉夫編 桐城胡正宗文江 方正琇揚光 仝參
一部

佟世男，一作佟世南，字梅岑，清滿洲鑲黄旗，康熙年間人。官臨賀知縣。善填詞，長于小令，修辭婉麗，意境優美，曲折含蓄，詞風與納蘭性德相近。著有《東白堂詞》等。

此書本梅膺祚《字彙》，每一字皆附有篆字，但篆文所無之字，則按字畫意造之，是查閱篆字的必備之書。

34. **洪武正韻高唐王篆書五卷** （明）樂韶鳳 （明）宋濂等撰 （明）朱厚煐篆書 （明）朱載壐 （明）沈大忠校 明萬曆十二年（1584）沈大忠刻本 經部/小學類/韻書 諸城市圖書館

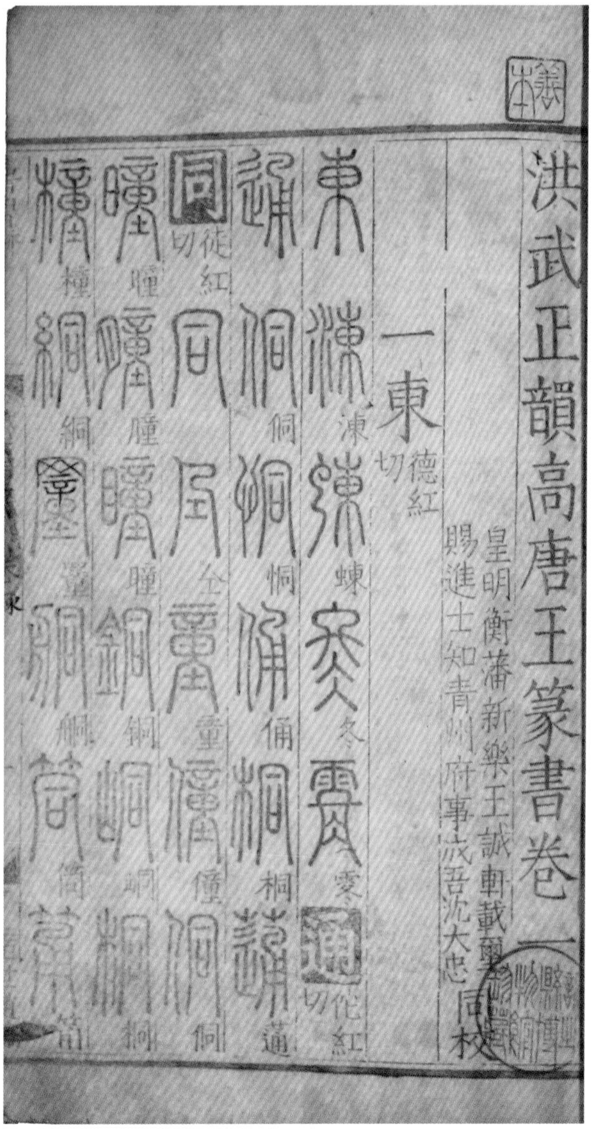

樂韶鳳，字舜儀，全椒（今屬安徽）人。宋濂（1310—1381），字景濂，號潛溪，浦江（今屬浙江）人。至正二十年（1360），與劉基、章溢、葉琛同受朱元璋禮聘，尊爲先生。洪武初主修《元史》，生平著作頗豐，爲明初一代文宗。著有《宋學士先生文集》等。朱厚煐（1514—1583），明憲宗朱見深孫，衡恭王第四子。嘉靖九年（1530）被册封爲高唐王。

《洪武正韻》爲明朝官韻，洪武八年（1375）由樂韶鳳、宋濂等奉詔編成，是明代一部重要的權威官韻，屢次翻刻，影響極遠。

2012年1月入選第二批《山東省珍貴古籍名録》（編號0096）。

**35. 史記一百三十卷** （漢）司馬遷撰 （南朝宋）裴駰集解 （唐）司馬貞索隱 （唐）張守節正義 （明）鍾人傑輯評 明刻本 史部/紀傳類/通代 諸城市圖書館

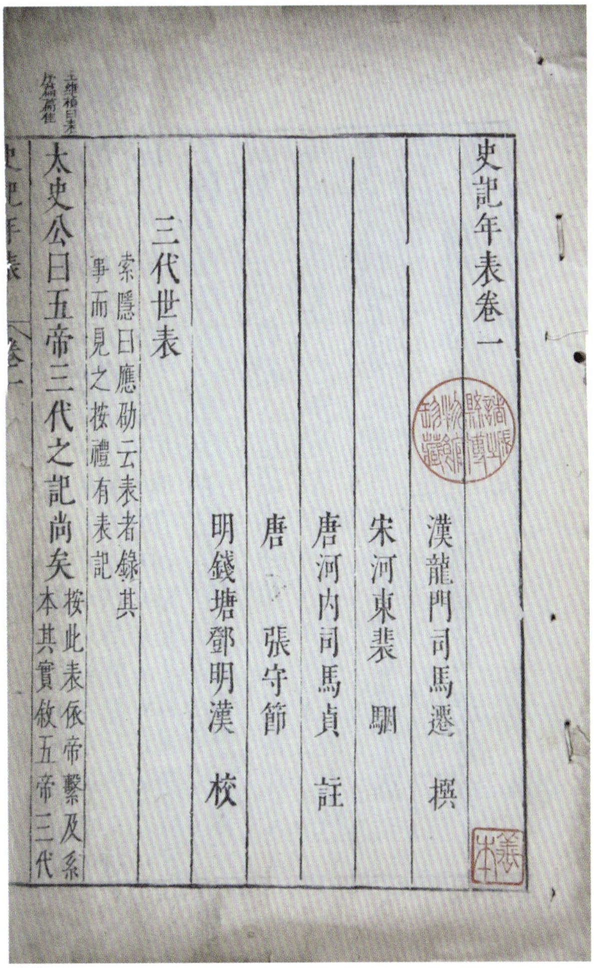

司馬遷（約前 145 或前 135—前 87），字子長，夏陽（今陝西韓南）人。西漢著名史學家、文學家、思想家。

《史記》是中國最早的紀傳體通史，約成于漢武帝太初元年（前 104）至征和二年（前 91）期間，記載了上自中國上古中的黄帝時代，下至漢武帝元狩元年（前 122）共 3000 多年的歷史。全書包括十二本紀、三十世家、七十列傳、十表（大事年表）、八書（記各種典章制度、禮、樂、音律、曆法、天文、封禪、水利、財用），共 130 篇，52.65 萬餘字。其中，《陳涉世家》肯定了陳涉起義的作用，《河渠書》《平准書》《貨殖列傳》反映了社會經濟生活，《匈奴列傳》《西南夷列傳》等記述了少數民族的活動。對部分歷史人物的叙述，語言生動，形象鮮明。

2019 年 5 月入選第四批《山東省珍貴古籍名録》（編號 0053）。

**36. 五代史七十四卷** （宋）歐陽修撰 （宋）徐無黨註 （明）楊慎評 （明）鍾名臣訂 明刻本 史部/紀傳類/通代 諸城市圖書館

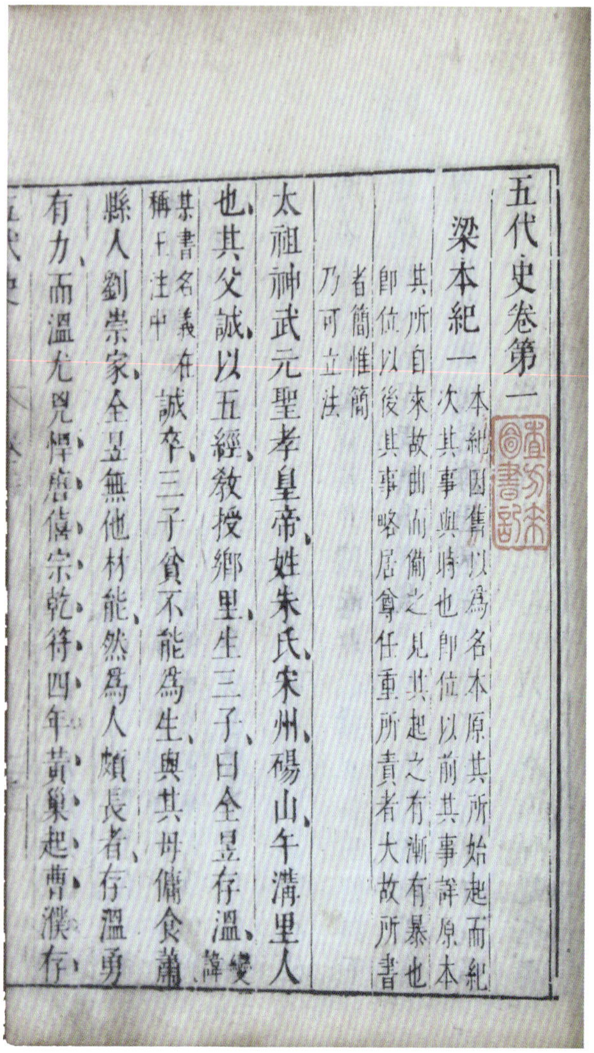
五代史卷第一
梁本紀一 本紀因舊以爲名本原其所始起而紀次其事與時也即位以前其事詳原本其所自來故曲而備之見其起之有漸有暴也即位以後其事略居尊任重所責者大故所書者簡惟簡乃可立法
太祖神武元聖孝皇帝姓朱氏宋州碭山午溝里人也其父誠以五經教授鄉里生三子曰全昱存溫變諱其書名義在稱王注中誠卒三子貧不能爲生與其母傭食蕭縣人劉崇家全昱無他材能然爲人頗長者存溫勇有力而溫尤兇悍唐僖宗乾符四年黃巢起曹濮存

歐陽修（1007—1072），字永叔，號醉翁、六一居士，吉州吉水（今屬江西）人。北宋文學家、史學家，天聖進士，唐宋八大家之一，北宋古文運動領袖。曾與宋祁合修《新唐書》，并獨撰《新五代史》。喜收金石文字，編爲《集古録》。又撰《六一詩話》，爲最早以詩話名書的著作。謚文忠，有《歐陽文忠公文集》。

《五代史》爲紀傳體史書，“二十四史”之一，有《新五代史》和《舊五代史》之分。《舊五代史》爲薛居正等主編，《新五代史》原名《五代史記》，爲歐陽修編修。全書74卷，本紀12卷、列傳45卷、考3卷、世家及年譜11卷、四夷附録3卷，記載了自後梁開平元年（907）至後周顯德七年（960）共53年的歷史。

2014年6月入選第三批《山東省珍貴古籍名録》（編號0133）。

**37. 前漢書一百卷** （漢）班固撰 （唐）顔師古註 明嘉靖八年至九年（1529—1530）南京國子監刻明清遞修本 史部/紀傳類/斷代 諸城市圖書館

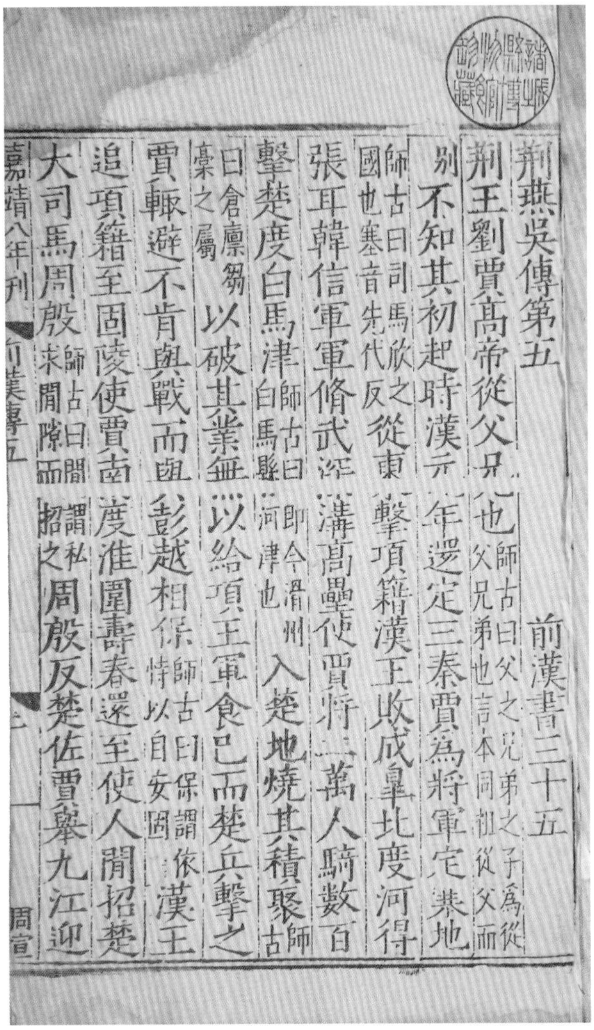
荆燕吴傳第五　前漢書三十五
荆王劉賈高帝從父兄也師古曰父之兄弟之子為從父兄弟也言本同祖從父而
别不知其初起時漢元年還定三秦賈為將軍定塞地
師古曰司馬欣之國也塞音先代反從東擊項籍漢王敗成皋北度河得
張耳韓信軍軍脩武深溝高壘使賈將二萬人騎數百
擊楚度白馬津師古曰即今滑州白馬縣之河津也入楚地燒其積聚師古
曰倉廩芻稾之屬以破其業無以給項王軍食已而楚兵擊之
賈輒避不肯與戰而與彭越相保師古曰保謂依恃以自安固漢王
追項籍至固陵使賈南度淮圍壽春還至使人閒招楚
大司馬周殷師古曰閒謂私來閒隙而招之周殷反楚佐賈舉九江迎
嘉靖八年刊　前漢傳五　周宣

班固（32—92），字孟堅，扶風安陵（今陝西省咸陽市東北）人。東漢著名史學家、文學家。續其父所著《史記後傳》，歷時20餘年。擅作賦，有《兩都賦》等。所著《白虎通》，是集經學大成之作。

《前漢書》即《漢書》，記載了漢高祖元年（前206）至新朝王莽地皇四年（23）共230年的歷史，是繼《史記》之後我國古代又一部重要史書。

2012年1月入選第二批《山東省珍貴古籍名録》（編號0122）。

**38. 晋書一百三十卷**　(唐)房玄齡等撰　清初刻本　史部/紀傳類/斷代　諸城市圖書館

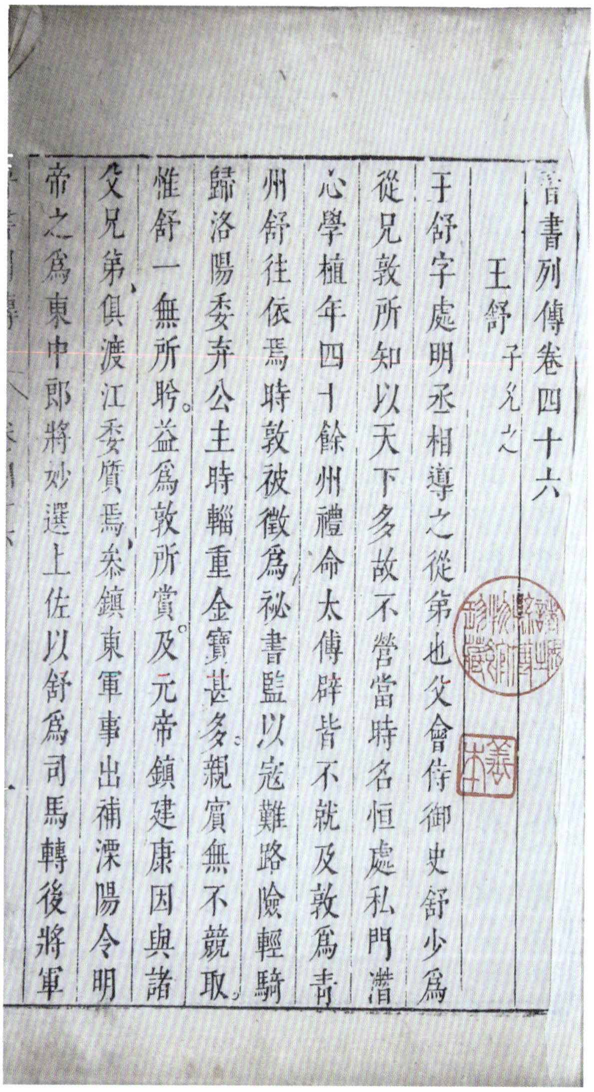
晉書列傳卷四十六
王舒 子允之
王舒字處明丞相導之從弟也父會侍御史舒少爲
從兄敦所知以天下多故不營當時名恒處私門潛
心學植年四十餘州禮命太傅辟皆不就及敦爲青
州舒往依焉時敦被徵爲祕書監以寇難路險輕騎
歸洛陽委棄公主時輜重金寶甚多親賓無不競取
惟舒一無所眄益爲敦所賞及元帝鎮建康因與諸
父兄弟俱渡江委質焉參鎮東軍事出補溧陽令明
帝之爲東中郎將妙選上佐以舒爲司馬轉後將軍

房玄齡(579—648),字喬松(一説名喬,字玄齡),齊州臨淄(今山東臨淄區北)人。唐初大臣。隋末舉進士,任隰城尉。貞觀元年(627)爲中書令,後任尚書左仆射,監修國史。曾奉詔與長孫無忌等修訂法律,又授詔重撰《晋書》。

《晋書》修于貞觀十八年(644)至二十年(646)間。記載内容從司馬懿開始到晋恭帝元熙二年(420)爲止,兼述了十六國割據政權的興亡。

39. **東征集六卷** （清）藍鼎元撰 （清）王者輔評 清映壁書屋刻本 史部/紀事本末類/斷代 諸城市圖書館

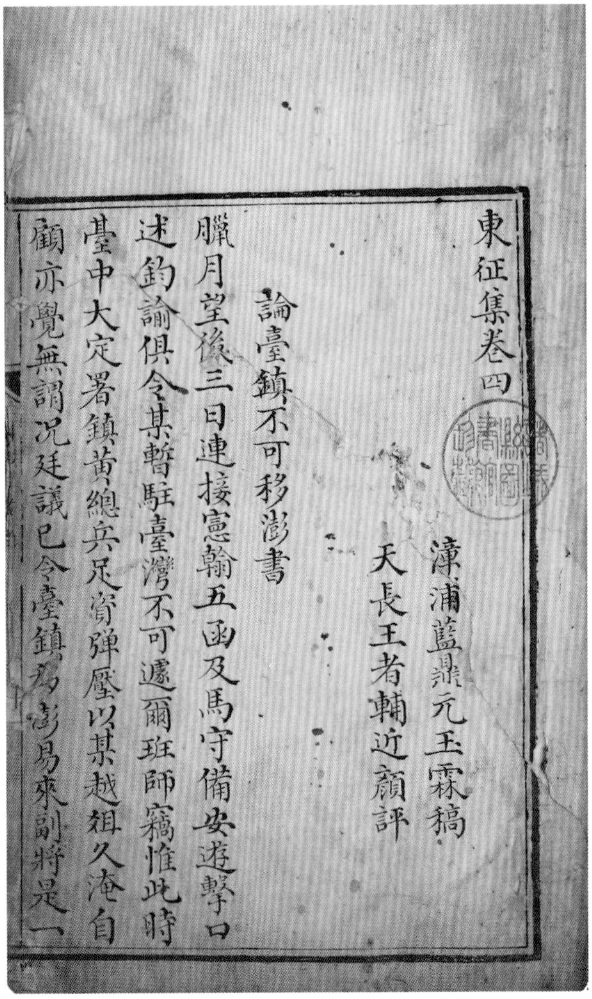
東征集卷四
漳浦藍鼎元玉霖稿
天長王者輔近顔評
論臺鎮不可移澎書
臘月望後三日連接憲翰五函及馬守備安遊擊口述鈞諭俱令某暫駐臺灣不可遽爾班師竊惟此時臺中大定署鎮黄總兵足資彈壓以某越俎久淹自顧亦覺無謂況廷議已令臺鎮移澎易來副將是一

藍鼎元(1680—1733),字玉霖,號鹿洲,福建漳浦人。著有《鹿洲全集》《東征集》《平臺紀略》等。

本館藏此書卷4至卷63,其集中記叙了治臺的方略。藍鼎元治臺主張主要表現在治官、治軍、治民、治“番”和治疆五個方面。立足于現實,切中要害,多爲朝廷所采納,因而他被尊爲“籌臺之宗匠”。

40. **資治通鑑綱目五十九卷** （宋）朱熹撰　明成化九年（1473）内府刻本　史部/編年類/通代　諸城市圖書館

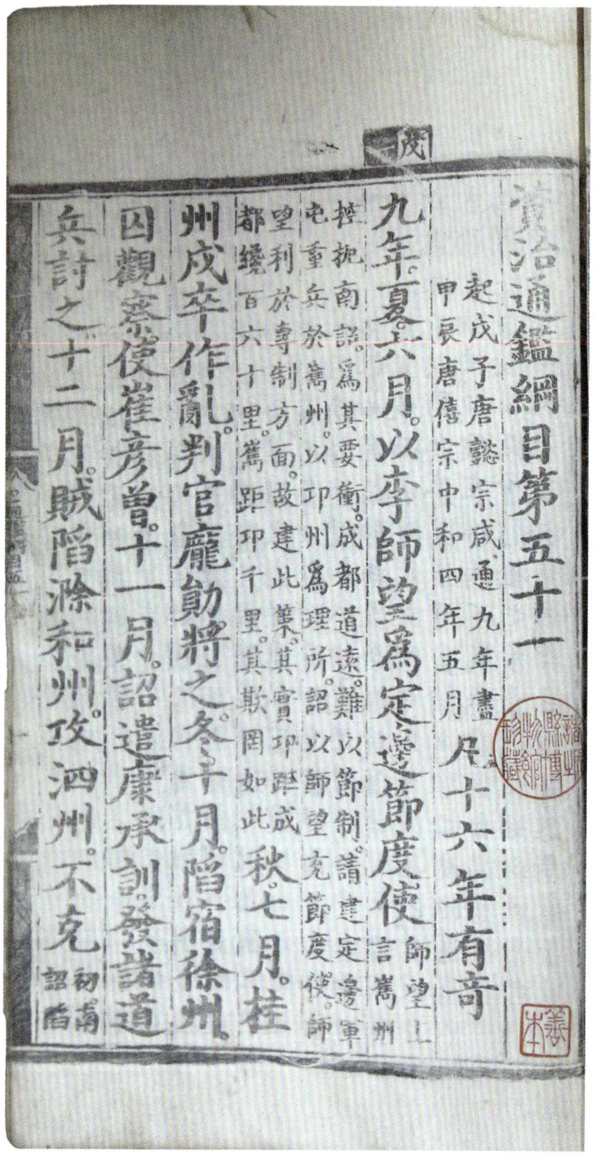

此書由南宋朱熹與其門人趙師淵等，據司馬光《資治通鑑》等書，以“明正統”爲主旨，更其謬誤補其闕，簡化内容，分綱目紀事。綱爲提要，目以叙事。將《資治通鑑》294卷的内容，删編成59卷的精華，記述了自戰國至五代（前403—959）的歷史。

41. **資治通鑑二百九十四卷** （宋）司馬光編集 （元）胡三省音註 （明）張一桂校正 & **通鑑釋文辯誤十二卷** （元）胡三省撰 明萬曆二十年(1592)吴勉學刻本

史部/編年類/通代 諸城市圖書館

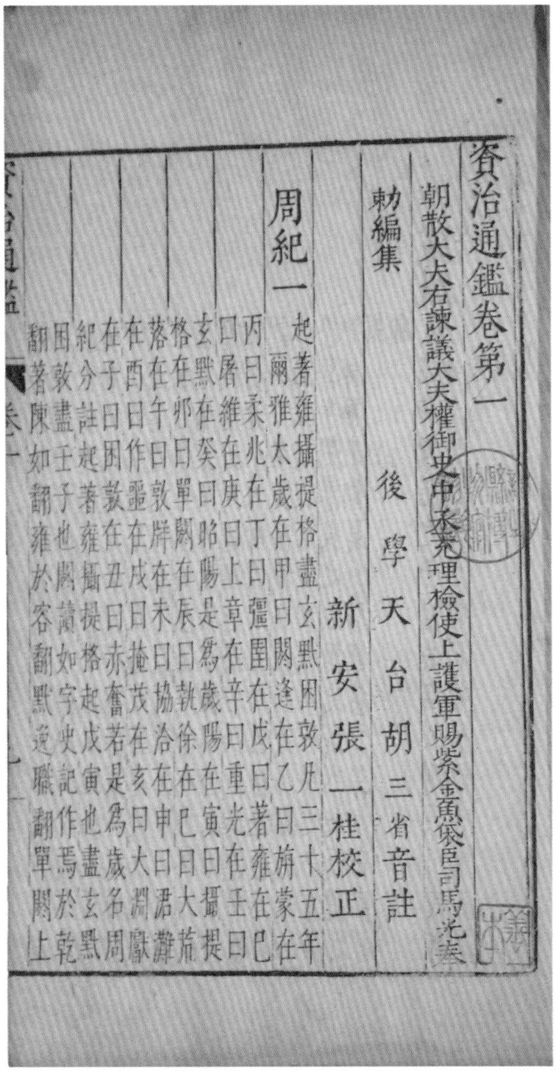
資治通鑑卷第一
朝散大夫右諫議大夫權御史中丞充理檢使上護軍賜紫金魚袋臣司馬光奉
勅編集
後學天台胡三省音註
新安張一桂校正
周紀一
起著雍攝提格盡玄黓困敦凡三十五年
爾雅太歲在甲曰閼逢在乙曰旃蒙在
丙曰柔兆在丁曰彊圉在戊曰著雍在己
曰屠維在庚曰上章在辛曰重光在壬曰
玄黓在癸曰昭陽是爲歲陽在寅曰攝提
格在卯曰單閼在辰曰執徐在巳曰大荒
落在午曰敦牂在未曰協洽在申曰涒灘
在酉曰作噩在戌曰掩茂在亥曰大淵獻
在子曰困敦在丑曰赤奮若是爲歲名周
紀分註起著雍攝提格起戊寅也盡玄黓
囿敦盡壬子也閼讀如字史記作焉於乾
翻著陳如翻雍於容翻黓逸職翻單閼上

司馬光(1019—1086)，字君實，號迂叟，陝州夏縣(今屬山西)涑水鄉人，世稱"涑水先生"。北宋大臣、史學家。仁宗寶元元年(1038)進士。著作有《司馬文公集》《稽古録》等。

《資治通鑑》是一部長篇編年體通史。初成戰國至秦二世8卷，名爲《通志》，進于宋英宗。後奉命設書局繼續編撰，至神宗元豐七年(1084)完成，歷時19年。神宗以其"鑒于往事，有資于治道"，命名爲《資治通鑑》。全書上起周威烈王二十三年(前403)，下至後周世宗顯德六年(959)，涵蓋十六朝1362年的歷史。

2012年1月入選第二批《山東省珍貴古籍名録》(編號0143)。

**42. 綱鑑會編九十八卷首一卷歷代統系表略三卷歷代官制考略二卷歷代郡國考略三卷** (清)劉德芳訂正 (清)葉澐輯録 清康熙刻本 史部/編年類/通代
諸城市圖書館

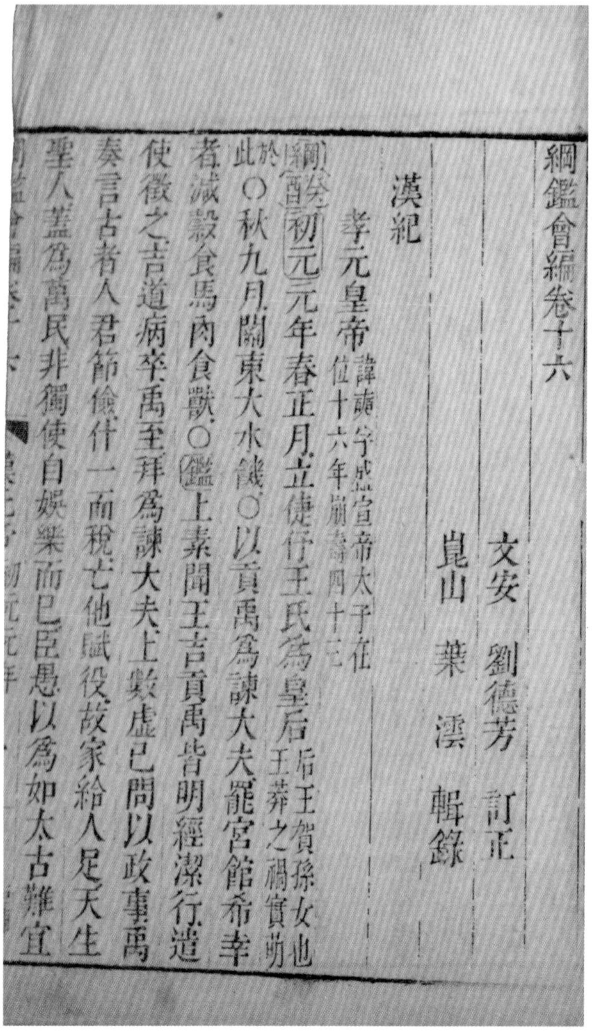
綱鑑會編卷十六
文安 劉德芳 訂正
崑山 葉澐 輯錄
漢紀
孝元皇帝諱奭字□□宣帝太子在位十六年崩壽四十三
綱癸酉初元元年春正月立倢伃王氏爲皇后后王賀孫女也王莽之禍實萌於此○秋九月關東大水饑○以貢禹爲諫大夫罷宮館希幸者減穀食馬肉食獸○鑑上素聞王吉貢禹皆明經潔行遣使徵之吉道病卒禹至拜爲諫大夫上數虛己問以政事禹奏言古者人君節儉什一而稅亡他賦役故家給人足天生聖人蓋爲萬民非獨使自娛樂而已臣愚以爲如太古難宜

《綱鑑會編》記録自漢元帝初元元年(前48)至北魏宣武帝景明元年(500)500多年間歷代帝王的興衰與言行,或褒或貶,寓意于隻字片言之間,博引旁證,引經據典,有理有據。

**43. 綱鑑正史約三十六卷**　(明)顧錫疇撰　(清)陳弘謀增訂 & **甲子紀元一卷**　(清)陳弘謀撰　清乾隆二年(1737)陳氏培遠堂刻本　史部/編年類/通代　諸城市圖書館

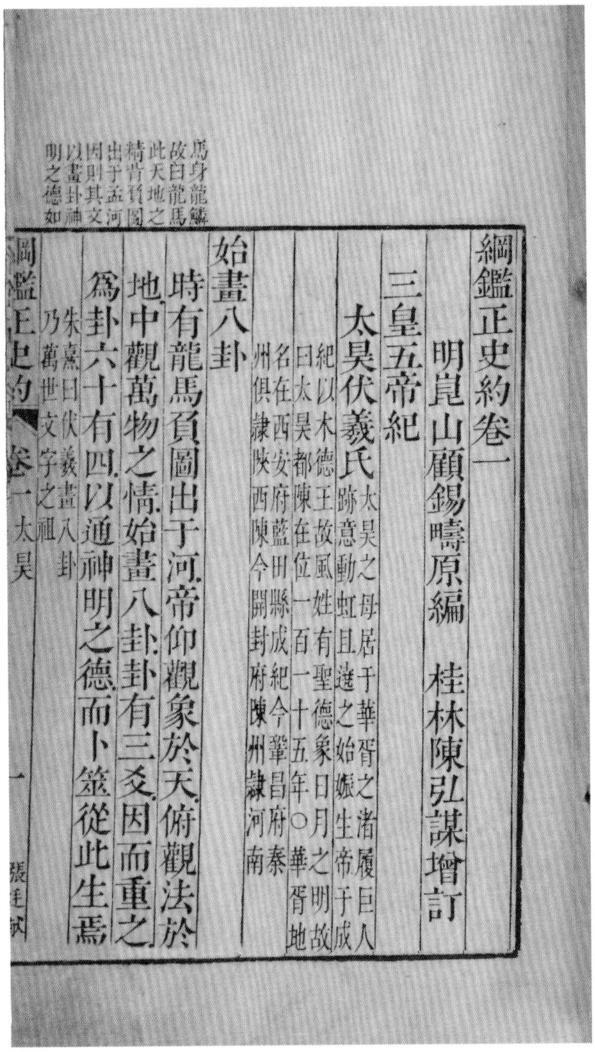
馬身龍鱗故曰龍馬此天地之精背負圖出于孟河因則其文以畫卦神明之德如
綱鑑正史約卷一
明崑山顧錫疇原編　桂林陳弘謀增訂
三皇五帝紀
太昊伏羲氏 太昊之母居于華胥之渚履巨人跡意動虹且遶之始娠生帝于成紀以木德王故風姓有聖德象日月之明故曰太昊都陳在位一百一十五年○華胥地名在西安府藍田縣成紀今鞏昌府秦州俱隸陝西陳今開封府陳州隸河南
始畫八卦
時有龍馬負圖出于河帝仰觀象於天俯觀法於地中觀萬物之情始畫八卦卦有三爻因而重之爲卦六十有四以通神明之德而卜筮從此生焉
朱熹曰伏羲畫八卦乃萬世文字之祖
綱鑑正史約　卷一　太昊　一

顧錫疇,字九疇,號約齋,又號瑞屏,崑山(今屬江蘇)人。明萬曆四十七年(1619)進士,官至南京禮部左侍郎。

陳弘謀(1696—1771),以避諱改宏謀,字汝咨,號榕門,清廣西臨桂人。清雍正進士。乾隆時歷任贛、陝、甘、湘、蘇、豫、鄂等省巡撫,湖廣、陝甘、兩江總督。注意興修農田水利,疏浚河流航道,提倡植樹、養蠶、種山薯,均有成效。官至東閣大學士兼工部、吏部尚書。著有《培遠堂集》。

此書與《綱鑑》《綱鑑易知録》等屬同一類書,是繼朱熹《資治通鑑綱目》之後出現的將"綱目"與"通鑑"捆綁在一起的一種史書。明萬曆以後,逐漸成爲書坊的"熱門"書。此書上起唐堯,下訖元代,編年記載歷史故事梗概,是鄉塾課蒙之本。

2012年1月入選第二批《山東省珍貴古籍名録》(編號0913)。

44. **竹書紀年統箋十二卷**　(南朝梁)沈約註　(清)徐文靖箋　清乾隆十五年(1750)刻本　史部/編年類/通代　諸城市圖書館

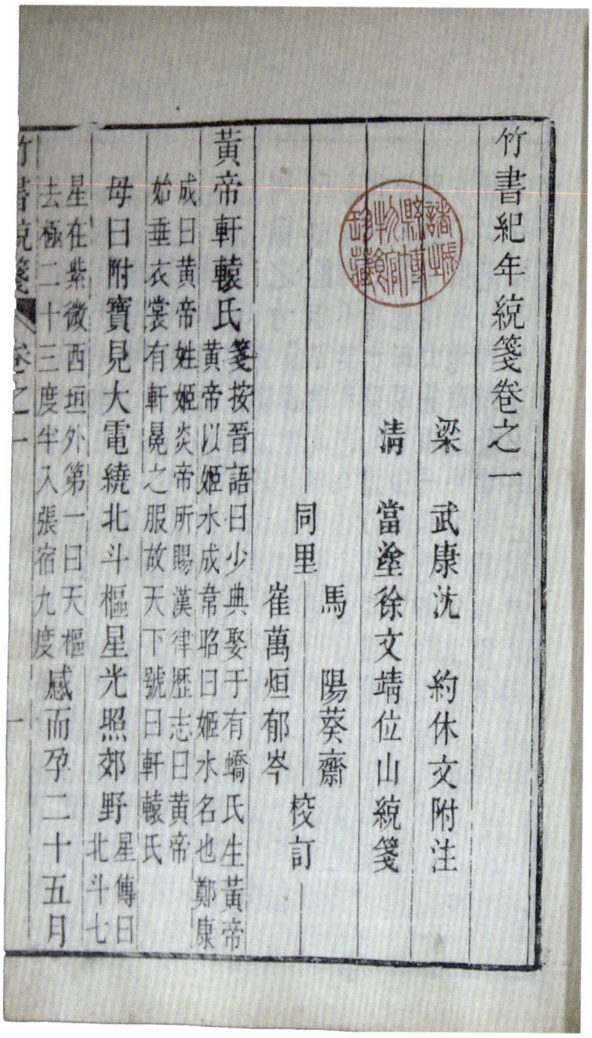
竹書紀年統箋卷之一
梁　武康沈　約休文附注
清　當塗徐文靖位山統箋
同里　馬　陽葵齋
崔萬烜郁岑　校訂
黃帝軒轅氏箋按晉語曰少典娶于有蟜氏生黃帝黃帝以姬水成韋昭曰姬水名也鄭康成曰黃帝姓姬炎帝所賜漢律歷志曰黃帝始垂衣裳有軒冕之服故天下號曰軒轅氏
母曰附寶見大電繞北斗樞星光照郊野星傳曰北斗七星在紫微西垣外第一曰天樞去極二十三度牛入張宿九度感而孕二十五月
竹書統箋　卷之一　一

沈約(441—513),字休文,吴興郡武康縣(今浙江德清縣)人。南朝梁開國功臣,政治家、文學家、史學家。徐文靖(1667—?),字位山,安徽當塗人。仕途緣淺,先是困于諸生,57歲才舉鄉試,後賜翰林檢討。著作有《管城碩記》《山河兩戒考》14卷、《志寧堂稿》(又名《詩賦全集》)4卷、《禹貢會箋》12卷、《竹書紀年統箋》12卷、《皇極經世考》3卷、《天文考異》1卷。

《竹書紀年》是一部古代編年體史書,因原本寫于竹簡而得名。凡12篇,叙夏、商、西周、春秋時晋國和戰國時魏國史事,至魏襄王二十年(前299)爲止,是現今所知起始時間最早、編纂時限最長的編年簡史。因係出土之物,歷代學者對其有不同理解和註釋。此書薈萃群説,綜其大成,爲《竹書紀年》的最重要註本之一。

2012年1月入選第二批《山東省珍貴古籍名録》(編號0909)。

**45. 尺木堂綱鑑易知録九十二卷** （清）吴乘權　（清）周之炯　（清）周之燦輯

清刻本　史部/編年類/通代　諸城市圖書館

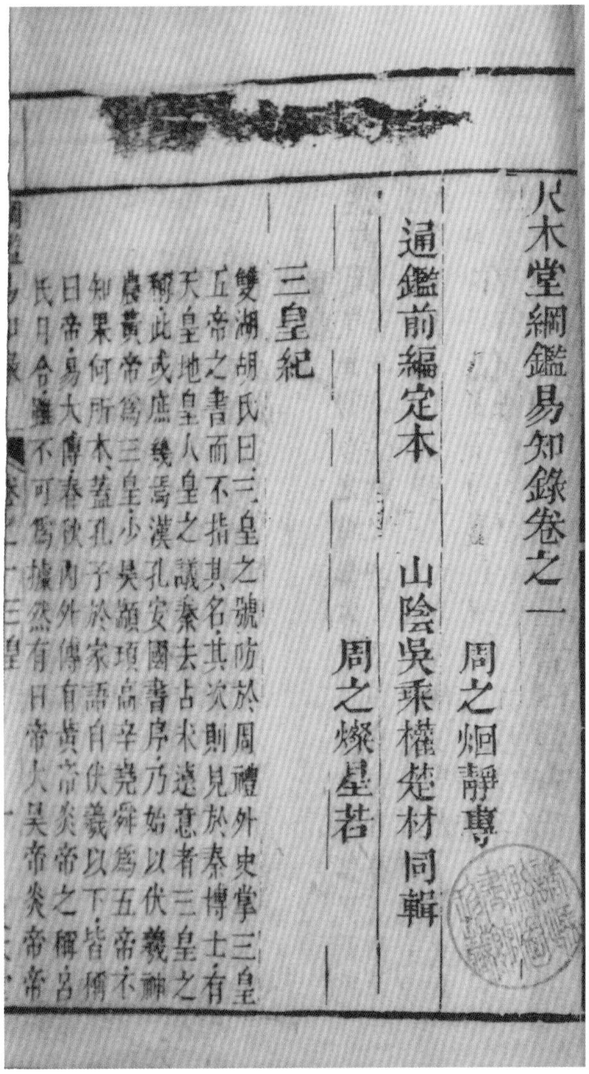
尺木堂綱鑑易知錄卷之一　周之炯靜專
通鑑前編定本　山陰吳乘權楚材同輯
周之燦星若
三皇紀
雙湖胡氏曰三皇之號昉於周禮外史掌三皇
五帝之書而不指其名其次則見於秦博士有
天皇地皇人皇之議秦去古未遠意者三皇之
稱此或庶幾焉漢孔安國書序乃始以伏羲神
農黃帝爲三皇少昊顓頊高辛堯舜爲五帝不
知果何所本蓋孔子於家語自伏羲以下皆稱
曰帝易大傳春秋內外傳有黃帝炎帝之稱呂
氏月令鑿不可爲據然有曰帝大昊帝炎帝帝

吴乘權，字楚材，山陰（今浙江紹興）人。一生喜古文，好讀經史。曾與吴調侯合編《古文觀止》。

此書屬于綱目體的通史，時間跨度從太古神話傳説、三皇五帝時代直叙至明，按確定好的體例，編排好史料大綱，在“綱”下直接叙述史實，形成連續一貫的編年時間綫索。由于紀事簡明，頭緒清楚，使人一目了然，所以叫作“易知録”。它有綱有目，便于閲讀理解，流傳甚廣。

46. **御撰資治通鑑綱目三編二十卷**　(清)張廷玉等撰　清刻本　史部/編年類/斷代　諸城市圖書館

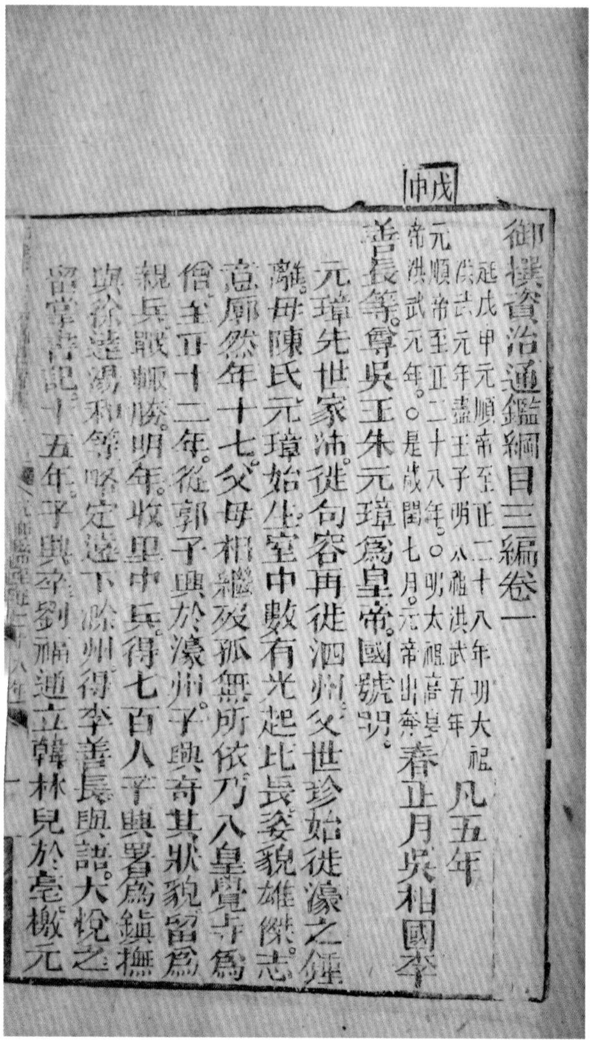

戊申

御撰資治通鑑綱目三編卷一

起戊申元順帝至正二十八年明太祖洪武元年盡壬子明太祖洪武五年　凡五年

元順帝至正二十八年。○明太祖高皇帝洪武元年。○是歲閏七月元帝出奔　春正月吳相國李善長等。尊吳王朱元璋爲皇帝。國號明。

元璋先世家沛徙句容再徙泗州父世珍始徙濠之鍾離母陳氏元璋始生室中數有光起比長姿貌雄傑志意廓然年十七父母相繼歿孤無所依乃入皇覺寺爲僧至正十二年。從郭子興於濠州。子興奇其狀貌留爲親兵戰輒勝。明年。收里中兵得七百人。子興署爲鎮撫與徐達湯和等略定遠下滁州得李善長與語大悅之留掌書記。十五年。子興卒。劉福通立韓林兒於亳檄元

張廷玉(1672—1755),字衡臣,號研齋,安徽桐城人。康熙三十九年(1700)進士,歷官内閣學士、吏部侍郎。雍正年間擢升禮部尚書,任《聖祖實録》副總裁,又任《明史》總裁。乾隆初爲總理大臣輔政,任《世宗實録》總裁官。前後三朝,居官50年,有《傳經堂集》。

乾隆四年(1739)八月,乾隆下令編纂一部明代綱目,與刊成的紀傳體《明史》相爲表裏。此書在乾隆十一年閏三月修成,共20卷。乾隆對此非常滿意,張廷玉更推崇其爲有史以來御製史學的極致。乾隆四十年五月,乾隆下諭改纂此書。至四十七年初改纂完竣,并寫入《四庫全書》。

**47. 三皇五帝徵實録六卷** （清）王縈緒撰　清乾隆六十年（1795）刻本　史部/雜史類　諸城市圖書館

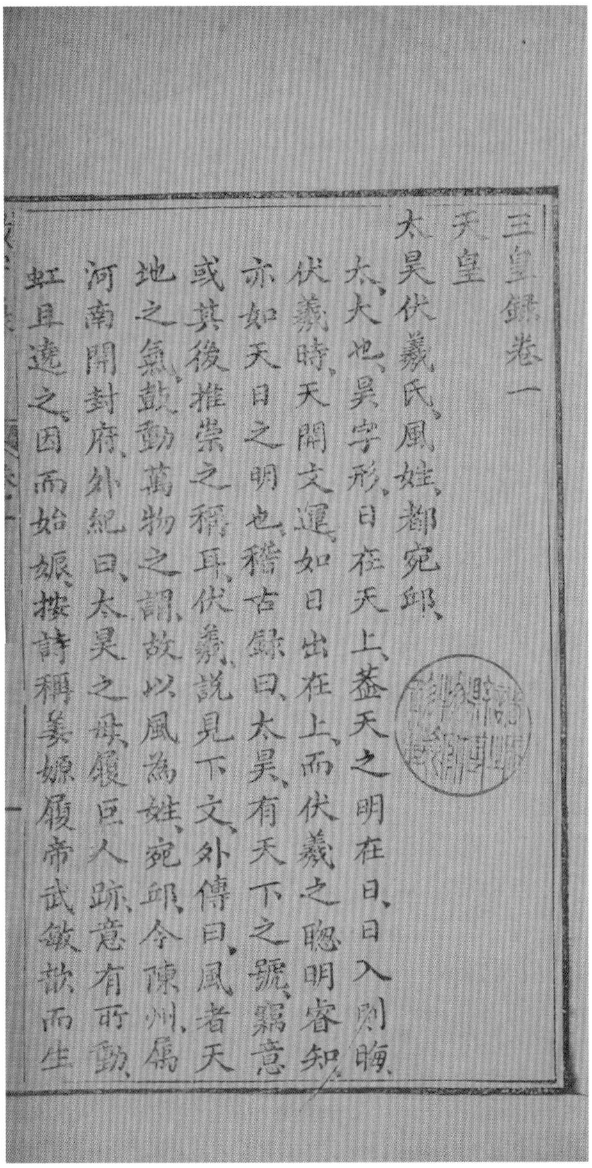

三皇録卷一

天皇

太昊伏羲氏風姓都宛邱

太大也昊字形日在天上葢天之明在日日入則晦伏羲時天開文運如日出在上而伏羲之聰明睿知亦如天日之明也稽古録曰太昊有天下之號竊意或其後推崇之稱耳伏羲説見下文外傳曰風者天地之氣鼓動萬物之謂故以風為姓宛邱今陳州属河南開封府外紀曰太昊之母履巨人跡意有所動虹且遶之因而始娠按詩稱姜嫄履帝武敏歆而生

王縈緒（1714—1785），字希仁，號成祉、天馥，別號蓮峰、五蓮山人，東武（今山東諸城）人。乾隆元年（1736）丙辰科舉人，二十二年（1757）進士。諸城《易》學傳承人之一。

《徵實録》，内容廣泛，涉及《三皇録》《五帝録》《東周録》，直至《明實録》。内有乾隆乙卯譚尚忠撰《徵實録序》、乾隆甲午吴省欽撰《徵實録序》、乾隆癸巳王縈緒撰《三皇五帝徵實録序》。版心上鎸：徵實録。書名據王縈緒自序題録。

48.［山東諸城］相州王氏族譜□□卷　（清）王增傑修　清道光十八年（1838）世德堂刻本　史部/傳記類　諸城市檔案館

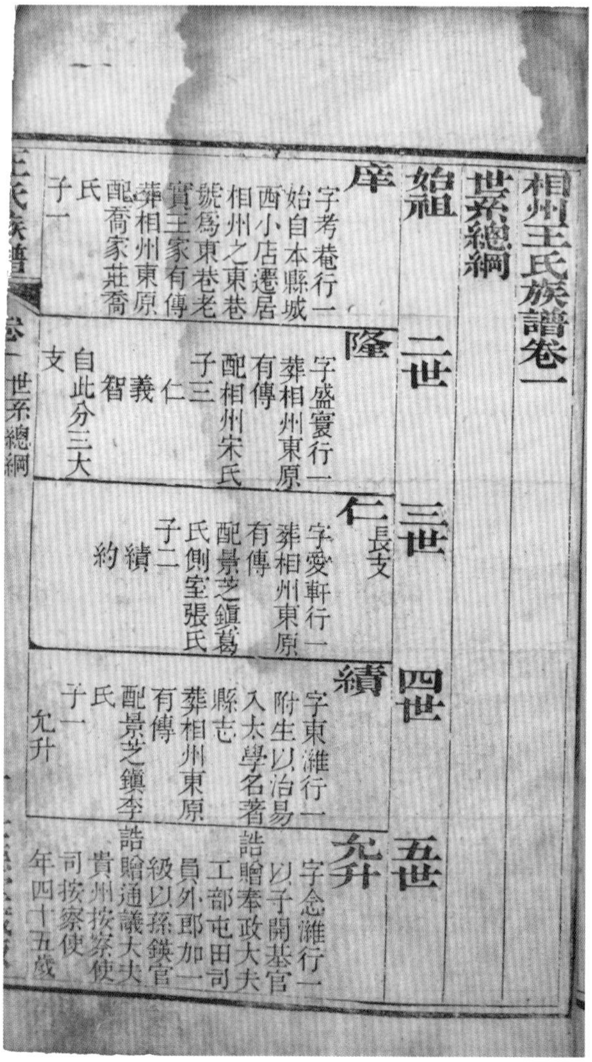
相州王氏族譜卷一
世系總綱
始祖　二世　三世　四世　五世
庠　字考菴行一　始自本縣城　西小店遷居　相州之東巷　號爲東巷老　實王家有傳　葬相州東原　配喬家莊喬　氏　子一
隆　字盛寰行一　葬相州東原　有傳　配相州宋氏　子三　仁　義　智　自此分三大　支
仁　長支　字愛軒行一　葬相州東原　有傳　配景芝鎮葛　氏側室張氏　子二　績　約
績　字東濰行一　附生以治易　入太學名著　縣志　葬相州東原　有傳　配景芝鎮李　氏　子一　允升
允升　字念濰行一　以子開基官　誥贈奉政大夫　工部屯田司　員外郎加一　級以孫鉞官　貴州按察使　司按察使　年四十五歲
王氏族譜　卷一　世系總綱

王增傑，生卒年不詳，山東諸城相州人。"諸城琴史五傑"之一王既甫（溥長）的叔祖。《龍吟館琴譜》即王增傑家抄本。

相州王即諸城王，諸城王即琅琊王。該族譜自王氏始遷祖王庠開始，直叙到第十一世王增傑。其譜系爲王庠（一世）—王隆（二世）—王仁、王義、王智（三世）—王績（四世）—王允升（五世）—王振基（六世）—王鉞（七世）—王沛恂（八世）—王椿析、王棠（九世）—王元炳（十世）—王增傑（十一世）。族譜還對譜系人物作了介紹。相州王氏後有王統照、王翔千（十五世）—王樂平、王希堅、王愈堅、王意堅、王願堅（十六世）等。

**49. 十國春秋一百十六卷** （清）吴任臣撰 （清）牛奂閲 （清）周昂重校刊 清乾隆五十三年至嘉慶四年(1788—1799)昭文周昂刻咸豐元年(1851)常熟珍藝堂印本 史部/載記類 諸城市圖書館

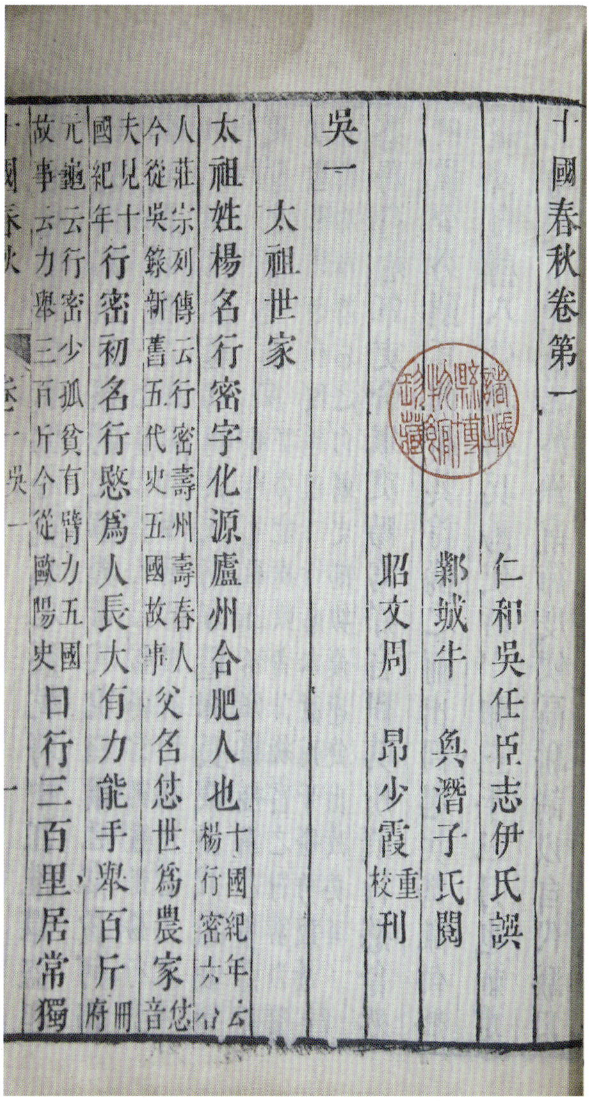
十國春秋卷第一
仁和吳任臣志伊氏譔
鄞城牛 奐潛子氏閱
昭文周 昂少霞重校刊
吳一
太祖世家
太祖姓楊名行密字化源廬州合肥人也十國紀年云楊行密六合人莊宗列傳云行密壽州壽春人今從吳錄新舊五代史五國故事父名怤世爲農家怤音夫見十國紀年行密初名行愍爲人長大有力能手舉百斤册府元龜云行密少孤貧有臂力五國故事云力舉三百斤今從歐陽史日行三百里居常獨
十國春秋 卷一 吳一 一

吴任臣，本名志伊，以字行，一字爾器，初名鴻往，號托園。清代學者、藏書家。先爲福建莆田籍，隨父至仁和(今浙江杭州)。

此書取自五代兩宋時的文獻資料。作者根據《五代史》《九國志》及各種類書、雜史、地方志、文集、雜記、小説等編成。分國紀事，間有“考異”，或記逸事異説。後六卷爲十國紀元、世系、地理、藩鎮、百官表。末附周昂《拾遺》《備考》各 1 卷。

**50. 西域聞見録八卷**　(清)七十一(尼瑪查)撰　清蘿軒主人抄本　史部/地理類/方志　諸城市圖書館

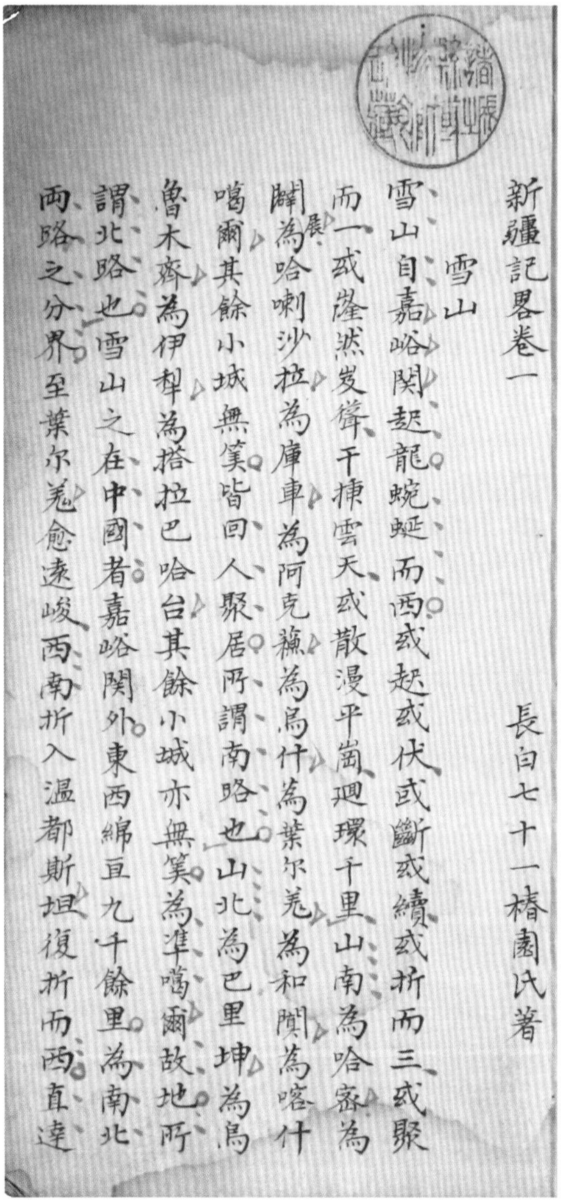
新疆記畧卷一　長白七十一椿園氏著
雪山
雪山自嘉峪關起龍蜿蜒而西或起或伏或斷或續或折而三或聚而一或隆然岌嶪干棟雲天或散漫平崗迴環千里山南為哈密為闢展為哈喇沙拉為庫車為阿克蘇為烏什為葉尔羌為和闐為喀什噶爾其餘小城無筭皆回人聚居所謂南路也山北為巴里坤為烏魯木齊為伊犁為搭拉巴哈台其餘小城亦無筭為準噶爾故地所謂北路也雪山之在中國者嘉峪關外東西綿亘九千餘里為南北兩路之分界至葉尔羌愈遠峻西南折入溫都斯坦復折而西直達

七十一(尼瑪查),生平不詳。自序謂:“余生于燕,長遊官于秦、晋、齊、楚、吴、越之間,壯年復西出陽關,逾河源三千餘里。乾隆四十二年歲次丁酉十二月十九日椿園氏七十一序于複四山房。”按其説,居于新疆者久,所著此書,考究甚詳。

《西域聞見録》共 8 卷,卷 1—2 爲《新疆記略》上、下,叙山川、城邑、職官;卷 3—4 爲《外藩列傳》上、下;卷 5—6 爲《西陲記事本末》;卷 7 爲《回疆風土記》;卷 8 爲《軍臺道里表》。

2019 年 5 月入選第四批《山東省珍貴古籍名録》(編號 0407)。

51. **滇攷二卷**　(清)馮甦編　清康熙刻本　史部/地理類/方志　諸城市圖書館

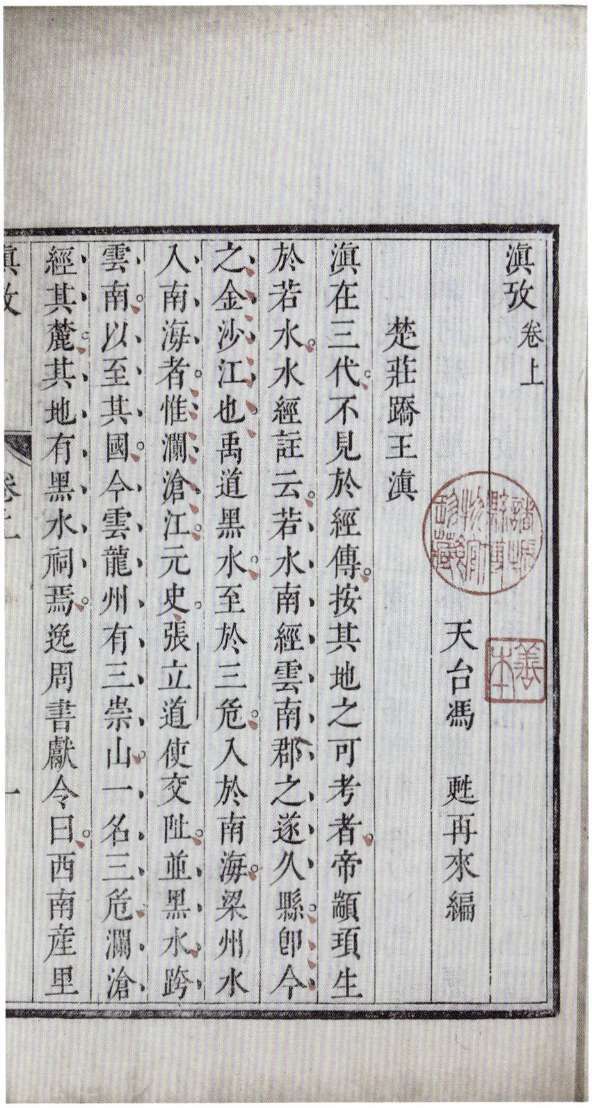

滇攷卷上

天台馮　甦再來編

楚莊蹻王滇

滇在三代不見於經傳按其地之可考者帝顓頊生於若水水經註云若水南經雲南郡之遂久縣即今之金沙江也禹道黑水至於三危入於南海梁州水入南海者惟瀾滄江元史張立道使交阯並黑水跨雲南以至其國今雲龍州有三崇山一名三危瀾滄經其麓其地有黑水祠焉逸周書獻令曰西南產里

滇攷　卷上　一

馮甦(1628—1692),字再來,號蒿庵,浙江臨海人。清順治十五年(1658)進士。著作甚豐,有《滇考》《滇行紀聞》《撫粤日記》《劫灰録》《奏議語》《臺考》《見聞隨筆》《語石園稿》《知還堂稿》《南中集》《蒿庵集》,并編纂《楚雄府志》《臺州府志》等。

《滇考》記載從戰國時莊蹻爲滇王到清初平定雲南間的史事。搜集諸史、筆記小説和地方志頗多。分題彙輯爲37篇,是一部紀事本末體的雲南地方史。

2014年6月入選第三批《山東省珍貴古籍名録》(編號1029)。

**52.[康熙]諸城縣志十二卷** (清)卞穎修 (清)王勸纂 清康熙十二年(1673)刻本 史部/地理類/方志 諸城市圖書館

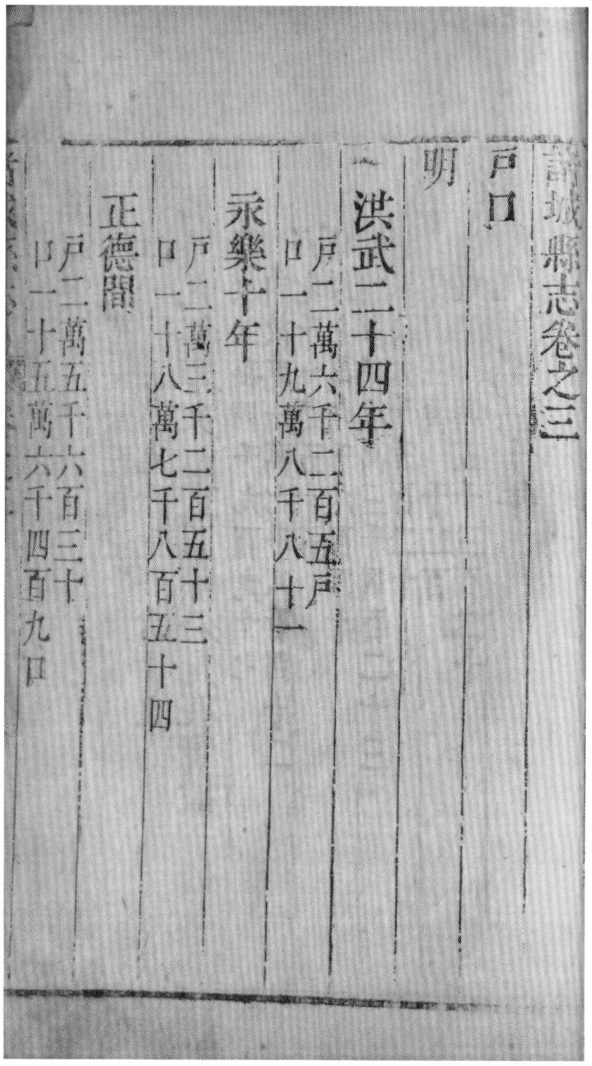
諸城縣志卷之三
戶口
明
洪武二十四年
戶二萬六千二百五戶
口一十九萬八千八十一
永樂十年
戶二萬三千二百五十三
口一十八萬七千八百五十四
正德間
戶二萬五千六百三十
口一十五萬六千四百九口

康熙《諸城縣志》,本館存有卷2、卷3和卷6。卷2內容有“山水”、“八鄉里社”(里社者,户口之居住處也)、“歲時”,卷3內容有“户口”“田地”“丁傜”“錢糧”“鋪舍”“旅店”“橋樑”“集場”“鎮寨”“要隘”“軍屯”,卷6內容有“壇廟”“祀典”“科目”“武科目”“歲貢”“例貢”“薦辟”“封爵”“誥敕”“坊牌”。

**53.［乾隆］諸城縣志四十六卷** （清）宫懋讓修 （清）李文藻等纂 清乾隆二十九年（1764）刻本 史部/地理類/方志 諸城市圖書館

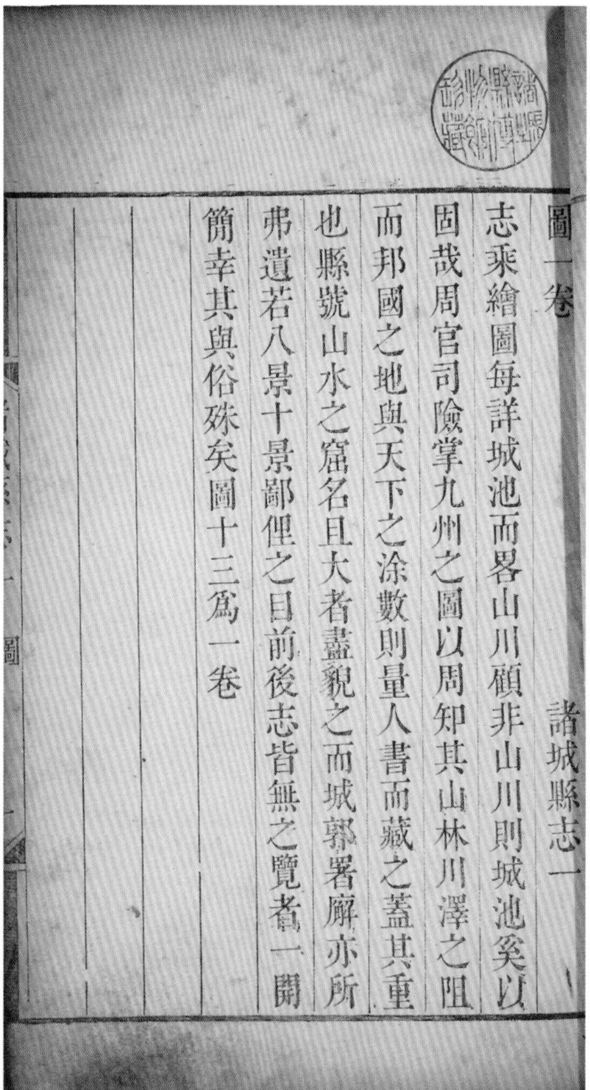

宫懋讓，生卒年不詳，江蘇泰州人。乾隆二十七年（1762）至二十九年任諸城知縣。

該志是一部從有歷史記載以來到清乾隆年間長達幾千年的諸城通史，與其他舊志相比，具有搜集廣博、史跡翔實、考訂精核、體例完善、叙事有法、文字俊傑等特點，屬于志乘中的上乘之作，被譽爲全國名志。

2012年1月入選第二批《山東省珍貴古籍名録》（編號1119）。

54.[**乾隆**]**諸城縣志四十六卷**　(清)宫懋讓修　(清)李文藻等纂　清乾隆二十九年(1764)刻本　史部/地理類/方志　諸城市圖書館

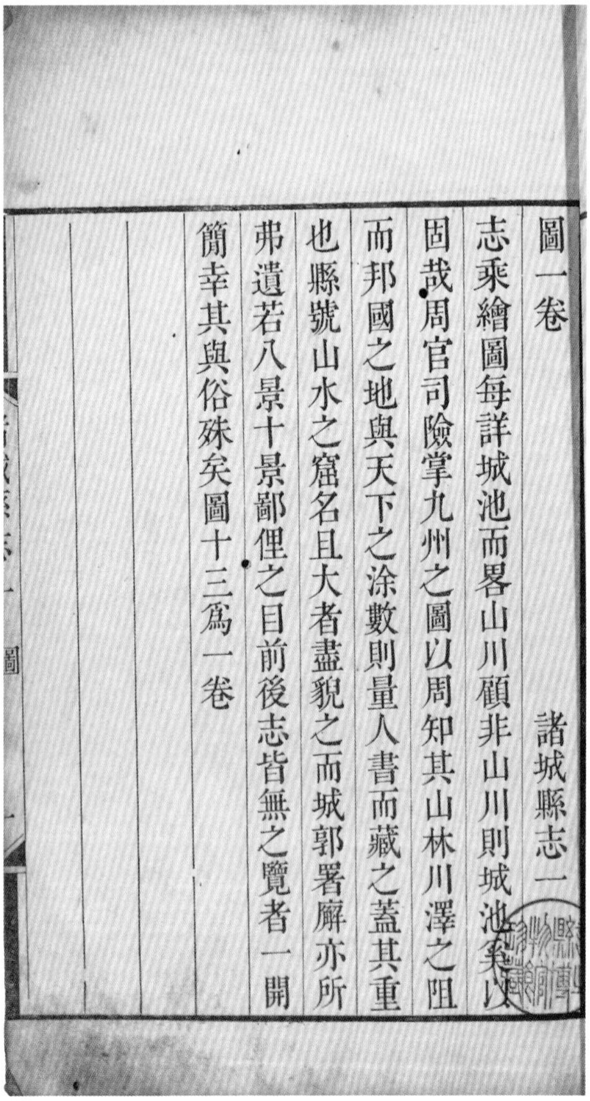

圖一卷　　　　　　　　諸城縣志一

志乘繪圖每詳城池而畧山川顧非山川則城池奚以固哉周官司險掌九州之圖以周知其山林川澤之阻而邦國之地與天下之涂數則量入書而藏之蓋其重也縣號山水之窟名且大者盡貌之而城郭署廨亦所弗遺若八景十景鄙俚之目前後志皆無之覽者一開簡幸其與俗殊矣圖十三爲一卷

2014年6月入選第三批《山東省珍貴古籍名録》(編號1171)。

55.［乾隆］諸城縣志四十六卷　(清)宫懋讓修　(清)李文藻等纂　清乾隆二十九年(1764)刻本　史部/地理類/方志　諸城市圖書館

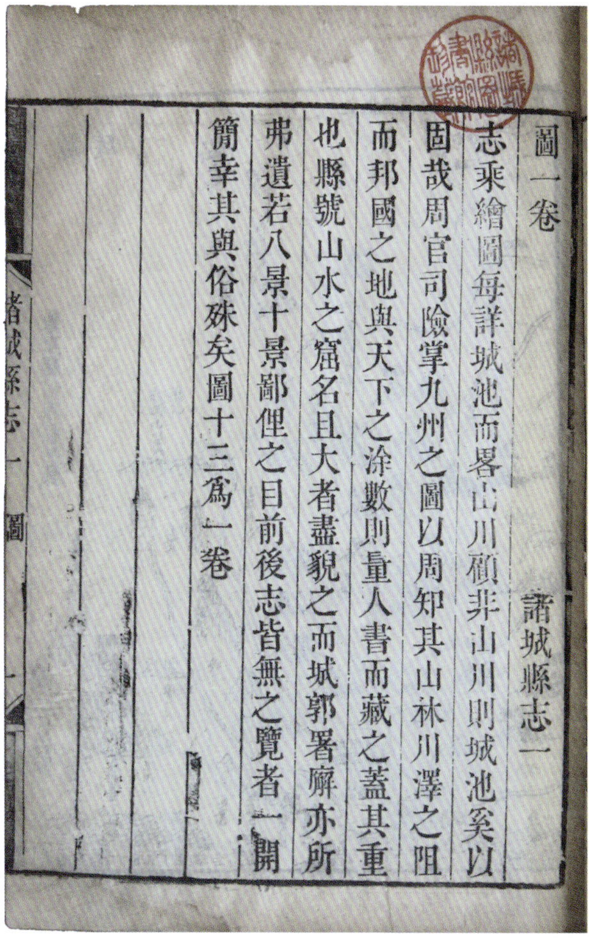


2014年6月入選第三批《山東省珍貴古籍名録》(編號1172)。

56.**[乾隆]諸城縣志四十六卷** (清)宫懋讓修 (清)李文藻等纂 清乾隆二十九年(1764)刻本 史部/地理類/方志 諸城市檔案館

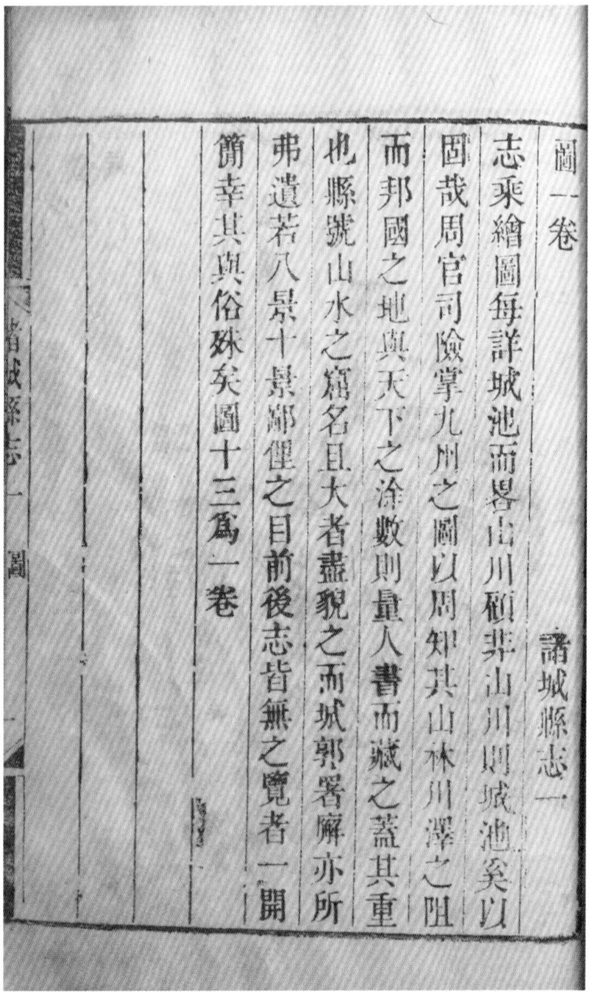

圖一卷 諸城縣志一

志乘繪圖每詳城池而畧山川顧弃山川則城池奚以

固哉周官司險掌九州之圖以周知其山林川澤之阻

而邦國之地輿天下之塗數則量人書而藏之蓋其重

也縣號山水之窟名且大者盡貌之而城郭署廨亦所

弗遺若八景十景鄙俚之目前後志皆無之覽者一開

簡幸其與俗殊矣圖十三爲一卷

諸城縣志一 圖 一

該志藏于諸城市檔案館,保存完好。

**57.[乾隆]諸城縣志四十六卷** （清）宫懋讓修 （清）李文藻等纂 清乾隆二十九年(1764)刻本 史部/地理類/方志 諸城市檔案館

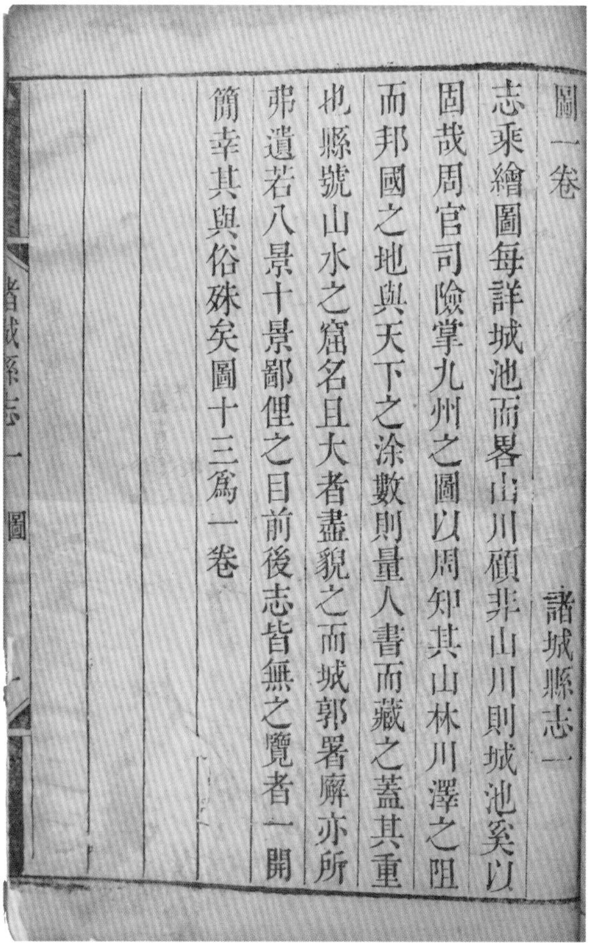
圖一卷　　諸城縣志一
志乘繪圖每詳城池而畧山川顧非山川則城池奚以
固哉周官司險掌九州之圖以周知其山林川澤之阻
而邦國之地與天下之涂數則量入書而藏之蓋其重
也縣號山水之窟名且大者盡貌之而城郭署廨亦所
弗遺若八景十景鄙俚之目前後志皆無之覽者一開
簡幸其與俗殊矣圖十三爲一卷
諸城縣志一　圖

該志藏于諸城市檔案館，保存完好。

58.[**道光**]**諸城縣續志二十三卷** (清)劉光斗修 (清)朱學海纂 清道光十四年(1834)刻本 史部/地理類/方志 諸城市圖書館

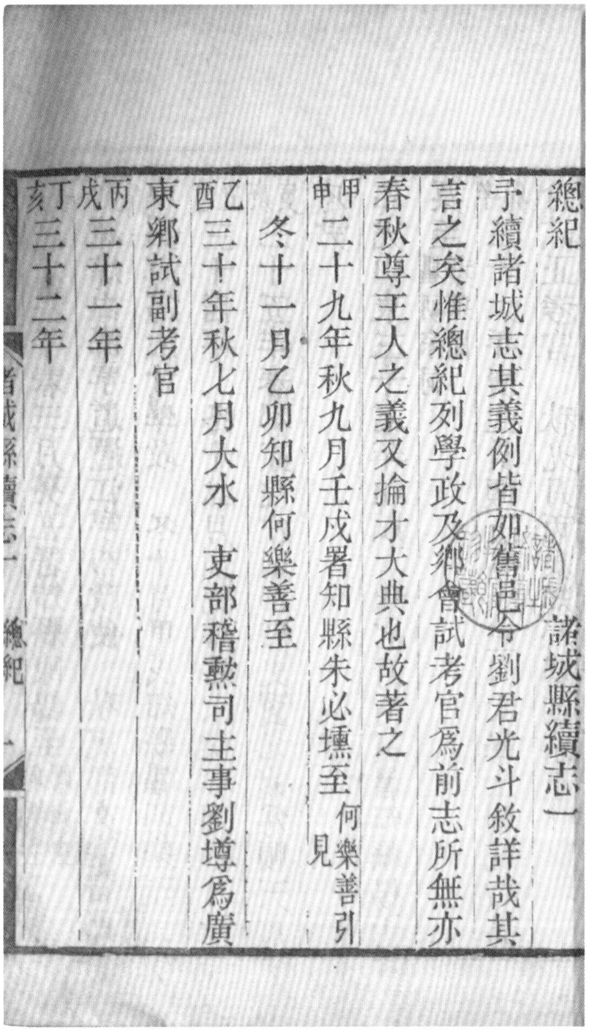
總紀 諸城縣續志一
予續諸城志其義例皆如舊邑令劉君光斗敘詳哉其
言之矣惟總紀列學政及鄉會試考官爲前志所無亦
春秋尊王人之義又掄才大典也故著之
甲申 二十九年秋九月壬戌署知縣朱必壎至 何樂善引見
冬十一月乙卯知縣何樂善至
乙酉 三十年秋七月大水 吏部稽勳司主事劉墫爲廣
東鄉試副考官
丙戌 三十一年
丁亥 三十二年

劉光斗,字錯山,海城北張胡臺人。清嘉慶末年舉進士。初任山東諸城縣知縣,後任江蘇隸屬句容、丹徒等縣知縣。在任期間,政聲卓著,折獄明允,百姓稱之爲“劉青天”。

前有道光十四年劉光斗撰《續修諸城縣志序》。鈐印“敬文堂之藏書”。《諸城縣續志》分别由劉光斗、鄧亮功、汪封渭撰序。第一册含序文、姓氏、志目、總記、疆域考、古跡考、田賦考、金石考、藝文考,第二册含職官表、選舉補遺、選舉表、議叙補遺、議叙表、誥敕表、襲蔭表,第三册含宦跡録、仕宦傳、文苑傳、忠烈傳、孝義傳、隱逸傳、喬寓傳,第四册含列女傳。

59.［至元］**齊乘六卷** （元）于欽撰 & **釋音一卷** （元）于潛撰 & **考證六卷** （清）周嘉猷撰 清乾隆四十六年(1781)胡德琳登州刻本 史部/地理類/**方志** 諸城市圖書館

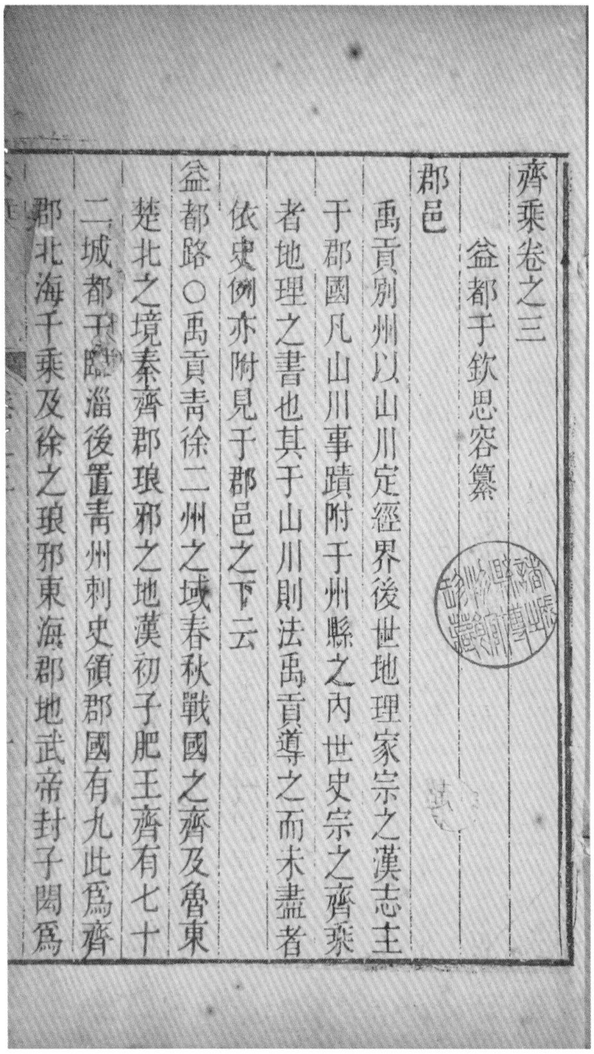
齊乘卷之三
益都于欽思容纂
郡邑
禹貢别州以山川定經界後世地理家宗之漢志主
于郡國凡山川事蹟附于州縣之內世史宗之齊乘
者地理之書也其于山川則法禹貢遵之而未盡者
依史例亦附見于郡邑之下云
益都路〇禹貢青徐二州之域春秋戰國之齊及魯東
楚北之境秦齊郡琅邪之地漢初子肥王齊有七十
二城都于臨淄後置青州刺史領郡國有九此爲齊
郡北海千乘及徐之琅邪東海郡地武帝封子閎爲

于欽(1283—1333)，字思容，祖籍山東文登，後定居山東益都(今青州市鄭母鎮)。元代方志編纂家、歷史地理學家、文學家。官至中書省兵部侍郎，奉命山東，爲益都田賦總管。

《齊乘》，元代至元地方志，所叙以山東東西道宣慰司所轄益都、般陽、濟南三路爲主，并附述曾爲齊邑的高唐、禹城、長清、聊城、東阿、臨邑等縣。文字簡潔，體例嚴謹，考核精當，是全國名志之一，也是山東現存最早的方志。共分 6 卷，内容分沿革、分野、山川、郡邑、古跡、亭館、風土、人物等。具有較高的史料價值。

2014 年 6 月入選第三批《山東省珍貴古籍名録》(編號 1070)。

60. **日下舊聞四十二卷** (清)朱彝尊輯 清康熙二十七年(1688)朱氏六峰閣刻本 史部/地理類/雜志 諸城市圖書館

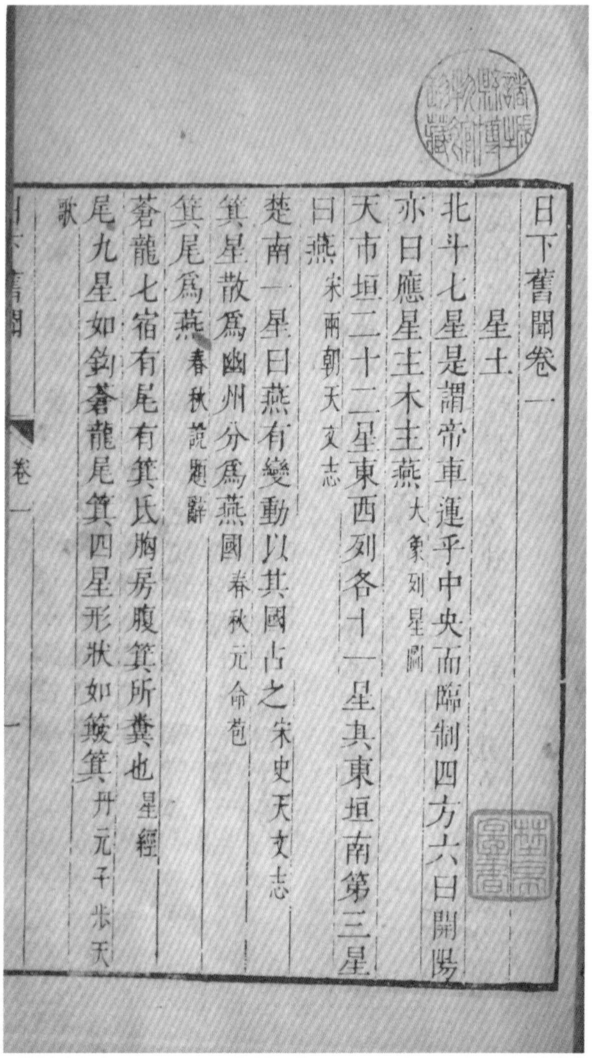
日下舊聞卷一
星土
北斗七星是謂帝車運乎中央而臨制四方六曰開陽亦曰應星主木主燕大象列星圖
天市垣二十二星東西列各十一星其東垣南第三星曰燕宋兩朝天文志
楚南一星曰燕有變動以其國占之宋史天文志
箕星散爲幽州分爲燕國春秋元命苞
箕尾爲燕春秋説題辭
蒼龍七宿有尾有箕氏胸房腹箕所糞也星經
尾九星如鉤蒼龍尾箕四星形狀如簸箕丹元子步天歌
日下舊聞 卷一 一

朱彝尊(1629—1709),字錫鬯,號竹垞,浙江秀水(今浙江嘉興)人。清代文學家、學者。他搜集北京掌故史跡,用了兩年時間撰成《日下舊聞》。他通經史,兼擅詩詞古文。于詞推崇姜夔、張炎,標舉清空醇雅,開創浙西詞派。詩宗唐而求變,與王士禛齊名,時稱"南朱北王"。有《經義考》《日下舊聞》《曝書亭集》《詞綜》《明詩綜》等。

《日下舊聞》之"日下"指京師,記載北京掌故史跡,上自遠古,下至明末。内容分星土、世紀、形勝、宫室、城市、郊坰、京畿、僑治、邊障、户版、風俗、物産、雜綴等十三門,而以石鼓考列後。皆徵引前人著作,逐條排比。所引經、史、小説、文集、金石文字等凡1600餘種。采輯淵博,記載詳備。此書是第一次系統地整理關于北京的文獻。

2012年1月入選第二批《山東省珍貴古籍名録》(編號1227)。

**61. 臥象山志四卷** （清）張侗著　清康熙十八年（1679）刻本　史部/地理類/山水志/山志　諸城市圖書館

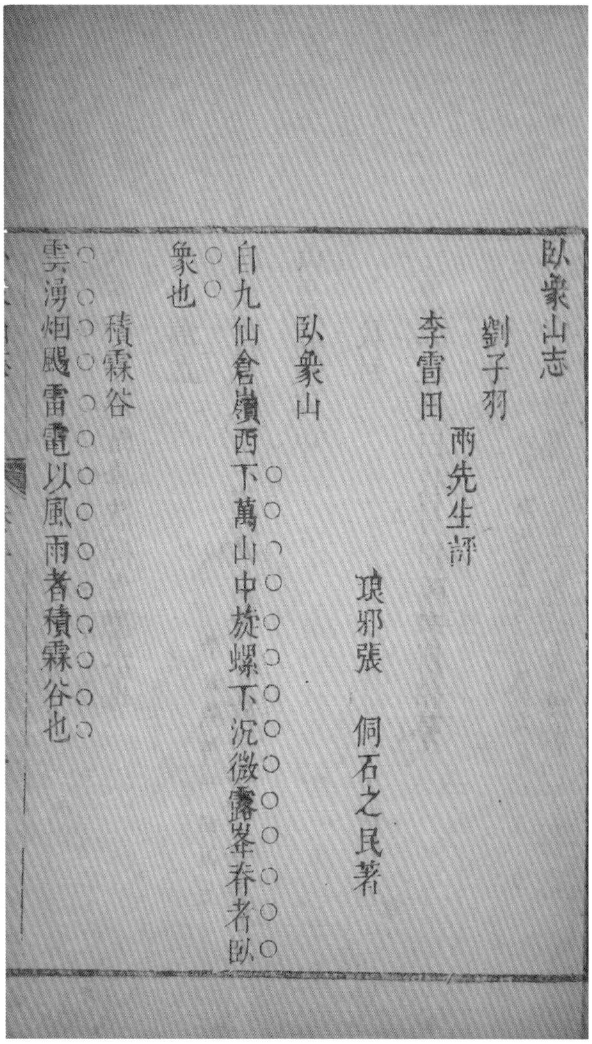
臥象山志
劉子羽　李雷田　兩先生評
瑯邪張　侗石之民著
臥象山
自九仙倉嶺西下萬山中旋螺下沉微露峯脊者臥象也
積霖谷
雲湧烟颰雷電以風雨者積霖谷也

張侗（1634—1713），字同人，一字石民，山東諸城枳溝鎮普慶村人。“爲古文詞，喜造奇語”，詩、書、畫冠絶一時，爲諸城“張氏四逸”（張侗、張衍、張佳、張素）之最。所著《放鶴村文集》《臥象山志》《其樓詩集》等傳世。協兄張衍開闢了臥象山景區，并爲此山寫志立碑。

臥象山即今五蓮縣境内的九仙山。《臥象山志》記述了臥象山的地理風貌、山川景致、景點景觀、文略、賦略、詩略等。

2014 年 6 月入選第三批《山東省珍貴古籍名録》（編號 1182）。

**62. 五蓮山志五卷** （清）釋海霆編集 （清）王咸炤批選 （清）張侗訂正 （清）李焕章刪定 清康熙二十年（1681）刻乾隆二十二年（1757）萬松禪林增刻本
史部/地理類/山水志/山志 諸城市圖書館

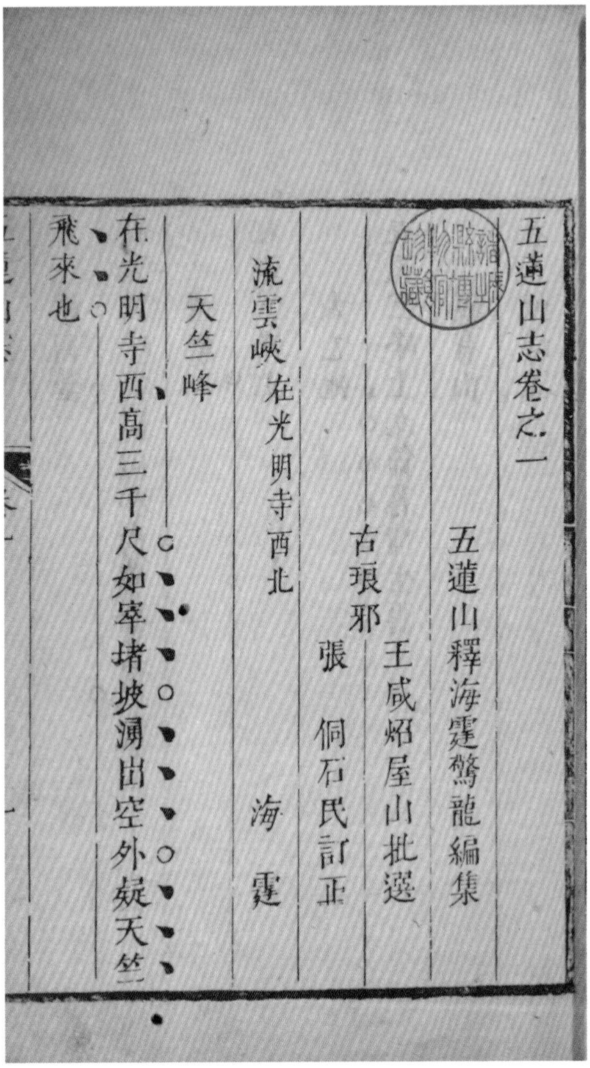
五蓮山志卷之一
五蓮山釋海霆鷲龍編集
王咸炤屋山批選
古瑯邪張侗石民訂正
流雲峽在光明寺西北 海霆
天竺峰
在光明寺西高三千尺如窣堵坡湧出空外疑天竺飛來也

釋海霆，生卒年不詳，清康熙年間五蓮山光明寺住持僧。

《五蓮山志》卷 1 爲五蓮山的自然景觀和各景點的位置，卷 2 爲五蓮山光明寺的緣起、佛教宗派、世系和歷代主持以及物産，卷 3 爲《五蓮山光明寺碑記》《重修五蓮山光明寺藏閣記》《重修光明寺大殿碑》《開山和尚碑記》《開山和尚自叙碑銘》5 篇碑文，卷 4 爲文集，收録了《五蓮山雜記》《遊五蓮山記》等有關遊記、散文 11 篇，卷 4 末尾有《翰修師重修五蓮山記》，卷 5 爲詩集，收録古詩 42 首。卷前有清順治辛丑（1661）進士、諸城臧振榮《序》和江西樂安李焕章《序》。

2014 年 6 月入選第三批《山東省珍貴古籍名録》（編號 1181）。

**63. 雩東山莊八景圖一卷** (清)臧燿初繪 清光緒二十五年(1899)彩繪本 史部/地理類/山水志/山志 諸城市圖書館

《雩東山莊八景圖》爲臧燿初 84 歲時所繪製。“雩”指諸城城南之常山,因常山有雩泉而得,“雩東山莊”實指常山以東的大展村。封面題曰“原名仉村,今曰展村,文其名曰雩東山莊”。

此書爲彩繪本,共有彩圖 8 幅,名爲《柳溪春雨》《石浪夏日》《雩泉春麓》《碧霞行雲》《車嶺晴霞》《鴿岩瀑布》《廬山晚秋》《石門秋水》。每一幅下款題“五老山人時年八十四歲”。

2012 年 1 月入選第二批《山東省珍貴古籍名録》(編號 1243)。

**64. 諸城山海物産志二卷** （清）臧燿初撰 （清）臧繼昭訂 清光緒九年（1883）抄本 史部/地理類/山水志 諸城市圖書館

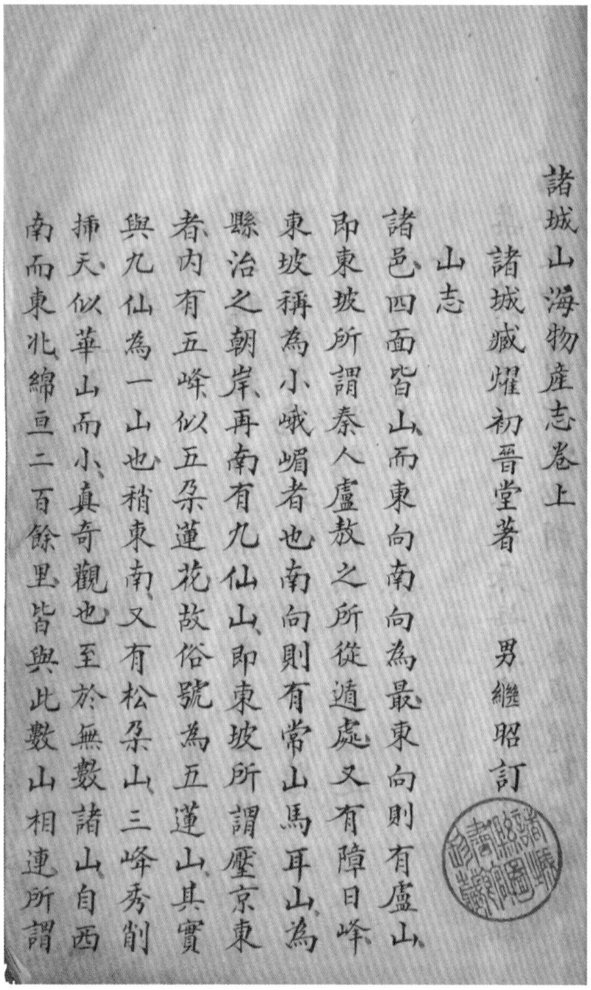

諸城山海物産志卷上
諸城臧燿初晉堂著　男繼昭訂
山志
諸邑四面皆山而東向南向為最東向則有盧山即東坡所謂秦人盧敖之所從遁處又有障日峰東坡稱為小峨嵋者也南向則有常山馬耳山為縣治之朝岸再南有九仙山即東坡所謂壓京東者內有五峰似五朵蓮花故俗號為五蓮山其實與九仙為一山也稍東南又有松朵山三峰秀削插天似華山而小真奇觀也至於無數諸山自西南而東北綿亘二百餘里皆與此數山相連所謂

臧燿初（1816—？），字晋堂，山東諸城皇華鎮大展村人。出身貧寒，少有俊才，不重名利。擅醫術，兼工詩文繪畫。一生勤奮嗜學，著述甚多，可考見者有《周易蒙術》《姓氏彙編》《雙聲疊韻檢》《文字根力論》《天書》《餘人話真草集》《諸城山海物産志》《雩東山莊八景圖》等，大多爲手抄本。

《諸城山海物産志》一書，是作者歷盡艱辛，"常負青囊，遍遊海岱之間，南及江淮徐之地"，親臨實際考察，并參考《益都方物略記》《桂海虞衡志》《閩中海錯疏》《嶺南風物記》等文獻編寫而成。全志分上、下兩卷。上卷爲山志，共録有草 97 種、木 27 種、花 24 種、果 11 種、菜 7 種、茹蕈 14 種、禽 11 種、獸 6 種、鱗 1 種、蟲 10 種、土石 10 種、記異 5 種、圖贊 222 幅；下卷爲海志，共録有魚 56 種、蝦 10 種、菜 8 種、經造植物 17 種、續説 l4 種、圖贊 134 幅。每志有概述、種類説明，并附白描圖贊。該志對研究諸城的資源、經濟開發有重要的參考價值。

2012 年 1 月入選第二批《山東省珍貴古籍名録》（編號 1304）。

65. **宸垣識略十六卷** （清）吳長元輯 清乾隆五十三年（1788）池北草堂刻本
史部/地理類/專志/宮殿 諸城市圖書館

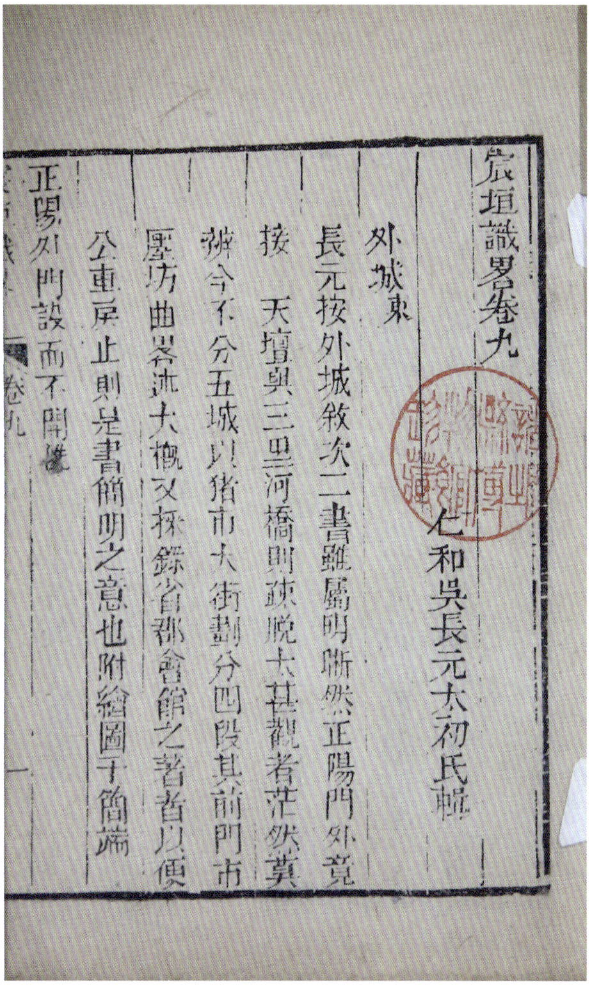


吳長元（1770 年前後在世），字太初，浙江仁和人。著有《宸垣識略》16 卷、《清史列傳》傳于世。

《宸垣識略》是一部記載北京史地沿革和名勝古跡的書，是根據清康熙時朱彝尊編寫的《日下舊聞》和乾隆皇帝敕編的《日下舊聞考》兩書增删重寫而成。正文卷端題：宸垣識略　仁和吳長元太初氏輯。

**66. 國朝謚法考一卷** （清）王士禛編輯　清康熙刻本　史部/政書類　諸城市圖書館

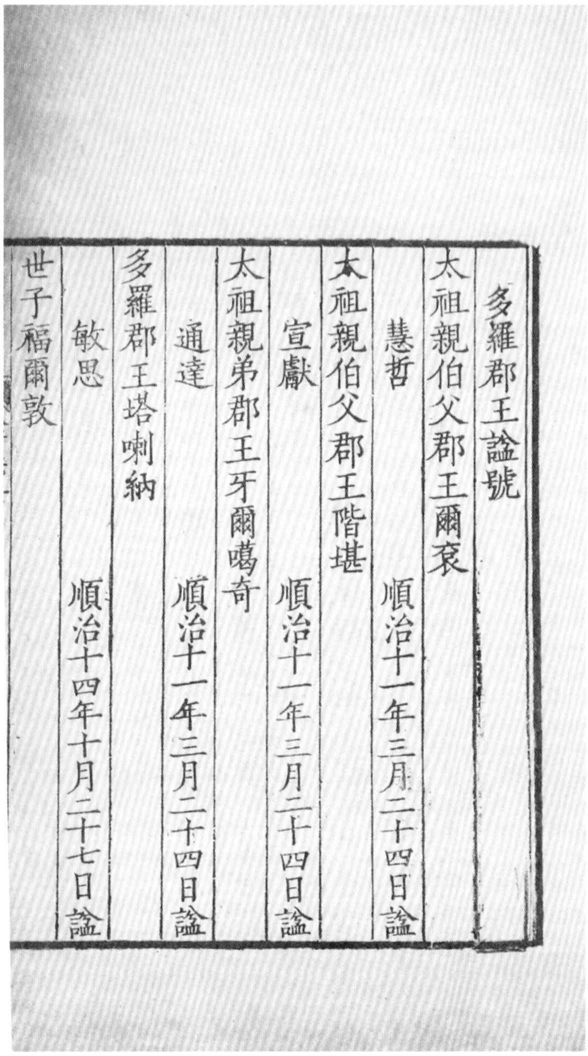

多羅郡王謚號
太祖親伯父郡王爾衮
慧哲　順治十一年三月二十四日謚
太祖親伯父郡王階堪
宣獻　順治十一年三月二十四日謚
太祖親弟郡王牙爾噶奇
通達　順治十一年三月二十四日謚
多羅郡王塔喇納
敏思　順治十四年十月二十七日謚
世子福爾敦

王士禛(1634—1711)，字子真，一字貽上，號阮亭、漁洋山人，新城（今山東桓臺）人，原籍山東諸城。清代文學家。順治進士，官至刑部尚書，謚文簡。主盟康熙詩壇數十年，追隨者甚衆。論詩創神韻説，選《唐賢三昧集》以標宗旨。早年所作清麗澄淡，中年轉爲蒼勁，諸體兼擅，而尤工七絶。又以餘力爲詞與古文，亦獲時名。著有《漁洋山人精華録》《帶經堂集》《漁洋詩話》《池北偶談》《香祖筆記》等。

《謚法考》是古代帝王、后妃及大臣死後，按其生平事跡評定稱號（謚號）的中國古代禮法制度書籍。始于周代，相傳有周公謚法、春秋謚法。秦代廢，漢代復行，歷代因襲至清。帝王之謚由禮官議上，臣下之謚由皇帝賜予。謚分美、惡，每字皆有一定含義。此外，還有私謚，始于東漢。《謚法考》是根據謚法解來編寫的，參考了幾千年來的謚法案例，沿襲删定而成。

67. **性理標題綜要二十二卷** (明)詹淮纂輯 (明)陳仁錫訂正 明積秀堂刻本
子部/儒家類 諸城市圖書館

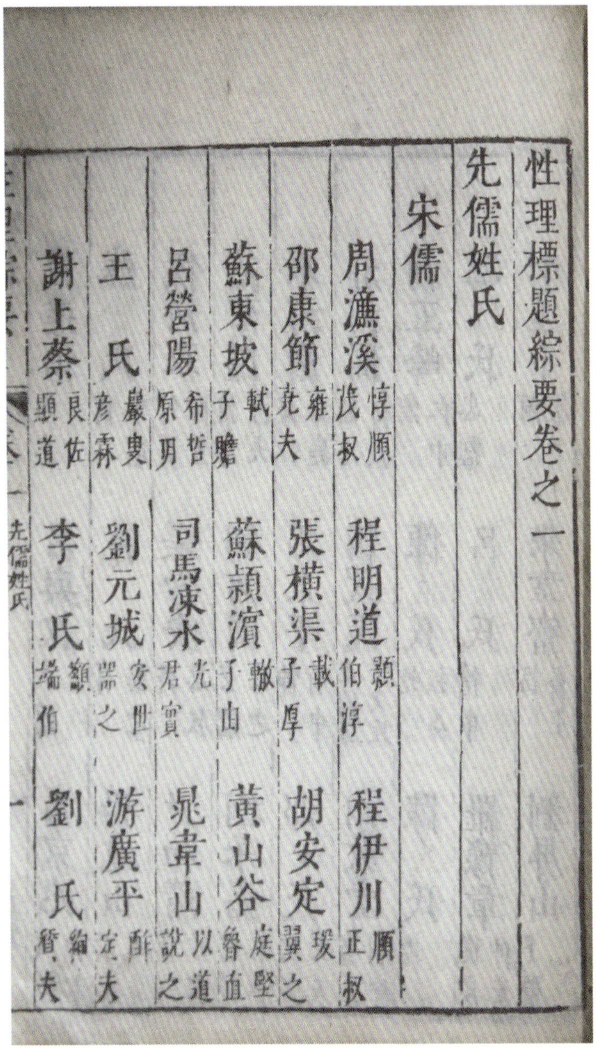
性理標題綜要卷之一
先儒姓氏
宋儒
周濂溪 惇頤茂叔 程明道 顥伯淳 程伊川 頤正叔
邵康節 雍堯夫 張橫渠 載子厚 胡安定 瑗翼之
蘇東坡 軾子瞻 蘇潁濱 轍子由 黄山谷 庭堅魯直
呂滎陽 希哲原明 司馬涑水 光君實 晁韋山 說之以道
王 氏 巖叟彥霖 劉元城 安世器之 游廣平 酢定夫
謝上蔡 良佐顯道 李 氏 籲端伯 劉 氏 絢質夫

詹淮,號柏山,生平不詳。陳仁錫(1581—1636),字明卿,號芝臺,長洲(今江蘇蘇州)人。明天啓二年(1622)進士,授翰林編修。性好學,喜著述。著有《四書備考》《經濟八編類纂》《重訂古周禮》等。

《性理標題綜要》,附詹淮《性理序》、《性理綜要譚藪》、《性理綜要凡例》、《先儒姓氏》、《集修姓氏》、明永樂十三年(1415)胡廣等《進書表》、《成祖文皇帝御製性理序》、崇禎五年(1632)陳仁錫《性理序》、李延機《序》、朱從古《序》、性理綜要總目、《性理綜要》卷一目録(以下各卷均有目録)。書眉間刻有評語,書中有朱墨圈點及評語。

68. **困學録集粹八卷** （清）張伯行著 （清）李汝霖校 （清）張師栻 （清）張師載正字 清雍正四年（1726）刻本 子部/儒家類 諸城市圖書館

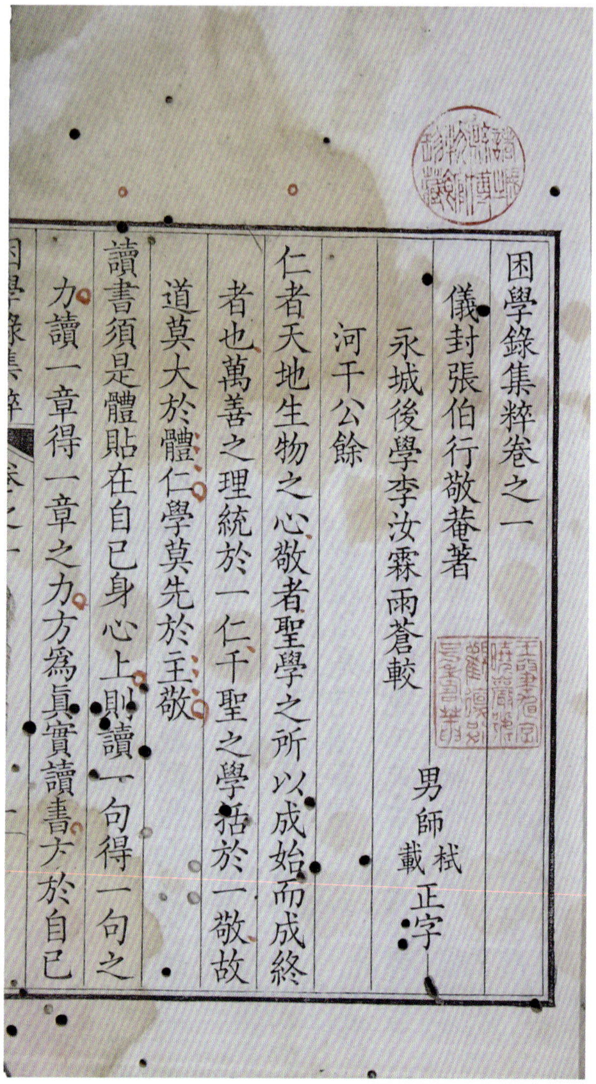

張伯行（1652—1725），字孝先，晚號敬庵，河南儀封（今蘭考東）人。康熙進士。歷任福建巡撫、江蘇巡撫，累官禮部尚書。聖祖稱其爲天下第一清官。治程朱理學，編輯整理程朱學派著作，彙刻《正誼堂叢書》，著有《困學録》《續困學録》《正誼堂文集》《正誼堂續集》等。

“困學”，遇到困惑然後學習。《論語・季氏》：“生而知之者，上也；學而知之者，次也；困而學之，又其次也；困而不學，民斯爲下矣。”

2012年1月入選第二批《山東省珍貴古籍名録》（編號1379）。

**69. 素書一卷** 題(漢)黄石公著 (宋)張商英註 (明)程天榮校 & **新語二卷** (漢)陸賈撰 明萬曆刻本 子部/兵家類 諸城市圖書館

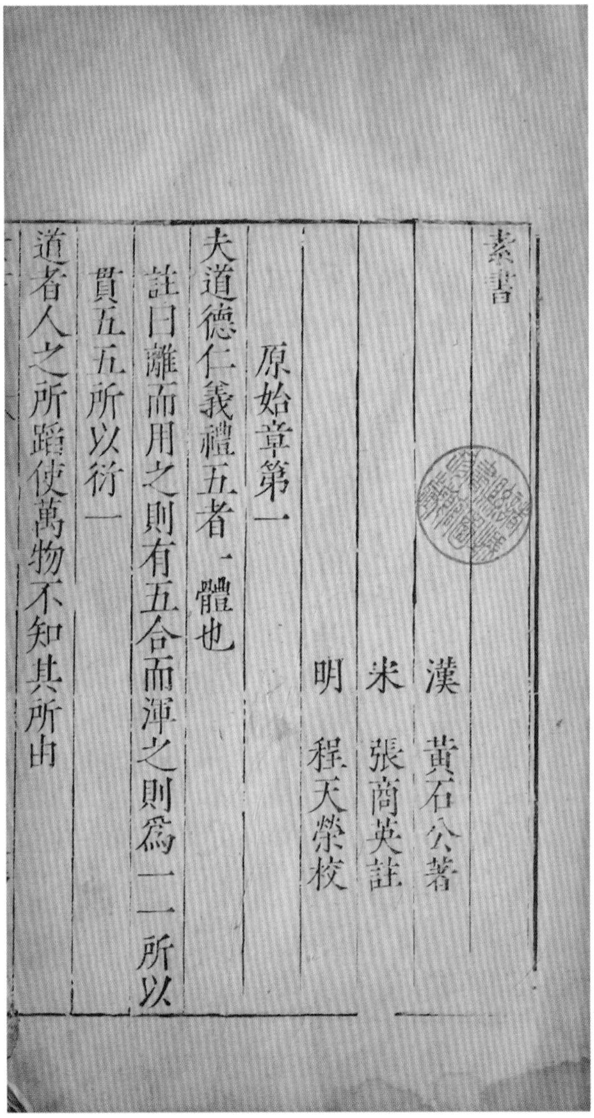


黄石公,亦稱"圯上老父"。傳説,張良刺秦始皇失敗後逃亡到下邳,遇老人于圯(橋)上,授以《太公兵法》,自稱十三年"濟北穀城山下黄石即我矣"。十三年後,張良從漢高祖過濟北,果在穀城山下得黄石。良死,遂與石并葬。

此書與《新語》二卷合訂。《素書》是一部類似語録體的書,號名《鈐經》,又名《玉鈐經》,是作者人生觀的具體表現。全書 6 章共講了 5 個問題:作者的思想體系,作者用人的原則,加强個人修養的意見,總結安邦治國的經驗,闡述了國家的政治、軍事等,都是以"人"爲主體的活動,都和個人的修養,人與人、個人與群體之間的關係有著千絲萬縷的聯繫。

2012 年 1 月入選第二批《山東省珍貴古籍名録》(編號 0250)。

70. **衛生易簡方十二卷** （明）胡濙撰 明嘉靖刻本 子部/醫家類/方論/諸方 諸城市圖書館

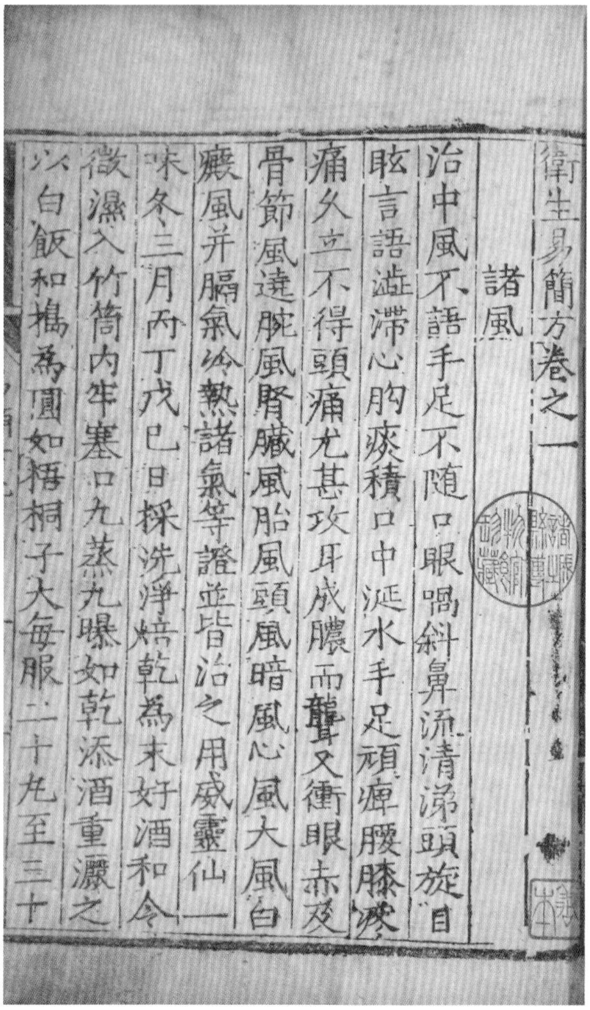
衛生易簡方卷之一
諸風
治中風不語手足不隨口眼喎斜鼻流清涕頭旋目
眩言語澁滯心胸痰積口中涎水手足頑痺腰膝疼
痛久立不得頭痛尤甚攻耳成膿而聾又衝眼赤及
骨節風遶腕風腎臟風胎風頭風暗風心風大風白
癜風并腸氣冷熱諸氣等證並皆治之用威靈仙一
味冬三月丙丁戊己日採洗淨焙乾為末好酒和令
微濕入竹筒內牢塞口九蒸九曝如乾添酒重灑之
以白飯和搗為圓如梧桐子大每服二十丸至三十

胡濙（1375—1463），字源潔，江蘇武進人。明惠帝建文二年（1400）進士，授兵科給事中，永樂元年（1403）遷户科都給事中，二十一年擢禮部左侍郎，宣德元年（1426）升禮部尚書，景泰初年（1450）進太子太傅，謚忠安。著《芝軒集》。

《衛生易簡方》刊于1410年。作者任禮部左侍郎時常出使四方，留心醫學。二十餘年中，廣泛收集各地民間單方驗方，遂成此書。書中分爲諸風、諸寒、諸暑、諸濕等145類病症，共396方。主張方宜簡易，多數方劑藥僅一二味，且多爲易得之品。附有服藥忌例22條及獸醫單方47例。

2014年6月入選第三批《山東省珍貴古籍名録》（編號0425）。

**71. 薛氏醫按二十四種**　(明)薛已等撰　(明)吴琯輯　明刻本　子部/醫家類/叢編　諸城市圖書館

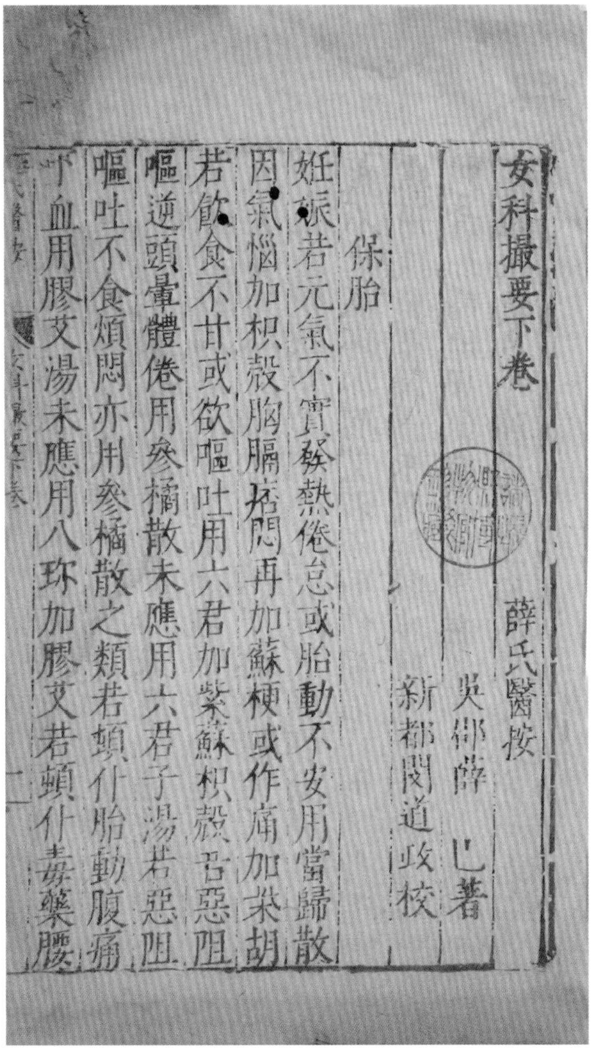
女科撮要下卷　　薛氏醫按
吳郡薛　己著
新都閔道攻校
保胎
妊娠若元氣不實發熱倦怠或胎動不安用當歸散
因氣惱加枳殼胸膈痞悶再加蘇梗或作痛加柴胡
若飲食不甘或欲嘔吐用六君加紫蘇枳殼若惡阻
嘔逆頭暈體倦用參橘散未應用六君子湯若惡阻
嘔吐不食煩悶亦用參橘散之類若頓仆胎動腹痛
下血用膠艾湯未應用八珎加膠艾若頓仆毒藥腰

正文卷端題:平治會萃　薛氏醫按。版心鐫:薛氏醫按。

薛已(1487—1559),字新甫,號立齋,吴郡(今江蘇蘇州)人。得家傳,擅内科。《薛氏醫按二十四種》,是明代薛已及其父亲薛鎧所撰集校註的醫學叢書,共24種。

72. **丹溪心法五卷** （元）朱震亨撰 （明）吴勉學校 明刻本 子部/醫家類 諸城市圖書館

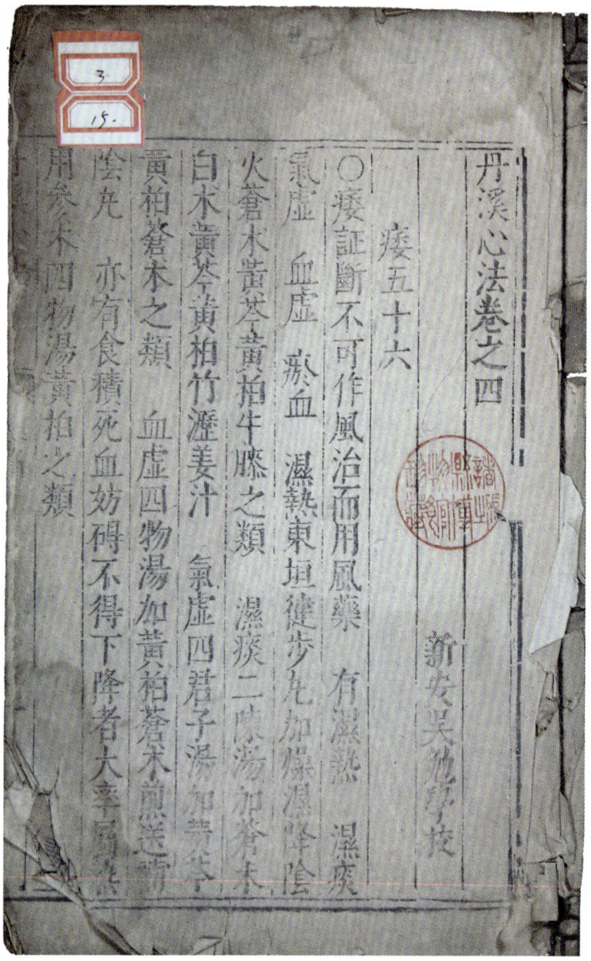


朱震亨（1281—1358），字彦修，號丹溪，婺州義烏（今屬浙江）人。元代四大醫家之一。家居丹溪，人稱“丹溪翁”。早年即好醫，後從杭州名醫羅知悌學醫，繼承羅氏之學并有所發揮。一生著述甚豐，有《格致餘論》《局方發揮》《素問糾略》《本草衍義補遺》等。《丹溪心法》由其門人整理而成。

《丹溪心法》共 5 卷，分别論述内、外、婦、兒諸科疾病，每卷卷首冠丹溪原論，次爲戴元禮辯證，再列方劑、附録。書後附有宋謙《故丹溪先生朱公石表辭》、戴良《丹溪翁傳》。此書原刊題元代朱丹溪著，明代程允校定，刊于明成化十七年（1481）。共 100 篇，1—95 篇爲臨床各科病症，96—100 篇分述倒倉法、吐法、救急法、秘方等。此書比較集中地反映了朱氏“陽常有餘，陰常不足”的説法，以及他對氣、血、痰、鬱諸病的臨床經驗，是一部研究内科雜症和朱氏學説的重要著作，對現代中醫臨床有指導作用。

**73. 重訂外科正宗十二卷** （明）陳實功撰 清刻本 子部/醫家類/方論/外科
諸城市圖書館

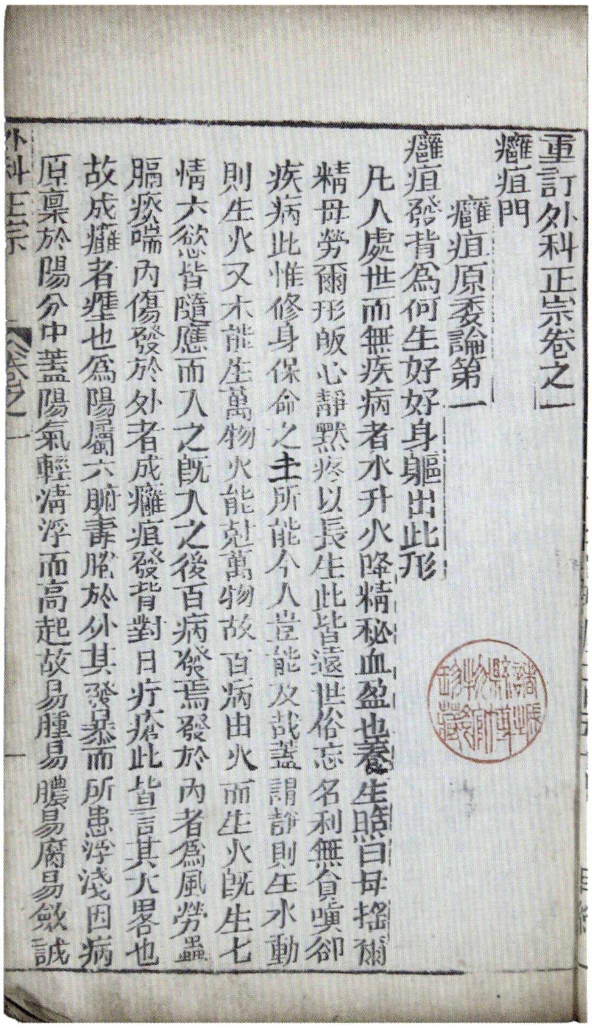
重訂外科正宗卷之一
癰疽門
癰疽原委論第一
癰疽發背爲何生好好身軀出此形
凡人處世而無疾病者水升火降精秘血盈也養生論曰毋搖爾
精毋勞爾形皈心靜默疼以長生此皆遠世俗忘名利無貪嗔卻
疾病此惟修身保命之主所能今人豈能及哉蓋謂靜則生水動
則生火又不能生萬物火能尅萬物故百病由火而生火既生七
情六慾皆隨應而入之既入之後百病發焉發於內者爲風勞蠱
膈痰喘內傷發於外者成癰疽發背對口疔瘡此皆言其大畧也
故成癰者壅也爲陽屬六腑毒騰於外其發暴而所患浮淺因病
原稟於陽分中蓋陽氣輕清浮而高起故易腫易膿易腐易斂誠
外科正宗 卷之一 一

陳實功（1555—1636），字毓仁，號若虚，東海通州（今江蘇南通）人。少年學醫，從事外科40餘年，積累了豐富的臨診經驗，又繼承了明以前外科學方面的部分成就，常喜用外科手術治病，强調内外結合以治療外科疾病，而不能一概用刀針之法。主張内外兼治，手術與藥物結合。在外科手術方面，頗有創造，如鼻息肉摘除術、氣管縫合術、下頷脱臼整複術等。萬曆四十五年（1617）撰成《外科正宗》。

《外科正宗》總論外科疾患的病源、診斷與治療，分論外科各種常見疾病100多種。首論病因病理，次叙臨床表現，繼之詳論治法，并附有典型病例。書中繪有插圖30餘幅，描述各種重要瘡腫的部位和形狀，最後介紹了煉取諸藥法。

74. **天元曆理全書十二卷首一卷** （清）徐發撰 清康熙刻本（清尹彭壽、清尹錫綸題跋） 子部/天文算法類/曆法 諸城市圖書館

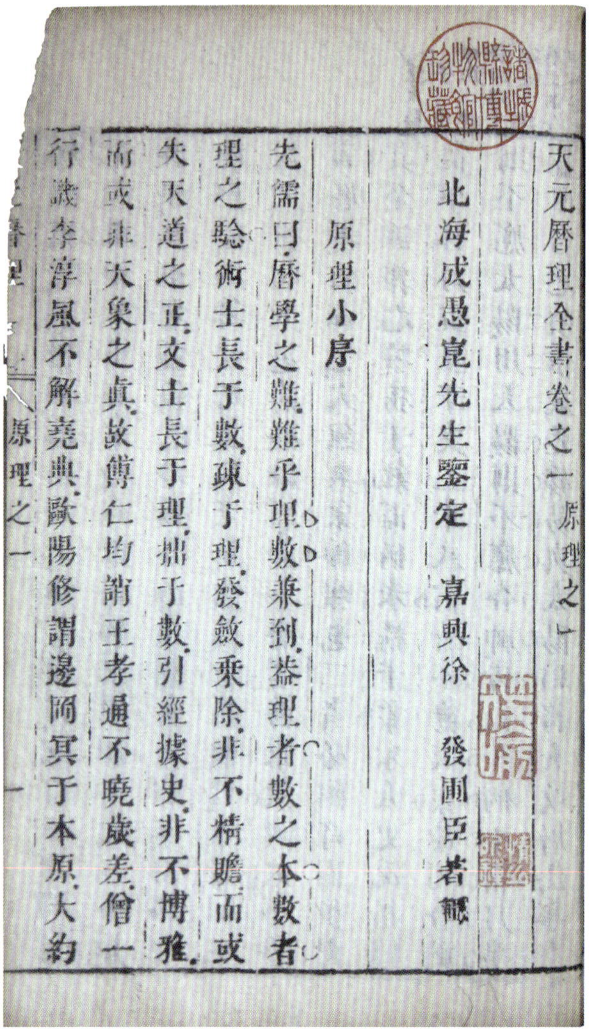

天元，亦稱“太極”。《易・繫辭上》：“易有太極，是生兩儀，兩儀生四象，四象生八卦。”這裏的“太極”，是派生萬物的本原。《天元曆理全書》涉及内容有天文學、史學及術數演算法等。

2012 年 1 月入選第二批《山東省珍貴古籍名録》（編號 1416）。

**75. 五種秘竅全書十七卷** （明）甘霖纂著 （明）梁廷棟校 明末刻本 子部/術數類 諸城市圖書館

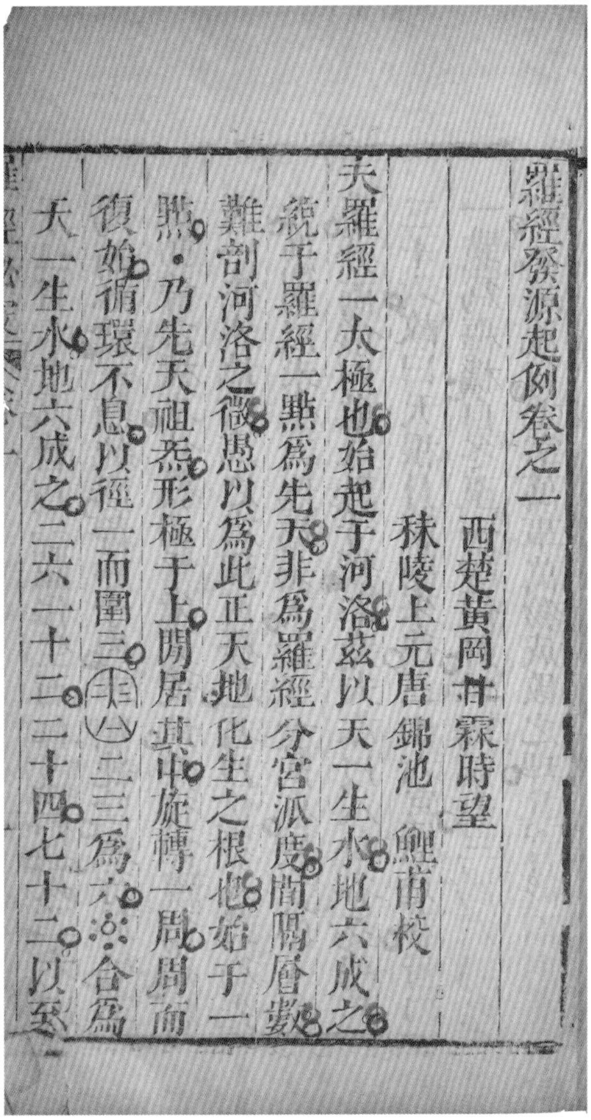
羅經發源起例卷之一
西楚黃岡甘霖時望
秣陵上元唐錦池 鯉甫校
夫羅經一太極也始起于河洛茲以天一生水地六成之
統于羅經一點爲先天非爲羅經分宮派度簡隅層數
難剖河洛之微愚以爲此正天地化生之根也始于一
點乃先天祖炁形極于上開居其中旋轉一周周而
復始循環不息以經一而圖三二三爲六合爲
天一生水地六成之二六一十二二十四七十二以至

甘霖，即甘時望，生平不詳。

《五種秘竅全書》，包括《地理秘竅》《通書秘竅》《天星秘竅》《羅經秘竅》《奇門秘竅》。

2014 年 6 月入選第三批《山東省珍貴古籍名録》（編號 0435）。

76. **重修正文對音捷要真傳琴譜大全十卷** （明）楊表正撰 明萬曆十三年（1585）富春堂刻本 子部/藝術類/樂譜 諸城市圖書館

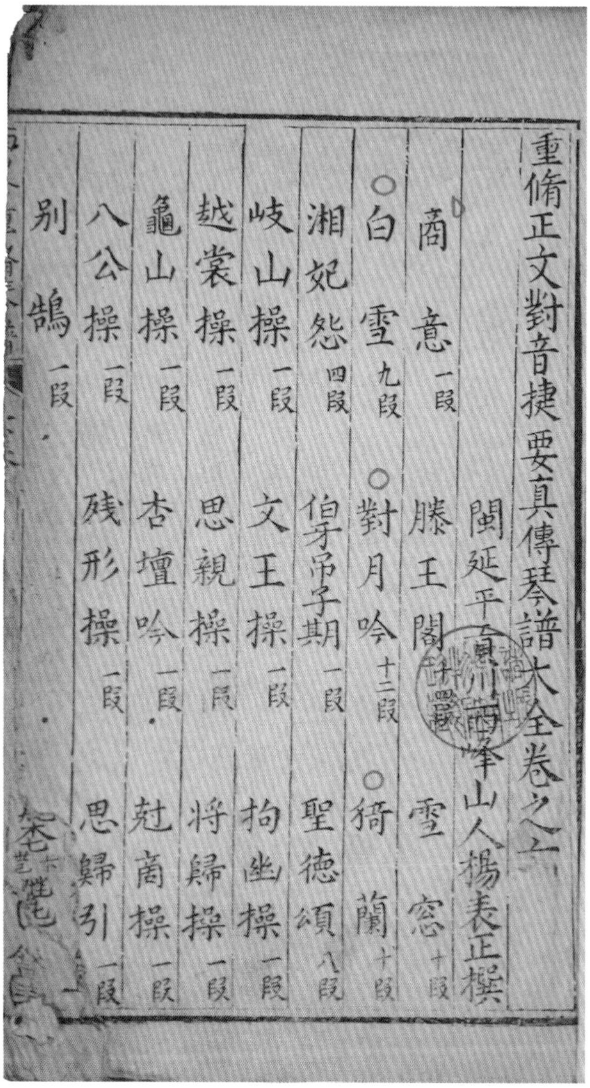

楊表正（約1520—約1590），字本直，號西峰山人，又號巫峡主人，明代福建永安市貢川人。琴學大家。一生不關心功名利禄，專心音樂，勤學古琴，對古琴“苦志究心三十餘年”，爲出類拔萃的古琴大師。他不僅善于琴藝，且對古琴的歷史、曲譜、歌詞、琴學理論研究造詣很深。著作有《正文對音捷要聲譜真傳》6卷（明萬曆之年，1573年成書），後增補爲10卷，改名爲《重修正文對音捷要真傳琴譜大全》（萬曆十三年，1585年刻印）。另有《金陵吊古》《漁歌調》等。

琴譜首爲《彈琴啓蒙》，次爲《琴須知統説》，三爲正文，内容分6段。

**77. 池北偶談二十六卷**　(清)王士禛著　清刻本　子部/雜家類/雜學雜説　諸城市圖書館

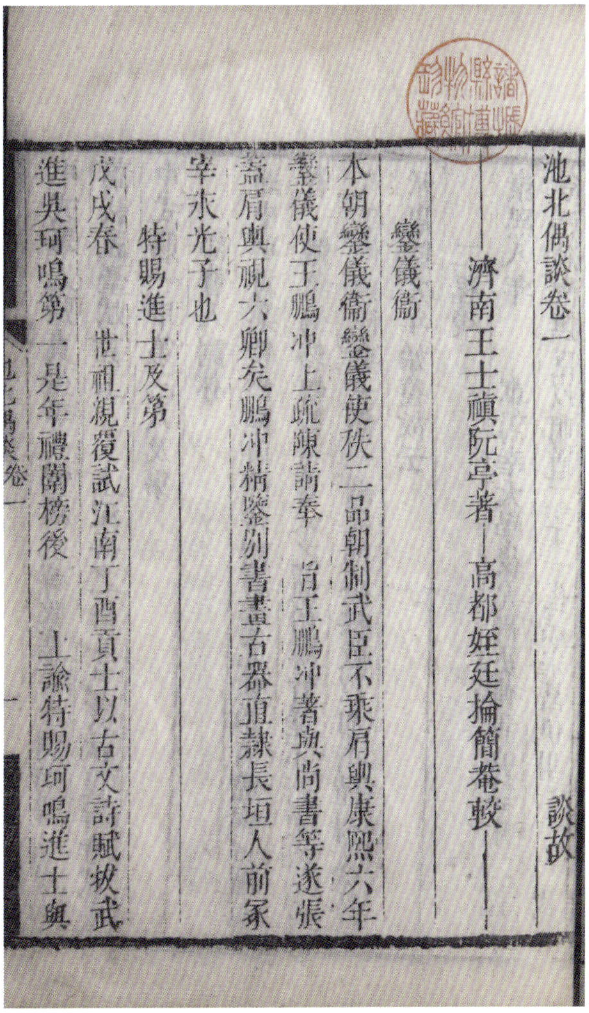
池北偶談卷一　談故
濟南王士禛阮亭著　高郵姪廷掄簡菴較
鑾儀衛
本朝鑾儀衛鑾儀使秩二品朝制武臣不乘肩輿康熙六年
鑾儀使王鵬冲上疏陳請奉　旨王鵬冲著與尚書等遂張
蓋肩輿視六卿矣鵬冲精鑒別書畫古器直隸長垣人前冢
宰永光子也
特賜進士及第
戊戌春　世祖親覆試江南丁酉貢士以古文詩賦拔武
進吳珂鳴第一是年禮闈榜後　上諭特賜珂鳴進士與
池北偶談卷一　一

《池北偶談》是王士禛的筆記，所記多明清典章制度及士大夫言行，亦雜有神怪奇異之事。凡《談故》4 卷、《談獻》6 卷、《談藝》9 卷、《談異》7 卷。此書封面題：王阮亭先生著　池北偶談　三槐堂藏板。前有《池北偶談序》。

**78. 河南邵氏聞見後録三十卷**　(宋)邵博著　(明)毛晉訂　明崇禎毛氏汲古閣刻津逮秘書本　子部/雜家類/雜記　諸城市圖書館

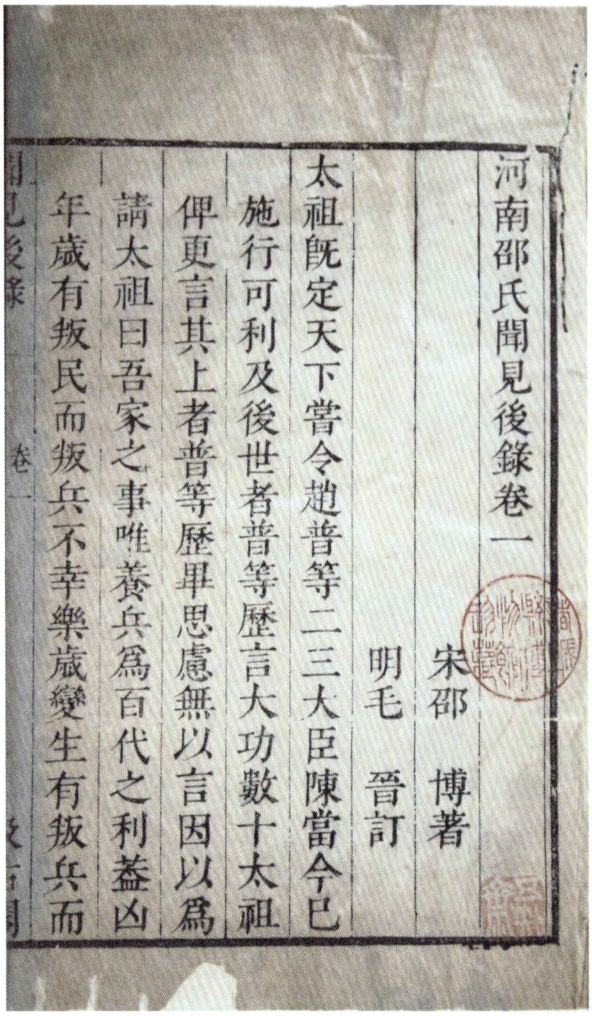
河南邵氏聞見後録卷一
宋邵　博著
明毛　晉訂
太祖既定天下嘗令趙普等二三大臣陳當今巳
施行可利及後世者普等歴言大功數十太祖
俾更言其上者普等歴畢思慮無以言因以爲
請太祖曰吾家之事唯養兵爲百代之利葢凶
年歳有叛民而叛兵不幸樂歳變生有叛兵而
聞見後録　卷一　汲古閣

邵博，字公濟，洛陽(今屬河南)人。邵伯温之子。邵伯温著《河南邵氏聞見録》。

毛晉(1599—1659)，字子晉，號潛在，原名鳳苞，字子久，常熟(今屬江蘇)人。明末清初藏書家。藏書8.4萬餘册，多宋元刻本，建汲古閣、目耕樓以儲之。曾校刊《十三經》《十七史》《津逮秘書》《六十種曲》等，爲歷代私家刻書巨擘。好抄録罕見秘笈，繕寫精良，後人稱爲“毛鈔”。著有《隱湖題跋》，并編有《毛詩陸疏廣要》。

《河南邵氏聞見後録》，即《邵氏聞見後録》，筆記。此書續其父伯温《聞見録》，故以《後録》爲名。記北宋遺事較詳，與前録體例相似。但另有較多篇幅涉及經、史、子、集的考訂評論，引證詳博，時有新見，可資參考。

2019年5月入選第四批《山東省珍貴古籍名録》(編號0147)。

**79. 四雪草堂重訂通俗隋唐演義二十卷一百回** （清）褚人穫撰 （清）吴鶴樵評 清文奎堂刻本 子部/小説類/長篇講史 諸城市圖書館

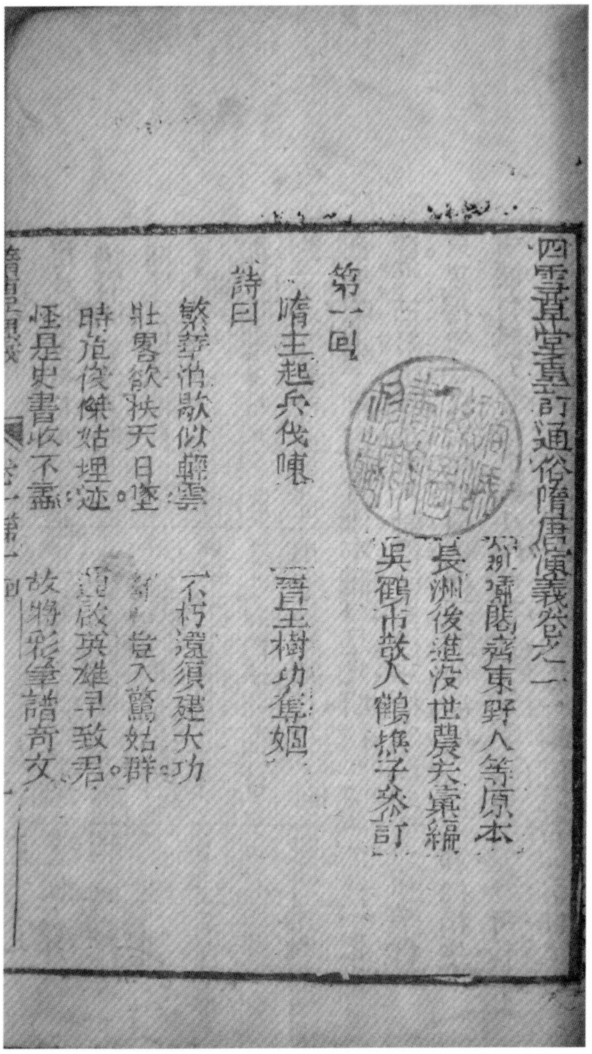
四雪草堂重訂通俗隋唐演義卷之一
劍嘯閣齊東野人等原本
長洲後進沒世農夫彙編
吳鶴市散人鶴樵子參訂
第一回
隋主起兵伐陳　晉王樹功奪嫡
詩曰
繁華消歇似輕雲　不朽還須建大功
壯略欲扶天日墜　雄心豈入駑駘群
時危俊傑姑埋跡　運啟英雄早致君
怪是史書收不盡　故將彩筆譜奇文

褚人穫（1635—?），字稼軒，號石農、没世農夫等，長洲（今江蘇蘇州）人。一生未仕，勤于著述。撰有《堅瓠集》《退佳瑣録》《讀史隨筆》《聖賢群輔録》《續蟹譜》等筆記雜著。

《四雪草堂重訂通俗隋唐演義》，封面題：吴鶴樵先生評　繡像隋唐演義　文奎堂梓行。前有康熙乙亥褚人穫撰《隋唐演義原序》。附圖44幅。

**80. 四海棠四卷**　題(清)王緑坡撰　清光緒三十一年(1905)楊維樞鈔本(清楊維樞跋)　子部/小説類/長篇人情　諸城市圖書館

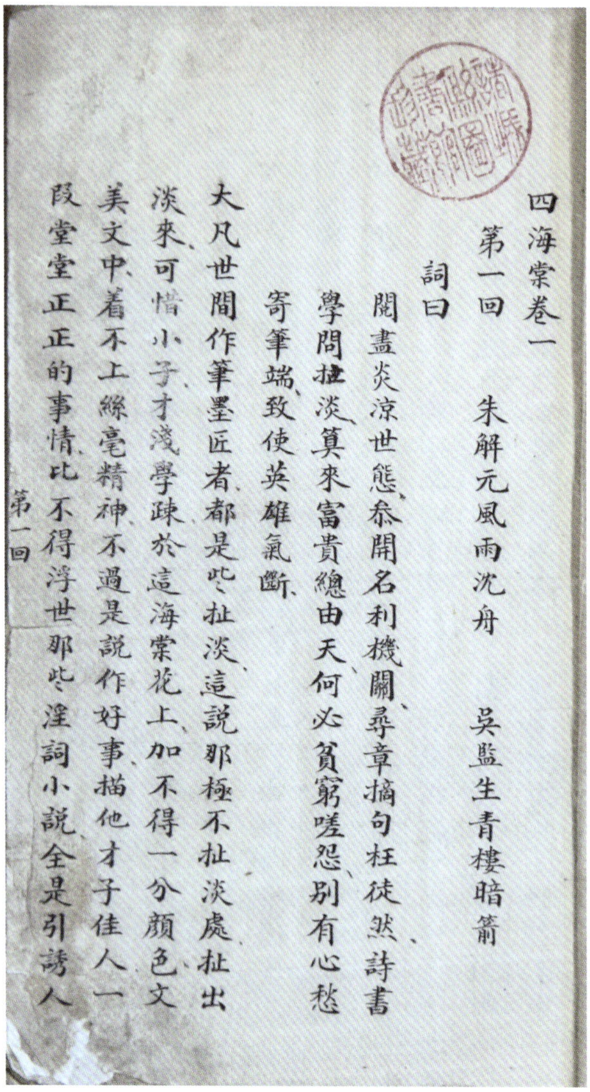
四海棠卷一
第一回　朱解元風雨沉舟　吴監生青樓暗箭
詞曰
閱盡炎涼世態忝開名利機關尋章摘句枉徒然詩書
學問扯淡算來富貴總由天何必貧窮嗟怨別有心愁
寄筆端致使英雄氣斷
大凡世間作筆墨匠者都是些扯淡這說那極不扯淡處扯出
淡來可惜小子才淺學疎於這海棠花上加不得一分顏色文
美文中着不上絲毫精神不過是說作好事描他才子佳人一
段堂堂正正的事情比不得浮世那些淫詞小説全是引誘人
第一回

王緑坡,生卒年不詳,山東諸城人。

《四海棠》共 4 卷,每卷 5 回,共 20 回。每回都有六言、七言或八言回目兩句。此書叙明初山東諸城人朱仲宣因落水與家人離散,被吴典所救,後巧遇吏部尚書陸文華之女陸海棠,幾經波折終成美眷的佳話,是一部鼓詞回目小説。此書第一回回目後以“詞曰”開書,第二、三回則分别以《少年游》《卜算子》開唱,第四回爲七言詩,第五回不用韻語直接叙事。全書韻散交互并用,韻文部分有詩、有詞、有歌,句式有三言、五言、六言、七言,鼓詞主體用“攢十字”句式,變化多端,不拘一格,行文通俗流暢,可見作者功力之高。

**81. 箋註繪像第六才子西厢釋解八卷末一卷** （元）王實甫撰 （清）金聖歎（金人瑞）批點 （清）鄧汝寧音義 清致和堂刻本 子部/小説類/長篇人情 諸城市圖書館

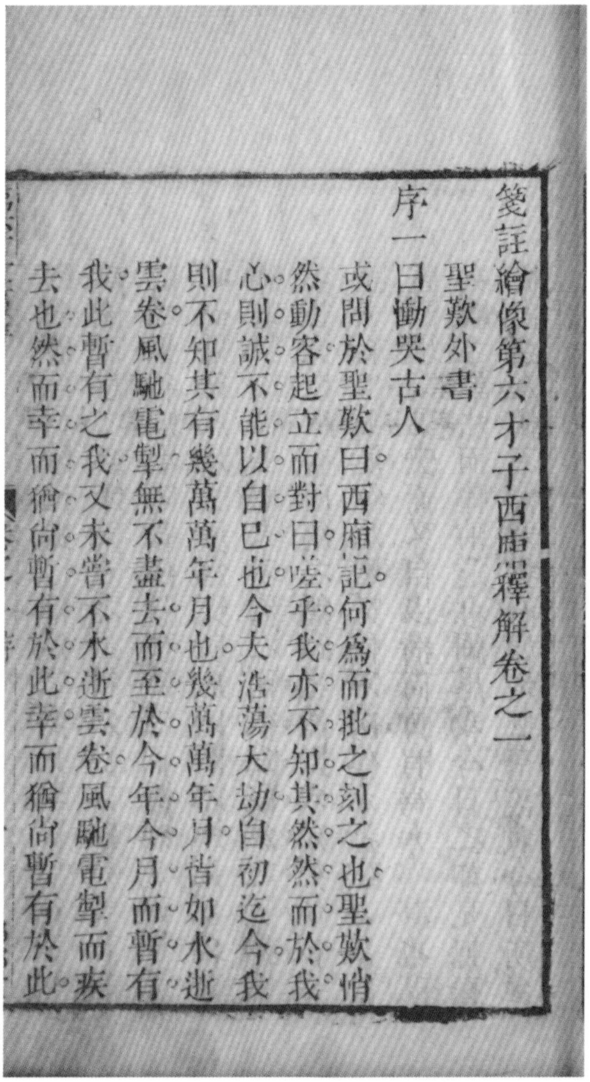

箋註繪像第六才子西廂釋解卷之一

聖歎外書

序一曰慟哭古人

或問於聖歎曰西廂記何為而批之刻之也聖歎悄然動容起立而對曰嗟乎我亦不知其然然而於我心則誠不能以自已也今夫浩蕩大劫自初迄今我則不知其有幾萬萬年月也幾萬萬年月皆如水逝雲卷風馳電掣無不盡去而至於今年今月而暫有我此暫有之我又未嘗不水逝雲卷風馳電掣而疾去也然而幸而猶尚暫有於此幸而猶尚暫有於此

金聖歎，即金人瑞（1608—1661），初名采，又名喟，字若采，明亡後改名人瑞，字聖歎，吴縣（今江蘇蘇州）人。明末清初文學批評家。少有才名，博通經史，旁涉小説詞曲及釋道諸典。亦工詩文，尤好衡文評書。以批點《水滸》《西厢記》而著稱，其批語頗多獨到之處。有《沉吟樓詩選》《唱經堂才子書彙稿》等。

《箋註繪像第六才子西厢釋解》是對《西厢記》的解釋之作。《西厢記》全名《崔鶯鶯待月西厢記》，由驚艶、許婚、退賊、酬簡、聽琴、就歡、驚夢等組成，描寫張生和崔鶯鶯的曲折愛情故事。情節細緻婉轉，文詞優美動人，被後世譽爲中國十大喜劇之一。書衣題：致和堂箋釋第六才子書。封面題：聖歎先生批點 吴吴山三婦合評西厢記 箋註第六才子書釋解 續增圍棋闖局 選句骰譜 鄧汝寧音義 致和堂梓行。避諱至寧。前有康熙己酉汪溥勳撰《序》。版心下鎸：郁郁堂。有圖。

82. **唐類函二百卷** （明）俞安期彙纂　明萬曆刻本　子部/類書類　諸城市圖書館

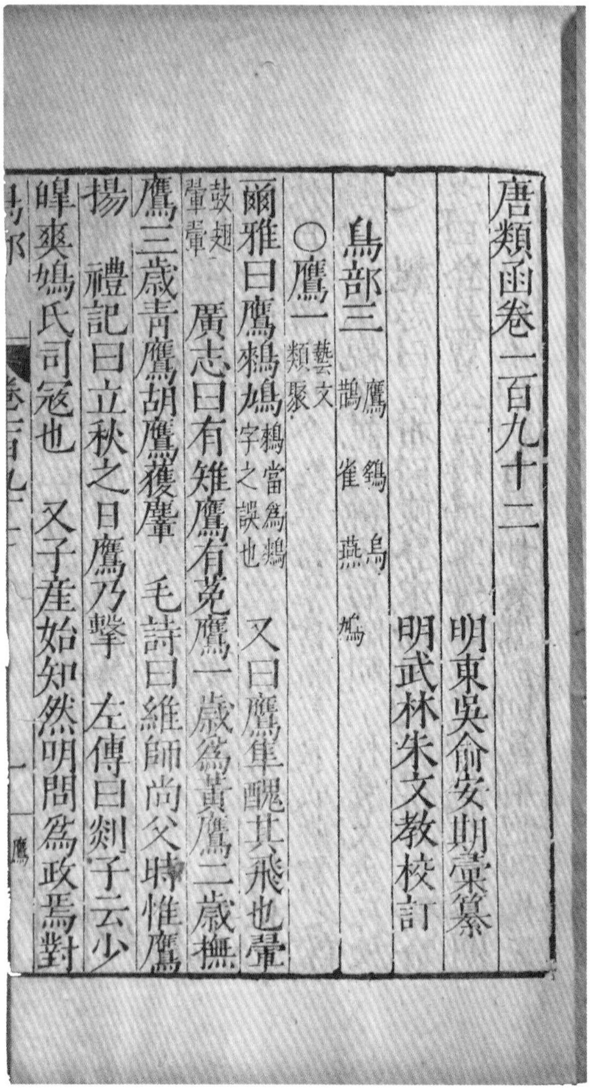
唐類函卷一百九十二
明東吳俞安期彙纂
明武林朱文教校訂
鳥部三 鷹 鶚 烏 鵲 雀 燕 鳩
○鷹一 藝文類聚
爾雅曰鷹鶆鳩 鶆當爲鷞字之誤也 又曰鷹隼醜其飛也翬
鼓翅翬翬 廣志曰有雉鷹有菟鷹一歲爲黄鷹二歲撫
鷹三歲青鷹胡鷹獲麞 毛詩曰維師尚父時惟鷹
揚 禮記曰立秋之日鷹乃擊 左傳曰剡子云少
皞爽鳩氏司寇也 又子產始知然明問爲政焉對

俞安期（1596年前後在世），字羡長，初名策，吴江（今江蘇蘇州）人。未仕。著有《翏翏閣集》等。

《唐類函》共200卷，分43部，彙輯唐人類書，以《藝文類聚》爲主，并取《北堂書鈔》《初學記》《六帖》等删其重複而成。其闕略之處，則選取韓鄂《歲華紀麗》、杜佑《通典》等有關材料加以補充。實爲唐代類書的彙編。

**83. 淵鑑類函四百五十卷目録四卷**　(清)張英　(清)王士禛等撰　清康熙四十九年(1710)内府刻本　子部/類書類　諸城市圖書館

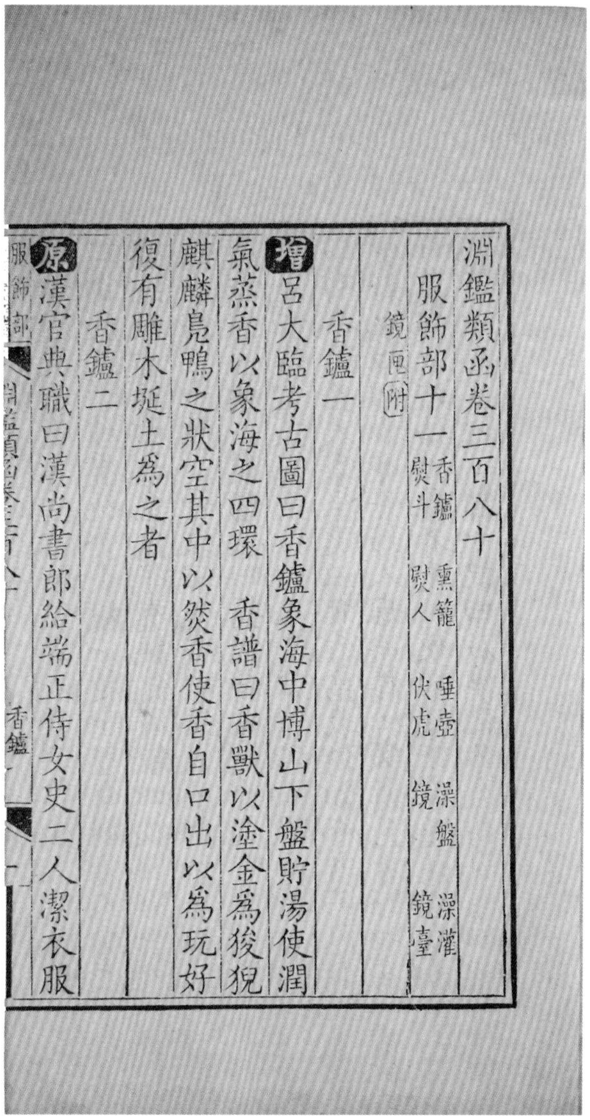


張英(1637—1708),字敦復,號樂圃,又號學圃,安徽桐城人。康熙進士。康熙十六年(1677)遷侍講學士,旋入值南書房,得聖祖信任,一時制誥多出其手。後官至文華殿大學士兼禮部尚書。曾任《一統志》《淵鑑類函》《政治典訓》《平定朔漠方略》總裁。著有《周易衷論》等。

《淵鑑類函》,清聖祖(康熙)命張英等輯。以《唐類函》所録故事僅至唐初而止,此書增其所無,詳其所略,取《太平御覽》等 17 種類書與之合編,又增補明嘉靖以前材料,供人作文時采摭詞藻、典故之用。

84. **初學行文語類四卷** (清)孫埏編輯 清乾隆十五年(1750)刻本 子部/類書類 諸城市圖書館

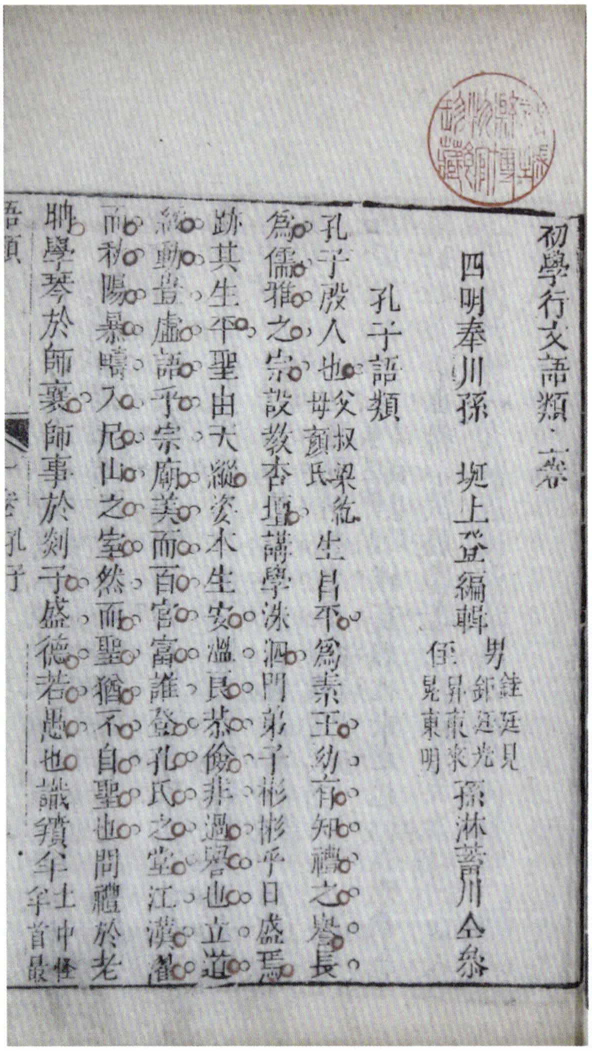
初學行文語類卷一
四明奉川孫埏上登編輯
男 銈廷見 鉦廷光 姪 昇東來 晃東明 孫 淋菁川 仝參
孔子語類
孔子，殷人也。父叔梁紇，母顏氏。生昌平，爲素王。幼有知禮之譽。長爲儒雅之宗。設教杏壇，講學洙泗。門弟子彬彬乎日盛焉。跡其生平，聖由天縱，姿本生安。溫良恭儉，非過譽也。立道統，動昔虞。語乎宗廟，美而百官富。誰登孔氏之堂，江漢濯而秋陽暴。曝入尼山之室，然而聖猶不自聖也。問禮於老聃，學琴於師襄，師事於剡子。盛德若愚也。

孫埏，生卒年不詳，字尚登，號碧溪，浙江奉化人。清代戲曲作家。乾隆元年(1736)副貢，肄業修道堂。富于著述，撰《行文語類》，另有傳奇《錫六環》(今存)、《兩重天》(已佚)2種。

《初學行文語類》，前有唐虞、夏、商、周譜系圖，内容涉獵廣泛，記述有孔子、聖學、衣食住行、音樂、山水、花鳥魚蟲、天文、地理等，包羅萬象，是初學者的啓蒙之書。

85. **新鐫註釋故事白眉十卷** （明）許以忠纂集 燃藜閣重校 清乾隆十八年(1753)聚錦堂刻本 子部/類書類 諸城市圖書館

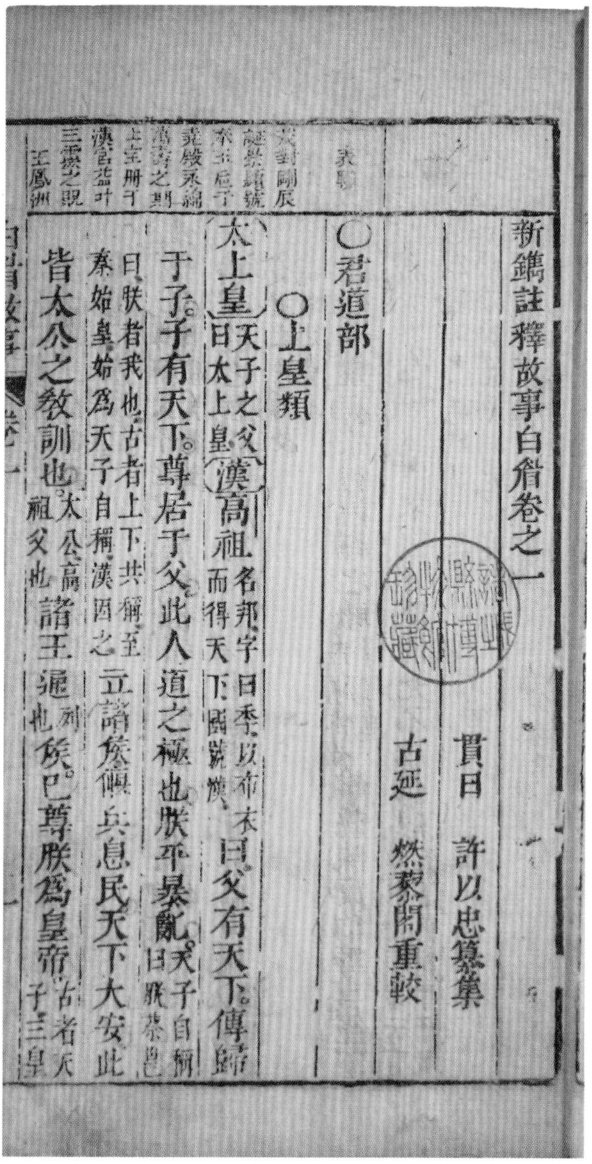
新鐫註釋故事白眉卷之一
貫日 許以忠纂集
古延 燃藜閣重較
〇君道部
〇上皇類
太上皇 天子之父曰太上皇 漢高祖名邦字曰季以布衣而得天下國號漢 曰父有天下傳歸于子子有天下尊居于父此人道之極也朕平暴亂 天子自稱曰朕者我也古者上下共稱至秦始皇始爲天子自稱漢因之 立諸侯 兵息民天下大安此皆太公之教訓也 太公高祖父也 諸王通也列侯已尊朕爲皇帝

《新鐫註釋故事白眉》是明清時期流行的童蒙讀物，講述的故事源于《白眉大俠》。《白眉大俠》講述的是宋朝仁宗年間，開封府包公手下以白眉大俠徐良、玉面小達摩白雲瑞爲首的俠義英雄保國安民的故事。該書以此故事爲依托，活潑易懂。内分君道、人道、文學、人事等部分。舉凡名物之繁、事跡之瑣，一覽無遺。書名取自“馬氏五常，白眉則良”。乃首次出現的大量采用故事、歌訣、圖本形式的童蒙教材。

**86. 太平廣記五百卷目録十卷**　(宋)李昉等編纂　清乾隆十八年(1753)黃晟刻本　子部/類書類　諸城市圖書館

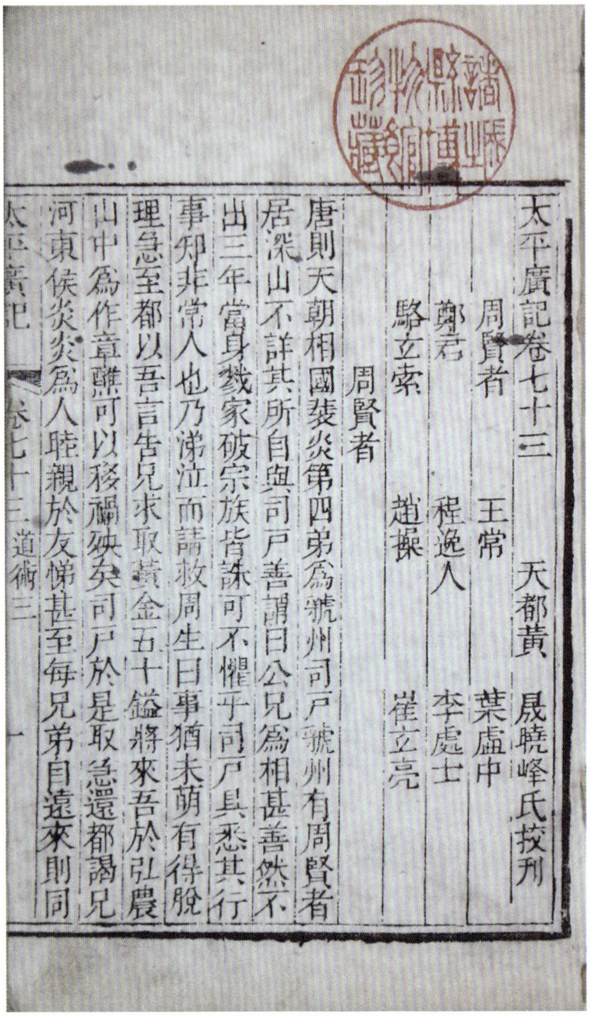

太平廣記卷七十三　天都黃　晟曉峰氏按刊

周賢者　王常　葉虛中

鄭君　程逸人　李處士

駱玄素　趙操　崔玄亮

周賢者

唐則天朝相國裴炎弟四弟爲虢州司戶虢州有周賢者居深山不詳其所自與司戶善謂曰公兄爲相甚善然不出三年當身戮家破宗族皆誅可不懼乎司戶具悉其行事知非常人也乃涕泣而請救周生曰事猶未萌有得脫理急至都以吾言告兄求取黃金五十鎰將來吾於弘農山中爲作章醮可以移禍殃矣司戶於是取急還都謁兄河東侯炎炎爲人賍親於友悌甚至每兄弟自遠來則同

太平廣記　卷七十三　道術三　一

李昉(925—996),字明遠,真定(今河北正定)人。北宋文學家。五代北漢乾祐(951)進士。主編《太平御覽》《太平廣記》《文苑英華》等。

《太平廣記》分92大類,采録自漢至宋初的小説、筆記、稗史等400多種,保存了大量的古小説資料。

87. **廣事類賦四十卷** （清）華希閔著 （清）鄒兆升參 清五端堂刻本 子部/類書類 諸城市圖書館

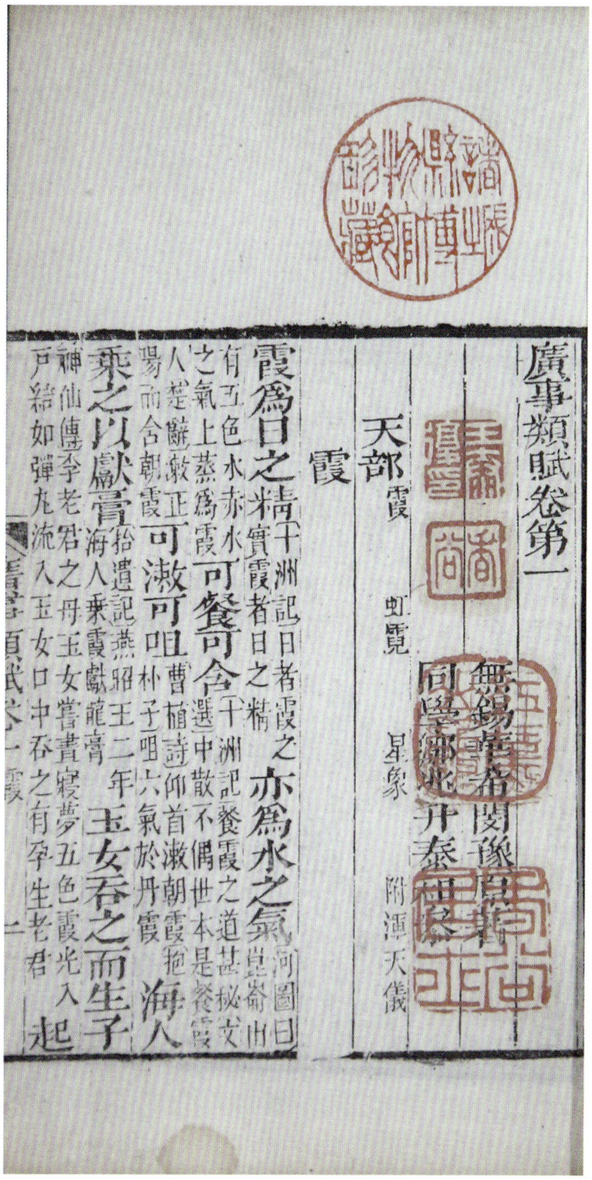
廣事類賦卷第一
無錫華希閔豫原輯
同學鄒兆升泰和校
天部 霞 虹霓 星象 附渾天儀
霞
霞爲日之精（十洲記日者霞之實霞者日之精）亦爲水之氣（河圖曰崑崙山
有五色水赤水之氣上蒸爲霞）可餐可含（十洲記餐霞之道甚秘文選中散不偶世本是餐霞
人楚辭漱正陽而含朝霞）可漱可咀（曹植詩仰首漱朝霞抱朴子咀六氣於丹霞）海人
乘之以獻膏（拾遺記燕昭王二年海人乘霞獻龍膏）玉女吞之而生子
（神仙傳李老君之母玉女嘗晝寢夢五色霞光入戶結如彈丸流入玉女口中吞之有孕生老君）起
廣事類賦卷一 霞 一

華希閔（1672—1751），字豫原，號劍光，又號芋園，江蘇無錫人。清康熙五十九年（1720）舉人。我國清代著名畫家，工花卉。著有《延録閣集》等。

《廣事類賦》源于宋代吴淑的《事類賦》。清代華希閔進一步將其增輯成《廣事類賦》。此書搜集了歷代資料，凡 27 門，191 子目，是中國古代著名的類書之一。

2019 年 5 月入選第四批《山東省珍貴古籍名録》（編號 0513）。

88. **廣事類賦四十卷** (清)華希閔著 (清)鄒升恒參 (清)華希閔重訂 清嘉慶四年(1799)劍光閣刻本 子部/類書類 諸城市圖書館

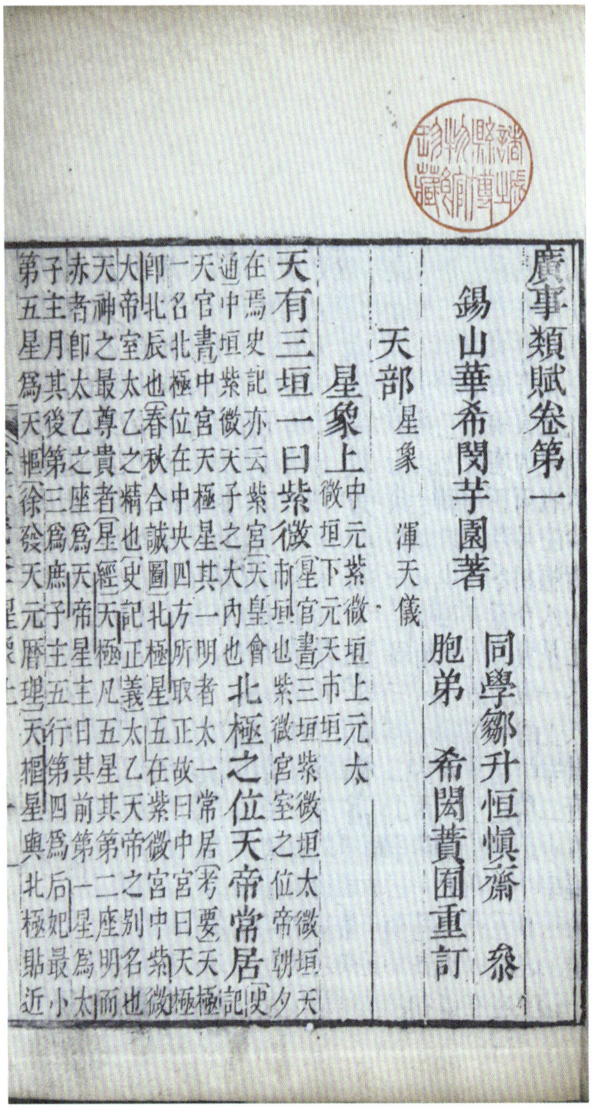

三國時，曹丕組織編寫《皇覽》，開啓了中國大型類書之端。至唐代，類書進一步發達，篇幅動輒千卷，數量則幾乎讀書人人手一卷。到宋代，出現了吴淑的《事類賦》，這是我國第一部以賦體形式出現的"事詳"而"聲諧"的類書。清代，華希閔進一步將其增輯成《廣事類賦》。

89. **南華真經解内篇一卷外篇一卷** （清）宣穎著 （清）王暉吉校 清康熙六十年(1721)積秀堂刻本 子部/道家類 諸城市圖書館

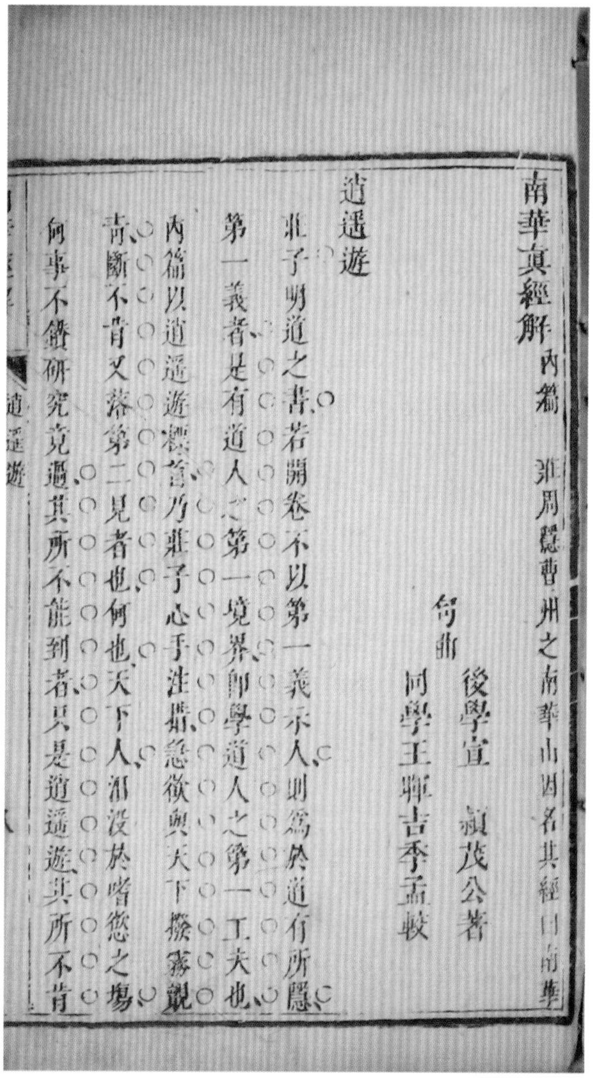
南華真經解內篇 莊周隱曹州之南華山因名其經曰南華
後學宣　穎茂公著
句讀
同學王暉吉季孟較
逍遙遊
莊子明道之書若開卷不以第一義示人則爲於道有所隱
第一義者是有道人之第一境界即學道人之第一工夫也
內篇以逍遙遊標首乃莊子心手注措急欲與天下撥霧覩
青斷不肯又落第二見者也何也天下人汩沒於嗜慾之場
何事不鑽研究竟遍其所不能到者只是逍遙遊其所不肯

《南華真經解》，即《南華經》，亦稱《莊子》。道家經典之一，莊子及其後學著。《漢書・藝文志》著録《莊子》52 篇，現僅存郭象註本保留下來的 33 篇。其中内篇 7 篇，一般認定爲莊子著；外篇、雜篇可能摻雜有他的門人和後來道家的作品。其文學汪洋恣意，并多采用寓言故事形式，想象豐富，在哲學、文學上都有較高的研究價值，歷來註解極多，今通行本有晋郭象註本、清末王先謙《莊子集解》和郭慶藩《莊子集釋》等。

**90. 文昌化書四卷** （清）趙申喬藏校　清嘉慶十二年（1807）東武王增傑紹德堂刻本　子部/道家類　諸城市圖書館

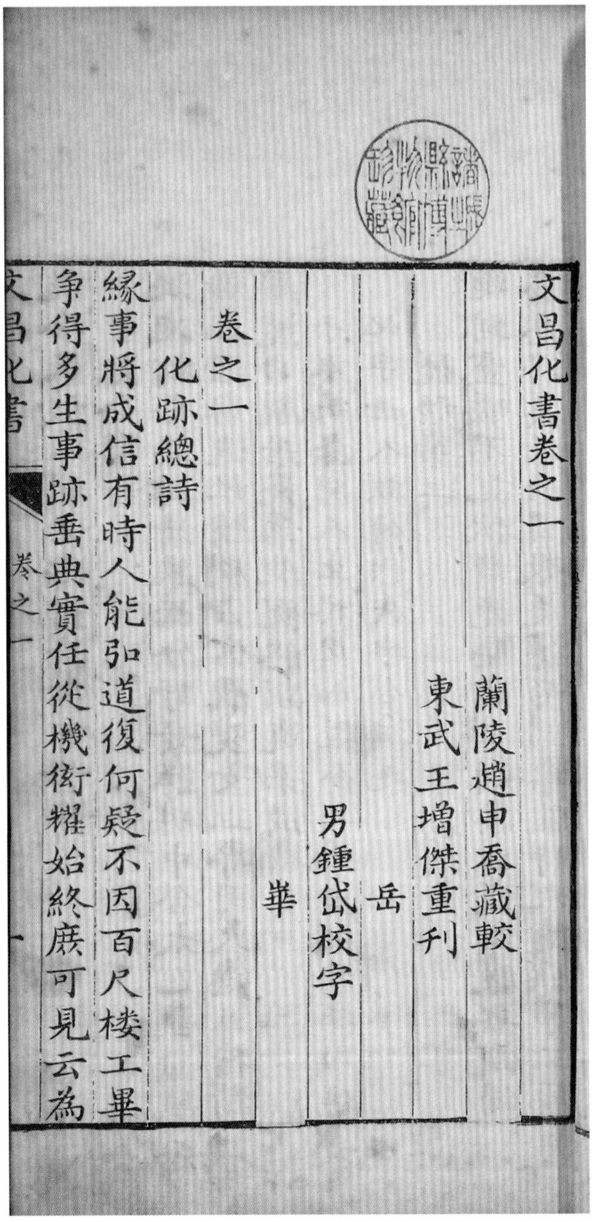
文昌化書卷之一
蘭陵趙申喬藏較
東武王增傑重刊
岳
男鍾岱校字
華
卷之一
化跡總詩
緣事將成信有時人能弘道復何疑不因百尺樓工畢
爭得多生事跡垂典實任從機衡耀始終庶可見云為
文昌化書　卷之一　一

趙申喬，蘭陵（今山東臨沂）人。王增傑，東武（今山東諸城）人。

文昌，亦稱“文曲星”“文星”，中國古代神話以爲主宰功名、禄位的神，後爲道教所承襲。文昌帝君是道教神名，爲中國古代學問、文章、科舉士子的保護神。《文昌化書》内容有《化跡總詩》《第一元命化》《第二流形化》《第三生民化》《第四易俗化》《第五稽古化》……一直到《第九十七復古化》。

**91. 孟東野詩集十卷**　(唐)孟郊撰　(宋)國材　(宋)劉辰翁評　明凌濛初刻朱墨套印盛唐四名家集本　集部/别集類/唐五代　諸城市圖書館

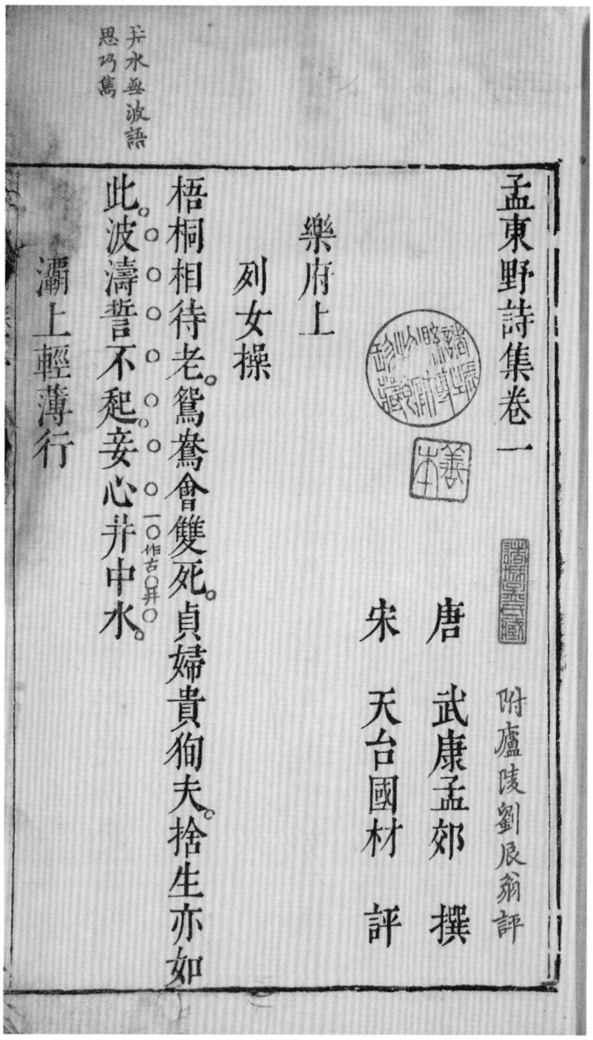
孟東野詩集卷一
附廬陵劉辰翁評
唐　武康孟郊　撰
宋　天台國材　評
樂府上
列女操
梧桐相待老。鴛鴦會雙死。貞婦貴徇夫。捨生亦如
此。波濤誓不起。妾心井中水。
灞上輕薄行

孟郊(751—814),字東野,湖州武康(今浙江德清)人,唐代人。早年隱居嵩山,46 歲方中進士,任溧陽縣尉。元和間任河南水陸轉運從事。與韓愈交誼頗深。其詩感傷遭遇,多寒苦之音,有“詩囚”之稱,與贾島并稱“郊寒島瘦”。卒後友人私謚“貞曜先生”。著有《孟東野詩集》。

《孟東野詩集》前有宋敏求《序》,稱世傳其集編汴吴鏤本 5 卷,124 篇。周安惠本 10 卷,331 篇。蜀人蹇濬所纂凡 2 卷,180 篇。自餘諸家所雜録,不爲編帙,諸本各異。敏求總括遺逸,删除重複,分 14 類編集得詩 511 篇。又以雜文 2 篇附于後,共爲 10 卷。

2009 年 4 月入選第一批《山東省珍貴古籍名録》(編號 1558)。

92. **韓文杜律二卷** （唐）韓愈 （唐）杜甫撰 （明）郭正域評選 明萬曆閔齊伋刻套印本 集部/别集類/唐五代 諸城市圖書館

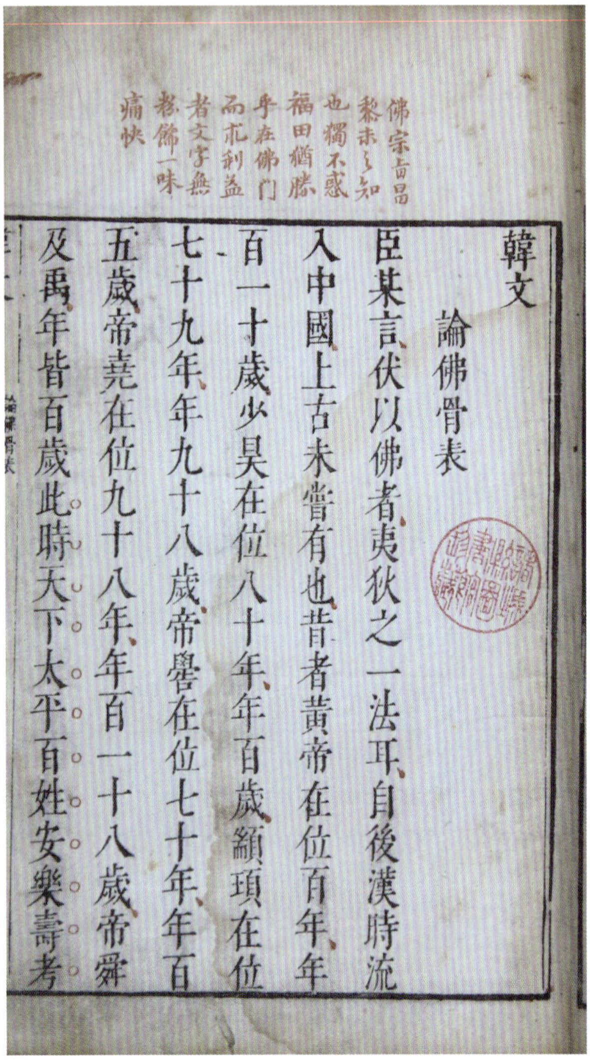
韓文
論佛骨表
臣某言伏以佛者夷狄之一法耳自後漢時流
入中國上古未嘗有也昔者黃帝在位百年年
百一十歲少昊在位八十年年百歲顓頊在位
七十九年年九十八歲帝嚳在位七十年年百
五歲帝堯在位九十八年年百一十八歲帝舜
及禹年皆百歲此時天下太平百姓安樂壽考

韓愈（768—824），字退之，河南河陽（今河南孟縣）人。自謂郡望昌黎，世稱韓昌黎。早孤，由兄嫂撫養，刻苦自學。貞元進士，官至吏部侍郎，又稱韓吏部。卒謚文，世稱韓文公。唐代著名文學家，與柳宗元合稱"韓柳"。散文、詩均有名。

《韓文》，即韓愈的文章。此書應爲《韓文》《杜律》共二卷，本館僅存《韓文》一卷。《韓文》爲朱墨套印，《杜律》爲三色套印。

2009 年 4 月入選第一批《山東省珍貴古籍名録》（編號 1535）。

**93. 重刊分類補註李詩全集二十五卷**　(唐)李白撰　(宋)楊齊賢集註　(元)蕭士贇補註 & **重刊分類編次李太白文集五卷**　(唐)李白撰　(明)郭雲鵬編次　明刻本　集部/別集類/唐五代　諸城市圖書館

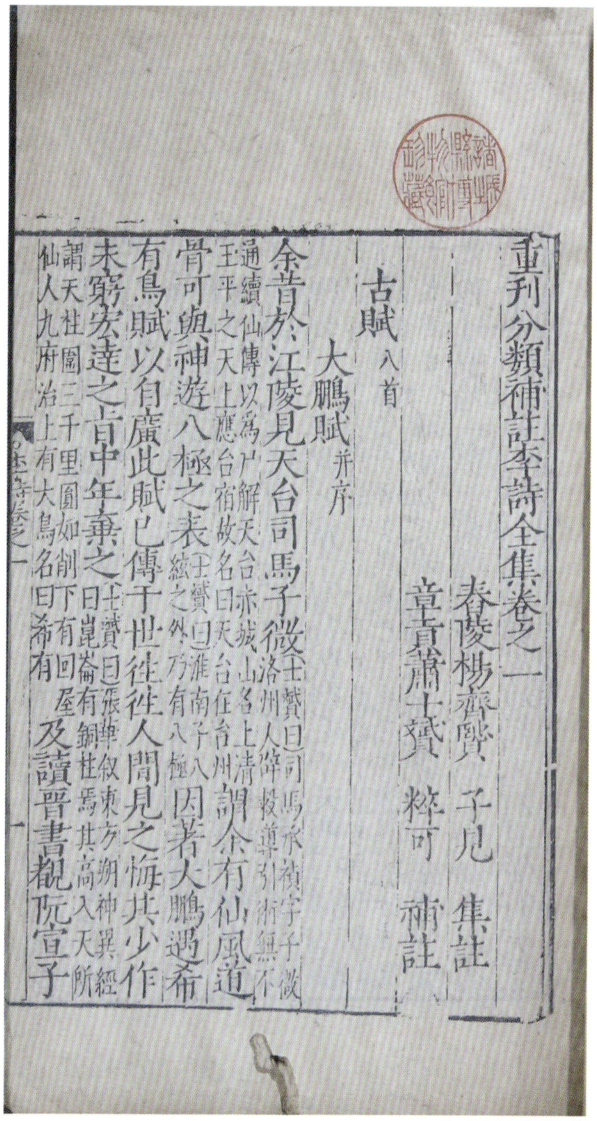
重刊分類補註李詩全集卷之一
舂陵楊齊賢　子見　集註
章貢蕭士贇　粹可　補註
古賦八首
大鵬賦并序
余昔於江陵見天台司馬子微(士贇曰司馬承禎字子微洛州人辟穀導引術無不通續仙傳以爲尸解天台赤城山名上清王平之天上應台宿故名曰天台在台州)謂余有仙風道骨可與神遊八極之表(士贇曰淮南子八紘之外乃有八極)因著大鵬遇希有鳥賦以自廣此賦已傳于世往往人間見之悔其少作未窮宏達之旨中年棄之(士贇曰張華叙東方朔神異經曰崑崙有銅柱焉其高入天所謂天柱圍三千里圓如削下有回屋仙人九府治上有大鳥名曰希有)及讀晉書覩阮宣子

北宋學者對李詩的貢獻在于編集輯佚,從而使詩仙的作品得以流傳後世。宋人研究李白詩存在編集欠精審、辨僞不科學等弊端。元代蕭士贇的《分類補註李太白詩》是在南宋楊齊賢註李白詩的基礎上删補而成,是現存最早的李白詩註本,對李白作品的詮釋和流傳起了很大的作用。蕭註李白詩的動機是彌補李詩註本過少的缺陷。蕭士贇補楊齊賢註的内容紛紜複雜,起到了簡化、補充和完善原註的作用,糾正了楊齊賢註的失誤。蕭註受到宋人詩學觀念的影響,沿襲了朱熹論李白的觀點,接受了江西詩派的詩學理論,在爲太白樂府作題解時,往往以鄭樵《通志》中的《樂略》爲藍本。

**94. 香山詩鈔二十卷** （唐）白居易著 （清）楊大鶴選 清康熙四十年（1701）刻本 集部/別集類/唐五代 諸城市圖書館

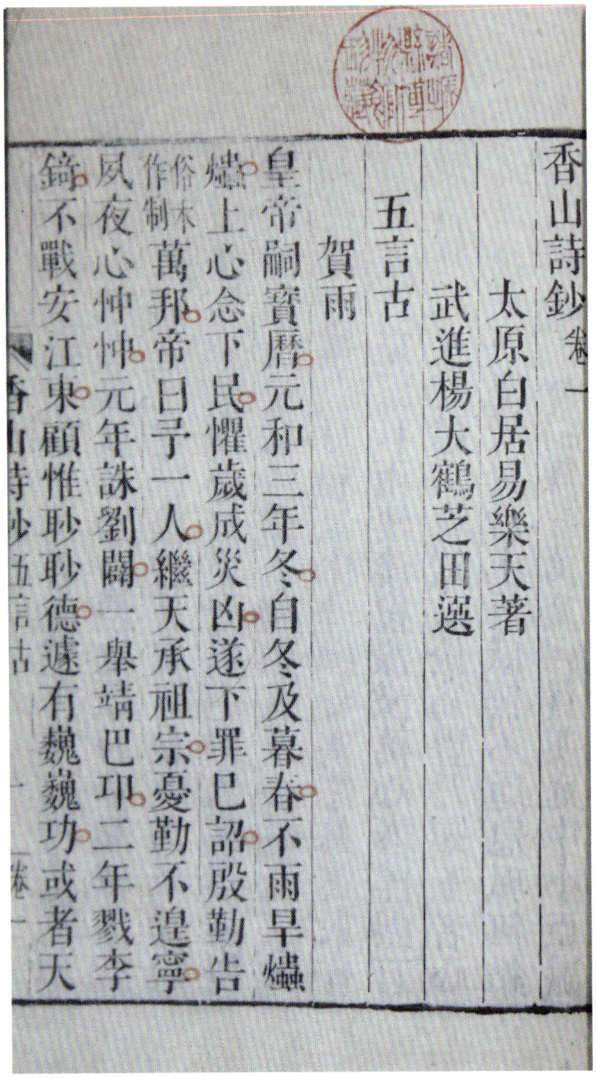
香山詩鈔卷一
太原白居易樂天著
武進楊大鶴芝田選
五言古
賀雨
皇帝嗣寶曆元和三年冬自冬及暮春不雨旱爞
爞上心念下民懼歲成災凶遂下罪己詔殷勤告
俗本作制 萬邦帝曰予一人繼天承祖宗憂勤不遑寧
夙夜心忡忡元年誅劉闢一舉靖巴邛二年戮李
錡不戰安江東顧惟眇眇德遽有巍巍功或者天
香山詩鈔 五言古 一 卷一

白居易（772—846），字樂天，號香山居士。祖太原（今山西太原西南），後遷居下邽（今陝西渭南北）。唐代詩人。貞元進士，授秘書省校書郎。元和年間任左拾遺及左贊善大夫，後得罪權貴，被貶爲江州司馬。長慶間任杭州刺史，寶曆初任蘇州刺史，後官至刑部尚書。在文學上，主張“文章合爲時而著，歌詩合爲事而作”。强調繼承《詩經》“風雅比興”的傳統和杜甫的創作精神，反對“嘲風雪，弄花草”而别無寄托的作品。其詩語言通俗，老嫗也能聽懂。除諷諭詩外，長篇叙事詩《長恨歌》《琵琶行》也頗有名。有《白氏長慶集》行世。

《香山詩鈔》是白居易的一部詩集。

2009 年 4 月入選第一批《山東省珍貴古籍名録》（編號 3163）。

95. **重訂李義山詩集箋註三卷** (唐)李商隱著 (明)朱鶴齡原本 (清)程夢星删補 清乾隆刻本(佚名批點) 集部/别集類/唐五代 諸城市圖書館

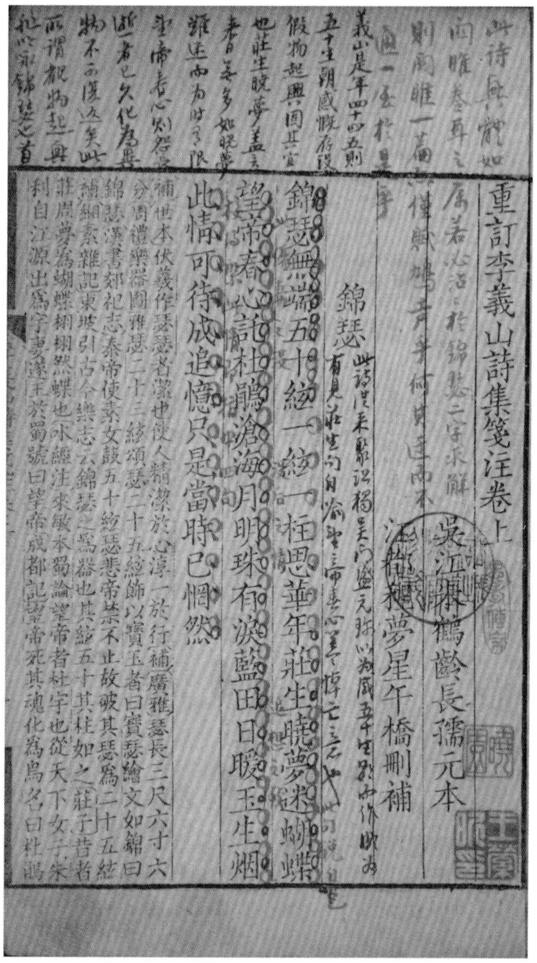

李商隱(約 813—約 858),字義山,號玉谿生,懷州河内(今河南沁陽)人。唐代詩人。文宗開成(836)進士,曾任縣尉、秘書郎和東川節度使判官等職。其詩對當時藩鎮割據、宦官擅權和時政弊端多有反映。所作詠史詩多托古以斥時政。《無題》詩膾炙人口,至其實際含義,諸家所釋不一。擅長律、絶,富于文采,構思精密,情致婉曲,風格獨特。較著名的詩有《行次西郊作一百韻》《有感二首》《重有感》《賈生》《隋宫》《富平少侯》等。有《李義山詩集》。文集已散佚,後人輯有《樊南文集》《樊南文集補編》等。朱鶴齡(1606—1683),字長孺,江蘇吴江人。明諸生。嘗箋註杜甫、李商隱詩,盛行于世。清朝爲《義山詩集》作註的第一人。程夢星(1678—1747),字伍喬,又字午橋,號汛江,又號茗柯、香溪、杏溪,安徽歙縣人。雅好李商隱詩,以舊註未精,重爲箋註。

《重訂李義山詩集箋註》,其註解甚精詳,惜疏于義理的發揮,程氏便對其重做了補註,遂成此書,是李義山詩集箋註本中不可多得的善本。

**96. 東坡先生全集七十五卷** （宋）蘇軾撰　明末刻本　集部/别集類/宋　諸城市圖書館

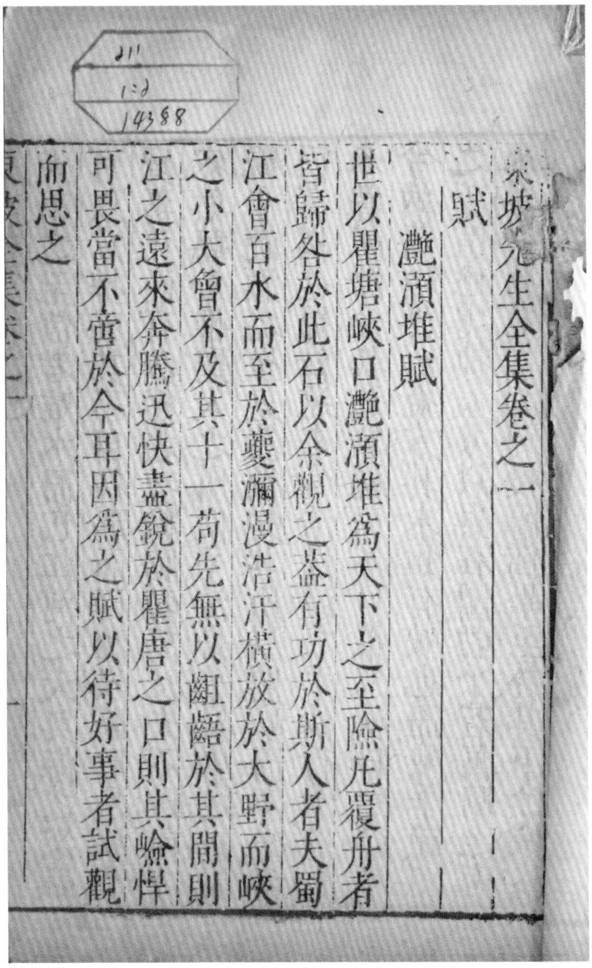

東坡先生全集卷之一
賦
灎澦堆賦
世以瞿塘峽口灎澦堆爲天下之至險凡覆舟者
皆歸咎於此石以余觀之葢有功於斯人者夫蜀
江會百水而至於夔瀰漫浩汗橫放於大野而峽
之小大曾不及其十一苟先無以齟齬於其間則
江之遠來奔騰迅快盡鋭於瞿唐之口則其嶮悍
可畏當不啻於今耳因爲之賦以待好事者試觀
而思之

蘇軾（1037—1101），字子瞻，又字和仲，號東坡居士，四川眉州眉山人。北宋文學家、書畫家，與父蘇洵、弟蘇轍合稱“三蘇”。他在文學藝術方面堪稱全才，其文汪洋恣肆，明白暢達，與歐陽修并稱“歐蘇”，爲唐宋八大家之一。其詩清新豪健，善用誇張比喻，在藝術表現上獨具風格，與黄庭堅并稱“蘇黄”。其詞開豪放一派，與辛棄疾并稱“蘇辛”。其書法擅長行書、楷書，能自創新意，用筆豐腴跌宕，有天真爛漫之趣，與黄庭堅、米芾、蔡襄并稱“宋四家”。畫學文同，喜作枯木怪石，論畫主張神似。詩文有《東坡七集》等，詞有《東坡樂府》。

2012 年 1 月入選第二批《山東省珍貴古籍名録》（編號 0458）。

**97. 施註蘇詩四十二卷補遺一卷**　(宋)蘇軾撰　(宋)施元之註　(清)邵長蘅　(清)顧嗣立　(清)宋至刪補　清康熙三十八年(1699)商丘宋犖刻本　集部/別集類/宋　諸城市圖書館

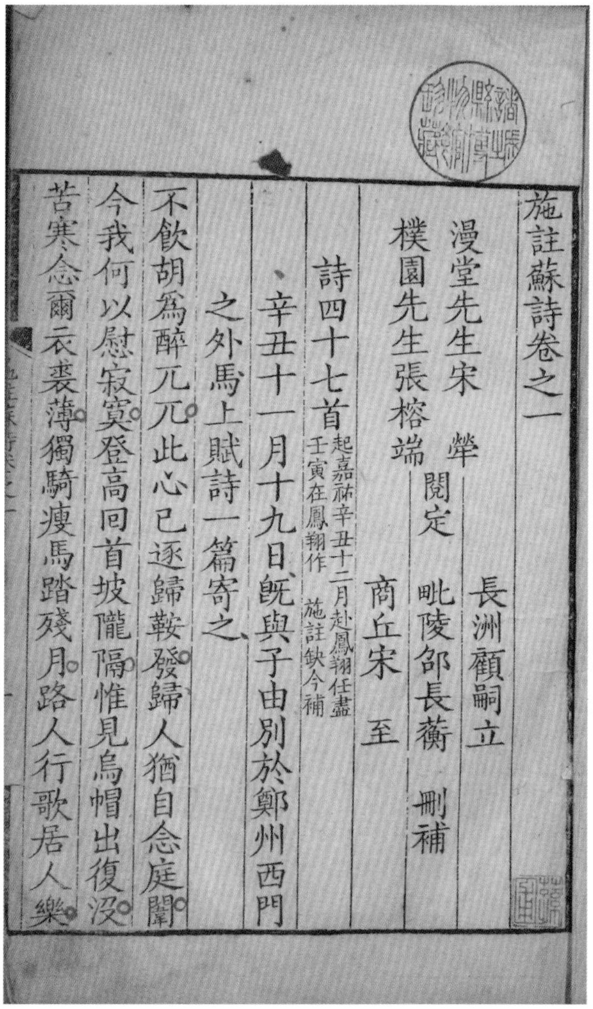
施註蘇詩卷之一
漫堂先生宋　犖　長洲顧嗣立
樸園先生張榕端　閲定　毗陵邵長蘅　刪補
商丘宋　至
詩四十七首 起嘉祐辛丑十二月赴鳳翔任盡壬寅在鳳翔作 施註缺今補
辛丑十一月十九日旣與子由別於鄭州西門
之外馬上賦詩一篇寄之
不飲胡爲醉兀兀此心已逐歸鞍發歸人猶自念庭闈
今我何以慰寂寞登高回首坡隴隔惟見烏帽出復沒
苦寒念爾衣裘薄獨騎瘦馬踏殘月路人行歌居人樂

施元之,字德初,吴興(今浙江)人。南宋高宗二十四年(1154)進士。與顧禧及其子施宿合著《註東坡先生詩》,乾道壬辰(1172)刊刻,註釋詳盡,版刻優美,史稱《施顧註東坡先生詩》。

《施註蘇詩》在宋代已稱善本,但流傳不廣。清康熙時宋犖(清代著名藏書家)集成此書。序中曰:"施氏註東坡詩四十二卷鏤版于宋嘉泰間,世之學者往往知有其書而流傳絶少,商丘公購之數年,從江南藏書家得此本又殘闕,僅存三十卷。是書卷端題吴興施氏,吴郡顧氏而不著名,而序文目録又闕,故覽者莫得其詳也。"其後,得陸放翁所作《施註蘇詩序》云:施氏父子萃數十年心力,成是編,其用工不爲不深,爲《蘇東坡詩集》善本。

**98. 陽明先生文録五卷外集九卷别録十卷** (明)王守仁撰　明嘉靖三十六年(1557)胡宗憲刻本　集部/别集類/明　諸城市圖書館

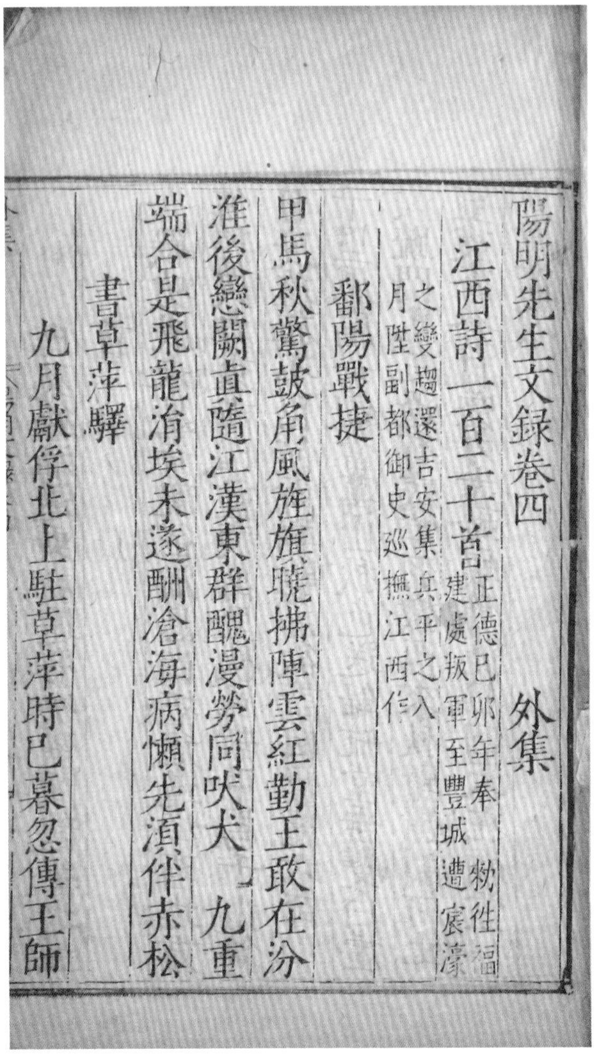
陽明先生文録卷四　外集
江西詩一百二十首正德己卯年奉勅往福建處叛軍至豐城遭宸濠之變趨還吉安集兵平之八月陞副都御史巡撫江西作
鄱陽戰捷
甲馬秋驚鼓角風旌旗曉拂陣雲紅勤王敢在汾淮後戀闕真隨江漢東群醜漫勞同吠犬　九重端合是飛龍涓埃未遂酬滄海病懶先須伴赤松
書草萍驛
九月獻俘北上駐草萍時已暮忽傳王師

王守仁(1472—1528),字伯安,號陽明,浙江餘姚人。明代著名的思想家、哲學家、書法家和軍事家。弘治進士。早年因反對宦官劉瑾,被貶爲貴州龍場驛丞,後官至南京兵部尚書。不但精通儒、佛、道,且能統軍作戰,是中國歷史上的全能大儒。因自號陽明子,故被稱爲“陽明先生”。其著作由門人輯成《王文成公全書》,其重要哲學著作有《傳習録》和《大學問》。

2009年4月入選第一批《山東省珍貴古籍名録》(編號1825)。

**99. 太史升庵遺集二十六卷**　（明）楊慎著　（明）楊金吾　（明）楊宗吾輯　（明）王象乾校　（明）湯日昭閱　明萬曆三十四年（1606）湯日昭刻本　集部/别集類/明　諸城市圖書館

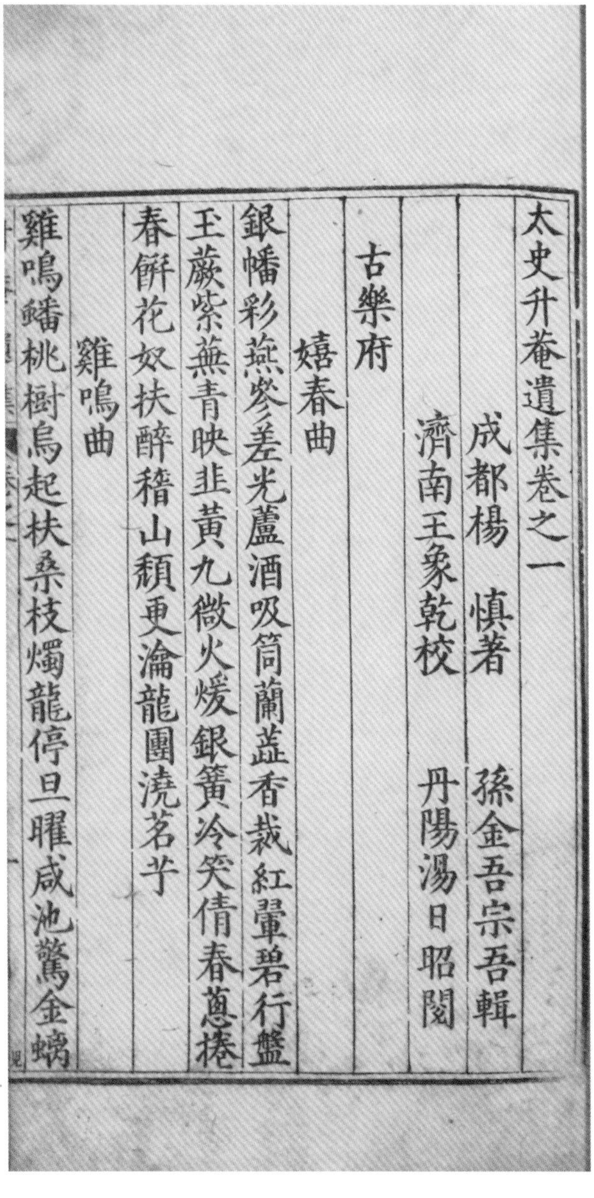
太史升菴遺集卷之一
成都楊　慎著　孫金吾宗吾輯
濟南王象乾校　丹陽湯日昭閱
古樂府
嬉春曲
銀幡彩燕參差光蘆酒吸筒蘭盞香栽紅暈碧行盤
王蕨紫蕪青映韭黄九微火煖銀簧冷突倩春蔥捲
春餅花奴扶醉稽山頳更淪龍團澆茗芋
雞鳴曲
雞鳴鐇桃樹烏起扶桑枝燭龍停旦曜咸池驚金螭

楊慎（1488—1559），字用修，號升庵，四川新都（今成都市新都區）人。明文學家、學者。正德六年（1511）狀元及第，授翰林修撰。學識廣博，工詩文，善詞曲。詩宗六朝初唐，推崇含蓄藴藉的風格，于明代獨立門户。著述多達百餘種，後人輯其要者爲《升庵全集》。又有詞曲《升庵長短句》《陶情樂府》《二十一史彈詞》等。

《太史楊升庵遺集》是楊慎的詩、詞、文的彙編。

2009 年 4 月入選第一批《山東省珍貴古籍名録》（編號 1876）。

100. **太古園詩集一卷** （明）王倜著 （清）張謙宜評選 （清）宋雲會校定 清康熙刻本 集部/别集類/明 諸城市圖書館

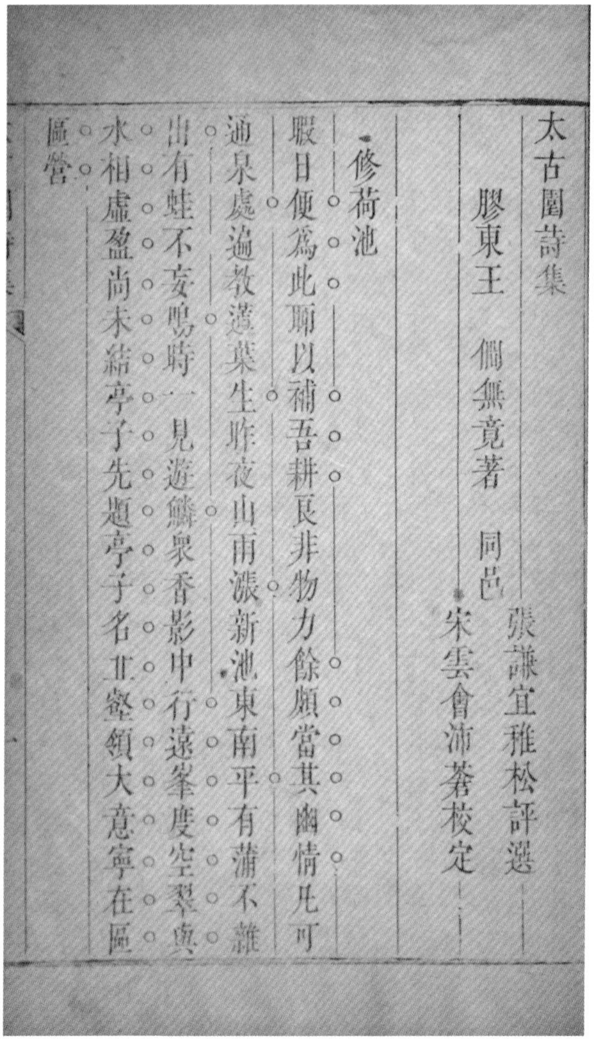
太古園詩集

膠東王 倜無竟著 同邑 張謙宜雅松評選

宋雲會沛蒼校定

修荷池

暇日便爲此聊以補吾耕艮非物力餘頗當其幽情凡可通泉處遍教蓮葉生昨夜山雨漲新池東南平有蒲不雜出有蛙不妄鳴時一見遊鱗衆香影中行遠峯度空翠爽水相虛盈尚未結亭子先題亭子名並壑領大意寧在區營

王倜（1598—1635），字無竟，以字行。明末膠州著名詩人。自小便顯示出詩歌天賦，在大珠山下創詩社。爲詩獨闢蹊徑，詩從杜（甫）、岑（參）、孟（浩然）入手，以氣骨勝場，頗具大家風範。在明末膠州、諸城詩人中“鶴立雞群”，與諸城劉翼明友善。劉輯王生前詩稿編成詩集刊行于世。

《太古園詩集》即王倜的詩稿彙集。其傳世詩集還有《王無竟詩稿》《亡友無竟詩存》等。

101. **讀書後八卷** （明）王世貞撰 （清）顧朝泰校 清乾隆刻本 集部/别集類/明 諸城市圖書館

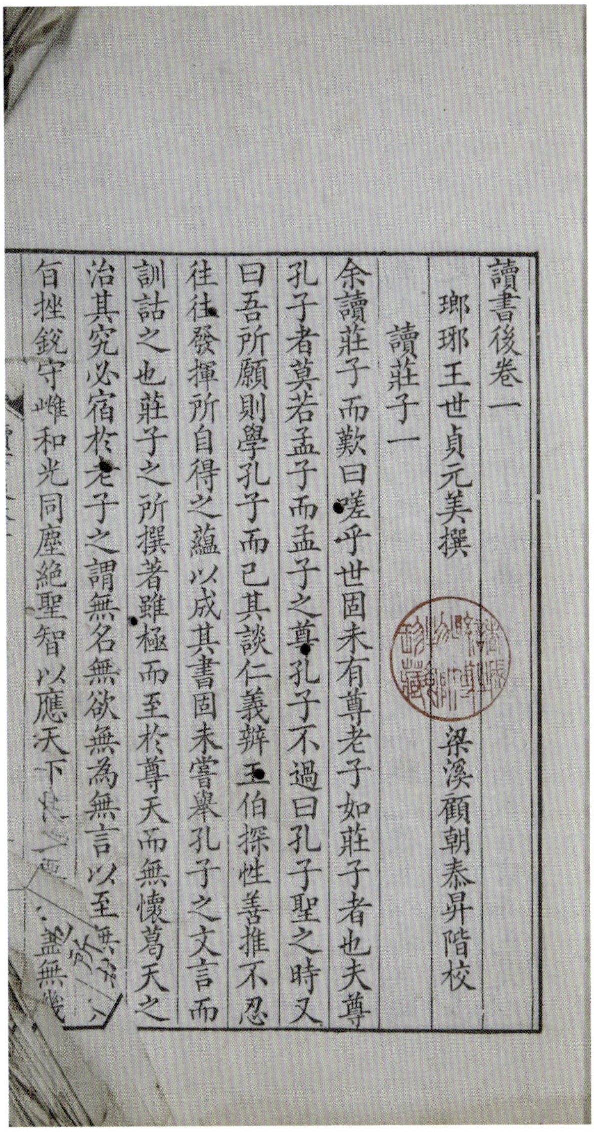
讀書後卷一
瑯琊王世貞元美撰 梁溪顧朝泰昇階校
讀莊子一
余讀莊子而歎曰嗟乎世固未有尊老子如莊子者也夫尊
孔子者莫若孟子而孟子之尊孔子不過曰孔子聖之時又
曰吾所願則學孔子而已其談仁義辨王伯探性善推不忍
往往發揮所自得之蘊以成其書固未嘗舉孔子之文言而
訓詁之也莊子之所撰著雖極而至於尊天而無懷葛天之
治其究必宿於老子之謂無名無欲無為無言以至無
旨挫銳守雌和光同塵絕聖智以應天下

王世貞（1526—1590），字元美，號鳳洲、弇州山人，太倉（今屬江蘇）人。明文學家、史學家。一生著述宏富，有《弇州山人四部稿》《續稿》《讀書後》《藝苑卮言》《弇山堂别集》《嘉靖以來首輔傳》等。

《讀書後》，爲王世貞《四部稿》及《續稿》所未載，遂至散佚。其侄王士騏得殘本于賣餳者，乃録而刊之，名曰《附集》。後吴江許恭又采《四部稿》中書後之文爲1卷，《續稿》中讀佛經之文爲1卷，讀道經之文爲2卷，并爲8卷，重刻之。

2012年1月入選第二批《山東省珍貴古籍名録》（編號1734）。

102. **大司空鄉會硃卷一卷** (明)臧惟一撰 清抄本 集部/別集類/明 諸城市圖書館

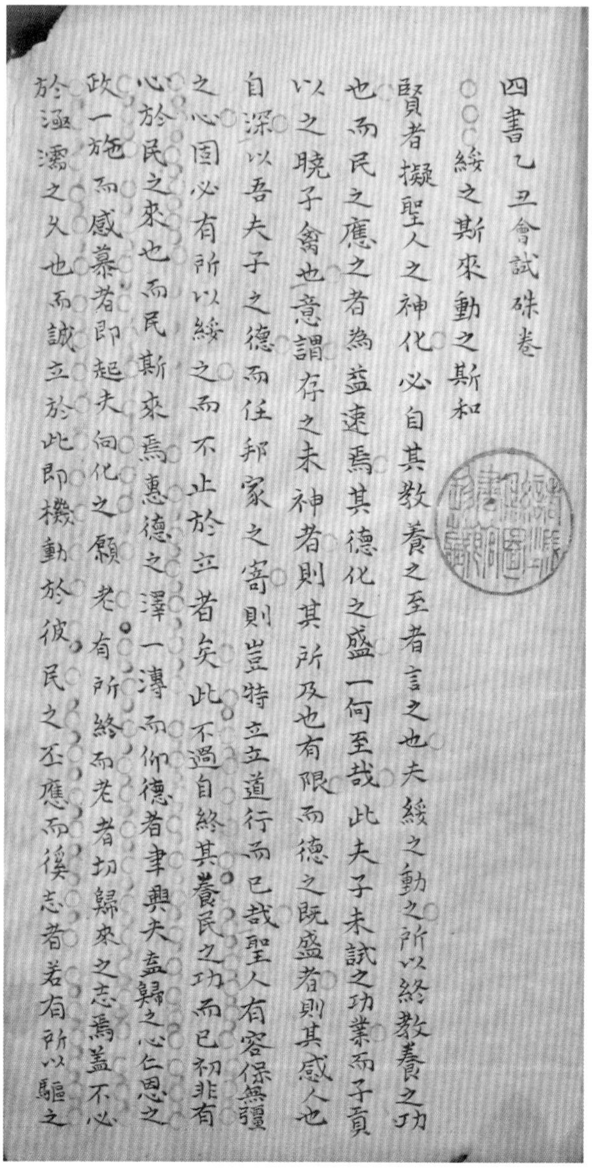
四書乙丑會試硃卷
○○綏之斯來動之斯和
賢者擬聖人之神化必自其教養之至者言之也夫綏之動之所以終教養之功
也而民之應之者為益速焉其德化之盛一何至哉此夫子未試之功業而子貢
以之曉子禽也意謂存之未神者則其所及也有限而德之既盛者則其感人也
自深以吾夫子之德而任邦家之寄則豈特立立道行而已哉聖人有容保無疆
之心固必有所以綏之而不止於立者矣此不過自終其養民之功而已初非有
心於民之來也而民斯來焉惠德之澤一溥而仰德者聿興夫盍歸之心仁恩之
政一施而感慕者即起夫向化之願老有所終而老者切歸來之志焉蓋不必
於涵濡之久也而誠立於此即機動於彼民之丕應而徯志者若有所以驅之

臧惟一(1542—1607),字守中,諸城琅邪人。明嘉靖四十四年(1565)進士。

此書分兩部分。一是《四書乙丑會試硃卷》,是臧惟一中進士時的試卷,題目是《綏之斯來動之斯和》。一是《四書甲子鄉試硃卷》,是嘉靖四十三年(1564)鄉試卷,題目是《巍巍呼唯天爲大爲堯則之》。

103. **椒丘詩二卷** （清）丁耀亢著　清順治刻本　集部/别集類/清　諸城市圖書館

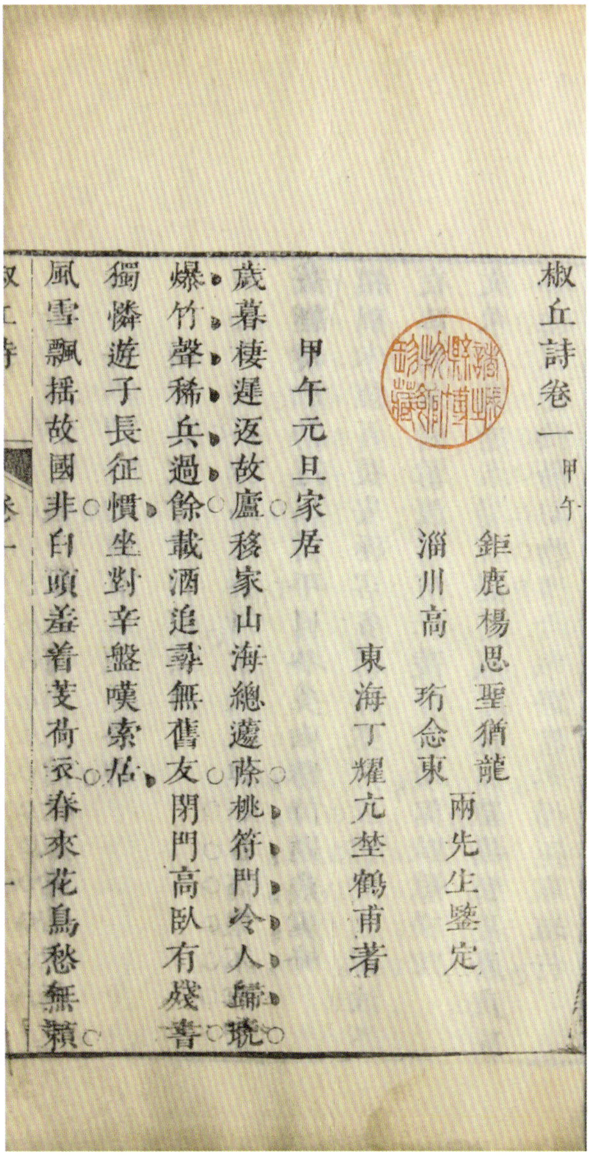
椒丘詩卷一　甲午
鉅鹿楊思聖猶龍
淄川高珩念東　兩先生鑒定
東海丁耀亢埜鶴甫著
甲午元旦家居
歲暮棲遲返故廬移家山海總蘧蒢桃符門冷人歸晚
爆竹聲稀兵過餘載酒追尋無舊友閉門高臥有殘書
獨憐遊子長征慣坐對辛盤嘆索居
風雪飄搖故國非白頭羞着芰荷衣春來花鳥愁無賴

《椒丘詩》是丁耀亢任容城教諭時所作，自序云：“將于是乎取故以所著名椒丘草。”載詩 358 首。

2012 年 1 月入選第二批《山東省珍貴古籍名録》（編號 1750）。

**104. 江干草二卷**　(清)丁耀亢著　清康熙十二年(1673)家刻本　集部/別集類/清　諸城市圖書館

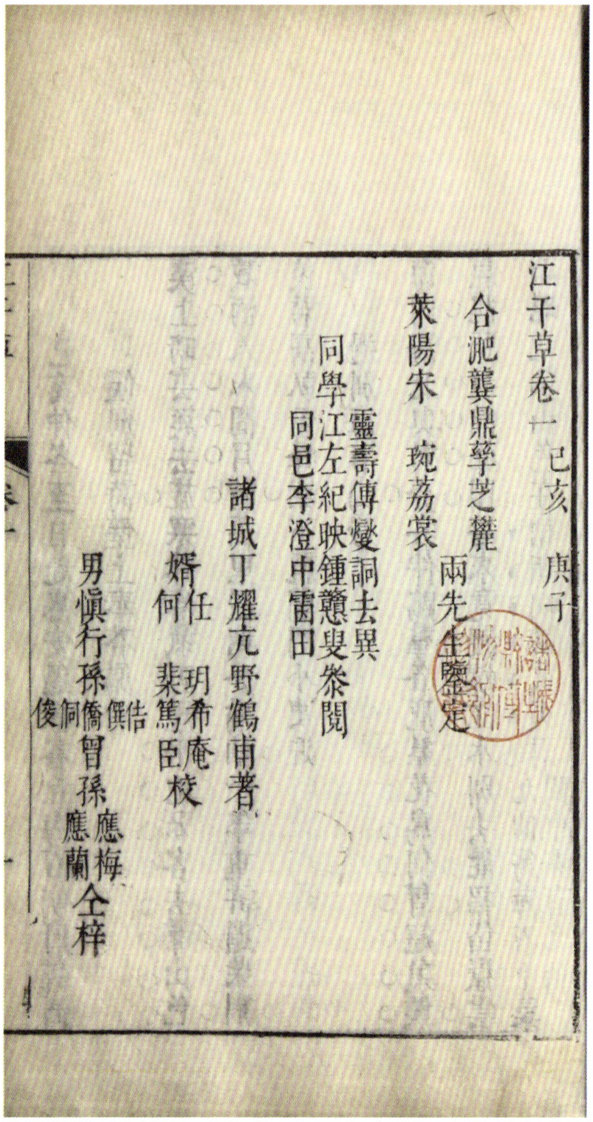
江干草卷一 己亥 庚子
合淝龔鼎孳芝麓
萊陽宋　琬荔裳 兩先生鑒定
靈壽傅燮詷去異
同學江左紀映鍾戇叟 叅閱
同邑李澄中雷田
諸城丁耀亢野鶴甫著
婿任玥希庵
何棐篤臣 校
男慎行 孫佶僎僑侗俊 曾孫應梅應蘭 仝梓

丁耀亢(1599—1669),字西生,號埜鶴,晚號紫陽道人、木雞道人。山東諸城城里人,後遷居城南橡家溝村(今諸城皇華鎮相家溝村)。一生著述頗豐,詩集有《陸舫詩草》《江干草》《椒丘詩》《歸山草》《聽山亭草》等,傳奇劇本有《化人游》《西湖扇》《赤松游》《表忠記》等,小說有《續金瓶梅》等,雜著有《天史》《家政須知》《出劫紀略》等。

《江干草》是丁耀亢的一部詩集,共載詩 174 首。

2009 年 4 月入選第一批《山東省珍貴古籍名録》(編號 3297)。

105. **陸舫詩草五卷** （清）丁耀亢著 清康熙刻本 集部/别集類/清 諸城市圖書館

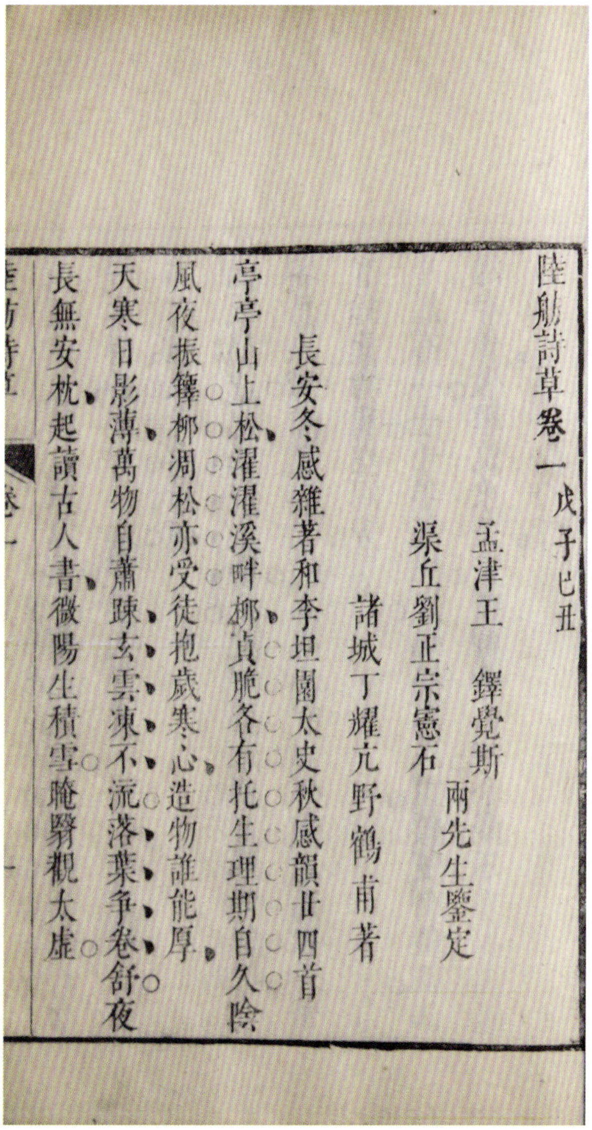

陸舫詩草卷一 戊子己丑

孟津王鐸覺斯
渠丘劉正宗憲石 兩先生鑒定

諸城丁耀亢野鶴甫著

長安冬感雜著和李坦園太史秋感韻廿四首

亭亭山上松濯濯溪畔柳貞脆各有托生理期自久陰風夜振籜柳凋松亦受徒抱歲寒心造物誰能厚

天寒日影薄萬物自蕭踈玄雲凍不流落葉爭卷舒夜長無安枕起讀古人書微陽生積雪晻翳覩太虛

《陸舫詩草》是丁耀亢的一部詩集，共載詩 540 首。

2009 年 4 月入選第一批《山東省珍貴古籍名録》（編號 3295）。

106. **家政須知一卷** （清）丁耀亢著　清康熙鈔本　集部/别集類/清　諸城市圖書館

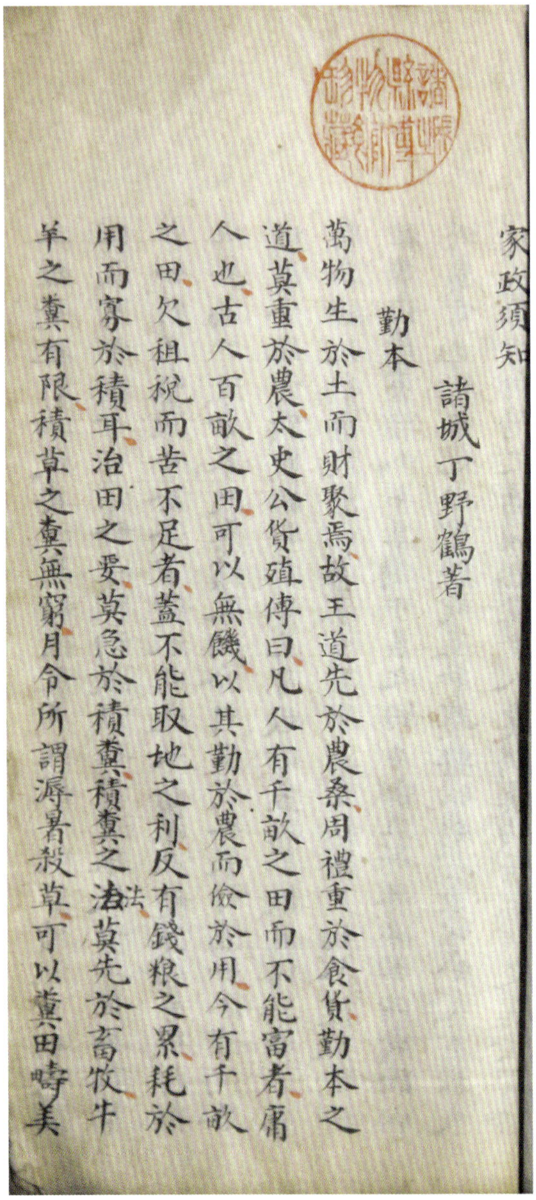

《家政須知》記叙的是丁耀亢的治家之道。自序云："《孝經》曰：居家理可移于官，家國一理也。人皆知訓子讀書光耀門户，而不知以家政教之也。念余童年失父，十六持家，今年古稀又一，所置田宅十倍于昔，思堂構之難成，悲創造之不易，病中無事，聊以片言，以爲守成之警耳。"此書有《勤本》《節用》《逐末》《習苦》《防蠹》《多算》《廣積》《通變》《因時》《十敗》等篇章。

2009 年 4 月入選第一批《山東省珍貴古籍名録》(編號 3296)。

**107. 太古園詩草一卷**　（清）臧振榮著　清康熙二十九年（1690）刻本　集部/別集類/清　諸城市圖書館

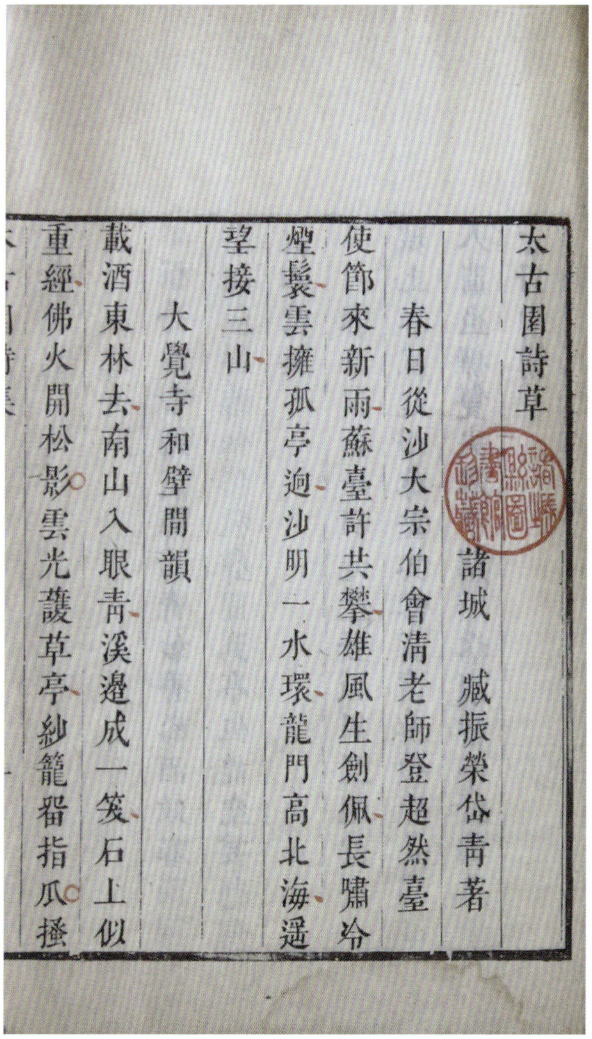
太古園詩草
諸城　臧振榮岱青著
春日從沙大宗伯會清老師登超然臺
使節來新雨蘇臺許共攀雄風生劍佩長嘯冷
煙鬟雲擁孤亭逈沙明一水環龍門高北海遥
望接三山
大覺寺和壁間韻
載酒東林去南山入眼青溪邊成一笈石上似
重經佛火開松影雲光護草亭紗籠畱指爪搔

臧振榮（1630—1694），字君仁，又字岱青，臧爾勸孫，山東諸城人。少時勤奮好學，立志成才。清順治九年（1652）以拔貢肄業，與丁耀亢等200餘人創立“觀文大社”，時常聚會，切磋詩文、經書，學業大進。康熙十八年（1679）中進士。

《太古園詩草》是一本詩集，前有八十老人吴景旭撰《太古園詩序》。全書共載詩176首。

2012年1月入選第二批《山東省珍貴古籍名録》（編號1837）。

**108. 蠶尾集十卷續集二卷後集二卷** （清）王士禛撰　清康熙刻本　集部/别集類/清　諸城市圖書館

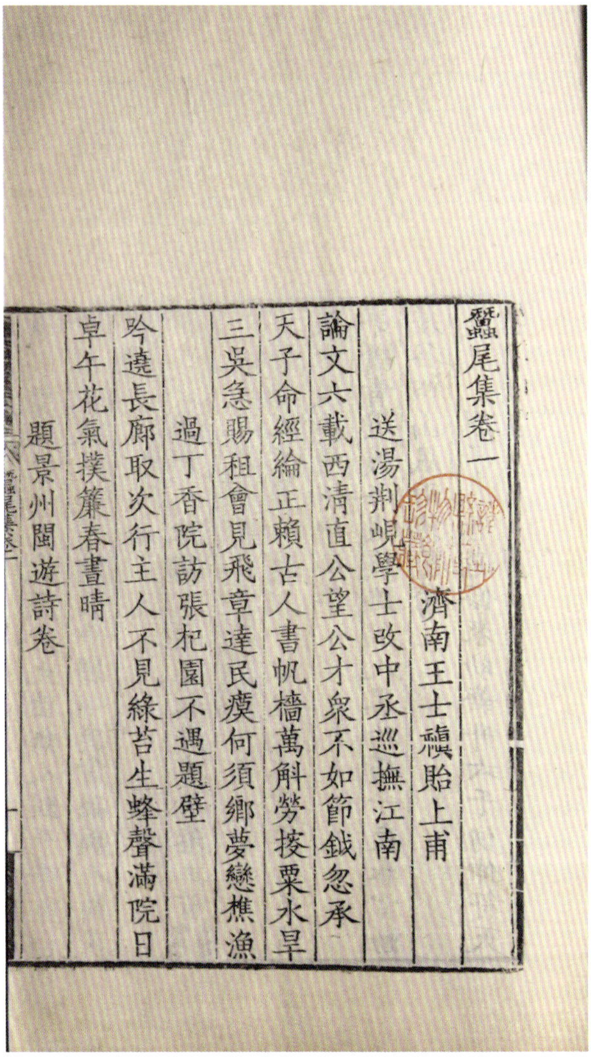
蠶尾集卷一
濟南王士禛貽上甫
送湯荆峴學士改中丞巡撫江南
論文六載西清直公望公才衆不如節鉞忽承
天子命經綸正賴古人書帆檣萬斛勞挼粟水旱
三吳急賜租會見飛章達民瘼何須鄉夢戀樵漁
過丁香院訪張杞園不遇題壁
吟遶長廊取次行主人不見綠苔生蜂聲滿院日
卓午花氣撲簾春晝晴
題景州閫遊詩卷

《蠶尾集》，因王士禛祭告南海，望小洞庭中蠶尾山，悦其清遠，因取名“山房”，并以名集。弟子盛符升在王士禛《雍益集序》中稱，合戊辰（1688）至乙亥（1695）詩文爲《蠶尾集》10卷。此集目録下乃註詩自甲子年（1684）起，至乙丑年（1685）作别爲《南海集》；文自庚午年（1690）起，士禛《自序》又稱偶次甲子使粤以前及丁卯（1687）以後詩文，稍成卷帙，因以“蠶尾”名集。

2012年1月入選第二批《山東省珍貴古籍名録》（編號1805）。

109. **綿津山人詩集三十一卷** （清）宋犖撰 清康熙刻本 集部/别集類/清 諸城市圖書館

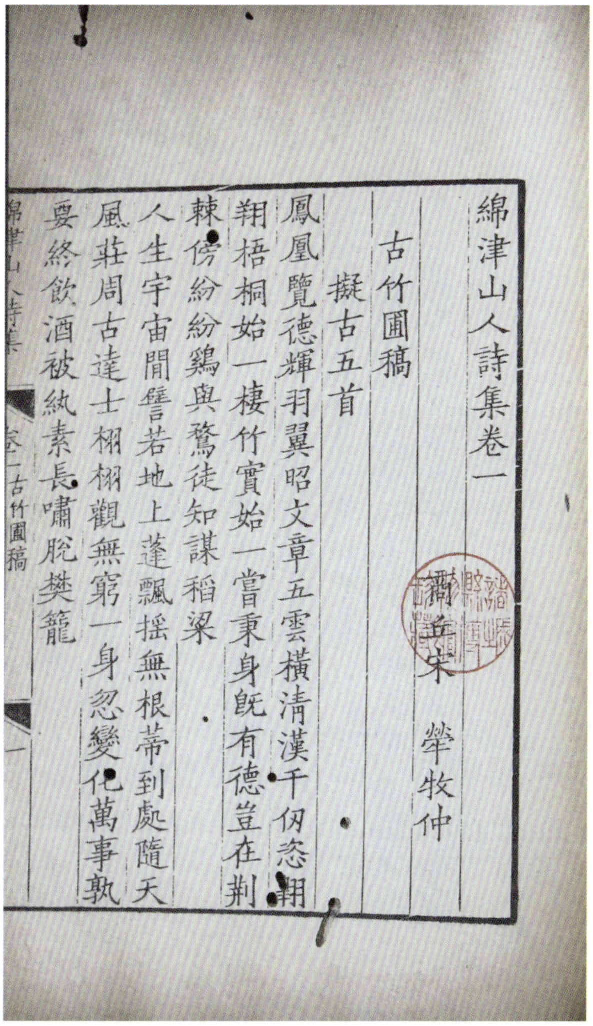

綿津山人詩集卷一

古竹圃稿

宋 犖牧仲

擬古五首

鳳凰覽德輝羽翼昭文章五雲橫清漢千仞恣翱翔梧桐始一棲竹實始一嘗秉身旣有德豈在荆棘傍紛紛鷄與鶩徒知謀稻粱

人生宇宙間譬若地上蓬飄搖無根蒂到處隨天風莊周古達士栩栩觀無窮一身忽變化萬事孰要終飮酒被紈素長嘯脫樊籠

綿津山人詩集 卷一 古竹圃稿 一

宋犖（1634—1713），字牧仲，號漫堂，又號綿津山人，晚號西陂老人，河南商丘人。博學嗜古，工詩詞古文，與王士禛齊名。曾自著《漫堂年譜》，述仕歷及恩遇頗詳。著《西陂類稿》47 卷，别有《筠廊偶筆》《二筆》等。

《綿津山人詩集》，書刻精良，紙墨考究。《四庫全書總目》曰："……大抵沿明季詩社之習，旋得旋刊，出之太早，故利鈍不免互見。此集即犖爲江西巡撫時，重自删汰，并爲一編，而仍存諸集之舊目，故有六首爲一卷者，視舊集爲精簡矣。"

2019 年 5 月入選第四批《山東省珍貴古籍名録》（編號 0593）。

110. **姚端恪公文集十八卷末一卷** （清）姚文然撰　清康熙刻本　集部/別集類/清　諸城市圖書館

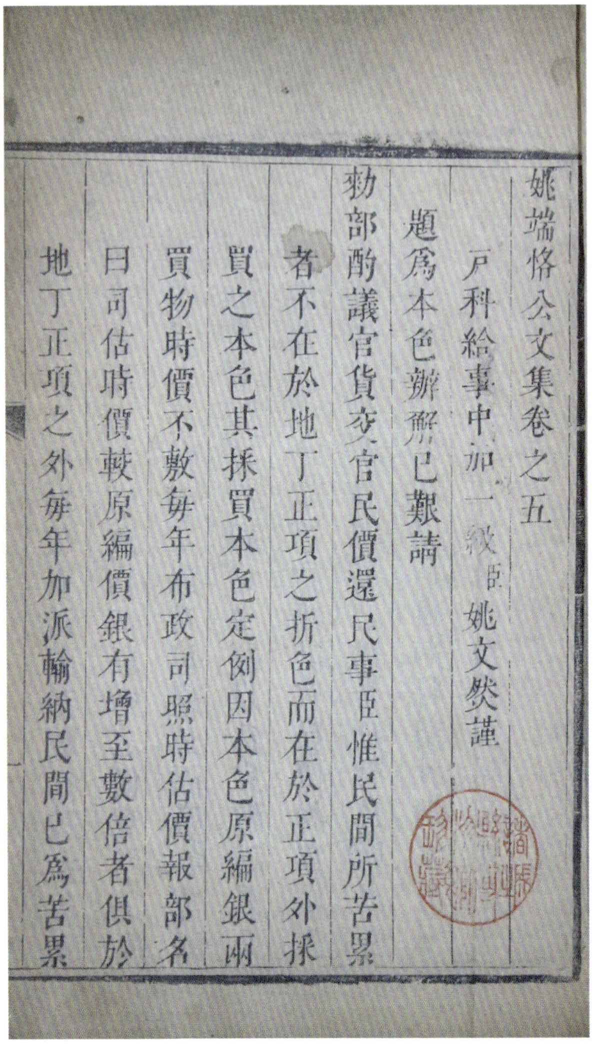
姚端恪公文集卷之五
户科給事中加一級臣姚文然謹
題爲本色辦解已艱請
勑部酌議官貨交官民價還民事臣惟民間所苦累
者不在於地丁正項之折色而在於正項外採
買之本色其採買本色定例因本色原編銀兩
買物時價不敷每年布政司照時估價報部名
曰司估時價較原編價銀有增至數倍者俱於
地丁正項之外每年加派輸納民間已爲苦累

姚文然（1620—1678），字若侯，號龍懷，謚端恪，南直隸桐城縣（今安徽桐城）人。明末清初文學家。明崇禎十六年（1643）進士，授翰林院庶吉士。入清後，官至刑部尚書，以爲政清廉爲時人所重，是當時政壇的風雲人物，《清史稿》《清史列傳》均有傳録。著有《奏疏》8卷、《虛直軒文集》10卷、《詩集》12卷、《白雲語録》6卷、《雜著》12卷行世。

《姚端恪公文集》是姚文然的文集，其作品多能貼近現實，圍繞自身經歷，不同的階段具有不同的面目，顯現出鮮明的階段性特徵。

2019年5月入選第四批《山東省珍貴古籍名録》（編號0580）。

**111. 臥象山房文集四卷**　(清)李澄中撰　清康熙刻本　集部/别集類/清　諸城市圖書館

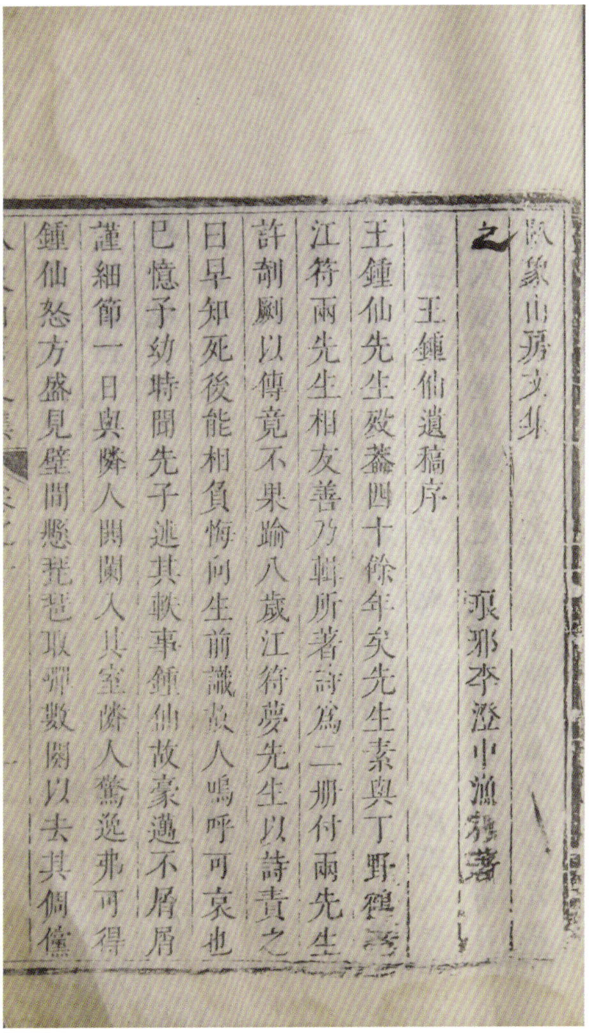

臥象山房文集

琅邪李澄中漁村著

王鍾仙遺稿序

王鍾仙先生歿蓋四十餘年矣先生素與丁野鶴[illegible]江符兩先生相友善乃輯所著詩爲二册付兩先生許刻劂以傳竟不果踰八歲江符夢先生以詩責之曰早知死後能相負悔向生前識故人嗚呼可哀也已憶予幼時聞先子述其軼事鍾仙故豪邁不屑屑謹細節一日與鄰人鬨鬨入其室鄰人驚逸弗可得鍾仙怒方盛見壁間懸琵琶取彈數闋以去其倜儻

《臥象山房文集》爲李澄中的文集。

**112. 託素齋詩集四卷文集六卷** （清）黎士弘撰 & **行述一卷** （清）劉元慧撰 清雍正二年(1724)黎致遠刻本 集部/别集類/清 諸城市圖書館

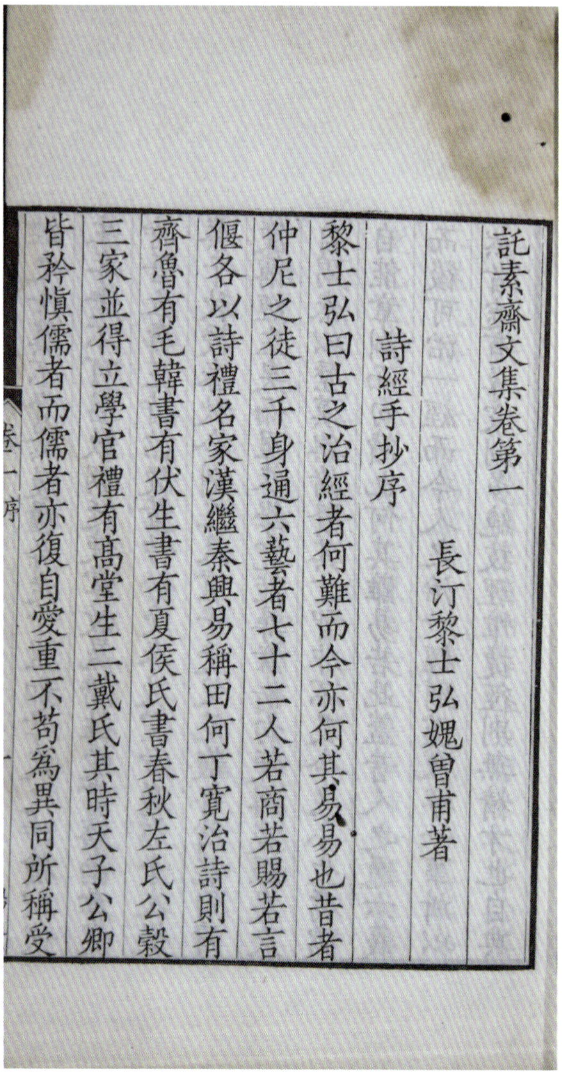

託素齋文集卷第一

長汀黎士弘媿曾甫著

詩經手抄序

黎士弘曰古之治經者何難而今亦何其易易也昔者仲尼之徒三千身通六藝者七十二人若商若賜若言偃各以詩禮名家漢繼秦興易稱田何丁寬治詩則有齊魯有毛韓書有伏生書有夏侯氏書春秋左氏公穀三家並得立學官禮有高堂生二戴氏其時天子公卿皆矜慎儒者而儒者亦復自愛重不苟爲異同所稱受

黎士弘(1618—1697)，字媿曾，福建長汀縣濯田鄉陳屋人。少時，詩好李賀，文好王勃，以詩文名于時。其文章清新雋逸，詩多清真樸實。其詩集内容豐富，大多反映了明清之交的大動蕩和大變革的時代特點。尤其有關時政、議軍、言理、述志、修身等内容的詩篇，很有時代價值。著有《託素齋詩文集》10卷、《仁恕齋筆記》3卷等。

《託素齋詩集》，收集士弘各時期的詩作720首，諸體皆備，涉獵廣泛。其中，五律94首，七律327首，四言、五言、七言古體102首，五言、六言、七言絶句197首。《四庫全書總目提要》載:《託素齋集》10卷，“詩四卷，文六卷。詩集凡四刻，文集凡三刻，蓋積數年而匯爲一册，故每刻各體皆備。士弘殁後，其子文遠合而刊之”。

2012年1月入選第二批《山東省珍貴古籍名録》(編號1794)。

113. **藝苑名言八卷首一卷**　(清)蔣瀾纂輯　清乾隆四十一年(1776)粤東三元堂刻本　集部/別集類/清　諸城市圖書館

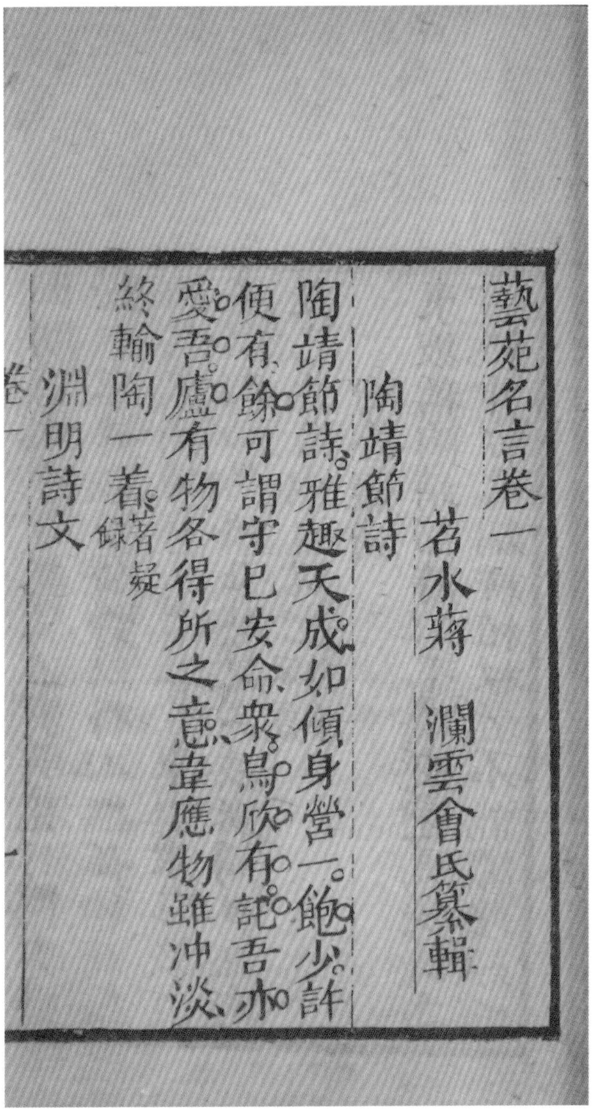
藝苑名言卷一
若水蔣　瀾雲會氏纂輯
陶靖節詩
陶靖節詩。雅趣天成。如傾身營一飽。少許便有餘。可謂守已安命。衆鳥欣有託。吾亦愛吾廬。有物各得所之意。韋應物雖冲淡。終輸陶一着。著錄疑
淵明詩文
卷一

《藝苑名言》是對古代名人詩文的評論和解説，纂輯晉以後 700 餘人的詩文評論。

114. **板橋詩鈔一卷** (清)鄭燮著 清乾隆刻本 集部/別集類/清 諸城市圖書館

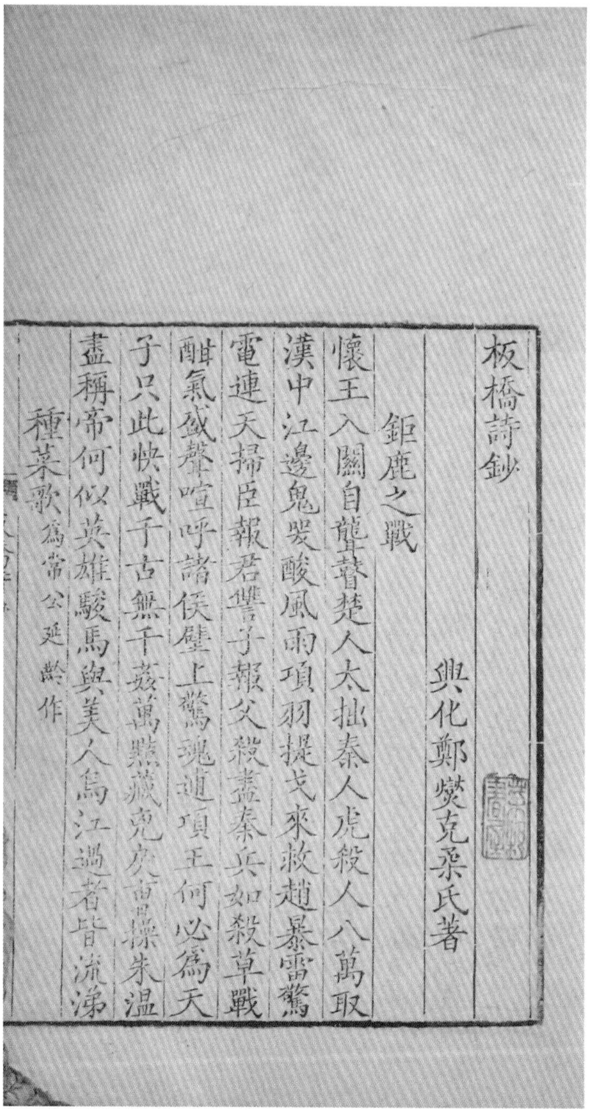

鄭燮(1693—1765),字克柔,號板橋,江蘇興化人。清書畫家、文學家。乾隆進士,曾任山東范縣、濰縣知縣。做官前後居揚州賣畫。工詩詞,描寫人間疾苦頗爲深切。爲"揚州八怪"之一。所寫《家書》《道情》,自然坦率,爲世稱道。有《板橋全集》。

此書是鄭燮的一部詩稿。

115. **板橋詩鈔一卷板橋詞鈔一卷**　(清)鄭燮著　清乾隆司徒文膏寫刻本　集部/別集類/清　諸城市圖書館

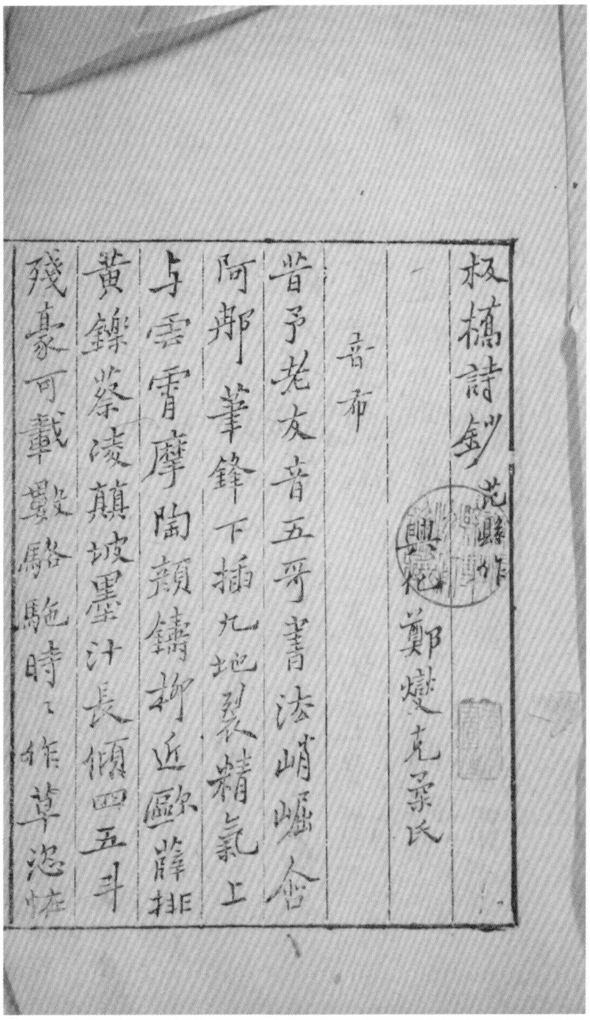
板橋詩鈔 范縣作 鄭燮克柔氏

音布

昔予老友音五哥書法峭崛含
阿鄭筆鋒下插九地裂精氣上
与雲霄摩陶顏鑄柳近歐薛排
黃鑠蔡凌顛坡墨汁長傾四五斗
殘豪可載數駱駝時時作草恣怪

鄭燮擅寫蘭竹,以草書中豎長撇法運筆,體貌疏朗,風格勁峭。工書法,用隸體摻行楷,非古非今,非隸非楷,自稱“六分半書”。此書是鄭燮的一部手寫體詩稿和詞稿。

116. **戲鷗居詩鈔九卷** (清)毛大瀛撰　清嘉慶七年(1802)姚令儀刻本　集部/别集類/清　諸城市圖書館

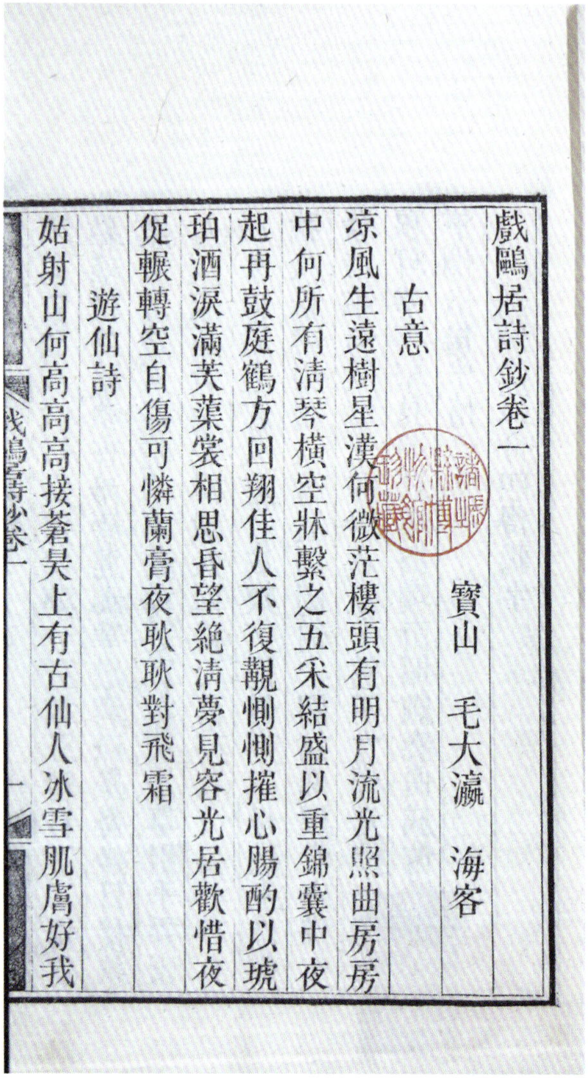
戲鷗居詩鈔卷一
寶山　毛大瀛　海客
古意
涼風生遠樹星漢何微茫樓頭有明月流光照曲房房
中何所有清琴橫空牀繫之五采結盛以重錦囊中夜
起再鼓庭鶴方回翔佳人不復覯惻惻摧心腸酌以琥
珀酒淚滿芙蕖裳相思昏望絕清夢見容光居歡惜夜
促輾轉空自傷可憐蘭膏夜耿耿對飛霜
遊仙詩
姑射山何高高接著昊上有古仙人冰雪肌膚好我

毛大瀛(1735—1800),字海客,江蘇寶山(今上海)人。少以能詩名,爲"練川十二才子"之一。

《戲鷗居詩鈔》是毛大瀛的一部詩集。

**117. 東武詩存十卷**　(清)王賡言纂　清嘉慶二十五年(1820)化香閣刻本　集部/别集類/清　諸城市圖書館

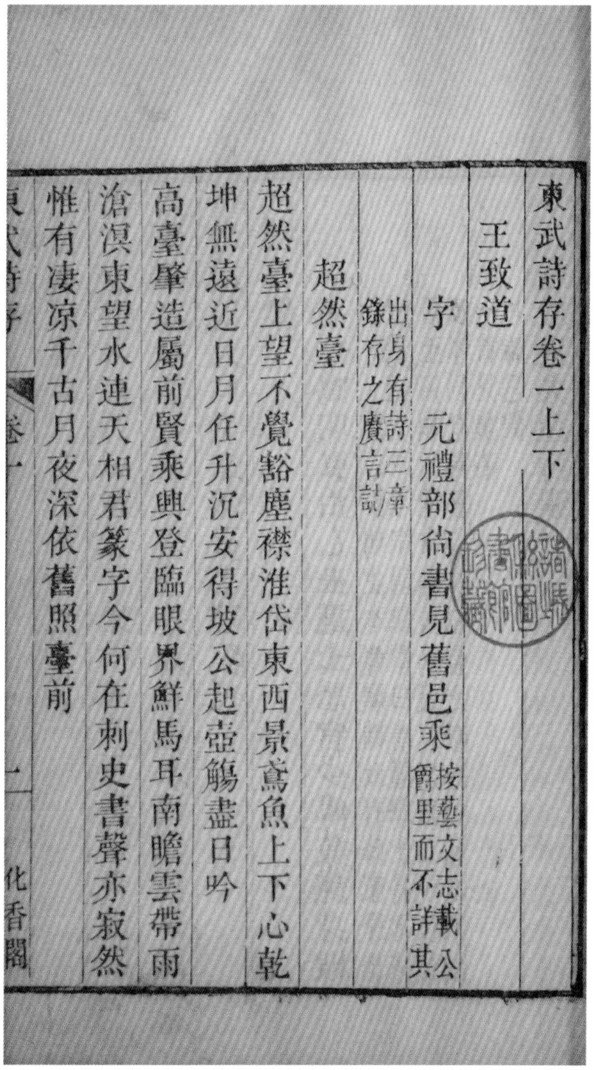
東武詩存卷一上下

王致道

字　元禮部尚書見舊邑乘按藝文志載公曾里而不詳其出身有詩三章錄存之賡言誌

超然臺

超然臺上望不覺豁塵襟淮岱東西景鳶魚上下心乾坤無遠近日月任升沉安得坡公起壺觴盡日吟

高臺肇造屬前賢乘興登臨眼界鮮馬耳南瞻雲帶雨滄溟東望水連天相君篆字今何在刺史書聲亦寂然惟有凄凉千古月夜深依舊照臺前

東武詩存　卷一　一　化香閣

王賡言(1752—1825),字贊虞,山東諸城鐵溝村人。乾隆五十八年(1793)進士。好學工詩,著有《簣山堂詩集》《車中吟》《四書釋文》《東武詩存》等。《東武詩存》是一部詩集,彙集了元代以後至清嘉慶年間約 280 人寫的詩歌 3570 首。

118. **西坪詩鈔二卷**　(清)王文驤著　清同治九年(1870)諸城王氏九仙山館刻本

集部/别集類/清　諸城市圖書館

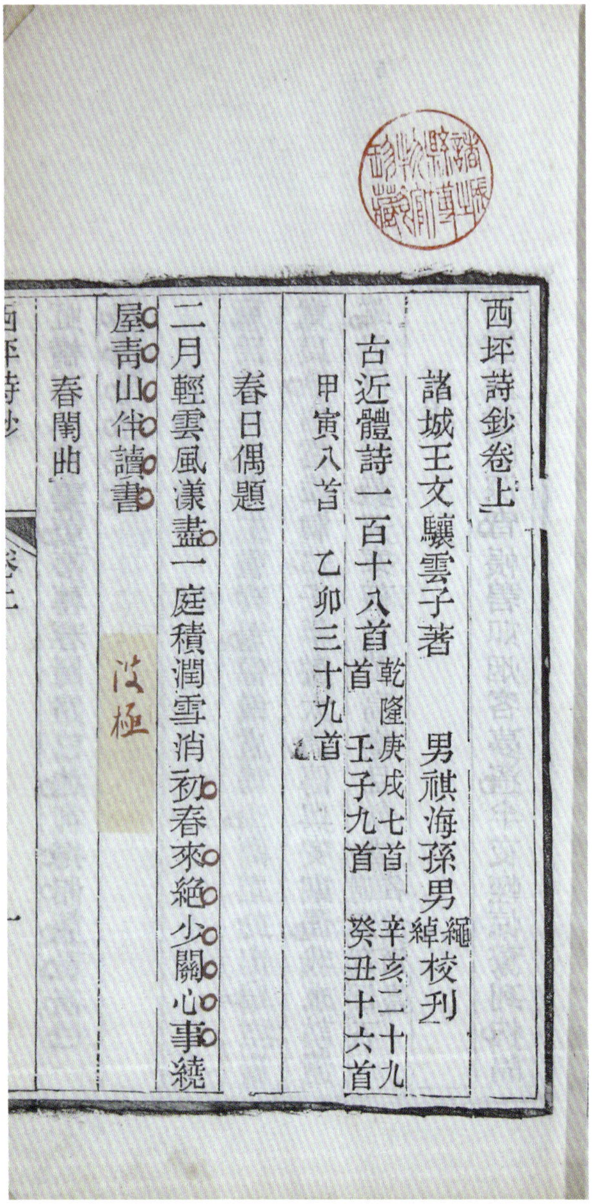
西坪詩鈔卷上

諸城王文驤雲子著　男祺海孫男綽繩校刊

古近體詩一百十八首 乾隆庚戌七首　辛亥二十九首　壬子九首　癸丑十六首

甲寅八首　乙卯三十九首

春日偶題

二月輕雲風漾晝一庭積潤雪消初春來絕少關心事繞屋青山伴讀書

春閨曲

王文驤(1777—1824),字雲子,號西坪,山東諸城王瑞(今密州街道大王門村)人。幼承家教,工詩文。嘉慶己卯(1819)進士,選授庶吉士,官開平知縣。

《西坪詩鈔》是王文驤的一部詩作,共收古近體詩 235 首。

**119. 金蘭詩刻三卷**　(清)臧盛枌著　(清)臧燿初録　清光緒十一年(1885)諸城臧燿初抄本　集部/別集類/清　諸城市圖書館

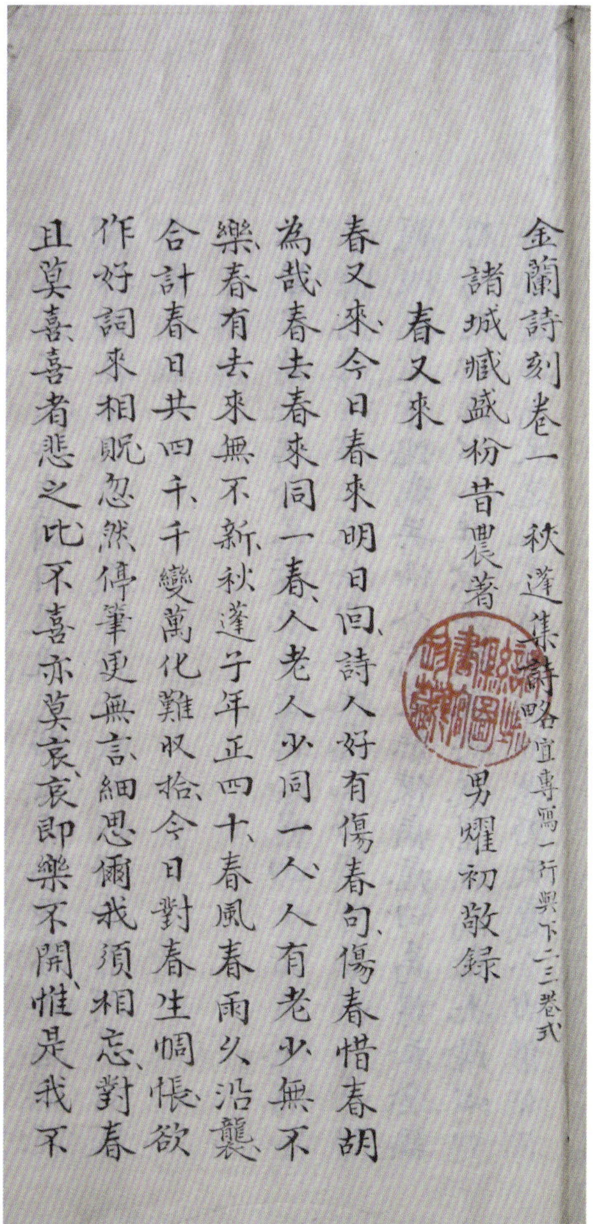
金蘭詩刻卷一　秋蓬集詩略各宜專寫一行與下二三卷式
諸城臧盛枌昔農著　男燿初敬録
春又來
春又來今日春來明日回詩人好有傷春句傷春惜春胡
為哉春去春來同一春人老人少同一人人有老少無不
樂春有去來無不新秋蓬子年正四十春風春雨久沿襲
合計春日共四千千變萬化難收拾今日對春生惆悵欲
作好詞來相貺忽然停筆更無言細思爾我須相忘對春
且莫喜喜者悲之比不喜亦莫哀哀即樂不開惟是我不

《金蘭詩刻》爲詩歌集,卷 1 爲《秋蓬集詩略》,臧盛枌著,男臧燿初敬録;卷 2 爲《草亭詩略》,諸城柳大鶴著,異姓侄臧燿初敬録;卷 3 爲《返主齋詩略》,諸城孫維堅著,甥臧燿初敬録。

120. 三興堂詩草一卷三興堂詩草後集一卷　(清)孫星著　清光緒二十九年(1903)刻本　集部/別集類/清　諸城市圖書館

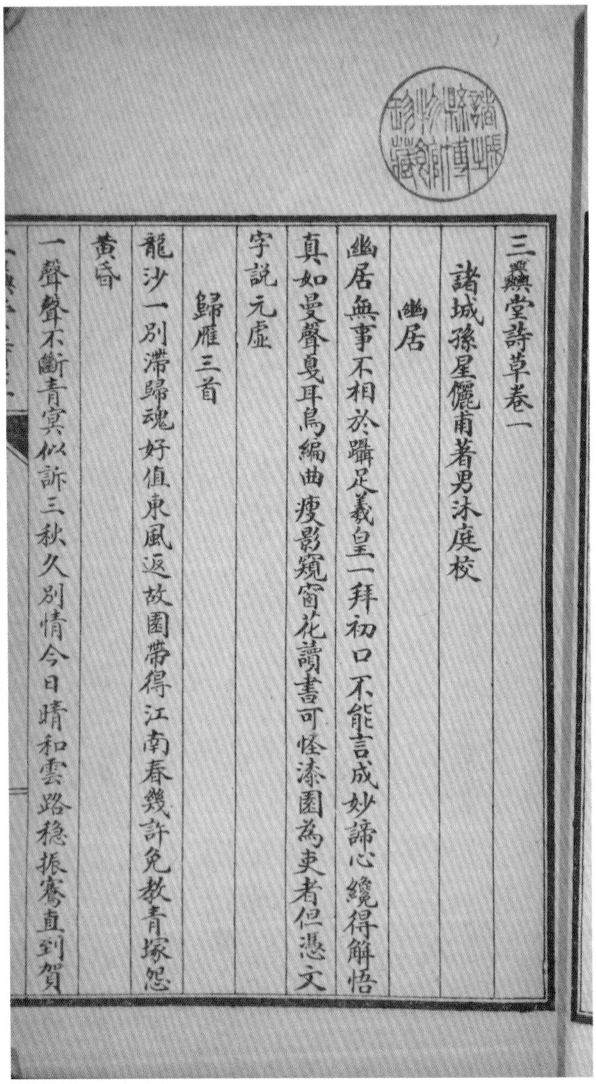
三興堂詩草卷一
諸城孫星儷甫著男沐庭校
幽居
幽居無事不相於躡足羲皇一拜初口不能言成妙諦心纔得解悟
真如曼聲叟耳鳥編曲瘦影窺窗花讀書可怪漆園為吏者但憑文
字說元虛
歸雁三首
龍沙一別滯歸魂好值東風返故園帶得江南春幾許免教青塚怨
黃昏
一聲聲不斷青冥似訴三秋久別情今日晴和雲路穩振翥直到賀

孫星,生卒年不詳,字儷星,號儷甫,山東諸城相州鎮城陽村人。《三興堂詩草》,書衣題:三興堂詩草　王壽彭謹署。前有徐會灃《序》、同邑後學王綽拜《序》。王壽彭(1875—1929),字次籛,山東濰坊濰城區西南關人。中國科舉史上最後一名狀元,省立山東大學創始人之一。徐會灃(1837—1905),字東甫,山東諸城龍都街道孔戈莊村人。同治七年(1868)進士,官至工部尚書、禮部尚書、轉兵部尚書。工書法。王綽,生卒年不詳,山東諸城人。清代政治人物,進士出身。此書共收孫星所寫詩350多首。

121. **會試硃卷(光緒丁丑科)一卷** (清)徐堉撰 清光緒刻本 集部/別集類/清
諸城市圖書館

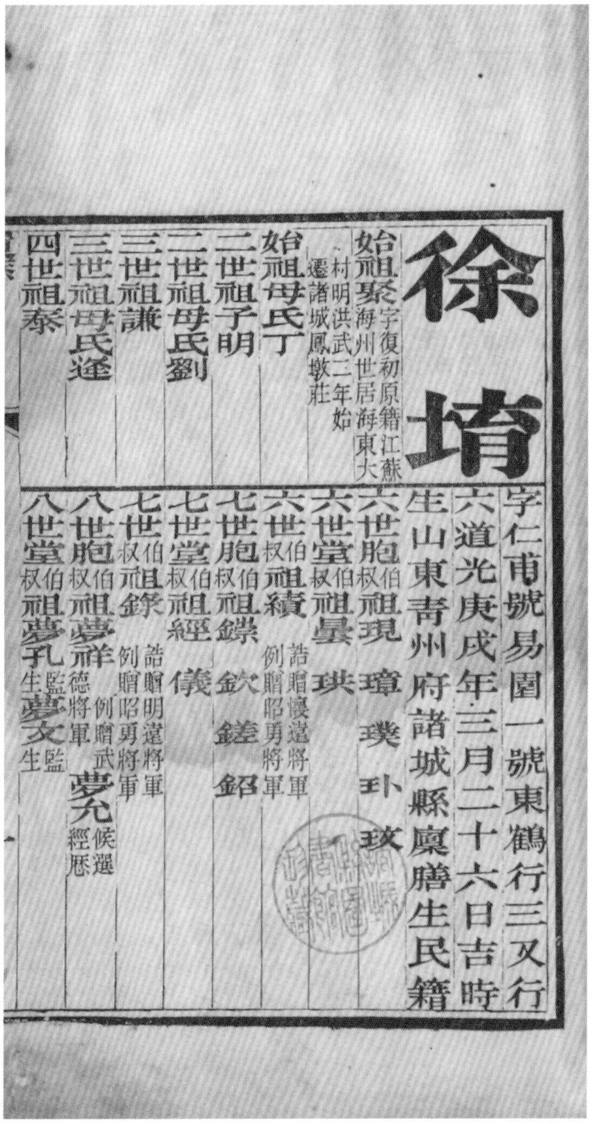
徐堉
始祖聚字復初原籍江蘇海州世居海東大村明洪武二年始遷諸城鳳皷莊
始祖母氏丁
二世祖子明
二世祖母氏劉
三世祖謙
三世祖母氏逄
四世祖泰
字仁甫號易園一號東鶴行三又行
六道光庚戌年三月二十六日吉時
生山東青州府諸城縣廩膳生民籍
六世胞叔伯祖現 璋 璞 玠 玫
六世堂叔伯祖曇 瑛
六世胞叔伯祖續誥贈懷遠將軍例贈昭勇將軍
七世胞叔伯祖鏷 欽 鎈 鉊
七世堂叔伯祖經 儀
七世胞叔伯祖錄誥贈明遠將軍例贈昭勇將軍
八世胞叔伯祖夢祥例贈武德將軍 夢光候選經歷
八世堂叔伯祖夢孔監生 夢文監生

徐堉(1850—?),字仁甫,號易園,一號東鶴,山東諸城徐家大莊(今膠南柳行大莊)人。光緒三年(1877)進士。有政績,善書畫,工詩文,著作甚多。書法學劉石庵,筆力雄健,部分書法作品現藏于諸城市博物館。

書載徐堉及會試硃,履歷記載自其始祖徐聚起到其十世祖徐琯、太高祖徐溪之、高祖徐振基、曾祖徐泰雲、祖徐樹堂、父徐仲焉共 15 代的情況。《會試硃》記:"保和殿復試欽定二等第三十四名賜進士出身","殿試第二甲第一百二十二名,朝考第一等第四十名欽點翰林院庶吉士"。後附考試卷 3 篇:一爲《修己以安百姓》,二爲《言而世爲天下則》,三爲《見賢焉然後用之》。

## 122. 艮齋文選一卷 (清)李澄中撰 清刻本 集部/別集類/清 諸城市圖書館

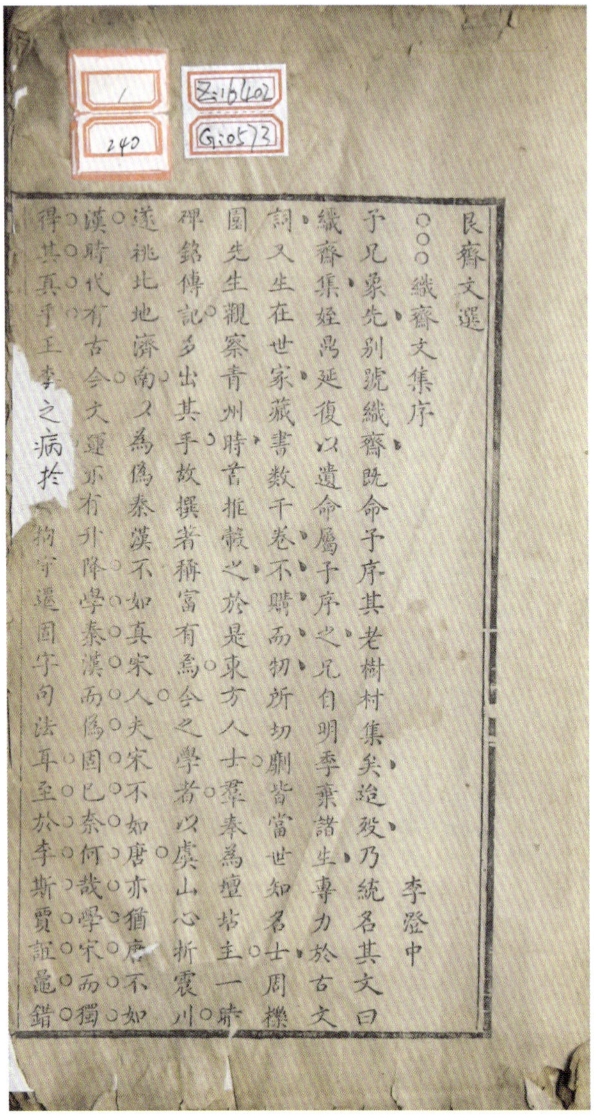

艮齋文選

織齋文集序

李澄中

予兄象先別號織齋既命予序其老樹村集矣迨歿乃統名其文曰織齋集姪邑延復以遺命屬予序之兄自明季棄諸生專力於古文詞又生在世家藏書數千卷不贖而物所切劘皆當世知名士周櫟園先生觀察青州時首推轂之於是東方人士羣奉為壇坫主一時碑銘傳記多出其手故撰著稱富有為今之學者以虞山心折震川遂祧北地濟南又為偽秦漢不如真宋人夫宋不如唐亦猶唐不如漢時代有古今文運亦有升降學秦漢而偽固已柰何哉學宋而獨得其真乎王李之病於拘守選固字句法耳至於李斯賈誼鼂錯

《艮齋文選》,書衣題"漁村先生集"。"艮齋"應爲李澄中的書齋。此書有《墓志銘》《三生傳》等文章,共 32 篇。

123.［李澄中詩鈔］一卷　（清）李澄中撰　清抄本　集部/别集類/清　諸城市圖書館

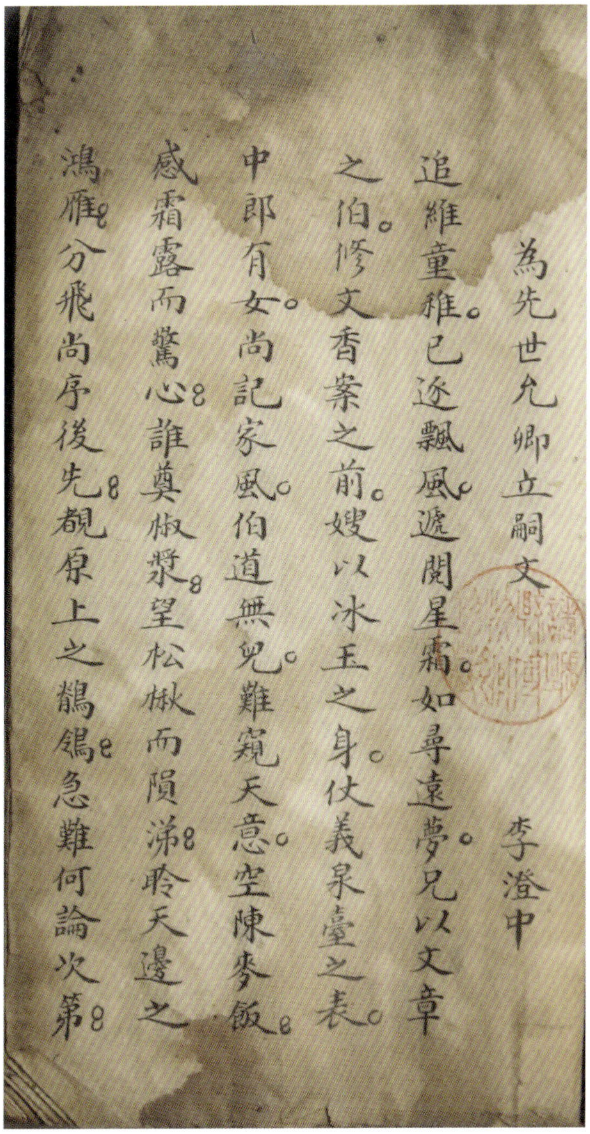
為先世九卿立嗣文
李澄中
追維童稚。已逐飄風。遞閱星霜。如尋遠夢。兄以文章之伯。修文香案之前。嫂以冰玉之身。仗義泉臺之表。中郎有女。尚記家風。伯道無兒。難窺天意。空陳麥飯。感霜露而驚心。誰奠椒漿。望松楸而隕涕。聆天邊之鴻雁。分飛尚序後先。覩原上之鶺鴒。急難何論次第。

《李澄中詩鈔》是李澄中所作詩篇的彙輯。

2012 年 1 月入選第二批《山東省珍貴古籍名録》（編號 1875）。

124. **放鶴村文集五卷** （清）張侗著 清刻本 集部/別集類/清 諸城市圖書館

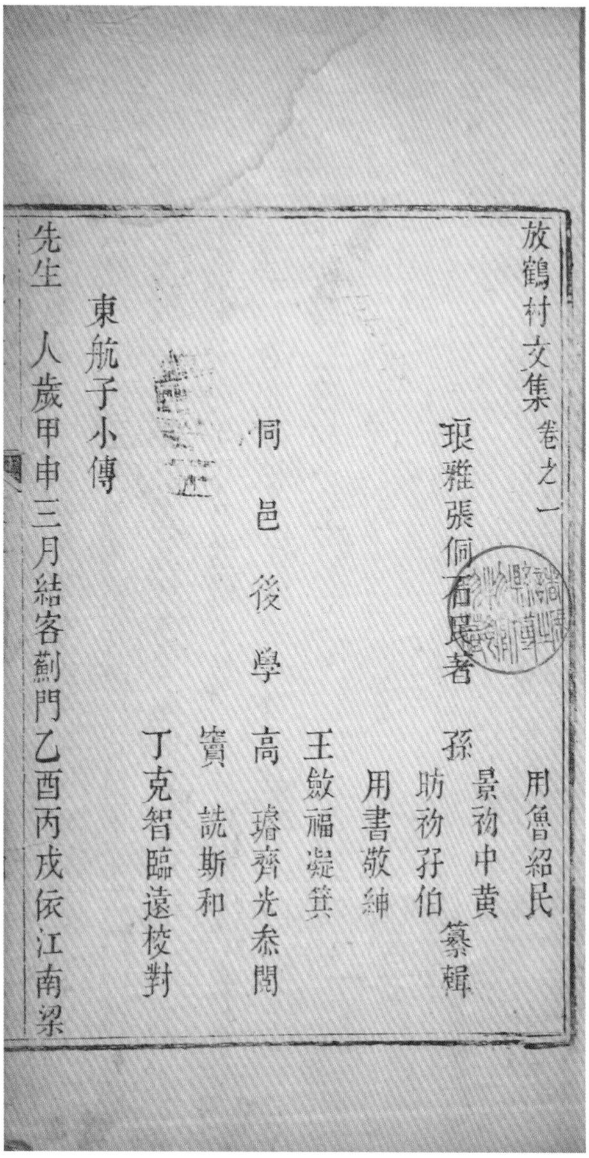

“放鶴村”因張氏上祖在家中“放鶴園”放飛仙鶴而得名，即今山東諸城枳溝鎮普慶村。《放鶴村文集》詳細記録了其在園中生活、讀書的情況。此書被收入《四庫全書》。

2019 年 5 月入選第四批《山東省珍貴古籍名録》（編號 0594）。

125. **庚辰集五卷**　(清)紀昀編　清刻本　集部/别集類/清　諸城市圖書館

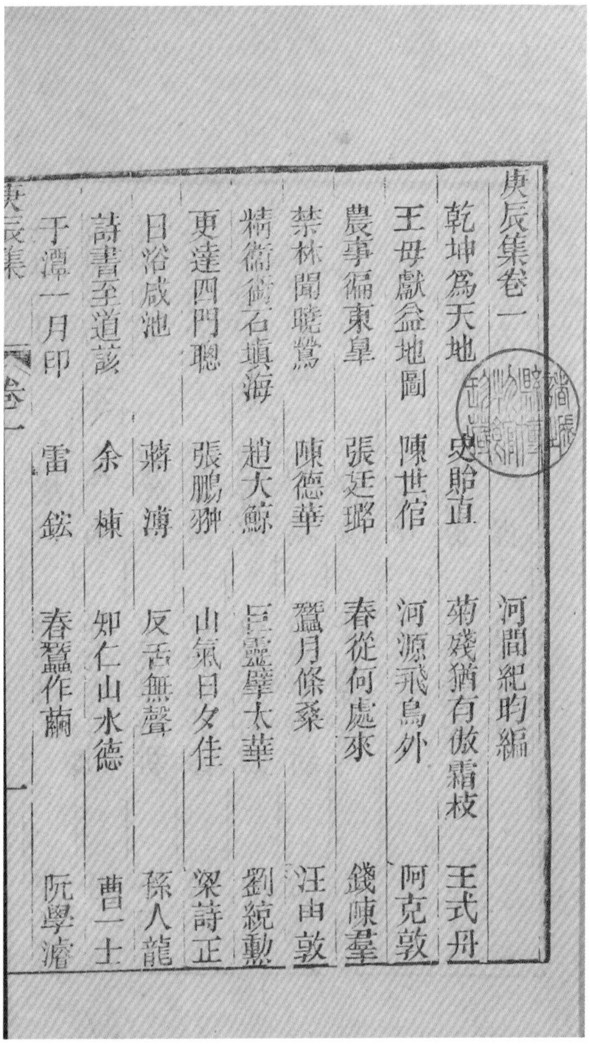

庚辰集卷一　河間紀昀編
乾坤爲天地　史貽直　菊殘猶有傲霜枝　王式丹
王母獻益地圖　陳世倌　河源飛鳥外　阿克敦
農事徧東皐　張廷瑑　春從何處來　錢陳羣
禁林聞曉鶯　陳德華　蠶月條桑　汪由敦
精衛銜石塡海　趙大鯨　巨靈擘太華　劉統勳
更達四門聰　張鵬翀　山氣日夕佳　梁詩正
日浴咸池　蔣溥　反舌無聲　孫人龍
詩書至道該　余棟　知仁山水德　曹一士
千潭一月印　雷鋐　春蠶作繭　阮學濬
庚辰集　卷一　一

紀昀(1724—1805),字曉嵐,一字春帆,晚號石雲,道號觀弈道人。歷雍正、乾隆、嘉慶三朝。嘉慶帝御賜碑文載:"敏而好學可爲文,授之以政無不達。"

《庚辰集》是紀昀編纂的書籍之一。他在序中云:"余于庚辰七月閉户養疴,惟以讀書課兒輩。時科舉方增律詩,即點定《唐試律説》。適起康熙庚辰,至今乾隆庚辰止,因名之曰《庚辰集》。"内選 60 年間科考登科的才子詩 200 餘首,"論一代之詩,成一家之書"。

## 126. 省吾齋稿一卷 （清）竇光鼐撰 清刻本 集部/别集類/清 諸城市圖書館

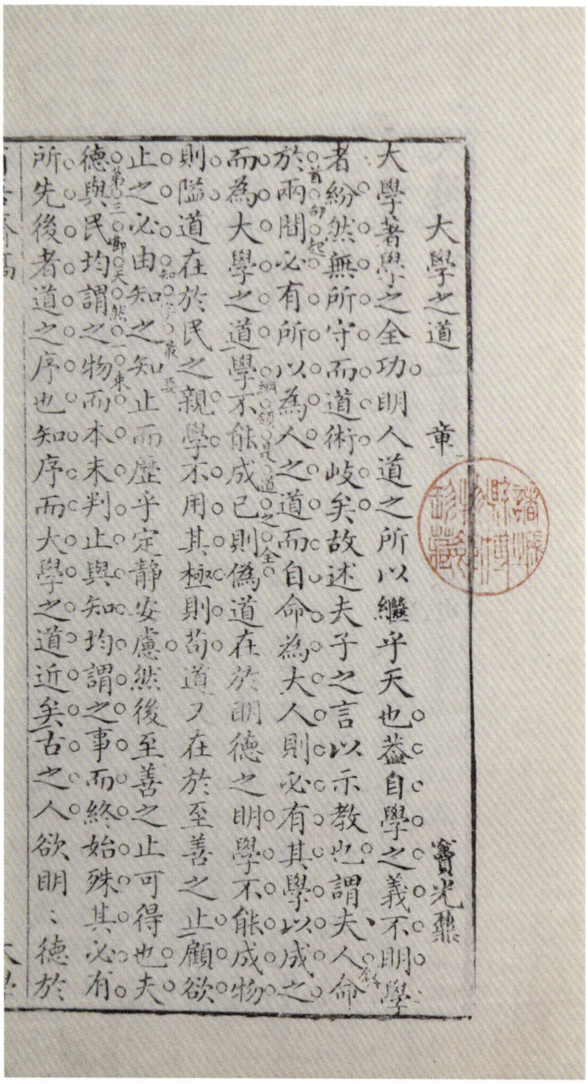
大學之道 章
竇光鼐
大學著學之全功明人道之所以繼乎天也蓋自學之義不明學者紛然無所守而道術岐矣故述夫子之言以示教也謂夫人命於兩間必有所以為人之道而自命為大人則必有其學以成之而為大學之道學不能成已則偽道在於明德之明學不能成物則隘道在於民之親學不用其極則苟道又在於至善之止顧欲止之必由知之知止而歷乎定靜安慮然後至善之止可得也夫德與民均謂之物而本末判止與知均謂之事而終始殊其必有所先後者道之序也知序而大學之道近矣古之人欲明明德於

竇光鼐（1720—1795），字元調，號東皋，山東諸城舜王街道西郭家埠村人。自幼好學，穎悟過人。童試、鄉試皆爲榜首，故有“神童”之譽。清乾隆七年（1742）進士。學問精深，博學多才，精通經史，文辭佳妙，詩賦尤佳。與紀昀、朱正文、翁方綱等名流主持文壇三十餘載，名重一時，對清代文化的發展影響深遠。死後葬于安邱臨浯高家莊村，其碑文正面題有“文官御史祖，一代帝王師”。著作有《省吾齋稿》《省吾齋古文集》《省吾齋詩稿》等傳世。

2012 年 1 月入選第二批《山東省珍貴古籍名録》（編號 1953）。

## 127. 省吾齋稿一卷　(清)竇光鼐撰　清刻本　集部/别集類/清　諸城市圖書館

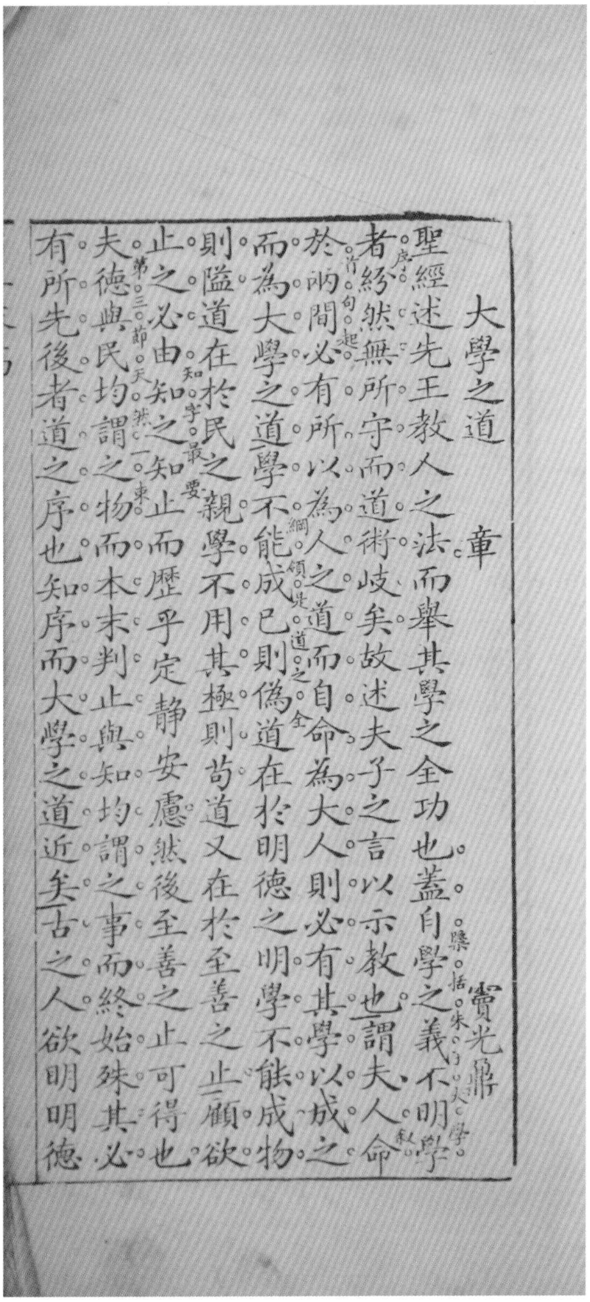


《省吾齋稿》,所記内容廣泛,有《論文五則》《大學之道》《知止而後》《基本亂而》《詩云邦畿》《所謂誠其意》《所謂修身》《所謂齊其家》《所謂治國》《所謂平天下》《湯之盤銘》等。

2012 年 1 月入選第二批《山東省珍貴古籍名録》(編號 1954)。

**128. 省吾齋古文集十二卷** （清）竇光鼐撰 清刻本 集部/別集類/清 諸城市圖書館

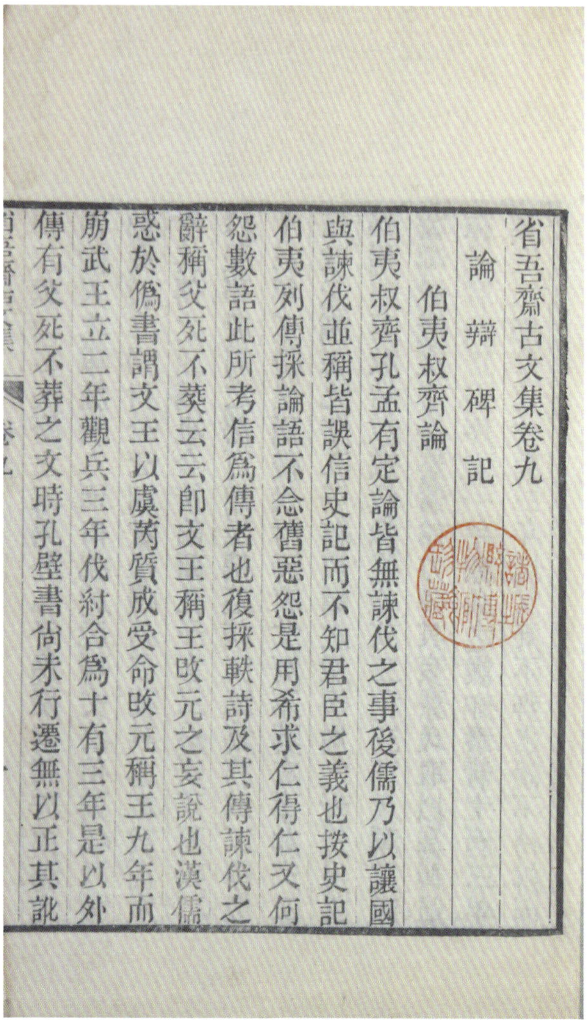
省吾齋古文集卷九
論辯碑記
伯夷叔齊論
伯夷叔齊孔孟有定論皆無諫伐之事後儒乃以讓國與諫伐並稱皆誤信史記而不知君臣之義也按史記伯夷列傳採論語不念舊惡怨是用希求仁得仁又何怨數語此所考信爲傳者也復採軼詩及其傳諫伐之辭稱父死不葬云云即文王稱王改元之妄説也漢儒惑於僞書謂文王以虞芮質成受命改元稱王九年而崩武王立二年觀兵三年伐紂合爲十有三年是以外傳有父死不葬之文時孔壁書尚未行遷無以正其訛

《省吾齋古文集》，内容包括“平定西域頌”“六巡茂典”“論辯碑記”“伯夷叔齊論”“孔子辯齊魯論”“正名論”“管仲相桓公集註論”“舜不告而娶辨”“敕建關帝廟碑”“祠田記”“墓志銘”“墓表”“行狀”“祭文”“頌”“跋”等。

2019年5月入選第四批《山東省珍貴古籍名録》（編號0619）。

129. **仙舫聯唫一卷** （清）王賡言撰 清刻本 集部/別集類/清 諸城市圖書館

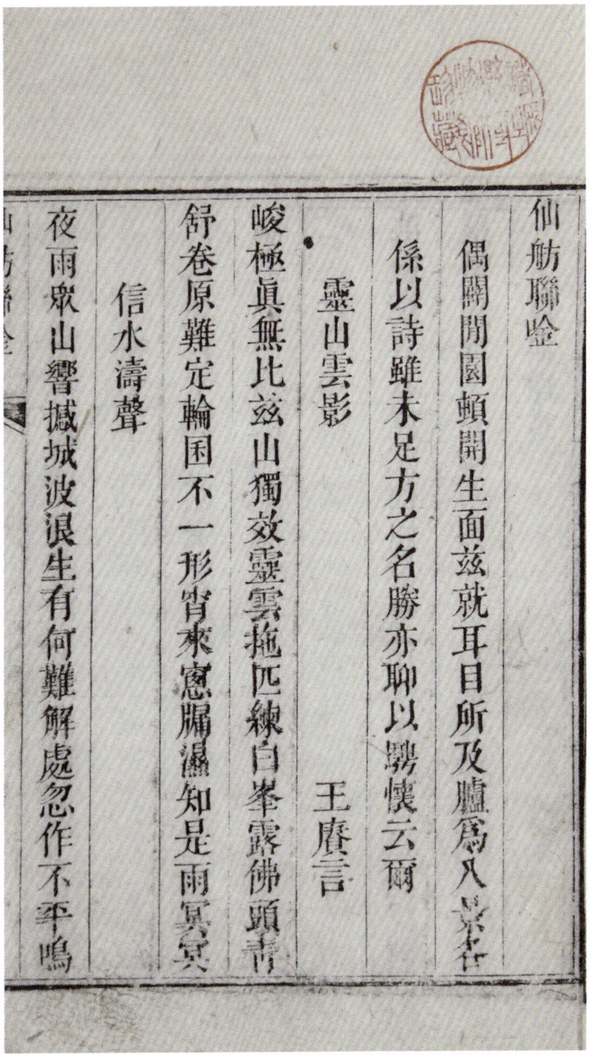

仙舫聯唫
偶闢閒園頓開生面茲就耳目所及臚爲八景各
係以詩雖未足方之名勝亦聊以騁懷云爾
靈山雲影 王賡言
峻極眞無比茲山獨效靈雲拖匹練白峯露佛頭青
舒卷原難定輪囷不一形宵來窻牖濕知是雨冥冥
信水濤聲
夜雨衆山響撼城波浪生有何難解處忽作不平鳴

《仙舫聯唫》是王賡言的一部詩集。

130. **小匡廬集不分卷** (清)王樞著　清刻本　集部/別集類/清　諸城市圖書館

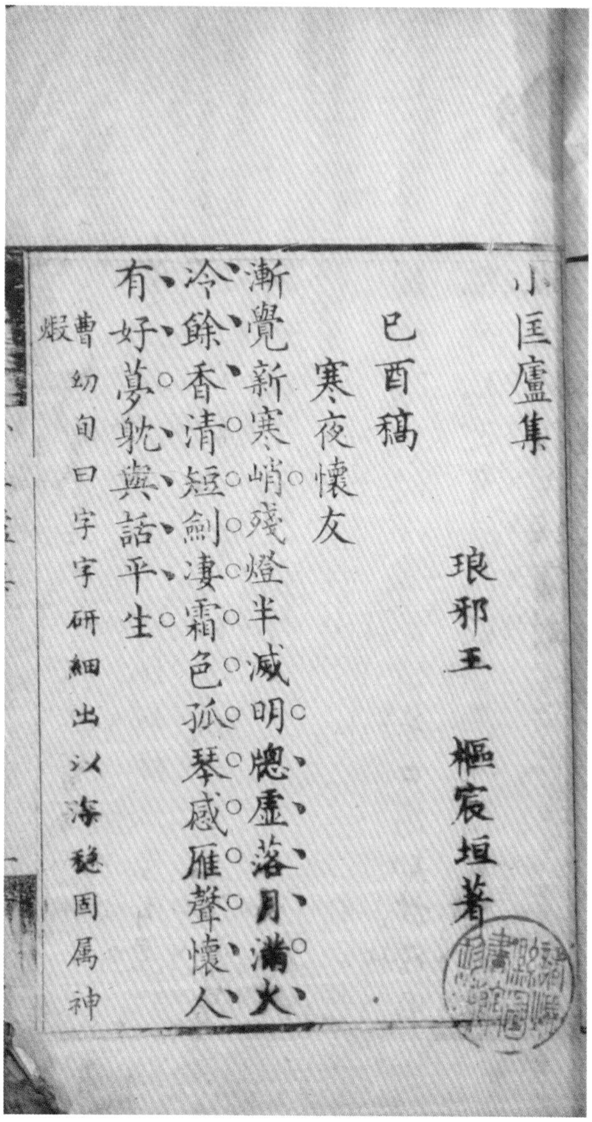

小匡廬集

己酉稿

琅邪王　樞宸垣著

寒夜懷友

漸覺新寒峭殘燈半滅明窓虛落月滿火冷餘香清短劍淒霜色孤琴感雁聲懷人有好夢躭與話平生

曹幼旬曰字字研細出以渾穆固屬神髓

王樞,字宸垣,山東諸城人。在九仙山蘭陵峪建有别墅。把自己的詩集命名爲《小匡廬集》,是因爲他視蘭陵峪爲"小匡廬"。

《小匡廬集》共載詩 88 首。

131. **天書序一卷** (清)臧燿初撰 清抄本 集部/别集類/清 諸城市圖書館

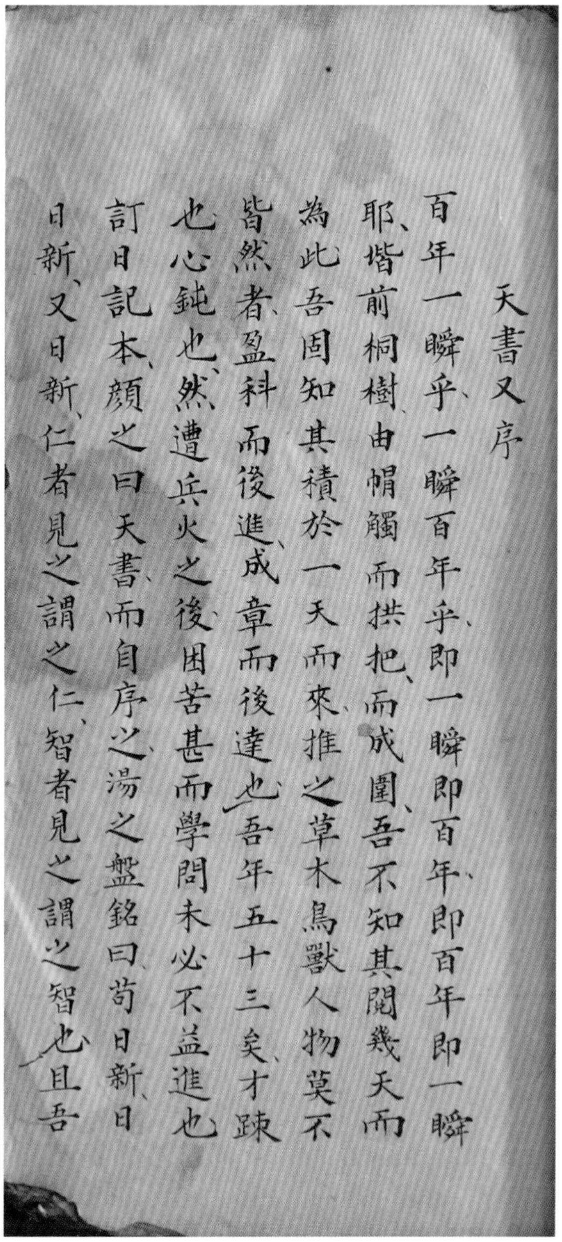
天書又序

百年一瞬乎、一瞬百年乎、即一瞬即百年、即百年即一瞬耶、皆前桐樹、由帽觸而拱把、而成圍、吾不知其閲幾天而為此吾固知其積於一天而來、推之草木鳥獸人物莫不皆然者、盈科而後進、成章而後達也吾年五十三矣、才踈也心鈍也、然遭兵火之後困苦甚而學問未必不益進也訂日記本、顔之曰天書、而自序之、湯之盤銘曰、苟日新、日日新、又日新、仁者見之謂之仁、智者見之謂之智也且吾

此書是臧燿初的抄本,内含《天書序》《天書又序》《丁卯除夜記》《亂後檢點遺物記》《環山樓印變叙》《簡方便録序》《柳東來先生傳》《草亭詩集序》《返主齋詩集序》《金蘭詩刻序》《詩集自序》《得墨拓殘碣記》《石園記》《重修文昌閣序》《詩學初步序》《繞膝閒話序》《夢餘偶録序》《除姓單文》《如舟書屋記》《議修支譜説》《神醫説》《菩提葉記》《牙牌解》《墓碑小序》《題畫冬日三友圖》《安碾祝文》《墨史孫先生傳》《古墓山名義辯》《蒼茫山前宗家支譜序》《單貞女傳》《自謚議》《孺慕小園記》《無憂問答》等篇。

132. **刻鵠齋詩鈔一卷** （清）臧應鈞撰 清鄭杲抄本 集部/别集類/清 諸城市圖書館

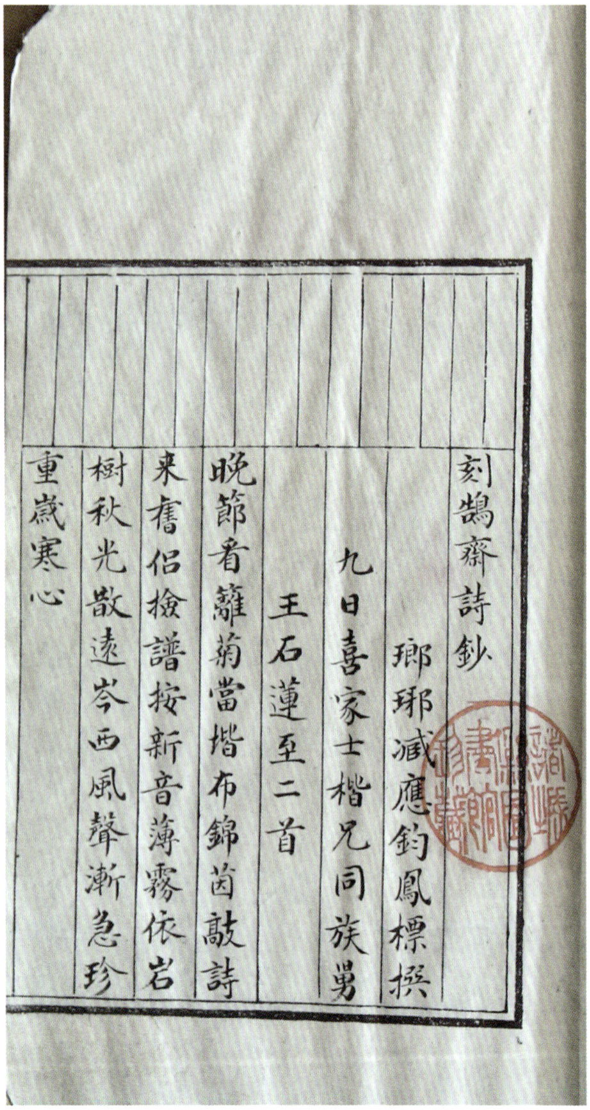


臧應鈞，字鳳標，號龍閣，山東諸城人。乾隆元年（1736）舉人。著有《江西草》《南村詩草》各 1 卷。

《刻鵠齋詩鈔》是臧應鈞的一部詩集，内載詩 96 首。前有乾隆癸巳臧潤撰《序》，卷末題：愚表甥鄭杲薰沐書。

**133. 古文析義十四卷** (清)林雲銘評註 清乾隆五十年(1785)書業堂刻本 集部/總集類/通代 諸城市圖書館

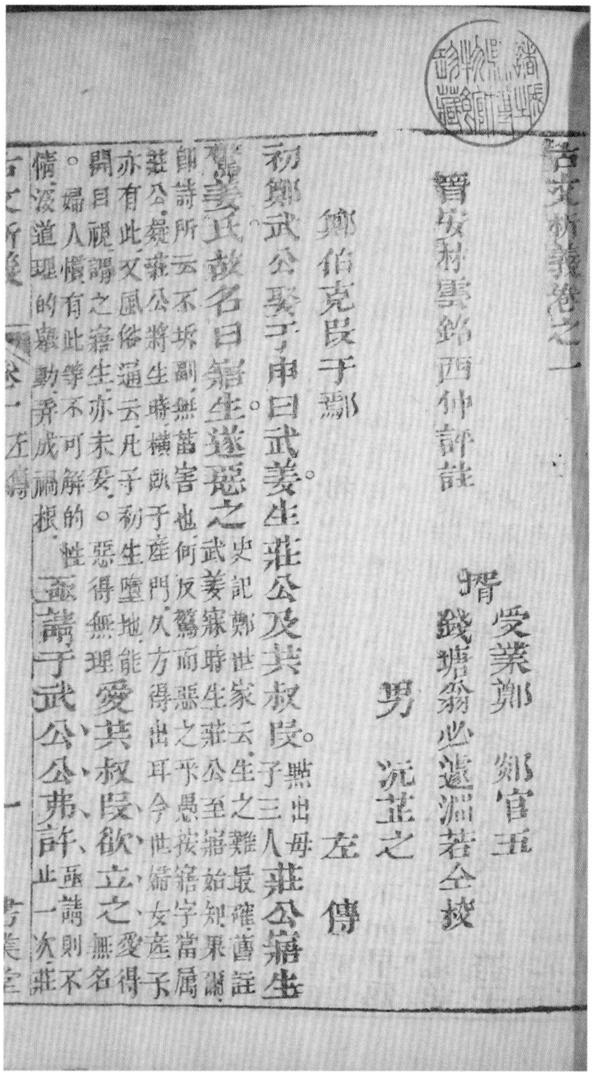
古文析義卷之一

晉安林雲銘西仲評註

受業鄭 鄭官五

壻 錢塘翁必遠淵若仝校

男 沅芷之

鄭伯克段于鄢 左傳

初鄭武公娶于申。曰武姜。生莊公及共叔段。莊公寤生。驚姜氏。故名曰寤生。遂惡之。愛共叔段。欲立之。亟請于武公。公弗許。

林雲銘(1628—1697),字西仲,號損齋,福建閩縣林浦(今屬福州市倉山區)人。清順治十五年(1658)進士。少嗜學,每探索精思,數日不食。提倡讀書,曰:"後人不患不如古人之作,特患不好古人之讀,尤痛爲後學針砭。"著作有《莊子因》《楚詞燈》《韓文起》《古文析義》《西仲文集》《挹奎樓選稿》《損齋焚餘》《吴山鷇音》《四書講義》等。

析義,"奇文共欣賞,疑義相與析",今人不能效古人之作,乃今人不能爲古人之讀耳。因取坊本撮其要者,字節而句比之,篇末各附發明管見,以課子弟。

**134. 古唐詩合解十六卷** (清)王堯衢註 (清)李模 (清)李桓校 清光緒十一年(1885)成文信刻本 集部/總集類/通代 諸城市圖書館

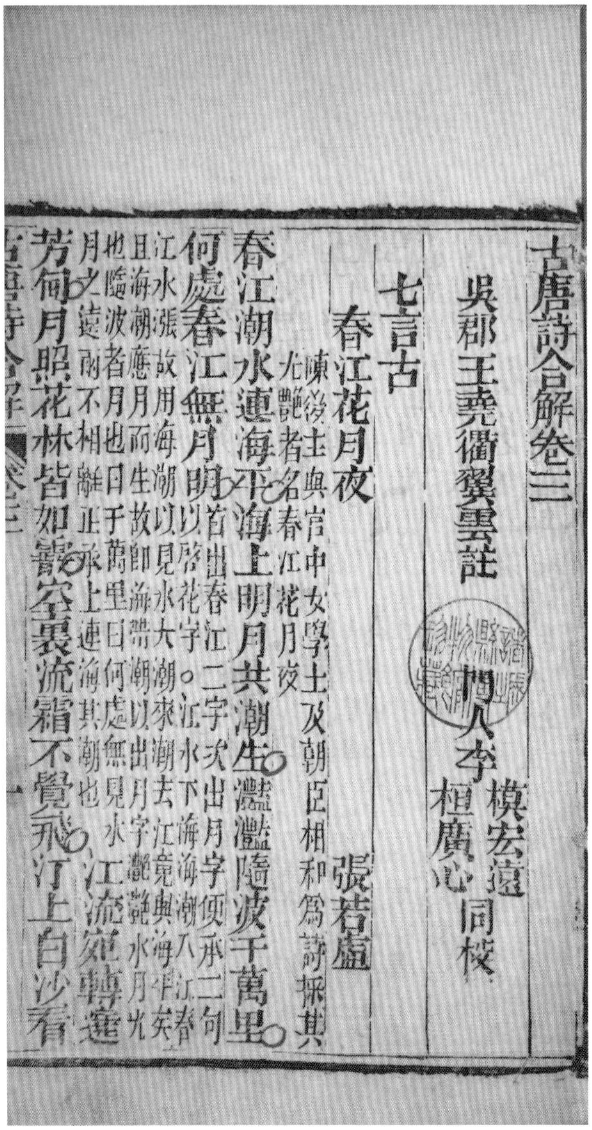
古唐詩合解卷三
吳郡王堯衢翼雲註
門人李模宏遠
桓廣心同校
七言古
春江花月夜 張若虛
陳後主與宮中女學士及朝臣相和爲詩採其尤艷者名春江花月夜
春江潮水連海平海上明月共潮生灔灔隨波千萬里
何處春江無月明首出春江二字次出月字便承二句以啓花字。江水下海海潮入江春
江水漲故用海潮以見水大潮來潮去江竟與海平矣且海潮應月而生故即海帶潮以出月字灔灔水月光
也隨波者月也日于萬里曰何處無見水月之遠兩不相離正承上連海其潮也江流宛轉遶
芳甸月照花林皆如霰空裏流霜不覺飛汀上白沙看
古唐詩合解 卷三 一

王堯衢,字翼雲,長洲(今江蘇蘇州)人。

《古唐詩合解》是一部詩歌集,内含《古歌虞舜歌》《漢歌謡辭》《漢樂府》《漢詩》《魏樂府》《晋樂府》《宋樂府》《齊樂府》《梁樂府》《陳樂府》《魏樂府》《隋樂府》《晋五言古》《六朝五言古》等各朝代的詩歌。每首詩署名作者,在詩的原文旁加以解説和評點。

**135. 唐宋八大家類選十四卷** (清)儲欣評 (清)儲之参述 (清)徐永勳 (清)吴振乾 (清)董南紀 (清)儲掌文校訂 清翰文堂刻本(清臧著楣題識) 集部/總集類/通代 諸城市圖書館

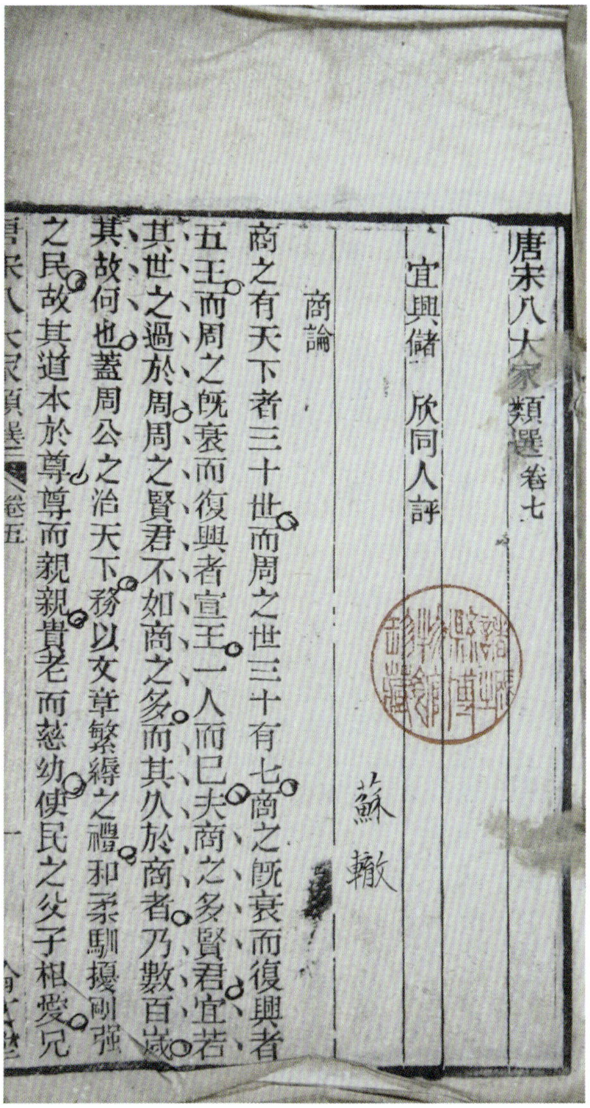
唐宋八大家類選卷七
宜興儲　欣同人評
蘇轍
商論
商之有天下者三十世而周之世三十有七商之旣衰而復興者五王而周之旣衰而復興者宣王一人而巳夫商之多賢君宜若其世之過於周周之賢君不如商之多而其久於商者乃數百歲其故何也蓋周公之治天下務以文章繁縟之禮和柔馴擾剛强之民故其道本於尊尊而親親貴老而慈幼使民之父子相愛兄

臧著楣,山東諸城人。唐宋八大家,指唐、宋兩代八個散文作家,即唐代的韓愈、柳宗元和宋代的歐陽修、蘇洵、蘇軾、蘇轍、王安石、曾鞏。明初朱右選韓、柳等人文爲《八先生文集》,八家之名,實始于此。明中期唐順之纂《文編》,所取唐宋文亦僅其八家。稍後,茅坤編朱、唐之説,選輯八人的文章爲《唐宋八大家文鈔》。儲欣又據此輯選《唐宋八大家類選》。

**136. 唐詩選七卷** （明）李攀龍撰 （明）蔣一葵箋釋 明末古吴陳長卿刻本 集部/總集類/斷代 諸城市圖書館

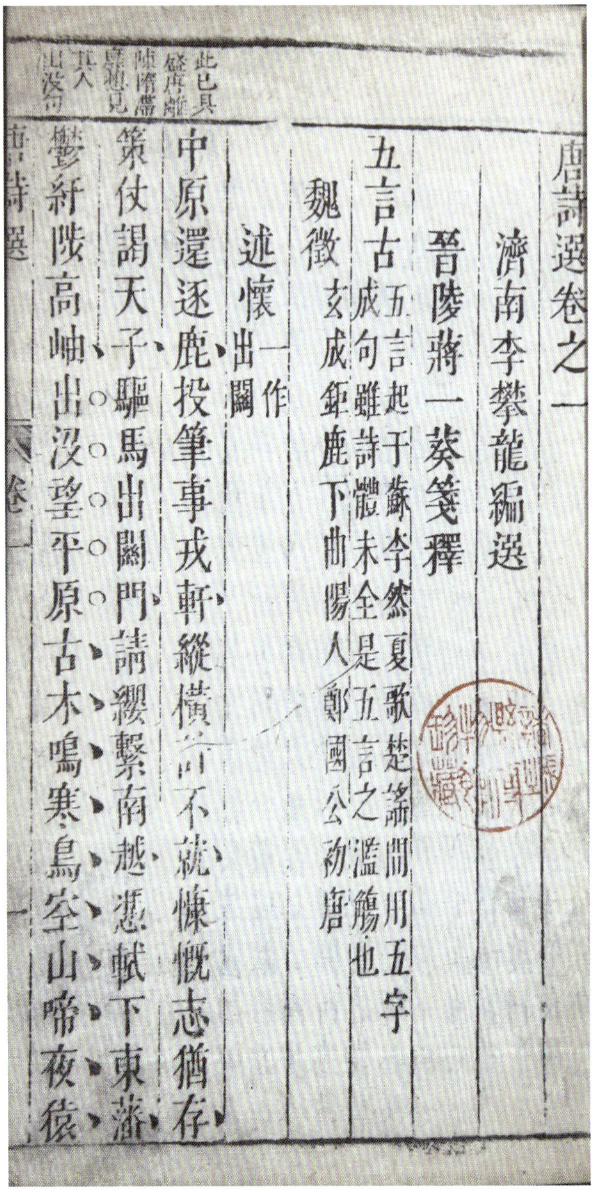
唐詩選卷之一
濟南李攀龍編選
晉陵蔣一葵箋釋
五言古 五言起于蘇李然夏歌楚篇間用五字成句雖詩體未全是五言之濫觴也
魏徵 玄成鉅鹿下曲陽人鄭國公初唐
述懷 一作出關
中原還逐鹿投筆事戎軒縱橫計不就慷慨志猶存
策仗謁天子驅馬出關門請纓繫南越憑軾下東藩
鬱紆陟高岫出沒望平原古木鳴寒鳥空山啼夜猿

李攀龍（1514—1570），字于鱗，號滄溟，歷城（今山東濟南）人。明代著名文學家。《唐詩選》選唐人 128 家，詩 465 首。各體兼收，分體排列。所選以初盛唐詩居多，中晚唐較少，皆因李攀龍倡“詩必盛唐”。

**137. 明詩綜一百卷**　（清）朱彝尊録　（清）汪森等輯評　清康熙刻本　集部/總集類/斷代　諸城市圖書館

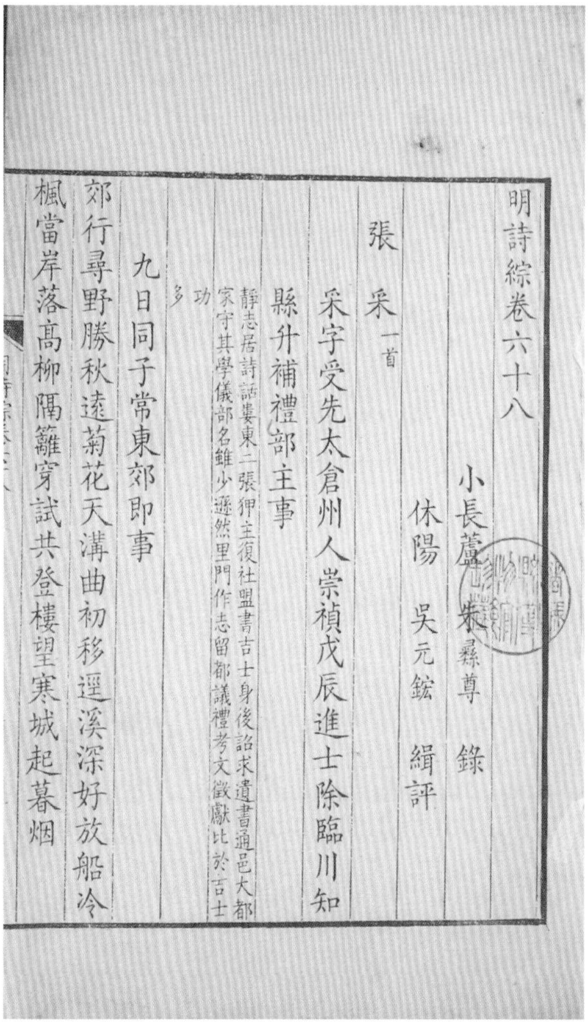
明詩綜卷六十八
小長蘆朱彝尊 録
休陽 吳元鋐 緝評
張采 一首
采字受先太倉州人崇禎戊辰進士除臨川知
縣升補禮部主事
靜志居詩話婁東二張狎主復社盟書吉士身後詔求遺書通邑大都家守其學儀部名雖少遜然里門作志留都議禮考文徵獻比於吉士功多
九日同子常東郊即事
郊行尋野勝秋遠菊花天溝曲初移逕溪深好放船冷
楓當岸落高柳隔籬穿試共登樓望寒城起暮烟

《明詩綜》編于錢謙益《列朝詩集》盛行之後，頗有糾偏補闕之意。全書選録有明一代詩人及明亡後遺民3400餘人的作品。附有作家小傳及諸家分卷評論，而以自著《静志居詩話》附于後，大致勾勒出明詩發展的進程和各個流派的特點。此書首卷録明代諸帝王之詩，卷2至卷82按時代先後編明詩家作品，卷83至卷99輯録宫掖、宗室、閨門、僧道等詩，末卷録民間雜歌謡辭155首。

**138. 聖駕南巡賦不分卷** （清）姚鼐 （清）竇光鼐撰 清乾隆刻本 集部/總集類/斷代 諸城市圖書館

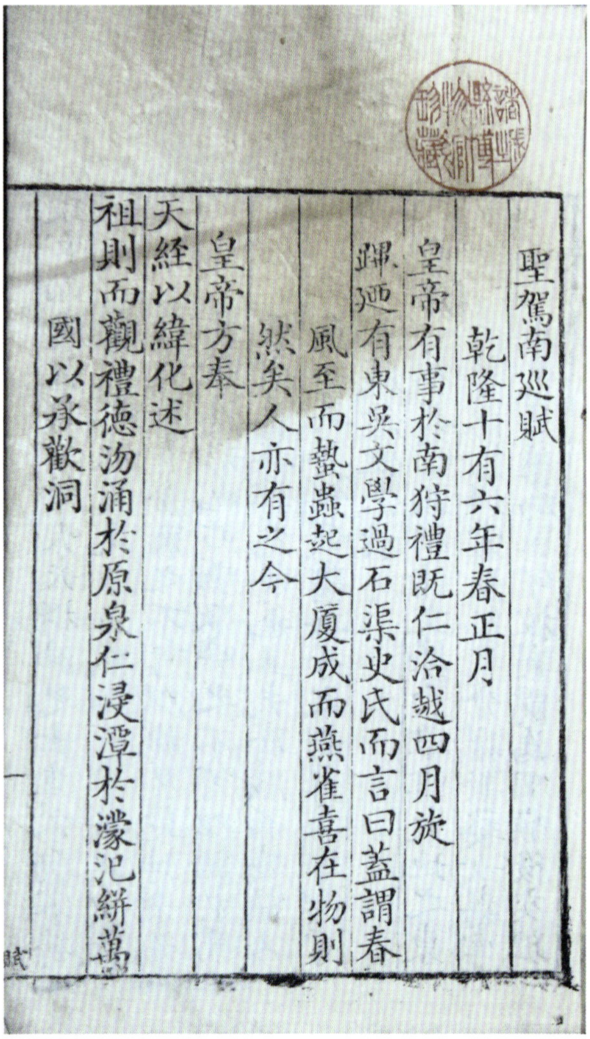
聖駕南巡賦
乾隆十有六年春正月
皇帝有事於南狩禮既仁洽越四月旋
蹕迺有東吳文學過石渠史氏而言曰蓋謂春
風至而蟄蟲起大廈成而燕雀喜在物則
然矣人亦有之今
皇帝方奉
天經以緯化述
祖則而觀禮德湯涌於原泉仁浸潭於濛汜絣萬
國以承歡洞
賦 一

《聖駕南巡賦》記録了乾隆六次南巡的情況。第一次爲乾隆十六年(1751)，第二次爲二十二年，第三次是二十七年，第四次是三十年，第五次在四十五年，第六次在四十九年(1784)。六次南巡每次一般都要到南京、蘇州、杭州、揚州等地。内容大體包括蠲賦恩賞、巡視河工、觀民查吏、加恩縉紳、培植士類、閱兵祭陵、招納才子等。六次南巡每次歷時四五個月，隨駕官兵約 3000 人，馬 6000 匹，船 500 餘隻，役夫數千。《南巡賦》乃一歌功頌德之作。

2019 年 5 月入選第四批《山東省珍貴古籍名録》(編號 0657)。

**139. 分類詳註飲香尺牘四卷** （清）飲香居士輯 （清）慵隱子牋釋 清乾隆五十四年（1789）又賞齋刻本 集部/總集類/斷代 諸城市圖書館

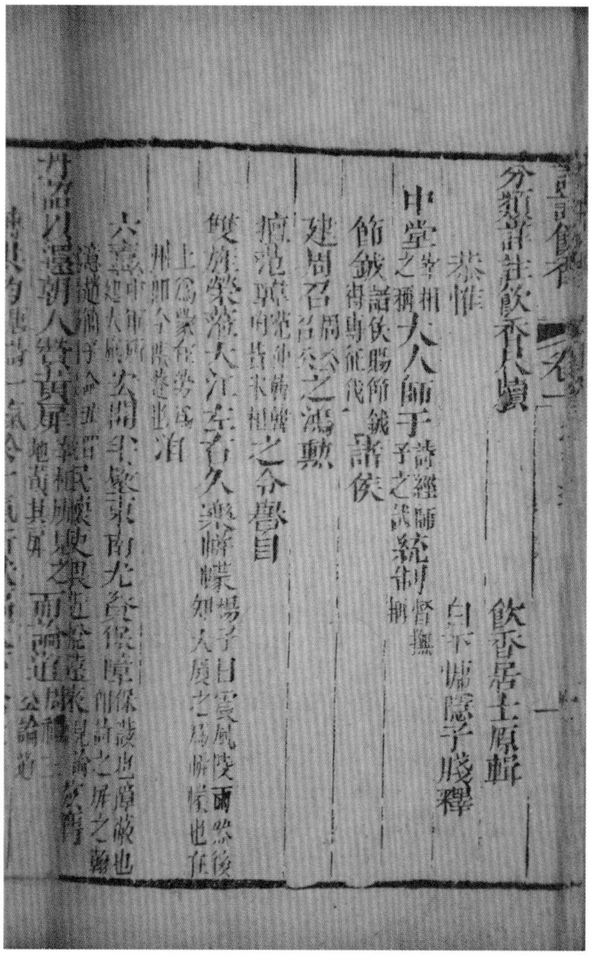

《分類詳註飲香尺牘》共4册，按元、亨、利、貞排列。第一册元，内有“時令集句”“賀壽集句”“賀禧集句”“頌揚類”“禀請類”“問候類”“慶升類”“祝壽類”“賀喜類”“婚姻類”。第二册亨，内有“吊喪類”“慰問類”“答復類”“致謝類”“浼托類”。第三册利，内有“借貸類”“索欠類”“緩期類”“薦引類”“延請類”“吹嘘類”“詰問類”“商酌類”“悃愫類”。第四册貞，内有“求請類”“講學類”“婉辭類”“箴戒類”“婉辨類”“致復類”。

140. **明詩别裁集十二卷** （清）沈德潛 （清）周準輯 清務本堂刻本 集部/總集類/斷代 諸城市圖書館

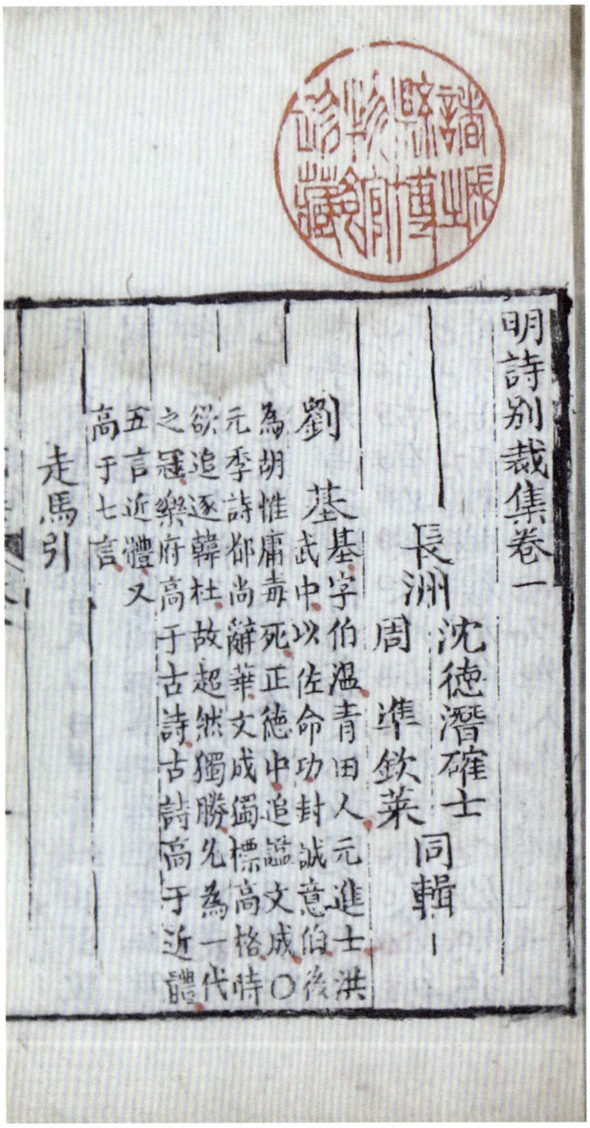

沈德潛（1673—1769），字確士，號歸愚，長洲（今江蘇蘇州）人。清代詩人。著有《沈歸愚詩文全集》《説詩晬語》等，又選編《古詩源》《唐詩别裁集》《明詩别裁集》《國朝詩别裁集》等。

《明詩别裁集》是一部總集，收録明代詩人 340 人，詩歌 1010 首，大致反映了明詩概貌，并選入了無名氏作者和明遺民詩人的作品。明末清初的明詩選集，有陳子龍、李雯等的《明詩選》，錢謙益的《列朝詩集》，朱彝尊的《明詩綜》。沈氏以爲三家各有偏頗，于是"合群公選，别而裁之"，編成此書。封面題：明詩别裁集　務本堂藏板。前有乾隆戊午周準撰《明詩别裁集序》、乾隆己未蔣重光撰《明詩别裁集序》。

**141. 分韻試帖青雲集摘録不分卷** （清）臧燿初輯　清光緒十一年（1885）抄本
集部/總集類/斷代　諸城市圖書館

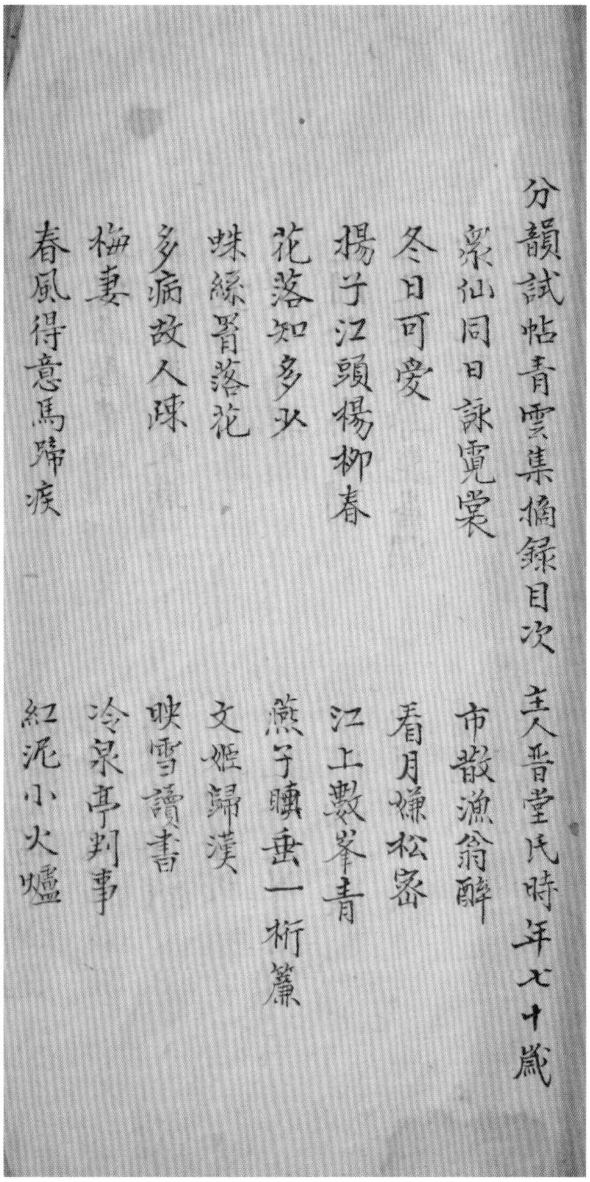
分韻試帖青雲集摘録目次　主人晉堂氏時年七十歲
衆仙同日詠霓裳　市散漁翁醉
冬日可愛　看月嫌松密
揚子江頭楊柳春　江上數峯青
花落知多少　燕子[illegible]垂一桁簾
蛛絲罥落花　文姬歸漢
多病故人疏　映雪讀書
梅妻　冷泉亭判事
春風得意馬蹄疾　紅泥小火爐

《分韻試帖青雲集摘録》是臧燿初70歲時所作。封面題"青雲集摘録"，是《青雲集》摘抄本，載詩共60首。在每首詩句之間，皆有評論和解釋，每一頁都有眉批。

142. **琅邪詩略第一編□□卷** (清)隋平輯選 (清)張侗删定 清抄本 集部/總集類/地方藝文 諸城市圖書館

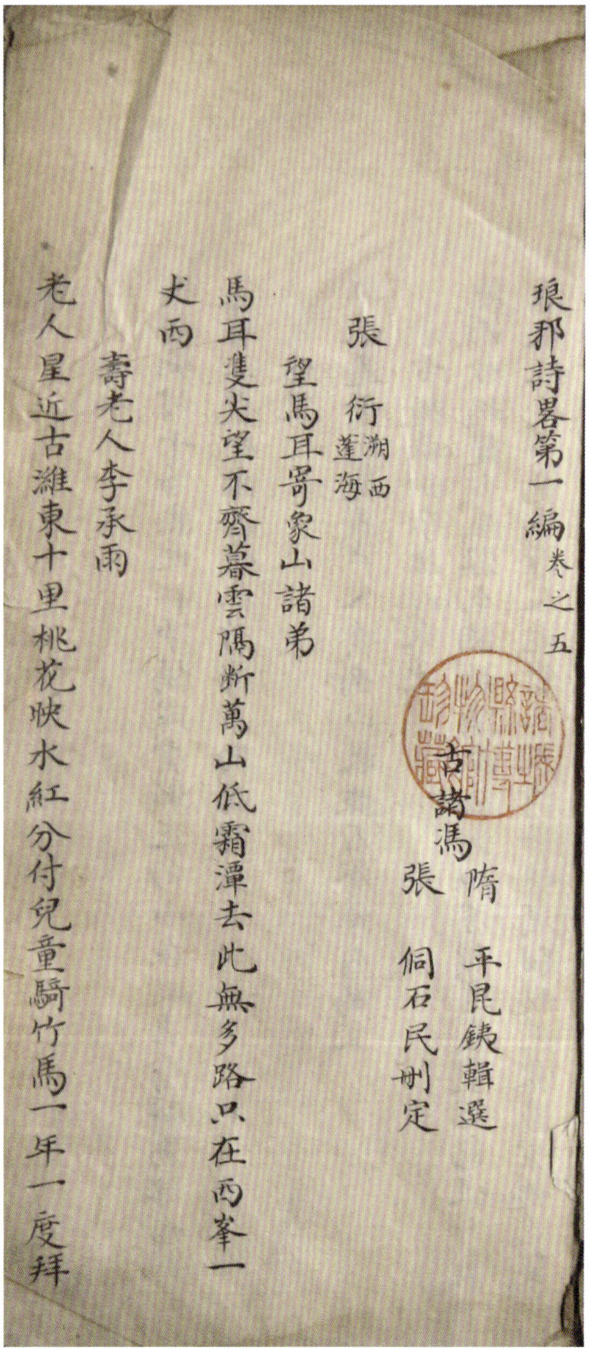

隋平(1646—1711),字無奇,一字悔齋,號昆鐵,山東諸城昌城鎮官莊村人。嘗學詩于劉翼明、李澄中,好讀《易》。有詩集《半舫草》,論學文字《聖學同心録》。

《琅琊詩略》由隋平集諸城文人所作詩歌而成,後由張侗删定問世。

2009 年 4 月入選第一批《山東省珍貴古籍名録》(編號 3694)。

**143. 劉子文心雕龍二卷** （南朝梁）劉勰撰 （明）楊慎 （明）曹學佺等批點 & **註二卷** （明）梅慶生撰 明閔繩初刻五色套印本 集部/詩文評類 諸城市圖書館

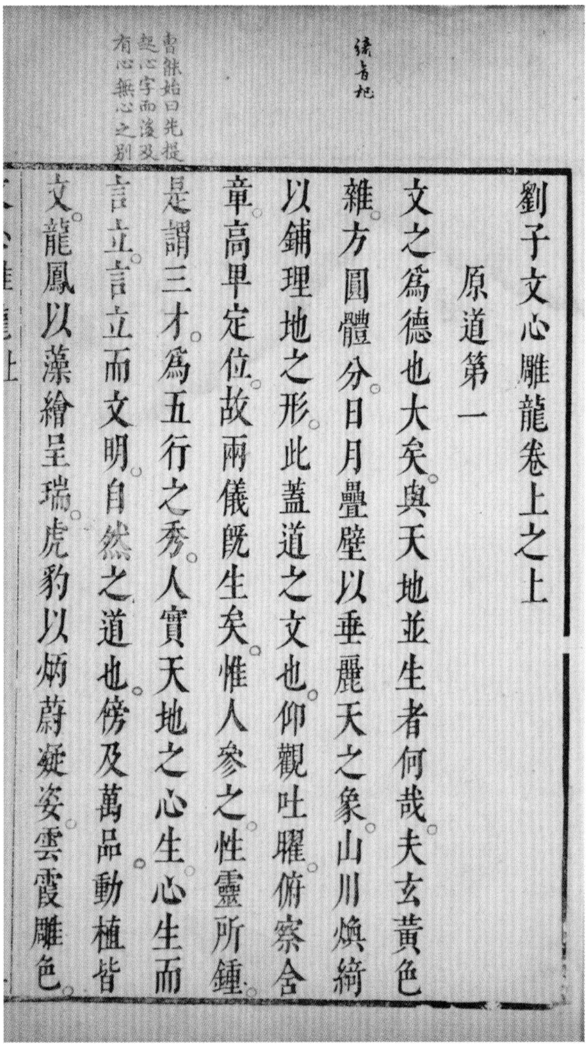

曹能始曰先提起心字而後及有心無心之別

劉子文心雕龍卷上之上

原道第一

文之爲德也大矣與天地並生者何哉夫玄黃色雜方圓體分日月疊壁以垂麗天之象山川煥綺以鋪理地之形此蓋道之文也仰觀吐曜俯察含章高卑定位故兩儀既生矣惟人參之性靈所鍾是謂三才爲五行之秀人實天地之心生心生而言立言立而文明自然之道也傍及萬品動植皆文龍鳳以藻繪呈瑞虎豹以炳蔚凝姿雲霞雕色

劉勰（約 465—約 532），字彦和，原籍莒縣（今山東莒縣）。南朝梁文學理論批評家。

《劉子文心雕龍》，即《文心雕龍》，中國古代文學理論批評的名著。全書 10 卷，共 50 篇，分上、下編。上編著重論述各體作品的特徵和歷史演變，下編探討創作、批評的原則和方法等。此書爲朱、墨、藍、黄、褐五色套印。

144. **彙纂詩法度鍼十卷**　(清)徐文弼編輯　清乾隆三十六年(1771)謙牧堂刻本
集部/詩文評類　諸城市圖書館

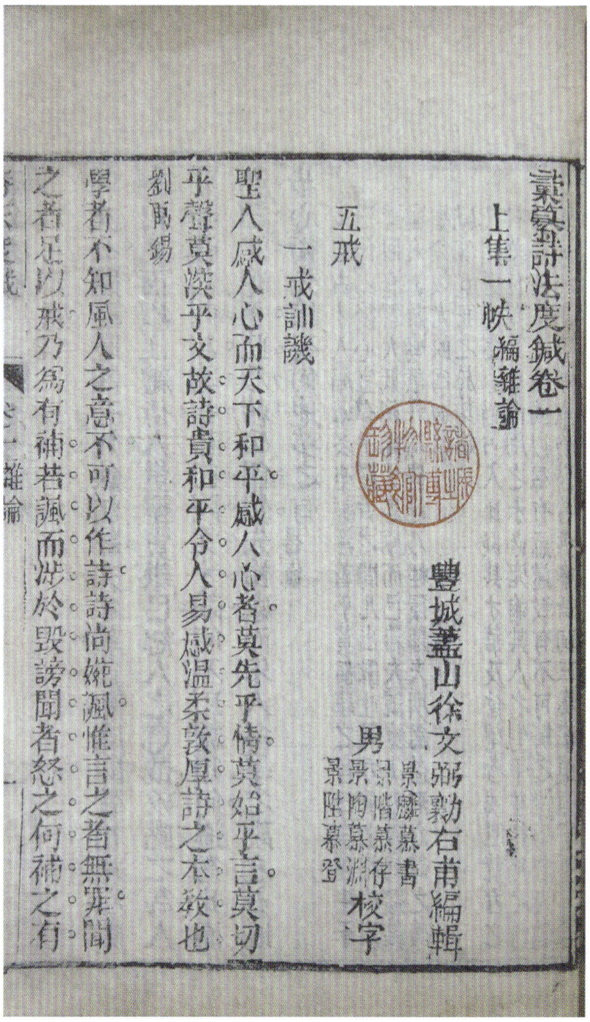
彙纂詩法度鍼卷一
上集一帙 編雜論
豐城蓋山徐文弼勷右甫編輯
男 景□慕書 景喈慕存 景陶慕淵 景陞慕登 校字
五戒
一戒訓譏
聖人感人心而天下和平感人心者莫先乎情莫始乎言莫切
乎聲莫深乎義故詩貴和平令人易感溫柔敦厚詩之本教也
劉禹錫
學者不知風人之意不可以作詩詩尚婉諷惟言之者無罪聞
之者足以戒乃爲有補若諷而涉於毀謗聞者怒之何補之有
詩法度鍼 卷一 雜論

徐文弼,字勷右,號蓋山,又號鳴峰,江西豐城人。清乾隆六年(1741)舉人,歷官江西鎮陽教諭,四川永州、河南伊陽(今汝陽)知縣。長于詩,著有《詩法度鍼》《萍遊近草》《吏治懸鏡》等。是當時頗有名氣的養生學家。

《彙纂詩法度鍼》是一部在特定歷史背景下爲士子應考所編的參考用書,新穎編排,引人入勝,保存了清代著名詩人蔣士詮、經學家袁守定二人的序文,還保存有《全唐詩》未收唐人之詩作,彌足珍貴。

145. **李卓吾先生批評幽閨記二卷** （元）施惠撰 （明）李贄評 明末刻本（小螺隱主人題跋） 集部/曲類 諸城市圖書館

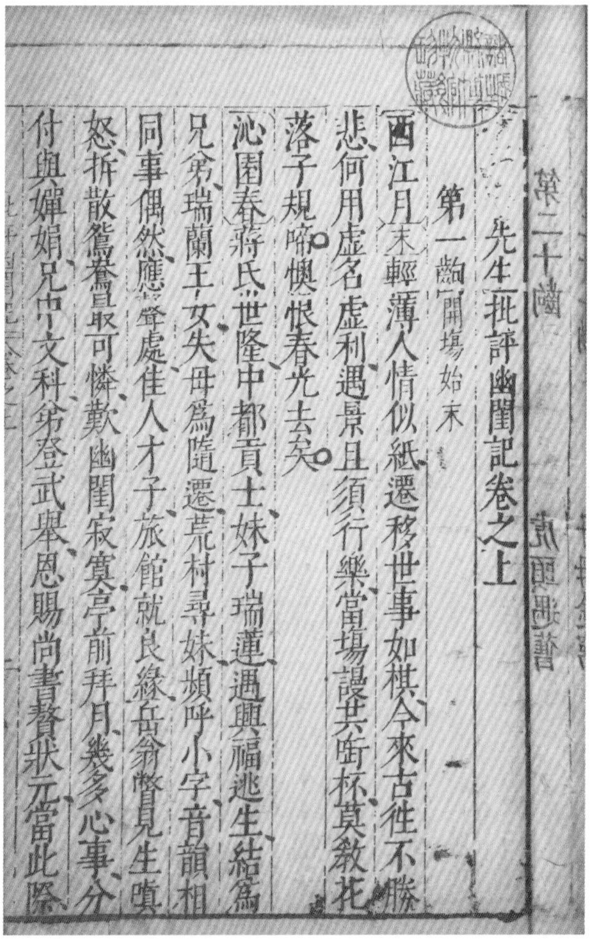
先生批評幽閨記卷之上
第一齣開場始末
西江月末輕薄人情似紙遷移世事如棋今來古往不勝
悲何用虛名虛利遇景且須行樂當場謾共銜杯莫教花
落子規啼懊恨春光去矣
沁園春蔣氏世隆中都貢士妹子瑞蓮遇興福逃生結爲
兄弟瑞蘭王女失母爲隨遷荒村尋妹頻呼小字音韻相
同事偶然應聲處佳人才子旅館就良緣岳翁瞥見生嗔
怒拆散鴛鴦最可憐歎幽閨寂寞亭前拜月幾多心事分
付與嬋娟兄中文科弟登武舉恩賜尚書贅狀元當此際

施惠，生卒年不詳，字君美，元代戲曲家，《拜月亭》作者。李贄（1527—1602），號卓吾，福建泉州人。主張創作必須抒發己見，并重視小説戲曲在文學上的地位。曾評點《水滸傳》。著有《焚書》《續焚書》《藏書》《李温陵集》等。

此書在簡單摘録戲曲小説原文或簡述大意的文字下面附綴全部相關批語。通過這些批語，可以看到作者對該作品具體而深細的見解。

**146. 硯北偶鈔十二種十七卷** （清）姚培謙 （清）張景星輯 清乾隆二十七年（1762）姚氏草草巢刻本 叢部/彙編叢書 諸城市圖書館

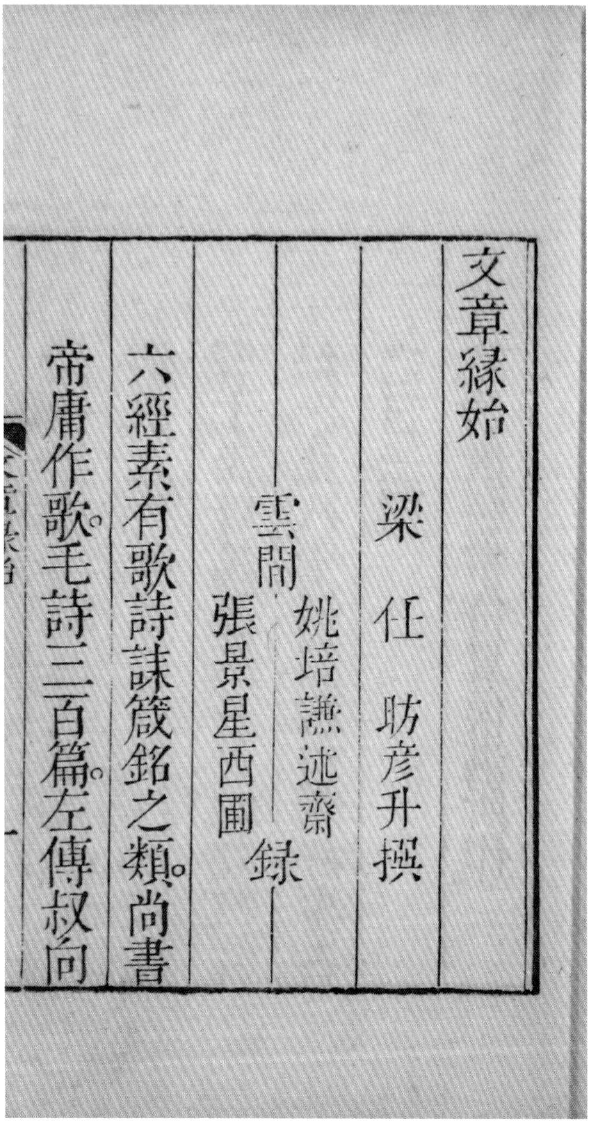
文章緣始
梁 任 昉彦升撰
雲間 姚培謙述齋
張景星西圃 録
六經素有歌詩誄箴銘之類。尚書
帝庸作歌。毛詩三百篇。左傳叔向

姚培謙（1693—1766），字平山，上海華亭人。善文章，名聞江東。著有《春帆集》《自知集》《朱子年譜》《唐宋八大家詩鈔》等，所著《經史臆見》《松桂讀書堂集》入《四庫全書》存目。

《硯北偶鈔》子目有《文章緣始》《續文章緣起》《詩品》《樂府古題要解》《二十四詩品》《樂府指迷》《詞旨》《佩觿》《書品》《古畫品録》《後畫品録》《端溪硯譜》12 種。

2014 年 6 月入選第三批《山東省珍貴古籍名録》（編號 1562）。

**147. 世德堂遺書七種二十三卷** （清）王鉞撰　清康熙刻本　叢部/自著叢書
諸城市圖書館

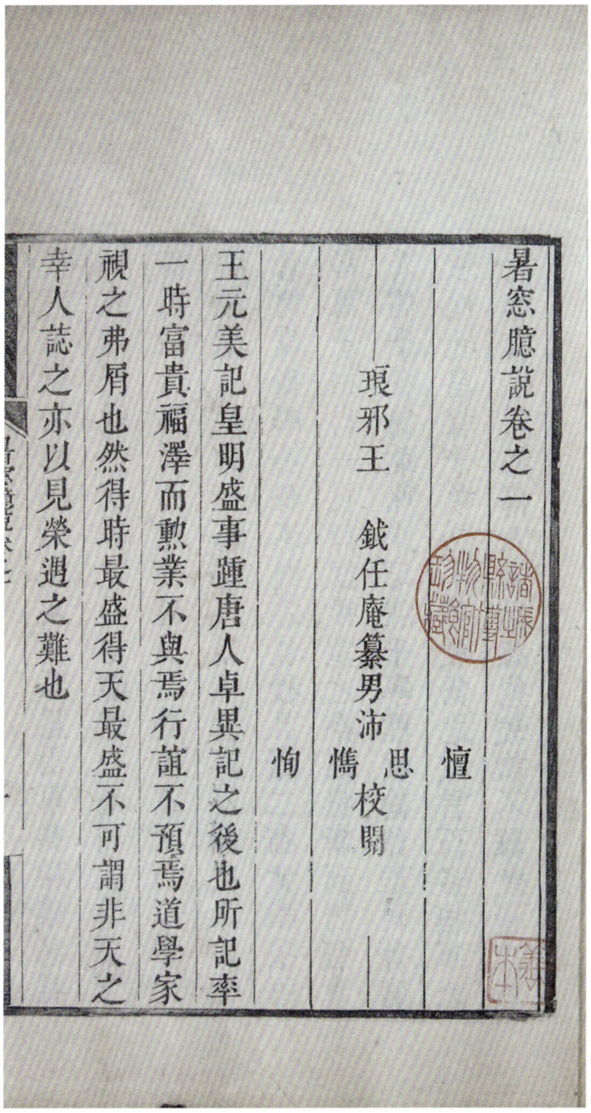
暑窗臆説卷之一

琅邪王　鉞任庵纂　男沛憻
思
雋校閲
恂

王元美記皇明盛事踵唐人卓異記之後也所記率一時富貴福澤而勳業不與焉行誼不預焉道學家視之弗屑也然得時最盛得天最盛不可謂非天之幸人誌之亦以見榮遇之難也

王鉞(1624—1705)，字仲威，號任庵，山東諸城相州人。清地理學家。順治十六年(1659)舉進士，知廣東西寧縣事 8 年。訟庭闃寂，人嫻詩書，政績斐然。因宦遊而居粤多年，頗留心于當地山川地理。所著有《水西紀略》《粤遊日記》《星餘筆記》《讀書蕞殘》《暑窗臆説》《朱子語類纂》《世德堂詩文集》等。

《世德堂遺書》爲上述著作的合編。

2012 年 1 月入選第二批《山東省珍貴古籍名録》(編號 237)。

# 索 引

# 書名分類索引

## 古籍書目

### 經　部

#### 總　類



#### 易　類



#### 書　類

## 詩 類



## 禮 類

## 春秋類

**孝經類**



**四書類**

## 群經總義類



## 小學類

## 史　部

### 紀傳類

## 編年類

## 紀事本末類



## 雜史類



## 詔令奏議類



## 傳記類



## 史抄類

## 載記類



## 地理類



## 政書類

### 目録類



### 金石類



### 史評類



## 子　部

### 總　類



### 儒家類

## 兵家類



## 農家類



## 醫家類

## 天文算法類



## 術數類



## 藝術類

## 譜録類



## 雜家類



## 小說類

## 類書類



## 釋家類



## 道家類

## 集　部

### 别集類

## 總集類

### 詩文評類



### 詞曲類



## 叢　部

### 彙編叢書



### 自著叢書



# 古籍圖録

# 書名筆畫索引

### 二畫



### 三畫

## 四畫

## 五畫

## 六畫

## 七畫

## 八畫

## 九畫

## 十畫

## 十一畫

## 十二畫

## 十三畫

## 十四畫

## 十五畫

## 十六畫

## 十七畫



## 十八畫



## 十九畫

## 二十畫



## 二十一畫



## 二十二畫



## 二十三畫



## 二十四畫